Ross Russell war Präsident der Plattenfirma *Dial Records,* die Platten von Parker aufnahm, und wurde dann sein Manager. Er lernte so den Menschen und Künstler Charlie Parker kennen.

Dieses Buch wurde auf chlor- und säurefreiem Papier gedruckt.

Vollständige Taschenbuchausgabe Dezember 1991
Droemersche Verlagsanstalt Th. Knaur Nachf., München
© 1972 by Ross Russell
© 1985 Hannibal Verlag, Wien
Originaltitel »Bird lives«
Originalverlag Quartet Books Ltd.
Umschlaggestaltung Adolf Bachmann
Satz MPM, Wasserburg
Druck und Bindung Ebner Ulm
Printed in Germany   5 4 3 2 1
ISBN 3-426-02414-4

Ross Russell:
Charlie Parker

Die Geschichte von Charlie »Yardbird« Parker

Aus dem Englischen von Walter Richard Langer

Inhalt

Vorwort 7
At Billy Berg's: An Obbligato 9

ERSTER TEIL

1 Heavenly City 31
2 Getting Straight 37
3 Kansas City Mystique 48
4 Trials of Manhood 57
5 Modes 66
6 The Making of a Jazzman 76

ZWEITER TEIL

7 Woodshedding in the Ozarks 87
8 The Apple 95
9 Hootie 106
10 The Band That Played the Blues 113
11 The Bebop Laboratory 124
12 The Last of the Big Bands 139
13 The Street 157
14 A Dizzy Atmosphere 172

DRITTER TEIL

15 The Independent Record Derby 183
16 Yardbird in Lotus Land 191
17 Sparrow's Last Jump 206
18 Relaxin' At Camarillo 215

19 Klactoveesedstene 229
20 Bird At Work 242
21 Birdland 255

VIERTER TEIL

22 Travels with a Genius 265
23 The Jazz Baroness 293
24 King Pleasure 304
25 Down and Out in New York 315
26 Hotel Stanhope 330
27 Coda 339

Bildanhang 355
Ausgewählte Diskographie 373

Vorwort

Die von Unverständnis, Intoleranz und Dummheit getragenen Reaktionen zorniger Ablehnung, mit denen künstlerische Neuentwicklungen, egal auf welchem Gebiet, immer schon und auch heute noch willkommen geheißen werden, überstiegen das übliche Ausmaß, als auf der Jazzszene der 40er Jahre ein neuer Stil auftauchte, der mangels eines besseren Ausdrucks »Bebop« genannt wurde.

Die musikalischen Impulse dieses Stils, der damals die extreme Avantgarde repräsentierte, sind in der Zwischenzeit schon längst vom Hauptstrom des Jazz aufgesogen worden, allgemein akzeptiert und jedem wohlvertraut. Hört man sich aber die Platten an, die die Hauptperson dieses Buches damals aufgenommen hat, dann klingen sie auch einem heutigen Sensorium noch immer rätselhaft und geheimnisvoll. Es wird deutlich, daß Charles Christopher Parker jr., genannt »Yardbird« und später einfach »Bird«, nicht nur einer der größten (wenn nicht überhaupt der größte) unter den bisherigen Musikern des Jazz war, sondern mehr als das: ein letztlich kaum auslotbares Phänomen.

Der bisher gelungenste, liebenswürdigste und zugleich erschreckendste Versuch, dieses Phänomen dennoch auszuloten, ist dieses Buch. Der Autor Ross Russell war einige Jahre eng mit der beruflichen Laufbahn Charlie Parkers verbunden und hat dabei nicht nur angenehme Erfahrungen gemacht. Dennoch war die Faszination ganz offensichtlich stärker als der Ärger und brachte Russell dazu, mit Akribie und unendlicher Liebe zum Detail die Herkunft, den Werdegang und das tragische Schicksal seines ehemaligen Sorgenkindes nachzuzeichnen, wobei man besonders hervorheben muß, daß Russell anfangs, wie er freimütig zugibt, auf der Seite der Bebopgegner zu finden war.

Obwohl dieses Buch ein Jazzbuch ist und im Jazzmilieu spielt, greift es doch weit über diesen Bereich hinaus. Auch wer sich bisher nicht so sehr mit Jazz, dafür aber mit Leben und Werk eines Vincent Van Gogh, eines Thomas Wolfe oder eines Wolfgang Amadeus Mozart auseinandergesetzt hat, wird in diesem Buch vieles finden, was ihm bekannt und vertraut erscheint, und der gemeinsame Nenner ist jenes vorhin angesprochene unauslotbare Phänomen: der geniale schöpferische Künstler, auf den herkömmliche irdische Maßstäbe nicht anwendbar sind.

Die deutschsprachige Version dieses Buches erscheint 13 Jahre nach der amerikanischen Originalausgabe und 30 Jahre nach Charlie Parkers Tod. Als Übersetzer habe ich mich über eine faszinierende Aufgabe gefreut, als österreichischer Musikfreund hingegen über die Tatsache, daß ein kleiner Verlag in unserem Lande den Mut gehabt hat, etwas zu tun, was seine größeren und finanziell wesentlich potenteren Artgenossen in all den Jahren verabsäumt haben.

Walter Richard Langer
Wien, im Frühjahr 1985

At Billy Berg's: An Obbligato

Innerhalb des einstöckigen Gebäudes, das den Nachtclub beherbergt, in jenem Teil, der am weitesten vom Bandstand entfernt ist — auf der Männertoilette, um genau zu sein — hört ein Mann Musik über Kopfhörer. Er ist groß, hat bleiche elfenbeinfarbene Haut und rabenschwarzes Haar, das in gefälligen Wellen aus seiner hohen Stirn gebürstet ist. Der Mann ist makellos gekleidet: kakaofarbene Hosen mit messerscharfen Bügelfalten und breiten Stulpen, ein schmaler Gürtel aus gerauhtem Schweinsleder, ein cremefarbenes Sporthemd mit weichem Kragen, keine Krawatte und ein rehbraunes Bandjackett ohne Aufschläge. Sein Name ist Dean Benedetti und er ist eine Art von Amateur-Tontechniker. Sein Job ist, mit Hilfe eines tragbaren Aufnahmegerätes Musik aufzunehmen.
Die Musik in Dean Benedettis Kopfhörern kommt von einem kleinen hochempfindlichen Mikrophon, das an einer Halteklammer in der Kunstlederauskleidung des Bandstands angebracht ist. Von diesem Mikrophon führt ein ganz dünner Draht, dessen Farbe genau der Innendekoration des Nachtclubs angepaßt ist, an Wänden und Türrahmen entlang bis zur Toilette, wo Dean ein Abkommen mit dem älteren Schwarzen getroffen hat, der hier für die Besucher des Nachtclubs Handtücher und Schuhriemen bereithält. An der Tür von einem der drei Klosetts hängt ein Schild mit der Aufschrift »Außer Betrieb«, und innen, auf dem geschlossenen Deckel, sitzt Dean Benedetti, mit seinem Magnetophon auf den Knien und seinen Kopfhörern über den Ohren und überwacht das Geschehen auf dem Bandstand.
Normalerweise übt er seine Tätigkeit an einem Tisch des Nachtclubs aus, aber heute hat es Probleme gegeben. Ein Funktionär der Musikergewerkschaft, die unautorisierte Mitschnitte von Live-Darbietungen untersagt, hat sich beim Management des Clubs beschwert und Dean war ersucht worden, das Lokal zu

verlassen — glücklicherweise schon eine halbe Stunde vor Beginn des ersten Sets. Er hatte mit viel Getue seine Geräte abgebaut und eine große Show aus seinem Abgang gemacht. Anschließend war er durch einen Hintereingang zurückgekommen und hatte mit den Maßnahmen für Notfälle begonnen. Auf diesem Gebiet ist er sehr erfahren. Im Zuge seiner Tätigkeit ist Dean schon aus unzähligen Nachtclubs hinausgeworfen worden, in New York, in Boston und in Chicago. Er reist nie ohne Reservekabel, Halteklammern und Handwerkszeug. Auf dem Klosett hat er es bequem und sicher. Weder Gewerkschaftsfunktionäre, noch Kellner oder Hinausschmeißer können ihn hier stören, auch nicht der Eigentümer des Clubs, ein Mann namens Billy Berg. Es ist für Dean sehr wichtig, bei seiner Arbeit ungestört zu sein, denn er muß seine Instrumente aufmerksam beobachten und die Lautstärkenregelung der Musik anpassen, damit die Aufnahme nicht verzerrt wird.

Als der erste Set beginnt, hört Dean durch seine Kopfhörer aufmerksam zu. Er kann die Musiker mühelos identifizieren. Noch läuft sein Gerät nicht mit. Dean hört die Einleitungsfigur des Drummers Stan Levey, gefolgt von einer Reihe runder voller Noten des Bassisten Ray Brown. Dann steigt der Pianist Al Haig ein und damit ist die Rhythmusgruppe vollständig und beginnt ihren mitreißenden Beat.

A Night in Tunisia heißt die erste Nummer. Nach ein paar Takten kommen die gongähnlichen Töne eines Vibraphons dazu, scheinbar völlig aus dem Rhythmus fallend, in Wirklichkeit einen Gegenrhythmus setzend, durch den sich die Spannung noch erhöht. Das ist Milt Jackson.

Dean Benedetti wartet auf die Bläser, er ist bereit, die Maschine zu starten. Jetzt hört man eine Trompete. Sie scheint zu rülpsen, zu gurgeln und zu verenden, aber das ist nur ein musikalischer Spaß, einer von Dizzys kleinen Tricks — sofort erholt sich die Trompete von dem vorgetäuschten Fehlstart und erhebt sich mit Souveränität in das obere Register. Alle instrumentalen Stimmen sind Dean vertraut. Für einen Mann mit seinem Gehör ist es ein Kinderspiel, die verschiedenen Musiker zu unterscheiden. Selbst wenn er die Mitglieder dieser Band nicht so gut kennen würde, hätte er dennoch keinerlei Schwierigkeiten, Dizzy Gillespie unter allen Trompetern oder Al Haig unter allen Pianisten, die in Amerika Jazz spielen, sofort zu erkennen. Dean hat früher Altsaxophon gespielt, er war ein Mitglied der Jazzgemeinschaft, wenn auch kein sehr prominentes, und besitzt profunde Kenntnisse in den Instrumentalstilen des Jazz.

Ein Saxophon setzt ein, und sofort startet Dean sein Gerät. Darauf hat er gewartet — auf das Saxophon. Aber gleich darauf weiß er, daß etwas nicht stimmt. Der Klang in seinen Kopfhörern kommt nicht von einem Alt-, sondern von einem Tenorsaxophon. Der Auftritt eines Tenoristen mit der Band war für heute abend nicht vorgesehen gewesen. Dean erkennt den Musiker, es ist Eli »Lucky« Thompson, von dem man zuletzt gehört hatte, daß er sich ohne festen Job in diesem Teil des Landes aufhielt.

Es fällt Dean nicht schwer, Thompson zu identifizieren, am Vibrato und der Phrasierung; sein Stil ist eine Variation dessen, was Don Byas aus dem Erbe von Coleman Hawkins gemacht hat. Also vertritt ein Tenorist den Altsaxophonisten, den Mann, den Dean aufnehmen wollte. Er stoppt das Band. Charlie Parker, unter allen zeitgenössischen Jazzern am leichtesten zu identifizieren durch die Kraft und Reinheit seines Tones, ist nicht zu hören, auch nicht in den Ensembleparts, also ist er nicht auf der Bühne. Etwas stimmt nicht.

Es ist Benedettis Gewohnheit, ausschließlich die Parker-Soli aufzunehmen. An Soli anderer Musiker, und seien sie selbst so eminent für die neue musikalische Bewegung wie Al Haig oder Dizzy Gillespie, ganz zu schweigen von Lucky Thompson, verschwendet er weder Zeit noch Material. In seinen Augen sind diese Männer nur gerade gut genug, um mit Charlie Parker auf der Bühne zu stehen und ihn musikalisch zu unterstützen. Dean stellt das Aufnahmegerät auf den Klosettdeckel und schließt die Tür ab. Bird hat den ersten Set versäumt.

In einem anderen Teil des Clubs, neben einem Korridor, wo leere Bierkisten gestapelt sind, liegt ein einzelner langer schmaler unfreundlicher Garderobenraum, den alle Talente benützen, die hier engagiert werden. Er sieht nicht anders aus als Nachtclubgaroben überall in Amerika: An der Tür ein silberner

Stern, schon schäbig geworden, die Wände mit Preßspanplatten verkleidet und hellgrün ausgemalt. Die Farbe beginnt schon abzublättern, besonders dort, wo die Platten angenagelt sind, die Köpfe der Nägel glitzern im Licht. Instrumentenkoffer liegen in einer Ecke des Raumes; ein enormes mit Leder verkleidetes Futteral für eine Baßgeige lehnt gegen die Transportkiste für das Vibraphon, daneben kleinere Behältnisse für Baßtrommel, Snare Drum und Tom-Tom. Wieder in einer anderen Ecke hängen Wintermäntel, die sich die New Yorker Musiker — keiner von ihnen war jemals zuvor in Kalifornien — höchst überflüssigerweise mitgebracht haben, an alten verrosteten Wandhaken.

Die Tür der Garderobe mit ihrem verkrumpelten Stern steht halb offen. Drinnen, im Licht von Neonröhren, die über einem fleckigen halbblinden Spiegel befestigt sind, an einem Furniertisch, wo sich die Künstler schminken und auf ihren Auftritt vorbereiten, sitzt ein Mann mit dem Rücken zur Tür. Er hat kurzgeschnittenes, gekräuseltes Haar. Sein Körper ist stark und gedrungen, der Körper eines Arbeiters, eines Stauers, eines Lastwagenfahrers. Der Mann ist über den Tisch gebeugt, in einer Art, die äußerste Konzentration verrät. Man könnte meinen, er wäre damit beschäftigt, eine Uhr zusammenzusetzen, aber das tut er nicht. Der Mann ißt.

An der hinteren Ecke des Schminktisches stehen die Überreste des kompletten mexikanischen Luxusmenüs, des Prunkstücks auf Billy Bergs Speisekarte. Es nennt sich »Comida Conquistador« und kostet 4,75 Dollar. Der Mann hat sein Mahl mit Tecate hinuntergespült, einem importierten mexikanischen Bier, drei leere Flaschen stehen da. Vor ihm auf dem Schminktisch steht nun eine weitere Portion »Comida Conquistador«, heiß und dampfend. Die verschiedenen Teller und Schüsseln sind so arrangiert, daß der Esser alles in bequemer Reichweite hat. Da sind Enchilada, Tamale, Taco und Tostada, kleine Stückchen Butter, kleine Tellerchen mit gebackenen Bohnen, spanischem Reis und Tortillas sowie Schüsselchen mit hausgemachter Salsa Brava und Guacamole. All das schickt sich der Mann an, möglichst schnell der ersten Portion in seinen Magen folgen zu lassen. Er ißt wie ein Arbeiter, ohne Tischmanieren, schweigend und mit vollster

Konzentration, mit Kau- und Trinkgeräuschen, Grunzlauten der Befriedigung, und gelegentlichem Geklapper des Bestecks auf den Tellern. Von Zeit zu Zeit wendet er den Kopf und hört der Musik aus dem Hauptraum des Nachtclubs zu, wo die Band ohne ihn spielt.
Dean Benedetti erscheint in der Tür, hält einen Augenblick inne und ruft dann leise: »Bird!« Die Antwort kommt rasch, obwohl der sitzende Mann nicht einmal aufschaut, sondern im gleichen Tempo weiterißt. Zwischen zwei Bissen quetscht er hervor: »Hey, Dean!« Dann schluckt er, nimmt einen langen Zug von dem mexikanischen Bier und setzt hinzu: »Mann, was sagst du zu diesem verrückten mexikanischen Zeug!« Die Stimme ist sanft, mit einem angenehmen Sprechrhythmus ziemlich im Baritonregister, etwas rauh, aber pulsierend und voller Leben, eine Stimme, die man nicht mehr vergißt, wenn man sie einmal gehört hat: eine Stimme voller Musik.
Benedetti tritt ein. Er ist kein besonderer Freund der mexikanischen Küche. »It don't kill me«, sagt er zu Bird. Das »don't« ist volle Absicht; die Mißachtung gewisser grammatikalischer Regeln und die Verwendung eines gewissen Vokabulars gehören zu Deans Bemühungen, ein weißer Neger zu werden. Seine Schulbildung, die er in Susanville/Kalifornien genossen hat, bevor er Musiker wurde, ist ihm dabei oft im Wege. Wer »in« sein will, muß den Jargon der schwarzen Ghettos und der Jazzclubs beherrschen. Die Musiker, die Dean bewundert und denen er nachgeeifert hatte, waren alles Schwarze gewesen, und wenige von ihnen hatten es in der Schule besonders weit gebracht. Sie hatten ihren Unterricht in Tanzlokalen, Bars, Hotelzimmern, Clubgarderoben und Nachtcafeterias erhalten, und das wichtigste Fach war das Spielen von Jazz gewesen.
Bird dreht sich in seinem Stuhl um und blickt den Korridor entlang, der zur Küche führt. »Was ist los, Mann«, sagt er, »wo ist der Kellner?« Das ist eine indirekte Aufforderung an Benedetti, aber der meint: »Hör zu, Bird, du wirst jetzt nicht mehr weiterfressen, nicht nach zwei kompletten mexikanischen Menüs!«
»Ich möchte nur eine Flasche Schnaps«, erläutert Bird. »Schau her, das ist für mich die erste Gelegenheit, zu essen, seit gestern

Nacht im Zug. Sie hatten einen Speisewagen, verstehst du, es war einer von diesen großen Santa-Fe-Trains.« Bird hebt seinen Kopf nicht, aber sein Blick sucht im Spiegel den von Benedetti. »Mein Alter hat in diesen Speisewagen gearbeitet, von Kaycee aus, verstehst du, er ist oft diese Strecke gefahren, hierher an die Küste...« Der Satz bleibt in der Luft hängen. Das ist eines der wenigen Dinge, die er von seinem Vater weiß, außer, daß er tanzen und ein bißchen Klavierspielen konnte. Das Essen interessiert ihn im Augenblick mehr und der Schnaps, der nicht gekommen ist.

Bird beauftragt Benedetti, sich um den Schnaps zu kümmern und beginnt wieder zu essen. Den Kopf über die Teller gebeugt, zerteilt er mit der Gabel die Enchilada, in der anderen Hand hält er ein Glas mexikanisches Bier, mit dem er das Essen hinunterspült. Von draußen dringen wieder Musikfetzen herein, der Saxophonist arbeitet sorgfältig eine komplizierte Phrase aus, in seinem rhapsodischen Stil, aber damit erregt er nicht das Interesse Birds. Die Tortillas werden zusammengelegt, schnell und sauber, mit den geschickten Bewegungen eines Mannes, der mit einer Hand eine Zigarette rollt. Birds Hände sind breit, die Finger plump, der kleine Finger fast so lang wie der Zeigefinger. Es sind Hände, die viel Disziplin und Training verraten, ihre Bewegungen sind geschmeidig und rasch — die Hände eines Zauberers, oder eines Taschendiebes.

Der Kellner kommt schließlich und bringt eine kleine Flasche Gordon's Gin, ein sauberes Highball-Glas, Eiswürfel und Kassabelege — auch für das Essen und das Bier. »Mr. Berg sagt, sie unterschreiben das!« Er spricht mit mexikanischem Akzent.

Bird dreht sich um und starrt den Kellner an. »Mein guter Mann«, sagt er, »soll das heißen, diese Kleinigkeiten gehen nicht auf Rechnung des Hauses?«

»Mr. Berg«, wiederholt der Kellner, »er sagt, Sie bitte unterschreiben diese Belege.«

Bird hat plötzlich eine andere Stimme, sie hat einen starken Unterton von Überraschung, beinahe von Schock, die Worte kommen gewichtig und schwülstig. »In den Nachtclubs der östlichen

Staaten ist es üblich«, sagt er, »dem Künstler derartige Gefälligkeiten zu erweisen.« Das Schlüsselwort ist »Künstler«, der Vorwurf ist nicht an den Kellner gerichtet, der — wie er selbst — ein Angehöriger der arbeitenden Klasse ist, sondern an den Schuldigen, den Manager des Nachtclubs. Diese Feinheiten bekommt der Kellner nicht mit.
»Sie nicht unterschreiben?«
»Lassen Sie die Belege da«, sagt Bird sehr bestimmt. »Es wird alles geregelt.«
»Sie sprechen mit Mr. Berg?«
»Zu gegebener Zeit«, sagt Bird. »Ich regle die Angelegenheit mit Mr. Berg persönlich.« Den Namen des Clubeigentümers spricht er aus wie Mickey Mouse. Der Kellner geht und Benedetti sagt: »So ein Scheiß!«
»Ja, wirklich«, meint Bird darauf, »das ist ein mieser Laden.« Er macht sich über die Reste der »Comida Conquistador«. Von draußen hört man wieder die Musik. Die Band beendet *Dizzy Atmosphere* und beginnt einen Blues in mittlerem Tempo, *Now's the Time*, gefolgt von *Confirmation* und einer weiteren neuen Nummer mit dem Titel *Ornithology*. Die Nummern sind Bird wohlvertraut, schließlich hat er sie selbst geschrieben, einige schon vor fünf Jahren, als er noch ein unbekannter Musiker im Saxophonsatz einer Band war, die von Kansas City aus operierte, unter der Leitung des Pianisten Jay McShann. Bird ist imstande, irgendwelche Neuerungen in den Soli seiner Kollegen auf dem Bandstand sofort zu entdecken, aber er hört nichts, was er nicht schon vorher gehört hat. Schon bevor sie nach Kalifornien gekommen waren, hatte Bird mit dieser Band auf der 52nd Street gearbeitet und ihm ist klar, daß alle Musiker zu den Besten innerhalb der neuen Bewegung gehören, aber sie scheinen ihren Vorrat an musikalischen Ideen aufgebraucht zu haben. Bird taucht eine der Tortillas in die Schüssel mit Salsa Brava, leuchtend rot, aus Tomaten und verschiedenen Sorten Pfeffer — so scharf, daß ihm das Wasser in die Augen tritt. Er trinkt den letzten Schluck Bier. »Dean«, sagt er, »sieh nach meinem Saxophon!« Seine Stimme ist wieder beiläufig-sachlich, aber das Vibrato ist immer noch da. »Die Blätter, meine ich.«

»Yes indeedy!« Dean macht sich mit Begeisterung daran, den Saxophonkoffer aus dem Berg von Musikergepäck herauszusuchen und zu öffnen. Außen ist er schäbig und abgestoßen vom vielen Umherziehen, innen ist aber alles sauber und glänzend. In roten Samt gebettet liegt ein Es-Altsaxophon. Eingraviert sind das Firmenzeichen des Herstellers, die registrierte Nummer des Instruments und der Ort der Erzeugung: Paris, Frankreich. Das Horn ist ein echtes französisches Selmer, handgearbeitet in einem Betrieb, der die bestausgebildeten Instrumentenbauer der Welt beschäftigt. »Sieht aus, als wären es dieselben Blätter, die du im *Three Deuces* gehabt hast«, meint Dean. »Dieselbe Schachtel Ricos.«

»Und das Mundstück«, fragt Bird, »was ist mit dem Mundstück?«

Dean nimmt die Kappe des Mundstücks ab. Ein Rico Nr. 5 ist darin befestigt. Nr. 5 ist das steifste Saxophonblatt, das erzeugt wird. Es erzeugt den größten und eindrucksvollsten Sound auf dem Saxophon, erfordert aber die meiste Lungenkraft und besitzt die geringste Flexibilität. Normalerweise wird es nur in Brassbands verwendet, wo einzelne kontrapunktische Noten zu spielen sind. Es ist ein starres unnachgiebiges und schwer zu kontrollierendes Blatt. »Rico Nr. 5«, sagt Dean zu Bird. »Soll ich es dir auswechseln?«

»Nein, laß es drin!«

Bird zündet sich eine Zigarette an. Seine Augen wandern in Richtung Clubraum und er hört abwesend auf die Musik von dort. »Das Fünfer ist cool«, sagt er. Cool ist ein Wort, das er mag. Es signalisiert gute Qualität und Situationen unter Kontrolle. Bird schiebt das Geschirr in den Hintergrund des Schminktisches und öffnet die Ginflasche. Er nimmt das Bierglas, gießt den Rest des Bieres auf einen der Teller, füllt das Glas bis zum Rand mit Gin — das saubere Highball-Glas und die Eiswürfel ignoriert er — und dann trinkt er den klaren warmen Schnaps hinunter, langsam und regelmäßig, als wäre es Mineralwasser, nur einmal setzt er das Glas ab, um Luft zu holen. Seine Augen verschleiern sich zuerst, dann werden sie hell und strahlend und Bird lehnt sich in seinen Stuhl zurück, zufrieden und schwelgerisch wie eine voll-

gefressene Katze. Er zieht an seiner Zigarette. Schweißperlen stehen auf seiner Stirn und auf den ausgeprägten Backenknochen, die auf indianische Vorfahren hindeuten.
Birds Haut ist von mittlerer kaffeebrauner Farbe und so weich wie die eines Babys. Er ist um Mitte Zwanzig. Falls er weißes Blut haben sollte, ist es nicht erkennbar. Äußerlich ist er ein Schwarzer aus der amerikanischen Arbeiterklasse, vielleicht mit einer Spur indianischen Blutes. Sein Haar ist schwarz und im Grenzbereich zwischen gelockt und gekräuselt. Es ist kurz geschnitten, die Zeit des Afro-Looks liegt noch weit. Die Nase verdickt und verbreitert sich vorne, es ist eine afrikanische Nase. Noch afrikanischer wirkt das Kinn: lang, wuchtig und kraftvoll, mit massiven Knochen. Birds Augen sind braun, sanft und leuchtend, wie die Augen eines Rehs. Er horcht jetzt mit professionellem Interesse auf die Musik aus dem Clubraum: nach *Ornithology* hat die Band mit *Billie's Bounce* begonnen, auch das ist eine Komposition von ihm. Er atmet ruhig und tief, er hat keine Eile. Der physische Teil seiner Person ist zufriedengestellt und ruhig — cool! Nun ist es Zeit, einen anderen Teil in Form zu bringen. Bird schenkt sich ein weiteres Glas Gin ein und hält es gegen das Licht. Er steckt sich eine neue Zigarette an. »Dean«, sagt er, »das Horn!«
Benedetti schiebt den Instrumentenkoffer über den Tisch. Die Zigarette zwischen den Lippen, beginnt Bird nun, die einzelnen Teile seines Saxophons Stück für Stück zu einem ganzen Instrument zusammenzusetzen. Schließlich setzt er das Mundstück auf und überprüft die Klammer, die das Blatt festhält. Über das kurvige Metall hinweg kann er sich im Spiegel sehen, und das Spiegelbild wird von einem weiteren kleineren Spiegel an der Rückwand aufgenommen und reflektiert. Bird sieht eine ganze Reihe identischer teleskopischer Bilder eines Mannes, der ein Saxophon hält — ein Effekt, der ihm gefällt. Er starrt in den Spiegel und lächelt scheu.
»Weißt du was, Bird, ich könnte nicht einmal einen Kiekser herausbringen, mit einem Rico 5«, sagt Dean Benedetti. »Geht einfach nicht!«
»Aber, aber«, gibt Bird zur Antwort, »so schwer ist das nicht,

Mann!« Er fingert auf dem Saxophon, spielt eine einzelne Note und gibt es Dean in die Hand. »Los, Dean! Laß mich dein tiefes B hören!« Dean will nicht so recht, aber Bird besteht darauf und schließlich nimmt Dean eine professionelle Haltung ein und legt seine Finger auf die Tasten. Er weiß alles über das Es-Altsaxophon, denn in den Jahren, wo er mit den Bands herumgezogen ist, war es sein Hauptinstrument, obwohl er außerdem auch Tenor, Bariton und Klarinette gespielt hat. Er bläht seine Hühnerbrust auf und bläst, so fest er kann. Aus dem Horn kommt ein seltsames unmusikalisches Geräusch, rauh und hohl, wie der Wind in einer Dachrinne. Das Rohrblatt am Mundstück des Selmer, das Rico Nr. 5, kommt nicht richtig zur Vibration, die Luftsäule innerhalb des Saxophons bleibt bewegungslos. Benedetti stampft ärgerlich mit dem Fuß auf, seine Finger tanzen auf den Tasten, die trocken klappern, aber es ändert sich nichts. Mit diesem dicken Blatt reagiert das Saxophon nicht. Es bleibt tot.

Dean schnappt nach Luft. »Ich schaff's nicht, Mann«, sagt er in einem gepreßten Ton und mit einer Art unterdrückter Hysterie, denn genau das ist es, was er vermeiden wollte. Er denkt an jene Nacht, als ihm irgend jemand von einem Saxophonisten aus Kansas City vorgeschwärmt hatte, und als er dann nach Harlem gefahren war, in *Minton's Playhouse*, wo die Musiker in jenen Tagen ihre Jam Sessions abhielten und er dort zum ersten Mal Bird zugehört hatte, einem Scharzen, der das Instrument spielte, auf dem er, Dean, ein Profi war, oder bis zu diesem Augenblick geglaubt hatte, einer zu sein. Von da an hatte er gewußt, daß seine angebliche Kompetenz nichts wert war — *so* mußte dieses Instrument gespielt werden! Er hatte Bird bis ins kleinste Detail studiert, Fingertechnik, Atemtechnik, Ansatz, er imitierte seine Haltung, seine persönlichen Eigenarten und Angewohnheiten. Er beschaffte sich Rohrblätter der Stärke 5 und übte insgeheim, machte Yogaübungen, um seine Lungen zu stärken, und kaute Handtücher, damit seine Kiefermuskeln kräftiger wurden. Trotzdem schaffte er es nicht, es war eine schiere physische Unmöglichkeit, genausogut hätte er versuchen können, 600 Kilo zu heben. Die unterdrückte Hysterie kommt nun wieder in ihm hoch: der Fehler ist eben — so sieht er es —, daß er ein Weißer ist, ein *Ofay*, ohne die Kraft und die spezifischen Kenntnisse der schwarzen Musiker, die den Jazz dominieren. Das ist auch der Grund, warum er aufgehört hat, zu spielen, und der Mann mit dem tragbaren Recorder geworden ist, ein weißer Neger, der versucht, das Argot der Ghettos und Nachtclubs zu sprechen, der aus Cabarets und Tanzlokalen hinausgeworfen wird, der mit dem Greyhound von New York nach Hollywood vorausfährt, um Zeit zu haben, Vorbereitungen für die Aufnahmen von Charlie Parkers erstem Auftritt an der Westküste zu treffen. Niemand bezahlt ihn für das, auch nicht Bird. Offensichtlich hat Dean kein Einkommen, aber es ist für ihn nicht schwer, genug Geld — *Gold*, wie er sagt — für seinen Lebensunterhalt aufzutreiben. Jeden Tag rollt er ein paar professionell aussehende Zigaretten aus seinem Marihuanavorrat und verkauft sie an Straßenecken, in Musikläden oder in den Toiletten der Nachtclubs.

»Nichts tut sich«, sagt er, etwas albern, er versucht, die Situation zu überspielen. »Überhaupt nichts, Mann!«

Aber Bird läßt nicht locker. »Von unten, aus dem Bauch«, ruft er. »Blas' doch, Dean, spiel' das verdammte Horn!«

Folgsam versucht Dean es weiter, obwohl er genau weiß, daß es zwecklos ist. Er schwört sich innerlich, daß er sich zum letzten Mal dieser Blamage ausgesetzt hat, aber er bläst, bis sein Gesicht rot angelaufen ist, mit demselben Resultat wie vorher. »Geht nicht«, sagt er und legt das Horn weg. »Keine Chance, Mann!«

»Du mußt dein Zwerchfell benützen«, sagt Bird. »Schau einmal her, du weißt, was ich gerade alles gegessen habe, und jetzt werde ich dir etwas zeigen...« Er steht auf, wendet sich Dean zu, streckt seinen Bauch vor und spannt die Muskeln. »Los, Dean, box mich in den Bauch. Komm schon!«

Dean zögert, er mag Bird nicht schlagen. Bird beginnt ihn zu ärgern, nennt ihn einen Scharlatan, einen Schwulen, einen dreckigen weißen Motherfucker und endlich wird Dean wirklich wütend. Er ballt die Fäuste, stellt sich in Positur und schlägt einen rechten Punch in Birds Bauch. Es ist, als würde er gegen eine starke und straff gespannte Zeltplane schlagen, die seine Faust zurückfedern läßt. Bird lacht sein großes Baritonlachen. Dean holt tief Atem und schlägt noch einmal zu, diesmal so fest er kann,

mit seiner Schulter hinter dem Schlag, aber es passiert genau dasselbe. »Na, siehst du, was ich meine?« Bird lacht und setzt sich wieder in den Stuhl. »Das Fundament muß da sein, und das liegt in deinem Zwerchfell. Wenn die Luft von dort heraufkommt in deinen Hals und in deinen Mund, dann kannst du deinen Sound formen, wie du ihn haben willst: wohlklingend, laut oder leise, aber zuerst kommt das Fundament, und das liegt im Bauch.«
»Bird, woher hast du das alles?« Dean lehnt sich schwer atmend gegen die Wand der Garderobe. »Wo hast du gelernt, auf diese Art Saxophon zu spielen?«
»In Kansas City.«
»Hast du dort Lester Young zugehört?«
»Jede Nacht«, sagt Bird, »jede Nacht.«
Bird nimmt das Instrument. Er trägt die Hosen eines Nadelstreifenanzuges und rote Netzhosenträger über einem weißen Hemd. Die Hosen sind aus steifem Material und die Knitterfalten in den Kniekehlen wirken wie eingebaut. Er öffnet den Knopf in der Mitte, um leichter atmen zu können. Seine weichen flachen Finger passen auf die Knöpfe des Saxophons, als wäre es für ihn maßgefertigt. Das Mundstück gleitet zwischen die Zähne und sitzt dort wie einzementiert. Die Backenknochen treten hervor, der Unterkiefer ist fest, die Brustmuskeln spannen das weiße Hemd und die roten Hosenträger.
Er spreizt die Beine und setzt sie fest auf den Boden, so daß sein Oberkörper jetzt dreifach abgestützt ist. Und dann werden Mann und Instrument eins. Das Saxophon selbst ist eine Fortsetzung der Stimme. Die ersten Klänge, die aus ihm herauskommen, haben die Farbe von Birds rauhem Bariton, im höheren Register sind sie dünn und eindringlich. Der Ton ist breit, als wenn zwei Töne miteinander vermischt wären, ein dünner transparenter und ein dicker voller Ton, ineinandergeblendet.
Die Töne, die aus dem Schalltrichter des Saxophons hervorsprudeln, erinnern an Modulation und Rhythmus von Birds Sprechweise. Durch das Horn gehört, ist Birds Sprechweise nicht mehr abgehackt und indirekt. Wenn Bird spricht, scheint er nie ganz relaxed zu sein. In Gesellschaft von Leuten, die er gut kennt, kann er brummig, fröhlich und direkt sein, aber manchmal ist

er auch scheu und wortkarg. Bei Leuten, die er nicht kennt, spielt Bird immer eine von vielen kleinen Rollen. Manchmal ist er ein Gangster. Er kann aber auch ein Detektiv sein, einer von der Rauschgiftbrigade in einer großen Stadt, oder irgend jemand aus der Radioshow »Amos and Andy«, etwa Kingfish, mit seiner seltsamen Aussprache und seinem zungenbrecherischen Vokabular. Er ist ein Mississippi-Nigger, gerade in der Großstadt angekommen, frisch aus dem Delta, oder ein kleiner Betrüger. Alle Rollen, die er spielt, sind sorgsam einstudiert, mit allen Tonfällen und Gesten, die erforderlich sind und dienen ihm dazu, mit Situationen fertig zu werden, die bei Auseinandersetzungen mit Leuten im Musikgeschäft eintreten können. Aber jetzt spielt er nicht mehr. Jetzt ist er er selbst, der Musiker, der er immer hatte werden wollen, und der er unter vielen Schwierigkeiten schließlich geworden ist. Er hat das Saxophon an seinem Mund. Er ist bereit.

Draußen auf dem Bandstand spielt der Tenorist *Smoke Gets in Your Eyes*, und die Klänge dringen in die Garderobe. Bird nimmt die Harmonien auf und spielt mit. Immer, wenn sein Kollege draußen moduliert, hat er den Akkordwechsel schon gemacht, wenn auch auf andere Art. Nach ein paar Takten beginnt Bird immer kompliziertere Variationen dessen zu spielen, was der andere spielt, Paraphrasen, Umkehrungen, er setzt um eine kleine Terz höher fort und beschäftigt sich mit der seltsamen Kombination von Tönen und neuen Akkorden, die so entstehen. Fragmente aus anderen Nummern, *Mean To Me* und *Oh, What a Beautiful Morning* tauchen auf und werden Teil der neuen Melodie, die Bird aus *Smoke Gets in Your Eyes* macht. Als ihn das nicht mehr interessiert, spielt er das Saxophon abschließend noch einmal von oben bis unten durch, eine blitzschnelle Serie von Tonleitern und am Ende ein tiefes B, die einzige kraftvolle Fortissimo-Note, die er bis jetzt gespielt hat, gewichtig und endgültig wie das Grunzen eines Nilpferds. Bird legt das Saxophon quer über das offene Futteral.

»Dean, wie ist es draußen?«
»Der Club ist bumsvoll. Eine Menge Fans von dir.«
»Yeah?«

»Bumsvoll, sag ich dir! Nur mehr Stehplätze. Du bist eben der Größte, Mann!«
Bird lächelt sein verschlagenes Kleine-Buben-Lächeln. Das ist etwas, woran er sich gerne erinnern läßt.
»Deinetwegen sind sie gekommen«, sagt Dean, »nicht Dizzy und die anderen wollen sie hören. Bird, sie wollen Bird! Wo ist er, fragen sie, was ist mit ihm geschehen? Tritt er heute nicht auf, ist er am Ende wieder nach New York zurück? So reden sie da draußen!«
Bird denkt an den Aufwand, der nötig war, um ihn hierherzubringen, an die wenigen Leute, die etwas über ihn wissen und die vielen, die es nicht tun und denen das auch völlig egal ist. Der Größte, sagt Dean, und der ist sein strengster Kritiker, der weiß Bescheid. Dean hat das Saxophonspiel aufgegeben, weil er weiß, daß es für ihn zu spät ist, daß er Bird nie nahekommen kann.
Dean ist außerdem der einzige Musiker, dem Bird musikalisch nicht das geringste vormachen kann, denn Dean hat Ohren, die alles registrieren, das jemals gespielt wird, egal, ob von Bird oder von jemand anderem, ob auf einer Platte oder in einem Nachtclub. Er erinnert sich zum Beispiel an die Coda, die Bird einmal an den Schluß einer Ballade angehängt hat; vor 14 Monaten ist das gewesen, im *Downbeat Room*, einem kleinen Club in Boston, der inzwischen pleite gemacht hat. Dean, dessen eigenes Spiel nichts ist und nie etwas war, weiß das noch, und er sagt, Bird sei der Größte. Aber das muß Bird beweisen, immer und immer wieder: in ungeheizten Tanzschuppen, die nach billigem Parfum und saurem Schweiß riechen und wo auf den Toiletten die gebrauchten Präservative herumliegen, in Cabarets und Jazzclubs, Nacht für Nacht, so wie er es in den letzten zehn Jahren gemacht hat, seit er die Schule in Kansas City verlassen hat und Berufsmusiker geworden ist. Bird ist in der Situation eines Champions im Schwergewicht. Er kann sich alles mögliche erlauben, etwa zu spät oder auch gar nicht zur Arbeit zu erscheinen, nur keine Niederlage.
Es klopft. Ein kleiner dunkler Mann erscheint im Türrahmen, höflich und ernst, in einem mitternachtsblauen Seidenanzug.
»Wer von ihnen ist Charlie Parker?«

Bird dreht sich um und sieht ihn an: »Und wer sind Sie?«
»Ich bin Billy Berg«, erwidert der Mann im Seidenanzug, »mir gehört dieses Lokal.«
Dean Benedetti tritt einen Schritt zurück.
»Guten Abend, Mr. Billy Berg«, sagt Bird.
»Mein Kellner sagt mir, Sie hätten eine ganze Menge bestellt und keine Belege unterschrieben.« Er blickt auf eine goldene Armbanduhr. »Sie sollten außerdem seit 40 Minuten auf dem Bandstand sein — Ihr Name ist draußen vor dem Lokal groß angekündigt.«
»Das stimmt«, sagt Bird freundlich. »Aber um spielen zu können, muß ein Mann essen.«
Er nimmt einen Schluck Gin aus dem Bierglas. »Und trinken!«
»In der Arbeitszeit??«
»Mr. Billy Berg, es hat mich eine Stunde und 6 Dollar gekostet, hierherzukommen.« Birds Ton ist schärfer geworden. »Es gibt nämlich in Hollywood keine Hotels für Schwarze.«
»Das ist etwas, das ich bedauere«, sagt Billy Berg.
Sie starren einander an.
Es gibt etwas, das der Eigentümer eines Nachtclubs nicht kann: Er kann nicht Saxophon spielen. Er kann einen Musiker bei der Gewerkschaft anzeigen, wenn der seinen Verpflichtungen nicht nachkommt, er kann in gewissen Fällen die Gagen einbehalten, aber er kann ihn nicht zwingen, zu spielen, und das wissen sie beide. Billy Berg hat nicht die Absicht, sein Gesicht zu verlieren, aber sein Ton hat sich leicht geändert, als er sagt: »Waren Sie schon im Clubraum?«
»Noch nicht, Mr. Berg.«
»Wenn Sie hineinkommen, werden Sie sehen, daß dies der einzige gemischtrassige Club in Los Angeles ist. Diese Politik ist nicht sehr beliebt in Hollywood, aber ich führe meinen Club so.«
Bird betrachtet sein Gegenüber mit neuem Interesse. »Diese Band ist ein großes Risiko für mich«, sagt Billy Berg. »Die Agentur bestand auf einem achtwöchigen Kontrakt, und wenn das ganze ein Flop wird, kostet mich das eine Menge Geld. Ich kann es mir zwar leisten, die Kriegsjahre waren recht einträglich, aber

in diesem Fall würde eine Formation wie die Ihre hier draußen sicher für längere Zeit nicht mehr engagiert werden.« Er macht eine Pause. »Wenn Sie dann soweit sind, Mr. Parker — eine Menge Leute wartet darauf, Sie spielen zu hören.«
»Roger«, sagt Bird.
Billy Berg verläßt die Garderobe.
Dean Benedetti zieht ein Gesicht und sagt: »Große Worte!«
»Vielleicht«, sagt Bird. Nachtclubbesitzer sind seine natürlichen Feinde. Einer in Cleveland hatte einmal versucht, ihn um eine Wochengage für die ganze Band zu prellen, aber Bird hatte das Lokal verlassen, einen Buchmacher aufgesucht und sich dessen 45er Automatic ausgeliehen; damit war er zurückgekommen und hatte kassiert, was ihm zustand. Viele Nachtclubbesitzer haben ihn hereingelegt, aber es gibt Ausnahmen. Das Rassenproblem bedeutet sehr viel für Bird. Es ist für die schwarzen Musiker nicht mehr mit einem Achselzucken abzutun. Wenn das hier wirklich der erste gemischte Club an der Westküste ist, dann möchte er Genaueres wissen. »Vielleicht ist der Typ wirklich in Ordnung«, sagt er zu Dean. »Geh jetzt hinaus und sage Dizzy, er soll meine Nummer spielen!«
»Welche? *Rhythm?*«
»Nein, *Cherokee.*«
»Welches Tempo?«
»Diz weiß schon!«
»Roger!«
Benedetti verschwindet. Bird rollt die Hemdärmel herunter. Das Hemd hat er gestern im Zug angezogen, irgendwo in New Mexico, die Manschetten sind schmutzig. Er zieht eine gestrickte Krawatte aus der Schublade heraus, rot und weiß gestreift, aus starkem glänzendem Garn; der Knoten ist nicht gelöst, sondern nur hinuntergeschoben, er wirkt dick, beinahe quadratisch und paßt nicht recht unter den Kragen des Hemdes, die Krawatte ist außerdem zu kurz, aber das alles stört Bird nicht. Er befestigt den Halteriemen für sein Saxophon am Nacken und schlüpft in ein neues braunes Veloursjackett, das er sich am Nachmittag auf Kredit angeschafft hat, in einem hippen Modeshop auf der Central Avenue, der Hauptstraße des Scharzenghettos von Los An-

geles, wo er durch seine Schallplatten bekannt ist. Bird zieht das Jackett über seine massigen Schultern und ignoriert die Falten, die am Kragen entstehen. Er läßt den Clip des Halteriemens in den Ring auf der Rückseite seines Saxophons einschnappen und trinkt langsam den Rest des Gins aus. Draußen ist es ruhig, *Smoke Gets in Your Eyes* ist zu Ende. Bird sitzt auf dem Garderobestuhl. Er wirkt wie ein Sportler, der darauf wartet, daß das Rennen beginnt.

Als Dean Benedetti den Clubraum betritt, hat *Smoke Gets in Your Eyes* gerade die Coda erreicht. Lucky Thompson steht vorne in der Mitte des Bandstands, der sich an einem Ende des Raumes befindet, groß genug für sechs oder sieben Musiker. Lucky ist ein rundlicher, schläfrig wirkender Mann mit kurzer Nase und fliehendem Kinn. Er hält einen langen rauhen Schlußton und bewegt dabei sein Saxophon, um eine Art Vibratoeffekt zu erzielen. Dean eilt zum Bandstand, bevor die nächste Nummer beginnen kann.

Dizzy Gillespie, der Leader, ist mittelgroß, drahtig, nervös und voller Energie. Er trägt einen doppelreihigen karierten Anzug, in seiner Brusttasche steckt ein blütenweißes Taschentuch. Sein Hemd ist ungestärkt und makellos, seine Satinkrawatte schimmert in allen Farben des Regenbogens, und auf dem Kopf trägt er ein flottes schwarzes Beret. »Was ist los«, möchte Dizzy wissen, »was macht Bird da hinten?« Sein kleines Ziegenbärtchen hüpft auf und ab, wenn er spricht. »Bird hat gegessen«, berichtet Dean, »besser gesagt, gefressen, und jetzt ist er soweit. Er will *Cherokee*.«

»Jetzt??« Dizzy sieht auf seine goldene Armbanduhr. »Wir haben den Set schon 15 Minuten überzogen!« Er klemmt seine glänzende Trompete unter den Arm und massiert seine Unterlippe mit der Fingerspitze.

»Bird will Cherokee«, sagt Dean.

Dizzy macht eine Grimasse, die vieles ausdrückt und sagt schließlich: »All reet, Daddy!« Er nimmt das Mikrophon und lächelt schelmisch ins Publikum, dann sagt er: »And now, ladies and gentlemen, as a little novelty number for you good people of the Far, Far West, we'd like to play a tune called *Cher-o-kee*!« ... Zwischen den gespitzten Lippen kann man seine rosa Zunge sehen. Dizzy fingert ein wenig an den Ventilen seines Instruments, dann dreht er sich zu den anderen um und sagt: »All right, Leute, *Cherokee!*« Er macht eine Pause, schaut auf den Drummer und fügt hinzu: »Schnell!«

Der Drummer ist Stan Levey. Er ist weiß, und ein weißer Drummer ist eine Anomalie in einer gemischten Band. Levey sitzt hinter seiner Batterie von snare drums, Becken und Tom-Toms, ein bleicher athletischer Mann mit einem zerklüfteten Gesicht und starrem Blick. Sein Bandjackett sieht aus, als käme es von demselben Schneider wie das von Dean Benedetti. Levey steckt die Trommelstöcke in das Metallband, das um die Baßtrommel herumläuft, und nimmt ein Paar Drahtbesen zur Hand. Mit den Besen ist er der schnellste Schlagzeuger im Jazz, seine Technik wird allgemein bewundert. Levey weiß, was jetzt von ihm verlangt wird, er weiß, daß Bird jetzt auftreten wird und daß Bird in *Cherokee* das Tempo schnell, sehr schnell haben will, es hätte Dizzys Hinweis gar nicht bedurft. Es ist eines der grundlegenden Prinzipien im Jazz, daß das einmal gewählte Tempo durchgehalten und weder beschleunigt noch verlangsamt wird. Das ist aber weder Sache des Solisten, noch des Bandleaders, das ist Sache des Schlagzeugers. Levey nickt und lehnt sich vor, sein Gesichtsausdruck zeigt, er ist bereit. Die snare drum ist beinahe zwischen seinen Knien, die Hände halten locker die Besen. Und nun beginnen seine Hände und Handgelenke sich zu bewegen, zu schnell für die Augen, um ihnen zu folgen. Der Klang der Besen auf der Trommel ist ein Schaben, das an Sandpapier erinnert, und das Tempo ist so schwindelerregend, daß die Sounds ineinanderlaufen; in einem unwiderstehlichen 4/4-Rhythmus.

Cherokee ist ein langes kniffliges 64-Takte-Thema mit schwierigen Akkordwechseln. Der Drummer muß nicht nur das Tempo vorgeben und halten, er muß auch die einzelnen Abschnitte des Themas akzentuieren, das ist für den improvisierenden Solisten überaus wichtig. Der schwirrende Klang der Besen auf der snare drum erfüllt den muschelförmigen Raum des Bandstand und fließt über in den Besucherraum. Der Baß fällt in den nervösen

drängenden Puls des Schlagzeugs ein. Dann kommt das Klavier dazu. Al Haig spielt es, ein Konservatoriumsabsolvent, der aussieht wie ein Bankbeamter. Er gehört zu der neuen Generation der Pianisten, den »chord feeders«, die von den neuen Solisten ganz besonders geschätzt werden. Seine Akkorde sind sorgsam ausgewählt im Voicing und in den Schattierungen und ebenso sorgsam in die Textur der Rhythmusgruppe eingearbeitet.
Gillespies Trompete und Lucky Thompsons Saxophon beginnen mit dem Thema von *Cherokee*. Hinter ihnen schlägt Milt Jackson dissonante off-time-Noten auf den Metallplatten seines Vibraphons an. Alle sind nun beteiligt, die Lautstärke wird größer und die Spannung überträgt sich auf die Zuhörer, an den Tischen des Nachtclubs verstummen die Gespräche. Der Raum ist überfüllt, wer keinen Sitzplatz mehr gefunden hat, steht an den mit schwarzem Samt drapierten Wänden. Viele junge Musiker sind da: Shelley Manne, der Drummer des Stan-Kenton-Orchesters, das gerade im *Hollywood Palladium* spielt, und Jackie Mills aus der Boyd Raeburn Band sind gekommen, um Stan Levey zu hören, Raeburns Pianist Dodo Marmarosa und sein Kollege Teddy Napoleon aus Gene Krupas Band verfolgen Al Haig mit gespannter Aufmerksamkeit, Red Rodney und Tommy Allison, zwei junge Trompetenstars, kamen wegen Dizzy Gillespie. Auch Bassisten und Vibraphonisten sind da, um Ray Brown und Milt Jackson zu studieren. Aber alle Musiker — Drummer, Bassisten, Pianisten, Trompeter, Saxophonisten — warten auf Bird; was er spielt, ist für alle Instrumente des Jazz wesentlich.
Das Publikum füllt inzwischen jeden freien Raum im Lokal. Als Dean Benedetti sich mühsam seinen Weg durch den Mittelgang bahnt, hört er die ersten Töne des Saxophons. Noch weit entfernt, auf dem Weg von der Garderobe zur Bühne, aber ständig lauter und stärker werdend. Dean stößt die Leute rücksichtslos beiseite und läuft, so schnell er kann, auf »seine« Toilette. Er startet die Aufnahme gerade rechtzeitig, als die ersten Töne von Bird durch den Draht kommen.
Die Töne werden immer deutlicher. Es ist der gleiche Effekt wie bei einer Parade, wenn man eine Band schon von weitem hört, aber noch nicht sehen kann, und dann kommt sie plötzlich um

eine Ecke und ins Blickfeld und wird ebenso plötzlich lauter. Schließlich steht Bird im Eingang zum Nachtclub — es ist wie der Auftritt eines routinierten Schauspielers. Sein Gesicht ist gerötet und glänzend, seine Jacke ist offen und die Töne quellen aus seinem Horn, durchdringend und zahlreich. Der Sound ist, wie vorhin in der Garderobe, die Kombination aus zwei Tönen, dem dünnen transparenten und dem satten dicken Ton, zugleich verschleiert und klar, verhangen und strahlend. Bird spielt sein Instrument mit der Kraft einer Trompete, aber der Sound bleibt eine Ausweitung der menschlichen Stimme: das Saxophon summt, schnurrt, singt, gleitet die Register auf und ab, erzählt, schnarrt, stöhnt, ermahnt, deklamiert, schreit und weint.
Wenn Bird sich bewegt, bewegt sich sein Horn mit, als drehe sich eine Statue auf ihrem Sockel. Die Töne schießen aus dem kurvigen Trichter des Saxophons, brechen sich an den Wänden und erfüllen den ganzen Raum.
Bird spielt die ersten 64 Takte von *Cherokee* durch, ohne Atem zu holen, und hat immer noch Luft genug. Seine Bauchmuskeln pressen sie herauf in seine Kehle, das Rohrblatt in seinem Mundstück bewegt sich im Luftstrom, die Luftsäule innerhalb des Instruments ist lebendig mit Musik. Bird fühlt das Essen und den Gin in seinem Bauch. Er ist cool, er hat sich unter Kontrolle. Die Töne kommen aus seinen Fingern und verdichten sich zu Ketten und Trauben. Die Samtverkleidungen der Wände und die niedrige Decke halten den Klang, die Töne türmen sich auf, einer über dem anderen, bis der ganze Raum gedrängt mit Klang erfüllt ist, Klang, der gegen die Luftsäule in seinem Instrument zurückschlägt, Bird kann das fühlen. Dieser Raum ist größer als der im *Three Deuces* oder in irgendeinem anderen Nachtclub auf der 52nd Street in New York, und hier sind viel mehr Leute. Der ganze Innenraum dieses Clubs ist wie ein großes Saxophon, die Luft im Raum vibriert, wenn Bird eine laute Note spielt. Er beißt fest auf sein Mundstück und spielt eine seltsame Tonskala, die ihm plötzlich in den Sinn kommt, etwas, woran er sich von den musikalischen Wettkämpfen seiner Jugendzeit her erinnert und das ihn schließlich wieder in die Struktur von *Cherokee* zurückführt. Wie so oft, wenn er voll in Fahrt ist, entdeckt er neue

Möglichkeiten für die Akkordwechsel und neue Beziehungen zwischen den Klängen.
Bird entdeckt im Publikum junge Musiker, die er kennt, und er sieht sowohl schwarze als auch weiße Gesichter. Ein junger, korrekt gekleideter Schwarzer mit Hornbrille ist im Hintergrund des Clubraums auf einen Tisch geklettert, um nicht nur hören, sondern auch sehen zu können, und brüllt das einzige Wort heraus, das wiedergeben kann, was er fühlt, den guten schwarzen Superlativ: »Motherfucker!«
Bird reagiert darauf, wie ein geübter Prediger bei einem Revival Meeting auf ein gebrülltes »Amen!« reagieren würde und arbeitet es in seinen zweiten Chorus von *Cherokee* ein, in einer Reihe von abwärtslaufenden Tongruppen. Eine Gasse öffnet sich für ihn im Publikum und Bird spielt sich langsam zum Bandstand vor. Er kann den Drive der Rhythmusgruppe fühlen. Der Bandstand vibriert. Al Haig serviert Bird die Akkorde, Stan Levey spielt zwei Rhythmen zur gleichen Zeit. Mit einer solchen Rhythmusgruppe ist alles möglich. Bird starrt über sein gekurvtes Mundstück auf den Drummer, in dessen Hand die Besen zischen, er spürt, wie der Rhythmus ihn vorwärtstreibt. Bird schwebt über allem.
Dizzy steigt ein. Er und Bird spielen abwechselnd achttaktige Phrasen, eine »chase section« nennt man das. Dizzy ist fast so schnell wie Bird und schwer abzuhängen. Aus den Achttaktern werden Viertakter, in die auch Vibraphon und Klavier miteinbezogen werden. So gut die Band von Anfang an war, jetzt ist sie noch viel besser. Was vorher gefehlt hat, ist jetzt da, alles stimmt. Die musikalische Aussage hat Autorität. Die Musik der Jazzrevolution hat neue Höhepunkte erreicht — in Konzept, Farbe, Vielfalt und rhythmischer Energie.
Auf der Männertoilette, hinter dem Schild »Außer Betrieb«, sitzt Dean Benedetti wie angeleimt auf seinem Sitz, die Kopfhörer an die Ohren gepreßt. Er beugt sich über das tragbare Aufnahmegerät, sein Gesicht ist starr vor Konzentration, aber schließlich erlaubt er sich ein feines Lächeln der Befriedigung. Mit seiner freien Hand angelt er in der Jackentasche nach einem Markierstift, mit dem er die Tonbandspule beschriftet: Montag,

10. Dezember 1945, Billy Berg's, Hollywood. Das ist sicher eine seiner besten Spulen, eine von Birds großen Nächten. Seit Bird in New York aufgetaucht ist, hat Benedetti die meisten seiner guten Nächte eingefangen. Aber er denkt an Nächte, die niemand aufgenommen hat, damals in Kansas City, als Bird angefangen hat.

ERSTER TEIL

1
Heavenly City

Als Charlie Parker auf der Jazzszene erschien, wußte niemand sehr viel über ihn, außer, daß er aus Kansas City kam. Auch über Kansas City wußte niemand sehr viel. Es hatte keine besondere Reputation als Jazz-Zentrum, verglichen mit dem Chicago der Capone-Ära oder mit New Orleans. Kansas City war eine obskure Provinzstadt, weitab von den üblichen Tourneerouten der Bands und dem Interesse der Talentsucher, A&R-Männer und Agenturen. Nur gelegentlich gab es den einen oder anderen Hinweis auf die Qualität der Kansas-City-Musik. Der große Pianist Art Tatum, der dort von Zeit zu Zeit in einem Club als Solist arbeitete, hatte bemerkt: »Kansas City ist wie ein Keller, in dem die besten Weine gelagert sind. Die Musik ist dort *anders!*«
Renommierte Bands kamen ab und zu auf einen »One-Nighter« in die Stadt, und Bandmitglieder, die nach dem Job noch Lust gehabt hatten, bei einer späten Jam Session ihre Muskeln zu zeigen, berichteten oft, sie hätten Schwierigkeiten gehabt, sich gegen die lokalen Talente durchzusetzen. Eines Nachts im Jahre 1934 wurde der führende Saxophonist des Jazz, Coleman Hawkins, in einem Club namens *Cherry Blossom* von drei ortsansässigen Kollegen herausgefordert, deren Namen zu dieser Zeit noch niemand kannte: Lester Young, Herschel Evans und Ben Webster. Die Session dauerte bis weit in den folgenden Tag hinein und ließ einen erschöpften und geschlagenen Hawkins zurück. Es war, soweit sich alle Jazzleute erinnern konnten, das er-

ste Mal, daß Hawkins aus einer dieser spontanen battles nicht als überlegener Sieger hervorging. Einige Monate später machten sich zwei gerissene Talentsucher, John Hammond aus New York und Joe Glaser aus Chicago, auf den Weg nach Kansas City, um sich einen eigenen Eindruck zu verschaffen. Zu ihrem Erstaunen fanden sie eine Unzahl von Etablissements vor, die dort in den späten 20er und frühen 30er Jahren ungehindert hatten blühen und gedeihen können, ganz so, als hätte es weder Prohibition noch Depression gegeben.

Sie entdeckten Cabarets, Showbars, aufpolierte Speak-easies, Music Halls, Tavernen, Bars, Honky-Tonks, Tanzschuppen, Saloons und Nachtclubs mit Namen wie *Reno, Sunset, Cherry Blossom, Subway, Hi-Hat, Panama, Greenleaf Gardens, Bar Le Duc, Elmer Bean's Club, Lucille's Band Box, College Inn, Amos & Andy, Novelty Club, Bucket of Blood, Boulevard Lounge, Vanity Fair, The Jail* (wo die Musiker in gestreiften Uniformen spielten) und *The Hey Hay Club* (wo sie Overalls trugen und auf einem Bauernwagen saßen). In all diesen Lokalen gab es Live-Musik vom frühen Abend bis zum Morgengrauen und anschließend oft noch Jam Sessions bis weit in den Tag hinein. In manchen Lokalen gab es sogar Schichtbetrieb bei den Musikern rund um die Uhr. Es gab Boogie-Woogie-Pianisten, Trios, Quartette, Skiffle-Bands mit Jug und Washboard, Combos und Bigbands in voller Besetzung.

Seit der Storyville District in New Orleans am Beginn des Ersten Weltkriegs geschlossen worden war, konnte man nirgends in Amerika so viel Musik hören wie in Kansas City. In den Straßen hörte man Bluessänger, die aus dem Südwesten hierhergekommen waren und sich selbst auf ihren Gitarren begleiteten und blinde Gospel-Shouter, die ihre Zinnschalen mit den Geldstücken im Rhythmus schüttelten.

Als Hauptmarkt für Weizen und Rinder war Kansas City das kommerzielle Zentrum eines Gebietes, das im Süden bis Houston und im Westen bis Denver reichte und fast den ganzen Südwesten sowie einen Großteil der Ebenen und Prärien umfaßte. Für diesen beachtlichen Teil der Vereinigten Staaten war es ebenso das Zentrum der Unterhaltung, eine weit offene Stadt,

die die Leute mit einem verführerischen Angebot von Cabarets, Spielhallen, Bars, Bordellen und Restaurants anlockte. All diese Betriebe wurden von einem Gangstersyndikat organisiert, das unter dem milden Regime des demokratischen Bürgermeisters Tom Pendergast völlig ungehindert operieren konnte. Kansas City war eine Stadt des Vergnügens und der Sünde, ähnlich wie heute Las Vegas. Es war außerdem ein Drogenzentrum, das Hauptquartier für die Versorgung des Südwestens mit Kokain, Morphium und Heroin.
Aber John Hammond und Joe Glaser interessierten sich weder für Laster noch für Korruption. Für sie war Kansas City eine Fundgrube, Art Tatum hatte recht gehabt. Die führenden Jazzleute von Texas, Oklahoma, Arkansas und dem Südwesten waren hier versammelt, denn hier gab es mehr Bands und mehr Jobs für Musiker als irgendwo sonst in Amerika. Nach östlichen Maßstäben waren die Gagen zwar schlecht, aber die Musiker beklagten sich nicht, denn das Leben war hier billig und sie konnten tun, was sie am meisten liebten. Die Musiker der Band von Count Basie, die im *Reno Club* auftrat, verdienten 18 Dollar die Woche und mußten dafür täglich von 9 Uhr abends bis 6 Uhr morgens spielen und die Band war das tollste, das Hammond jemals gehört hatte. Bemerkenswert war, daß in Kansas City niemand den Musikern vorschrieb, was und wie sie zu spielen hatten. Die Jazzleute hatten jede Freiheit, ihren schöpferischen Impulsen zu folgen. Solange die Musik tanzbar und das Publikum zufrieden war, mischten sich die Gangster, die die Clubs leiteten, nicht ein. Unter derart günstigen Bedingungen — ständige Arbeitsmöglichkeit, Isolation, Konzentration von Talent und fast keine kommerziellen Zwänge — hatte sich in Kansas City ein eigener Jazzstil entwickelt, der auf Blues- und Riffnummern beruhte und in dem die solistische Improvisation eine dominierende Rolle spielte. Hammond und Glaser verloren keine Zeit und vermittelten Count Basie, Oran »Hot Lips« Page, Lester Young, Jimmy Rushing, Big Joe Turner und Pete Johnson Kontakte zu Agenturen und Schallplattenfirmen. Die Emigration der Jazzmusiker von Kansas City begann, bald waren sie in ganz Amerika zu hören und ihre rhythmischen und

melodischen Ideen brachten neue Farben in den Mainstream des Jazz.
Charlie Parker war weitgehend ein Produkt dieser vitalen erdhaften Musikkultur, er war in Kansas City während der Pendergast-Ära aufgewachsen. Als die erste Generation der Kansas-City-Jazzleute von den Talentesuchern aufgespürt wurde, war ihm ihre Musik bereits vertraut. Sie waren die sorgsam studierten Modelle gewesen, aus deren Stil er seinen eigenen entwickelt hatte.
Charles Parker jr. wurde am 29. August 1920 als Sohn afro-amerikanischer Eltern in jenem Teil von Kansas City geboren, die jenseits des Kaw River im Bundesstaat Kansas und nicht, wie der Rest der Stadt, in Missouri liegt. Im gesamten Stadtgebiet lebten damals etwa 500 000 Menschen, von denen 15% Schwarze waren. Sein Vater Charles Parker sr. war ein Sänger und Tänzer aus Memphis, der in Kansas City am Ende einer Vaudeville-Tour gestrandet war. Er hatte sich hier niedergelassen und Addie Boyle, ein 17jähriges Mädchen, geheiratet.
Als Charlie acht oder neun war und noch keinerlei Zeichen eines besonderen musikalischen Talents gezeigt hatte, übersiedelte seine Familie über den Fluß, in eine Mietwohnung in der Olive Street, auf Nummer 1516. Das neue Heim der Parkers lag im Herzen des Ghettos, und jener Bezirk, in dem die meisten Nachtclubs lagen, war bequem zu Fuß zu erreichen. Ein Bub, der hier spielte, in der Nachbarschaft von 12th Street und Vine, konnte leicht vom Sunset Club her die Klänge der Jam Sessions hören, die oft bis weit in den Vormittag liefen. Abends, natürlich, hätte es viel mehr zu hören gegeben. Hier also, am Rande des Vergnügungsviertels von Kansas City, sammelte Charlie Eindrücke und verbrachte seine Entwicklungsjahre, Jahre, die genau mit der Ära Pendergast zusammenfielen. 1928 war Tom Pendergast durch eine Wahlmanipulation an die Macht gekommen und damit begannen die guten Jahre der Vollbeschäftigung für die Musiker und der Entwicklung des Kansas-City-Jazzstils. Pendergast blieb bis 1939 auf seinem Posten, dann wurde er der Unterschlagung von mehr als einer halben Million Dollar an Einkommensteuergeldern überführt und zu einer Gefängnisstrafe

verurteilt. Sein Sturz brachte das abrupte Ende der Prosperität und der guten Tage von Kansas City. Reformpolitiker übernahmen die Verantwortung, die Nachtclubs wurden reihenweise geschlossen und die Jobs für Musiker trockneten aus wie der Weizen von Kansas in einem Jahr ohne Regen. Ein paar Wochen nach der Absetzung Pendergasts verließ Charles Parker jr. Kansas City. Er war zu dieser Zeit der Leader des Saxophonsatzes im Jay-McShann-Orchester, der letzten bedeutenden Kansas-City-Band. Er war geschieden, Vater eines Sohnes, Mitglied der Musikergewerkschaft und ein sorglos-selbstbewußter, kompromißloser und frühentwickelter junger Mann von 19.

In den Pendergast-Jahren 1928—1939 durchlebte Charlie Parker die Metamorphose vom keineswegs überdurchschnittlichen Schulknaben an der *Crispus Attucks Grammar School* zu einem der Genies der amerikanischen Musik. Seine ersten Aufnahmen bei einer kleinen Radiostation in Wichita, wo das Jay-McShann-Orchester während seiner ersten großen Tournee zwei Wochen spielte, zeigen ihn an der Schwelle eines Systems musikalischer Ideen, die später die Richtung des Jazz änderten und die zu einem Zeitpunkt voll entwickelt waren, als er noch kaum 20 war. Nur eine sorgfältige Untersuchung des musikalischen Klimas seiner Heimatstadt Kansas City kann die weitverbreitete Meinung widerlegen, Charlie Parker wäre ein »natürlicher Genius« gewesen, göttlich inspiriert, jenseits logischer Erklärungen. Ein Genius war er sicher, aber das Wesen dieses Genius ist aus den ungewöhnlichen Gegebenheiten seiner Umgebung zu erklären und aus der besonderen Art seines musikalischen Empirismus, für den so reichlich Material vorhanden war. So sicher wie Mozart aus der Salzburger Musikkultur des 18. Jahrhunderts mit ihrem reichhaltigen Reservoir an meisterlichen Musikern und Pädagogen, ihrer enthusiastischen und kundigen Zuhörerschaft und ihren noblen Mäzenen hervorgegangen ist, war Parker das Produkt einer anderen, ähnlich intensiven und dominierenden Musikkultur — volkstümlich, zeitgenössisch und afro-amerikanisch. Kansas City war das letzte der schwarzen Ghettos, das einen klar definierten Jazzstil entwickelt hat. Derartige Zentren hat es seit Charlie Parkers Zeit nicht mehr gegeben, Jazz ist eine überregionale, eine universale Sache geworden. Charlie Parker war der letzte eines Schlages von Jazzmusikern, die, in früher Jugend ausgebildet, ihren Stil an großen Vorbildern schulten und in der rauhen Schule der Jam Sessions den letzten Schliff erhielten. Ein Meister seines Faches am Ende seiner Teenagerjahre, ausgebildet für die Erfordernisse der großen Swingbands, wurde er schließlich der Einzelgänger, der sich von den Bigbands abwandte und, beinahe im Alleingang, die musikalische Revolution der 40er Jahre schuf.

2
Getting Straight

Einer der Gründe für die Parkers, aus der Vorstadt in das Haus in der Olive Street zu übersiedeln, war, damit Charles sr. leichter Kontakte mit der Welt des Entertainments pflegen konnte, denn Kansas City war auch ein Zentrum für regionale Agenturen und ein Wendepunkt für Vaudeville-Tourneen. Aber die Dinge entwickelten sich nicht wie erwartet. Das Vaudeville war im Begriff, von den neuen Medien der 20er Jahre — Schallplatte, Radio und Tonfilm — gekillt zu werden und existierte zu Ende der Dekade so gut wie nicht mehr. Parkers Gesangs- und Tanztalent war nicht sehr groß. Ein paar Zirkus-Tourneen durch entlegene Präriegebiete hielten ihn etwa ein Jahr lang über Wasser, aber schließlich war er gezwungen, eine Beschäftigung als Schlafwagenschaffner anzunehmen. Wenn Charles sr. zu Hause war, spielte er auf dem Klavier, und es gab gute Schallplatten in seinem Heim, von Louis Armstrong, Bessie Smith, Ma Rainey oder Blind Lemon Jefferson. Aber dann wurde seine Anwesenheit zu Hause immer seltener und 1931 verschwand Charles sr. völlig aus dem Familienbild und glitt in die schattenhafte Existenz eines Spielers und Zuhälters ab. Noch bevor Charles jr. die Grundschule absolviert hatte, wurde seine Mutter Addie Parker zum Alleinerhalter der Familie. »Mein Mann ging weg von uns und lebte mit irgendeiner Frau zusammen«, erzählte sie, »und so wurde ich Mutter, Vater und alles für Charles. Er war Mamas kleiner Mann. Er arbeitete nie, so wie die anderen Buben in der Nachbarschaft. Er wollte zwar auch Zeitungen austragen, aber ich erlaubte es nicht. Ich dachte, ich könnte für ihn sorgen, bis er ein Mann war.«*

In der behüteten, liberalen, mutterbezogenen Atmosphäre des reorganisierten Parker-Haushalts entwickelte sich Charlies Per-

---

* Interview in der »Jazz Review«, 1960

sönlichkeit wie eine exotische Blume. Mrs. Parker brachte ihren Sohn in der nahegelegenen *Crispus Attucks Grammar School* unter und nahm Jobs als Dienstbote in weißen Häusern außerhalb des Bezirkes an. So, wie sie es gewünscht hatte, konnte sie damit den Familienunterhalt bestreiten, ohne daß Charlie dazu beitragen mußte. In der Schule war er ein Musterschüler und ein Liebling seiner Lehrer. Er zeigte sich gescheit, aufmerksam, schnell und von gutem Gedächtnis und seine Noten waren weit über dem Durchschnitt. Mrs. Parker hoffte, er würde vielleicht eines Tages Arzt werden und legte kleine Beträge auf ein Sparbuch ein, um ihm ein Studium ermöglichen zu können.

Als verwöhnter verzärtelter junger Mann von 13 trat Charlie in die *Lincoln High School* ein. Sein Schulweg war etwa 10 oder 15 Minuten lang, führte quer durch die Stadt und war nicht frei von Versuchungen. Nur ein kleiner Umweg brachte die Schüler in die Gegend der 12th and Vine, wo oft die Klänge von Livemusik aus dem *Sunset Club* zu hören waren. *Lincoln High* war typisch für schwarze Schulen, wie man sie zu dieser Zeit in jeder größeren Stadt vorfand und oft noch heute vorfindet. Sie war nach dem großen Befreier der Schwarzen benannt, war überbelegt, heruntergekommen, ohne zeitgemäße Lehrbehelfe und der Unterricht war, wie Charlie seiner Mutter berichtete, von dürftiger Qualität. »Sie bringen einem dort nichts bei, Mama«, beklagte er sich, »die Lehrer sind nichts wert!« Von überdurchschnittlichen Noten war nun keine Rede mehr.

Das einzige, das Charlie interessierte, waren die fakultativen Musikkurse für die Mitglieder der Schulband. Die Musikabteilung war völlig anders als der Rest der Schule und auch in diesem Punkt war *Lincoln High* typisch für schwarze Höhere Schulen. Seit dem Beginn der 20er Jahre wurde die Abteilung von Alonzo Lewis geleitet, einem hingegebenen und kompetenten Profi, aber die Tradition reichte viel weiter zurück, bis zu Major N. Clark Smith. Er war ein Veteran des Spanisch-Amerikanischen Krieges, Militärkapellmeister i. R. und hatte zu Anfang des Jahrhunderts begonnen, nach dem klassischen Sousa-Modell Brassbands aufzubauen. Während seiner Ära wurden die marschierenden Bands von Lincoln's eine feste Einrichtung bei Paraden und bedeutenden öffentlichen Feiern; sie waren der Stolz von Kansas City, einer Stadt, in der solche Dinge sehr ernst genommen wurden. Als Major Smith in den Ruhestand trat, übernahm Alonzo Lewis die Abteilung und setzte die Tradition professionell geführter Musikerziehung und smarter, gut trainierter Bands fort.

Für eine eindrucksvolle Anzahl von Jazzmusikern waren die Lincoln-Bands ein Sprungbrett zur beruflichen Laufbahn: Lamar Wright, Cornettist des Bennie-Moten-Orchesters, der ersten Kansas-City-Band, die Schallplatten aufnahm (1923 für RCA Victor); Jap Allen, ein weiterer früher Bandleader; Walter Page, der Leader der beachtlichen Oklahoma City Blue Devils und spätere Bassist des Count-Basie-Orchesters; Altsaxophonist Eli Logan und Bandleader Harlan Leonard — sie alle waren Lincoln-Absolventen und Schützlinge von Major Smith, zusammen mit noch vielen anderen, die zwar keine Spuren im Jazz hinterließen, aber immerhin erfolgreich als Sidemen in regionalen Bands arbeiten konnten. Den Lincoln-Studenten waren die erfolgreichen Absolventen ein Begriff. Erfolgreich zu sein in einem der wenigen Berufe, die der schwarzen Bevölkerung offenstanden, war ein ersehntes Ziel. Als Charlie Parker in die *Lincoln High School* kam, wuchs gerade eine weitere Generation erfolgreicher Musiker heran.

Als Freshman ohne vorherige musikalische Ausbildung bekam Charlie zunächst eines der am leichtesten spielbaren Instrumente, ein Baritonhorn, marschierte in einer der hinteren Reihen der Band und spielte ein paar einfache Noten im Baßschlüssel. Es war ein langweiliger Job, nicht das, was sich der verwöhnte junge Mann erträumt hatte, etwas ganz anderes als die Musik, die er aus dem *Sunset Club* gehört hatte, oder in der Euclid Street, vor dem Lee-Haus, wo er Ball gespielt hatte, während von drinnen eine Probe der George-E.-Lee-Band zu hören war. Erst 1950 erzählte Charlie Parker in einem Interview mit einer Mischung aus Amüsement und Verachtung über diese frühe musikalische Erfahrung. Seine Mutter nahm schließlich das für seine medizinische Karriere vorgesehene Geld und kaufte ihm ein Instrument, das zwar für Brassbandarbeit nicht sehr geeignet

war, das ihr Sohn aber haben wollte: ein gebrauchtes Altsaxophon. »Es kostete nur 45 Dollar bei Mitchell's, unten an der Main Street«, erzählte sie später, »aber ich ließ es überprüfen und reparieren und das ging ins Geld!«
In ihrem Bestreben, ihrem Sohn Freude zu machen, hatte Mrs. Parker einen übereilten Kauf getätigt, denn auch nach der Überholung funktionierte das Instrument überaus mangelhaft. Tootie Clarkin, ein Nachtclubmanager, der Charlie in seiner ersten professionellen Periode erlebte, als er immer noch darauf spielte, erinnert sich an »ein altes Saxophon, 1898 in Paris erzeugt, das nichts wert war. Es wurde nur noch durch Gummibänder und Klebestreifen zusammengehalten, die Knöpfe blieben immer wieder stecken und er mußte es seitlich halten, um überhaupt Töne hervorzubringen.« Das Saxophon hatte kein Futteral gehabt, und so hatte Mrs. Parker auf der Familiennähmaschine aus einem blau-weiß gestreiften Bettüberzug eines genäht.
Auf dem Campus stieg Charlies Ansehen rapid. Einer, der in *Lincoln High* ein eigenes Saxophon hatte, erregte damals so viel Aufsehen wie etwa heute einer mit einem ausländischen Sportwagen. Das Saxophon, seine Keckheit und die Tatsache, daß er für seine 13 Jahre schon recht groß und untersetzt war, ermöglichten es Charlie, sich an eine Gruppe älterer Studenten heranzumachen, die gerade eine Amateur-Tanzband zusammenstellten, die *Deans of Swing*. Charlie durfte als 4. Saxophonist mitmachen und wurde eine Art Band-Maskottchen. Der Bassist Gene Ramey, später ein enger Freund Parkers und sein Kollege im McShann-Orchester, erinnerte sich 1960 in einem Interview an die *Deans of Swing*: »Charlie spielte in einer Gruppe aus Kansas City/*Kansas*, und ich spielte in einer Gruppe aus Kansas City/*Missouri*. Damals gab es eine Menge Bandwettkämpfe, aber sie waren nicht todernst gemeint, und es ging dabei mehr um Lokalpatriotismus und Loyalität als um musikalische Fähigkeiten. Wenn du in deiner Heimatstadt spieltest, dann gewannst du auch. Der Leader der Band, in der Bird spielte, war ein Pianist namens Lawrence »88« Keyes, der später im Osten ziemlich bekannt geworden ist. Es war die erste Band, in der Bird jemals gearbeitet hat und er kam mir wie ein unbekümmertes Kind vor,

er war ja auch kaum 14, und die ganze Band war eine Schulband. Was er damals musikalisch machte, war so gut wie gar nichts wert, und die anderen Bandmitglieder ließen ihn das fühlen.«
Nachdem der Kontakt zu den *Deans of Swing* einmal hergestellt war, hatte Charlie Parker keinerlei Interesse mehr an seinem Abschlußdiplom, ganz zu schweigen von einem Medizinstudium. Mit einer Zielstrebigkeit, die für sein späteres Leben typisch werden sollte, konzentrierte er sich mit aller Energie auf die Musik und berichtete jeden noch so kleinen Erfolg seiner Mutter, die darauf wie immer enthusiastisch reagierte. Sie erlaubte ihm auch, mitzumachen, wenn die *Deans* gelegentliche nächtliche Jobs außerhalb des Campus bekamen. Da gab es diese kleinen »battles of bands«, wie sie Gene Ramey beschrieben hat. Einmal spielten die *Deans* im *Gaiety Theater* im Nachtclubdistrikt, ein andermal gelang es Keyes durch seine Beziehungen, eine Serie von Wochenend-Tanzveranstaltungen in einem alten Tanzschuppen aufzureißen, Eintritt 25 Cents pro Person. Charlie ignorierte alle Ermahnungen wegen seiner schlechten Schulfortschritte und die *Deans of Swing* wurden das einzige, was ihn interessierte.
In diesem Sommer war das Hauptgesprächsthema unter den Studenten das Union-Station-Massaker, das sich am 17. Juni 1933 ereignete, eine Woche vor Schulabschluß. Frank Nash, ein berüchtigter Bankräuber und einer der meistgesuchten Verbrecher der Nation, war in Hot Springs, Arkansas verhaftet worden und sollte unter schwerer Bewachung in die Bundesstrafanstalt nach Leavenworth transportiert werden. Entsprechend der Reiseroute war in der Union Station, mitten in Kansas City, das Umsteigen von Zug auf Auto erforderlich und dabei wurde der Transport von drei sorgfältig ausgewählten Gangstern überfallen: Verne Miller, Adam Richetti und Pretty Boy Floyd, die alle in Kansas City lebten und — obwohl vom FBI gesucht — ungehindert unter der Pendergast-Maschinerie operieren konnten. Das Trio erwartete den Gefangenentransport auf dem Parkplatz vor dem Bahnhof und eröffnete das Feuer aus Maschinengewehren und automatischen Pistolen. Als die Schießerei vorüber war, lagen der Polizeichef von Oklahoma, zwei Detektive aus Kansas

City, der FBI-Agent Caffrey und der mit Handschellen gefesselte Nash tot oder sterbend auf dem Asphalt. Floyd erhielt eine Kugel in seine Schulter, wurde im Städtischen Krankenhaus ärztlich versorgt und anschließend unter der Aufsicht von Johnny Lazia, dem »Al Capone von Kansas City«, aus der Stadt und über die Grenze in einen anderen Staat gebracht.

Die Studenten von Lincoln fanden diesen Vorfall sehr aufregend. Sie waren ein bißchen stolz, daß die Wirklichkeit von Kansas City alle Hollywoodspektakel übertraf, aber sie hatten zugleich auch Angst. Viele Betriebe und alle Nachtclubs im afroamerikanischen Distrikt wurden von Gangstern betrieben, die unter der direkten Oberaufsicht von Lazia operierten. Einer von den *Deans of Swing* behauptete, er hätte Lazia eines Nachmittags vor einem Nachtclub in der Nähe des Schulgebäudes aus einem schwarzen Lincoln Sedan aussteigen sehen.

Als im September die Schule wieder begann, gab es böse Neuigkeiten für Charlie: sein Freshman-Zeugnis war so schlecht, daß ihm der Status eines *Sophomore** nicht zugestanden wurde. Anstatt zu versuchen, seine Versäumnisse wieder gutzumachen, konzentrierte er sich voll auf die Musik und die *Deans of Swing*. Jedoch auch das war frustrierend für ihn, denn er begann, sich über seine Rolle als Bandmaskottchen und über seine musikalischen Unzulänglichkeiten klarzuwerden. Die *Deans* waren nicht mehr als eine Schülerband und spielten auch nicht oft genug. Charlie war besonders deprimiert über den plötzlichen Tod seines besten Freundes Robert Simpson, des Starposaunisten der *Deans*. Was er gebraucht hätte, war Saxophonunterricht, aber den gab es an der Schule nicht. Alonzo Lewis schlug ihm die Albert-System-Klarinette vor, er meinte, dies würde Charlie ein gutes Fundament verschaffen. Charlie hingegen fand, die Klarinette sei schwierig zu spielen und im übrigen — obwohl sie zur New-Orleans-Zeit eines der wichtigsten Instrumente gewesen war — ziemlich aus der Mode.

Eine Änderung in Charlies Lebensstil ergab sich aus einem ganz einfachen Umstand: einem neuen Job seiner Mutter. Mrs.

---

* Student im 2. Collegejahr

Parker hatte das Glück, eine feste Beschäftigung als Raumpflegerin in der Zentrale der *Western Union Telegraph Company* in der Innenstadt von Kansas City zu bekommen. Für ihre Begriffe war es ein gutbezahlter Posten und wesentlich angenehmer als die gelegentlichen Dienstboten-Jobs. Die Büros der Zentrale wurden um Mitternacht geschlossen und um 8 am folgenden Morgen wieder geöffnet und in diesem Zeitraum wurden sie von Mrs. Parker gereinigt. Jede Nacht um ½12 bestieg sie Ecke 12th und Olive Street die Straßenbahn, um zur Arbeit zu fahren und während ihrer Abwesenheit gab es niemanden, der darauf achtete, daß ihr Sohn für die Schule lernte und rechtzeitig zu Bett ging. Wie Charlie schon herausgefunden hatte, war die Arbeitszeit seiner Mutter genau die Zeit, wo die Aktivitäten der Nachtclubs auf Hochtouren liefen. Gewiß begann das alles schon gegen 9 oder 10, aber kein Musikinteressent besuchte die Clubs zu früh. Die Musiker hatten sich zu dieser frühen Stunde noch nicht warmgespielt, sie hatten noch damit zu tun, die Lethargie abzuschütteln, die den Anstrengungen der vorangegangenen Nacht gefolgt war. In den ersten Stunden spielten sie auf Nummer Sicher, lockerten ihre Finger, adjustierten ihre Instrumente und ihren Ansatz und bereiteten sich auf die kreativen Herausforderungen der späteren Stunden vor. Wollte man die Musiker von Kansas City in Bestform hören, war es sinnlos, vor Mitternacht zu kommen.
1935 hatte das Niveau des Saxophonspiels in Kansas City seinen Höhepunkt erreicht; eine stattliche Anzahl von Meistern war hier ansässig. Ben Webster war von einer langen Tour durch die Dörfer und Kleinstädte des Südwestens zurückgekommen, hatte die Stelle des Tenorsolisten bei Andy Kirks *12 Clouds of Joy* übernommen und gab diesem Orchester seine erste kraftvolle Saxophonstimme. Lester Young, ehemals bei den *Blue Devils* in Oklahoma City, arbeitete im *Reno Club*, wo Count Basie nach dem plötzlichen Tod Bennie Motens dessen Band neu organisiert hatte. An Lesters Seite saß sein Freund und Erzrivale Herschel Evans, der wie Coleman Hawkins spielte und nach Kansas City gekommen war, als Troy Floyd's Dreamland Orchestra in San Antonio gestrandet war. Ihre nächtlichen Duelle im Reno waren

das Stadtgespräch. Ben, Lester und Herschel — das waren die großen Drei am Tenorsaxophon. Es gab auch noch viele andere; ausgezeichnete Musiker wie Dick Wilson bei den *Clouds*, Budd Johnson bei George E. Lee, Buck Douglas vom Douglas Brothers Orchestra, Herman Walder bei Thamon Hayes, Henry Bridges jr., Buddy Tate und Jimmy Keith — sie alle hatten das Zeug, in einer inspirierten Nacht das Format der Großen Drei zu erreichen. Unter den Altsaxophonisten waren die Besten Eddie Barefield, Walter Knight, Tommy Douglas, Harlan Leonard, Woody Walden sowie Prof Smith, ein Texaner und ehemaliger *Blue Devils*-Musiker, der zusammen mit Basie die Band im Reno leitete. Dieses Korps von Saxophonisten aus allen Teilen des Südwestens war tatsächlich jedem anderen, das man aus den berühmtesten Bands des Nordens und Ostens bilden konnte, ebenbürtig, wie sich in den späten 30er Jahren erweisen sollte. Der Südwesten war das Saxophonland, und Kansas City war die Stadt der Saxophonisten.
Und jeder dieser Jazzmusiker war schwarz. Im Muehlebach-Hotel in der Innenstadt spielten weiße Musiker verwässerte Imitationen des afro-amerikanischen Stils und verdienten gut dabei, aber die Quelle der wahren Ideen, Klänge und Rhythmen war der Negerdistrikt. Die Renaissance des südwestlichen Jazzstils, die in Kansas City während der Entwicklungsjahre Charlie Parkers ihren Gipfelpunkt erreichte, war eine so gut wie vollkommen afro-amerikanische Kunst.
Charlie war klar, daß er den großen Musikern nacheifern mußte, daß er von ihnen lernen konnte — er wußte nur noch nicht, wie. Keiner von ihnen gab Unterricht oder stand tagsüber für Konsultationen zur Verfügung. Da schliefen sie alle und erholten sich von den Anstrengungen der Nacht davor. Erst am späten Nachmittag bekam man sie zu Gesicht, in eleganten dunklen Anzügen, mit dicken Uhrketten, die aus der Westentasche hingen, spitzzulaufenden Schuhen und großen schmissigen Tweedkappen. Bei kaltem Wetter trugen sie lange schwarze Überzieher, wie sie die Gangsterbosse bevorzugten, die die Nachtclubs leiteten. Man sah sie, wie sie unbekümmert durch den Paseo Park mit seinen schattigen Bäumen schlenderten oder an der

Ecke 12th Street und Vine standen, vor dem *Sunset Club*, und sich in ihrem seltsamen Musikerjargon unterhielten. Sie verwendeten Ausdrücke wie *bum kick* für eine schlechte Erfahrung, *cut* für das Ausstechen eines anderen Musikers bei einer Session oder *cat with sharp claws* zur Beschreibung eines gefährlichen Rivalen.

Gute Dinge waren *solid*, noch bessere *out of this world*. Ihr Instrument nannten sie *axe*, ein Job war ein *gig*, Alkohol *juice* und Marihuanazigaretten *mezzirolls* oder *sticks*. Sie machten Witze über Charlies Saxophonfutter aus Bettzeug, alberten mit ihm herum und nannten ihn »kid«, »kidman« und »boy«. Das störte ihn nicht, denn das war er von den älteren Kollegen bei den *Dean of Swing* gewöhnt. Anstatt seine Fragen zu beantworten, verspotteten sie ihn in ihrem Insiderslang und meinten, er solle erst einmal achtzehn werden und Mitglied der Musikergewerkschaft, dann wäre immer noch Zeit. »Wer hat dir denn deine langen Hosen gekauft, Bubi, deine Mama???«

Charlie befreundete sich mit einem Bettler ohne Arme, der bei schönem Wetter an der Ecke 18th und Paseo zu finden war. Früher hatte er beim Vaudeville gearbeitet, so wie Charlies Vater, aber nun interessierte sich niemand mehr für seine Künste — er konnte Kartenspielen, Münzen sortieren, zeichnen und würfeln, alles mit den Zehen. Er trug lange schwarze Strümpfe, von denen er die Fersen und die Frontpartien abgeschnitten hatte. Charlie packte sein Saxophon aus und spielte den Blues, und der armlose Mann schlug mit einem Paar Zinnlöffel sorgfältig den Rhythmus dazu. Einige Leute blieben stehen und es gab ein bißchen Trinkgeld.

Manchmal gesellte sich Old Man Virgil zu den beiden, mit einem selbstgebauten Baß, den er aus einem Besenstiel, einer galvanisierten Waschwanne und einer Wäscheleine zusammengebastelt hatte. Virgil sang den Blues mit klagender Stimme und zupfte sein Instrument dazu. Er war ein großer, in Lumpen gekleideter alter Mann, wog mehr als 100 kg, war stark und verbissen unabhängig; er lebte ganz für sich in einer Bretterbude auf der 5th Street, westlich von Paseo. Die Musik war nur eine Nebenbeschäftigung, hauptsächlich lebte er vom Altwarenhan-

del. Er suchte sich verschiedenes Zeug aus Abfalleimern oder von Stapeln von Ausschußware bei Geschäften zusammen — Stoffetzen, Elektroteile, Kupfer- und Eisenstücke, Flaschen und Säcke —, sortierte es in seiner Hütte und verkaufte es. Jeden Abend, wenn es kühl geworden war, machte der alte Mann seine Runde mit einem alten robusten Handwagen mit langen hölzernen Griffen. Charlie begleitete ihn manchmal und half ihm beim Sortieren. Virgil fand heraus, wie alt Charlie war und meinte, er müsse sich noch gedulden, bevor er ins Musikgeschäft einsteigen könne. Aber Charlie hatte keineswegs die Absicht, noch vier Jahre zu warten, bis er achtzehn war und alt genug, der Gewerkschaft beizutreten. Fing nicht Prof Smith mit Sechzehn an, und lernte er nicht spielen, indem er sich in den *Speakeasies* von Dallas herumtrieb und den Bands zuhörte? Charlie hatte ein eigenes Horn und wollte es meistern. Er mußte in die Clubs hineinkommen, er mußte dort im Detail studieren, wie man mit einem Horn umgeht — sehen, wie die Jazzleute ihre Hörner hielten, wie sie ihren Ansatz erarbeiteten, ihre Fingertechnik, wie sie atmeten. Er hatte gehört, Lester und Herschel schliffen ihre Rohrblätter mit Sandpapier zu, die Mundstücke und Tasten ihrer Instrumente hatten sie auf besondere Weise behandelt, um besser und schneller spielen zu können. Er mußte das alles herausfinden. Der Sound, der aus den Hörnern herauskam, hing von einer ganzen Menge Details ab. Lester verwendete sogar *false fingering** um verschiedene Schattierungen aus ein- und derselben Note herauszuholen. Charlie mußte das alles hören, was sie spielten, in den Clubs, in den späten Nachtstunden, wenn alles auf Hochtouren lief. Er mußte eine Rhythmusgruppe fühlen, eine wie die der Basie-Band, mit Basie am Piano, Walter Page am Baß und seinem Freund Jesse Price am Schlagzeug, wenn der Beat unter den Solisten anschwoll wie die steigende Flut. *So* mußte er es schaffen, nicht durch Notenlernen und Übungen aus einem Lehrbuch, oder durch die Beschäftigung mit einem altmodischen Instrument wie der Albert-Klarinette.
Charlie stand auf der hölzernen Veranda des Hauses in der

---

* schulmäßig falscher Fingersatz

Olive Street, mit langen Hosen, einem alten schwarzen Regenmantel und einem schwarzen Hut, den er bis über beide Ohren heruntergezogen hatte, in der Hoffnung, älter auszusehen als seine vierzehn Jahre. Sobald seine Mutter die Straßenbahn bestiegen hatte, um zur Arbeit zu fahren, ging er los. Er wußte nicht, wann er zurück sein würde, das hing von den Abenteuern dieses Abends ab, es gab so viel zu sehen und zu hören. Er wußte nur, daß er vor seiner Mutter heimkommen würde. Irgendwann in der Nacht, vielleicht erst im Morgengrauen, würde er für ein paar Stunden Schlaf in sein Bett schlüpfen und aller Wahrscheinlichkeit nach am nächsten Tag einige Unterrichtsstunden in der High School versäumen. Aber das war ihm alles nicht mehr wichtig, nicht einmal die Musikstunden bei Alonzo Lewis.

3
Kansas City Mystique

Seine Mutter bestieg die Trambahn und er sah den erleuchteten Fenstern nach, die sich über die Kreuzung und auf der 12th Street westwärts bewegten, in Richtung der Unterstadt von Kansas City, wo sich die Büros der *Western Union Telegraph Company* befanden. Nun war es Zeit.

Er zündete eine Zigarette an — das gehörte zu seinem Erwachsenen-Image —, schulterte das Bettzeug-Futteral mit seinem Saxophon und ging los. An der Ecke wandte er sich in die Richtung der Kreuzung 12th und Paseo, in die die Straßenbahn verschwunden war und von wo man schon von weitem das gleißende Licht der Neonreklamen sehen konnte. Einige der Nachtclubs in diesem Teil der Stadt hatten sich kürzlich mit diesen neuen Schildern aus Neonspiralen ausgerüstet, die alles taghell erleuchteten.

Als Charlie noch zwei oder drei Häuserblocks vom *Sunset Club* entfernt war, konnte er bereits die Musik hören, denn Piney Brown, der Manager, hatte direkt über dem Eingang einen Lautsprecher anbringen lassen. Es gab nicht nur Mikrophone auf dem Bandstand, sondern auch ein spezielles Mikrophon hinter der Bar, damit Joe Turner den Blues singen konnte, wann immer ihm danach zumute war. Joe Turner war der Bartender im *Sunset* und wurde Big Joe genannt. Er war auch wirklich groß und sehr gutaussehend, mit heller gelbbrauner Haut und schweren Lidern über schläfrigen Augen — Seine Stimme war etwa im Posaunenregister und er schrie den Blues mehr hinaus, als er ihn sang. Wenn seine Stimme durch den Lautsprecher auf die Straße drang, dann wußten die Menschen, die draußen ziellos umherschlenderten, mit einem Mal, daß sie eigentlich in den *Sunset Club* gehen wollten.

Die Band im *Sunset* war die kleinste in Kansas City, wie jeder wußte; sie bestand aus nur 2 Musikern. Der Drummer hieß

Murl Johnson und war besonders gut mit snare drums und Tom-Toms. Aber der Mann, der im Sunset die Dinge in Bewegung brachte, war der Pianist Pete Johnson. Er war nicht mit dem Drummer verwandt. Pete Johnson wurde »Roll 'em Pete« genannt, denn er hatte eine besondere Art des Baßspiels mit der linken Hand, acht Noten pro Takt. Manche sagten, diese Spielweise käme aus Texas und würde »Boogie Woogie« oder »The Dirty Dozens« genannt, aber Pete nannte es einfach »Fast Blues« oder manchmal auch »Railroad Blues«. Er war plump und beinahe so breit wie hoch, ein Gewichtheber-Typ in einem doppelreihigen Anzug, der wie ein Zelt aussah. Sein kurzer Hals wurde zu zwei dicken Wülsten, wenn er über dem Klavier hing. Petes Finger sahen aus wie ein Bündel Bananen, viel zu groß für die Tasten, aber wenn er schnell spielte, zeigte er viel Fingerspitzengefühl. Seine rechte Hand hatte ihr eigenes Leben, spielte gegen den Rhythmus seltsam berührende Akkorde und konnte sogar das Pfeifen eines Zuges imitieren, wahrend die linke Hand den Klang der Räder auf den Schienen suggerierte. Das war der *Railroad Blues*. Petes Gesicht war rund, braun und weich und trug immer einen Ausdruck der Überraschung, als könne er nicht glauben, was seine Hände aus dem Piano herausholten.
Pete Johnson und Murl Johnson brauchten keinen Bassisten, um eine volltaugliche Rhythmusgruppe zu sein und dadurch war auf der Bühne des *Sunset* mehr Platz. In manchen Nächten, wenn andere Clubs schon geschlossen hatten, kamen die dort beschäftigten Musiker mit ihren Instrumenten in den *Sunset Club*, auf einen Drink und einen Schwatz mit Piney Brown, der nichts mehr liebte als gute Musik und in ganz Kansas City als Freund der Musiker bekannt war. Letzten Endes landeten die Musiker dann stets auf dem Bandstand, die Instrumente wurden ausgepackt und eine Jam Session begann. Manchmal war Ben Webster da, der große Mann von den *Clouds of Joy*, oder Jimmy Keith, oder Eli Logan, oder der Gitarrist Jim »Daddy« Walker. Piney Brown bezahlte nur zwei Musikern Gage, aber oft befanden sich bis zu zehn auf der Bühne und jeder wartete, daß er zu einem Solo drankam. Man konnte nie im vorhinein wissen, wann es im *Sunset* Jam Sessions gab, das hing davon, welche Musiker in der

Stadt waren und in welcher Stimmung sie sich befanden. Der Lautsprecher auf der Straße ermöglichte es den Vorübergehenden immer, zu hören, was sich drinnen abspielte, und sogar die Musiker zu erkennen — viele, die gute Ohren hatten, waren dazu imstande. Charlie lernte, daß die Art, wie ein Mann sein Instrument spielte, ein Identifikationsmerkmal war, so deutlich wie eine Handschrift. Jeder Musiker hatte einen anderen Ton und eine andere Phrasierung. Gab es im *Sunset* keine Jam Session, so setzte Charlie seine Runde fort; es gab so viel zu hören, viel mehr, als man in einer Nacht schaffen konnte. Er hatte bald herausgefunden, in welche Lokale er um welche Zeit gehen mußte, um die Musiker zu hören, die ihn am meisten interessierten und wie er dort ohne Schwierigkeiten hineinkommen konnte, denn an sich durfte ein Vierzehnjähriger noch nicht in die Clubs und in manchen gab es Hinausschmeißer. Am liebsten ging er ins *Reno*, das von den Musikern als der wichtigste Club von Kansas City betrachtet wurde. Der Eigentümer war »Papa Sol« Epstein, der gute Kontakte zu den Pendergast-Leuten pflegte und sich daher um Polizeistunde und ähnliche Dinge nicht zu kümmern brauchte; die Polizisten hatten Anweisung, sich um seinen Club nicht zu kümmern. Im *Reno* gab es eine Floor-Show mit erstklassigen Darbietungen, daran anschließend spielte die Band für die Tänzer und da konnte man den wirklichen Jazz hören, manchmal bis um 6 Uhr morgens.

Die Band im *Reno Club* war die beste in der ganzen Stadt. Es war die alte Bennie Moten Band, die Count Basie und Prof Smith nach Motens Tod übernommen hatte. Charlie kannte alle Bands von Kansas City, genauso wie seine Schulkollegen alle Stars des Baseballteams kannten. Er hatte George E. Lee gehört, die Douglas Brothers, Paul Banks, Chauncey Downs, Clarence Love, Dave Lewis, die Jesse Stone Blues Serenaders, Thamon Hayes, Jap Allens Cotton Club Orchestra und natürlich Andy Kirks Twelve Clouds, alles große Tanzbands mit 12 oder 13 Musikern, die in den verschiedenen Ballrooms spielten, in der *Paseo Hall* oder im *El Torreon*, Ecke 31th und Gillham. Jedes Jahr im Mai spielten alle Bands der Stadt in einer Nacht um die Wette — eine Veranstaltung, die die örtliche Musikergewerkschaft organisierte. Die Band, die den meisten Applaus der Tänzer erhielt, wurde Sieger.

Charlie stand vor dem Eingang zum *Reno Club* unter der Markise, konnte undeutlich die Musik von innen hören und las das Schild an der Mauer:

FOUR BIG FLOOR SHOWS EVERY NIGHT

FIVE FIRST CLASS ACTS

CHRISTINE BUCKNER	*World's Fastest Tap Dancer*
HATTIE KNOWLES	*Comedienne*
FRED LOVELL	*Songs and Jokes*
MATTIE HEADMAN	*Blues and Novelty Singer*
SHEPHERD MC NEELY	*Your Master of Ceremonies*

FLOOR SHOWS PROMPTLY AT 10 — 12 — 2 — 4

plus

Music for your dancing pleasure until...?

by the COUNT BASIE — PROF SMITH BAND OF RHYTHM

No Cover Charge   No Minimum   Drinks from 15c

Charlie dachte nicht daran, den Haupteingang zu benützen, denn Papa Sol hatte den ehemaligen Boxer Rusty in seine Dienste genommen, einen rothaarigen Mann mit Blumenkohlohren, zusammengewachsenen Augenbrauen und einer heiser krächzenden Stimme. Rusty hatte Charlie schon mehrmals hinausgeworfen und ihm klargemacht, daß er hier nichts zu suchen hätte, zumindest nicht, bevor er wesentlich älter geworden sei. Aber es gab eine Allee, die zu einem kleinen asphaltierten Platz direkt hinter dem Club führte, und dorthin ging Charlie. Bei gutem Wetter war dieser Platz immer voller Menschen. Musiker, die einen spielfreien Abend hatten, pflegten hier herumzustehen und mancher Bandleader rekrutierte sich hier seine Leute. Wer seine Ohren offenhielt, konnte hier erfahren, was es im Band Business Neues gab: wie etwa Andy Kirk auf einer Tournee durch die Malco-Theaterkette in Tennessee gestrandet war und um Fahrgeld nach Hause telegraphieren mußte, aber sofort nach seiner Rückkehr ein langes Engagement im *Vanity Fair* antreten konnte; oder welche Schwierigkeiten das Thamon Hayes Orchestra mit den Gangstern bei der Eröffnung eines neuen Clubs in Chicago gehabt hatte. In der Menge bewegten sich auch stets Frauen, manche so alt wie Charlies Mutter, die die Männer ansprachen und sie dann über eine lange hölzerne Treppe in den zweiten Stock führten, wo sich eine Art Hotel befand. Sie trugen tiefausgeschnittene Kleider und nichts darunter und man konnte alles sehen, wenn sie sich bewegten. Einer jener Lunchwagen, die man allabendlich überall im Distrikt sehen konnte, stand mitten auf dem Platz. Diese Wagen gehörten John Agnos, der eine Konzession von Tom Pendergast hatte. Um 10 Cents gab es Sandwiches mit Hirn, Schweinsfüßen oder »short thighs« — das waren geröstete Hühnerbeine und das aß Charlie am liebsten. Jede Nacht aß er zwei oder drei davon von dem Taschengeld, das ihm seine Mutter gab.

Zwischen den Shows kamen oft die Musiker durch eine Tür im Hintergrund des Bandstand auf den Platz heraus und verbrachten hier ihre 10-Minuten-Pause. Charlie kannte sie alle vom Sehen: Count Basie, der freundlich lächelte und einen mit kleinen Späßen zum Lachen bringen konnte, Walter Page, der wegen seines Beats »Big Four« genannt wurde, sein Halbbruder »Lips« Page, der kraftvollste Trompeter der Stadt und natürlich die Männer des Saxophonsatzes, der in der Stadt nicht seinesgleichen hatte, der kleine untersetzte Jack Washington, der Bariton spielte, Prof Smith und Herschel Evans, die mit texanischem Akzent sprachen und wie Schullehrer aussahen und schließlich Lester Young, groß, fleischig und gutaussehend, mit leuchtenden Augen und zurückgebürstetem Haar.

Lester war Charlies von ferne bewundertes Idol; sein besonderer Freund hingegen war der Schlagzeuger Jesse Price, ein großgewachsener Mann mit hohen Backenknochen und dunkelroter

Hautfarbe, wie ein Kupferkessel. Jesse war ein halber Mohawk-Indianer und stammte aus Memphis, der Heimatstadt von Charlies Vater. Er hatte beim Vaudeville gearbeitet und war mit Bessie Smith, der »Empress of the Blues«, auf Tournee gewesen, bevor er mit Ma Rainey's Georgia Minstrels nach Kansas City gekommen war. Jesse gab der Rhythmusgruppe Basies ihre Kraft und Geschmeidigkeit. Er hatte eine für einen so großen Mann seltsam hohe Stimme, war ein ernsthafter Mensch und blödelte nicht so viel herum wie die anderen Musiker. Charlie behandelte er fast wie einen Gleichaltrigen.
»Charlie, how ya doin?«, begrüßte er ihn, oder »How ya doin', Yardbird?« Der Spitzname begann sich durchzusetzen, er bezog sich auf Charlies Lieblingsspeise. »Ich sehe, du hast dein Horn mitgebracht, in dem Futteral, das deine Mama genäht hat.« Jesse lächelte wissend. »Steigst du bei uns ein, heute nacht?« Das war das verabredete Codewort zwischen den beiden und bedeutete, daß Jesse seinen Freund nach der Pause in den Club hineinschmuggeln würde. Charlie schlich sich dann immer über eine steile enge Treppe hinauf auf einen kleinen Balkon, der über den Bandstand hing und wo sich weder Rusty, der Hinausschmeißer, noch die Kellnerinnen jemals hinverirrten. War Charlie einmal da oben angelangt, so war er sicher für den Rest der Nacht. Der Bandstand, auf den er hinuntersah, war für wesentlich kleinere Bands gedacht gewesen. Basie mit seinem Flügel war aus Platzgründen auf dem Boden plaziert worden, was ihn aber keineswegs störte — schließlich hatte er früher beim Vaudeville und bei den Stummfilmen auch immer im Orchestergraben gespielt. Durch die niedrige Decke hatte man ein Loch geschnitten, damit Walter Page Platz für seinen Baß hatte. Die übrigen Musiker, Jesse mit seinem Schlagzeug, die fünf Blechbläser und die vier Saxophonisten saßen in zwei Reihen beinahe auf Tuchfühlung nebeneinander.
Manchmal war Charlie so rechtzeitig im Reno, daß er noch eine Floor-Show miterleben konnte, meist die um 2 Uhr. Von seinem Balkonplatz aus sah er nur die Köpfe, Hüte, Hutbänder und die sich bewegenden Hände und Füße der Mitwirkenden, aber hören konnte er alles. Für die Floor-Show hatte die Band nur ein

paar Gues und den musikalischen Background zu liefern, die meiste Zeit konnte sie aussetzen. Besonders interessant war der Auftritt von Christine Buckner, einer dünnen nervösen Frau, die wie ein Windhund aussah. Sie tanzte zu Nummern wie *Tiger Rag* oder *Nagasaki* in schnellen verrückten Tempi. Die wichtigste Funktion hatte dabei der Drummer Jesse, der seine Akzente, *rolls*, *flams* und *rim shots* gegen Christines rasenden Steptanzrhythmus setzte. Auf der schwarzen Haut der Tänzerin glänzte der Schweiß und ihre harten spitzen Brüste hüpften in ihrem Kostüm. Sie tanzte zehn oder zwölf Minuten durch und steigerte ihre Darbietung unter dem Applaus des Publikums immer mehr. Jesse war der einzige Schlagzeuger in Kansas City, der schnell genug war, um mit ihr mithalten zu können. Er hielt strikt das Tempo, erweckte aber durch dynamische Effekte den Eindruck, immer schneller zu werden.

Nach der Floor-Show spielte die Band zum Tanz. Das Publikum saß in den Logen oder an den Tischen rund um die Tanzfläche und nur selten behelligte es Basie mit Wünschen, denn es hatte schon gelernt, daß es ohnehin gut bedient wurde. Die Band spielte viel Blues und eigene Riff-Nummern von Basie und Prof Smith. Eine von Charlies Lieblingsnummern war der *One O'Clock Jump*. Basie begann allein mit acht Takten, als ob er den Musikern damit das Stück und das exakte Tempo vorgeben wolle. Der Baß von Walter Page mit seinem stetigen Fluß voller Noten und das Schlagzeug von Jesse Price kamen dazu, und die Rhythmusgruppe legte den Beat für den Rest der Band. Das Blech glitzerte, als die Trompeter und Posaunisten in der hinteren Reihe ihre Instrumente hoben und den Ton mit Metalldämpfern abschattierten. Dann kamen die Saxophone — ein Bariton, zwei Tenor und ein Alt — und schließlich spielte die ganze Band zwei oder drei Riff-Chorusse, jeder immer ein wenig stärker und gewichtiger als der vorige.

Dann kamen die Soli. Eine Trompetenfanfare brach mit plötzlicher Brillanz aus dem Gewebe von Klängen. Das war Oran, der Halbbruder von Walter Page, mit gutem Grund »Lips« genannt. In seinen vollen wulstigen Lippen verschwand das Mundstück seiner Trompete und er blies, bis die Adern auf seiner Stirne an-

schwollen und die Töne den ganzen Raum erfüllten. »Lips« hatte den mächtigsten Trompetensound von Kansas City. Wenn er mit Dämpfer spielte, klang es heiß und verrucht. Meist übernahm er das erste Solo, um die Band aufzulockern. Basie lächelte von seinem Klavier herauf und unterstützte »Lips« mit kleinen bluesigen Einwürfen. Wenn das Trompetensolo zu Ende war, kam vielleicht eine Antwort von einem Saxophonisten, von Prof Smith mit seinem sauberen geschmeidigen Altton etwa, oder von Herschel Evans' butterweichem Tenor. Und wieder kam die volle Band und der Balkon, auf dem Charlie saß, begann zu vibrieren. Er konnte den Beat in seinen Füßen spüren.
In den Lichtkegeln der Scheinwerfer, die auf den Bandstand gerichtet waren, zitterte ein bläulicher Dunst, wie die Luft über der Straße an einem heißen Sommertag, ringelte und kräuselte sich und schwebte langsam nach oben, wie getragen von den Wellen der Musik. Ein scharfer beißender Geruch kitzelte Charlies Nase. Es war der Rauch der *sticks** die auf dem Bandstand von Hand zu Hand gingen. Wenn der Set 20 Minuten gedauert hatte, bekam Charlie das Gefühl, als schwebte er selbst in diesem aufsteigenden Dunst. Der lange schmale Clubraum schien auf einmal tiefer zu werden. Die Bar, die polierten Gläser vor dem Spiegel, die Kellnerinnen in der Haltung von Amseln, bereit, zu ihren Kunden zu fliegen — die Tische, die Logen, die Tänzer, die Musiker, das Orchester, alles im ganzen Reno Club schien genau dort zu sein, wo es hingehörte, als wäre es immer so gewesen und würde immer so bleiben, in Raum und Zeit fixiert, aber *die Zeit war angehalten worden*. Charlie wurde langsam high. Er nahm Dinge wahr, die er vorher überhört hatte — Basies kleine bluesige Kommentare, ein silbriger Schwarm von Noten, den Prof Smith hinter Herschels Solo spielte, gedämpft glucksende Blechakzente unter dem Chor der Saxophone. Auf dem Balkon des Reno konnte man high werden, während eines einzigen Sets, und ohne einen Cent zu bezahlen.
Dann kam das Beste von allem. Lester erhob sich und spielte ein Solo. Seine Eigenart, das Saxophon schräg zu halten, hatte er

---

* Marihuanazigaretten

sich im Reno angewöhnt, weil auf dem Bandstand so wenig Platz war. Er stand auf, schlurfte nach vorne und die Töne sprudelten aus seinem Instrument. Charlie hörte die vollen und die durchsichtigen Noten, die langen fließenden Linien, die tiefen Grunzer und die leichten flinken Sounds. Dann nahm er stets sein eigenes Horn aus dem Futteral, hängte es an den Halteriemen und legte die Finger auf die Tasten. Das Mundstück war in seinem Mund, aber kein Ton kam heraus. Charlie spielte mit Lester Young mit, aber nur in seinem Kopf. Seine Finger bewegten sich so wie Lesters Finger, er hörte die langen blumigen Linien und stellte sich vor, er formte die Töne auf die gleiche Art.

4
Trials of Manhood

Der Meistersaxophonist, den sich Charlie zum Vorbild genommen hatte, war ein Jahr zuvor, nachdem er lange Zeit mit regionalen Bands unterwegs gewesen war, nach Kansas City gekommen. Lester Young war damals 25 und es scheint beinahe unglaublich, daß er bereits 17 Jahre professioneller Erfahrung hinter sich hatte. Er hatte schon als Kind in der Band seines Vaters, Billy Young, eines Tuskegee-Absolventen Schlagzeug gespielt. Das Billy-Young-Orchester bestand ausschließlich aus Mitgliedern der Familie. Die Kinder lernten singen, sobald sie gehen konnten und im Alter von 5 oder 6 Jahren konnten sie perfekt Noten lesen und mindestens ein Instrument spielen. Billy selbst spielte alle Instrumente, bevorzugte aber die Trompete. Seine Frau war die Pianistin der Band. Mit 8 Jahren begann Lester regelmäßig an den Tourneen der Band als Schlagzeuger teilzunehmen. Die Musiker überwinterten in New Orleans, wo Lester 1909 zur Welt gekommen war und waren jedes Jahr 9 oder 10 Monate mit Zeltshows oder kleinen Zirkusunternehmen unterwegs. In den Zeltshows fungierten sie als Publikumsattraktion und lockten die Leute an, denen Schlangenöl oder ähnliche Patentmedizin verkauft werden sollte, und arbeiteten sie mit einem Zirkus, dann sorgten sie für die Einleitungsmusik und lieferten den musikalischen Hintergrund für Clowns, Reiter ohne Sattel und Hochseilakte. Sie folgten einer Tradition, die zu den Chautauquas- und Minstrel-Shows zurückreichte.
Durch sein Schlagzeugspiel hatte Lester ein exzellentes Gefühl für Rhythmus entwickelt, aber dessen ungeachtet hatte er in seinen frühen Teenagerjahren genug davon. Der Grund dafür war, wie er erzählte, seine Faulheit. Er hatte keine Lust mehr, sein reichhaltiges Instrumentarium dauernd auf- und abzubauen, ein- und auszupacken und herumzuschleppen. Sein nächstes Instrument wurde das Altsaxophon. Von jedem Mitglied der

Young-Familienband erwartete man, daß es fehlerfrei vom Blatt spielen konnte, und dagegen rebellierte Lester. Zwar lernte er Notenlesen, aber mit großem Widerstreben. Er fühlte, daß das den Fluß seiner Ideen behinderte. Lester war ein seltsamer, in sich gekehrter junger Mann, groß und ziemlich dicklich, mit verträumten Augen — der geborene Bohemien. Als er etwa sechzehn war und seine Männlichkeit zu fühlen begann, hatte er eine schwere Auseinandersetzung mit seinem Vater. Lester verließ die Familienband und schloß sich Art Bronson's Bostonians an, einer regionalen Tanzband, die von Salina/Kansas aus operierte.

Ebenso wie die orthodoxe Denkweise seines Vaters lehnte Lester auch den von fast allen nachgeahmten Saxophonstil Coleman Hawkins' ab. Seine Vorbilder waren zwei weiße Jazzmusiker, Jimmy Dorsey und Frankie Trumbauer. Ihre saubere Technik, ihr klarer vibratoloser Ton und ihr Sinn für Melodie gefielen ihm. Das war schön. Trumbauer erzählte mit jedem Solo eine kleine Geschichte. Lester schleppte seine Platten immer mit sich herum und studierte die Nuancen des weißen Saxophonstils. Als er schließlich seinen endgültigen Instrumentenwechsel machte und vom Alt- auf das Tenorsaxophon umstieg, während er bei den Bostonians war, übernahm er ein bißchen von Trumbauers leichtem, transparentem Sound. Aber Lester spielte nicht nur schön wie Trumbauer, er akzentuierte seine hübschen Phrasen mit kräftigen Tönen im unteren Register und entwickelte einen mitreißenden Swing.

In diesen Jahren begann Lester sich selbst und seine Ideen zu entwickeln. Nach den Bostonians spielte er ein Jahr bei King Oliver, dem berühmten New-Orleans-Trompeter, der einst einer der Großen des Jazz gewesen war und nun mit einer kleinen Band »One-nighters« in den Präriestaaten spielte. Noch bevor er volljährig war, landete Lester bei den Oklahoma City Blue Devils, dem Schrecken aller Bands im Südwesten. Die Blue Devils blühten erst bei »battles« mit anderen Bands so richtig auf. Ihr Saxophonsatz begrub alle Rivalen unter einem erdrückenden Strom von Sound. Sie waren Meister des Riff-Stils und voll von solistischem Talent. Sie waren gegen die besten Bands von Kansas City angetreten und hatten sie alle geschlagen, sogar Bennie

Moten. Wäre nicht die Depression dazwischen gekommen, hätte ihnen keine andere Band etwas anhaben können, aber von 1930 an hatte ein Star nach dem anderen die Blue Devils verlassen — Basie, »Lips« Page, Walter Page, Eddie Durham, Jimmy Rushing —, sie alle suchten Beschäftigung in Pendergasts depressionssicherem Kansas City. Prof Smith und Lester Young blieben bis zum bitteren Ende, als die Band auf einer Tournee durch den Osten pleite ging, erst dann folgten sie den anderen nach Kansas City. Nun waren sie alle wieder zusammen im *Reno Club*, eine Gruppe verwandter Seelen, die die gleiche musikalische Sprache sprachen und jahrelange Erinnerungen an Tourneen und Jam Sessions miteinander teilten. Der Ideenlieferant und Starsolist war Lester Young, der dazu ausersehen war, einer der großen Jazzmusiker zu werden.

Charlie Parker interessierte sich zunächst nicht sehr für das schöne flüssige Spiel von Prof Smith, dieser Einfluß kam erst später. Sein Mann war Lester Young. Auf dem Balkon des Clubs oder auch draußen vor der Tür fingerte Charlie auf seinem alten Saxophon und versuchte, dem, was Lester spielte, Note für Note zu folgen. Das Modellieren der Phrasen, die Tonbildung, der subtile Gebrauch dynamischer Effekte — all diese Elemente wurden von Charlies innerem Ohr absorbiert, obwohl er noch nicht die technischen Fähigkeiten hatte, sie nachzuvollziehen.

Wenn es möglich war, blieb Charlie bis zur letzten Floor-Show, denn daran schloß sich immer eine Jam Session an und da hatte Charlie Gelegenheit, Lester zusammen mit den besten Musikern der Stadt und eventuell mit den Stars der durchreisenden Orchester zu hören. Der gebieterische Coleman Hawkins mochte für eine Nacht in Kansas City sein oder der Mann, den sie Rabbitt nannten, Johnny Hodges, der mit Duke Ellington spielte. Weiße Jazzstars kamen, um sich mit den schwarzen zu messen. Dick Stabile, der Leiter der Tanzband im Muehlebach-Hotel, überraschte die Leute oft mit seinem Jazztalent. Er hatte einen klaren singenden Ton, der Charlie sehr beeindruckte. Stabile hatte seinen Stil nach dem von Rudy Wiedoeft modelliert, der viele Jahre lang ein populärer Vaudeville-Star gewesen war. Charlie hatte Wiedoeft einmal im Theater gehört, wie er die erstaunlichsten Effekte aus seinem C-melody-Saxophon herausholte. Alle diese Musiker beeinflußten Charlie, er studierte die Saxophonstile mit großem Ernst. Nacht für Nacht lebte er in der Klangwelt der Saxophonisten von Kansas City.

Die Jam Sessions im *Reno* begannen gegen 5 Uhr morgens. Die Leute der Count-Basie-Band machten nach der letzten Floor-Show zunächst eine lange Pause, denn schließlich hatten sie seit 9 Uhr abends beinahe ohne Unterbrechung gespielt. Sie gingen an das Buffet, an die Bar und dann wieder auf die Bühne. Jesse Price adjustierte sein Schlagzeug und begann zusammen mit Walter Page am Baß einen sanften Rhythmus und Count Basie setzte sich ans Piano, wenn er nicht von Sam Price oder von Mary Lou Williams von den Clouds of Joy abgelöst wurde. Und dann kamen die Bläser aus anderen Clubs oder von durchreisenden Bands und schließlich war die Bühne des *Reno* gedrängt voll mit Musikern, die ungeduldig darauf warteten, mit einem Solo dranzukommen. Am Sonntagmorgen gab es immer ein großes Ereignis, das »Spook Breakfast« genannt wurde. Speisen und Getränke wurden serviert und wenn die Stimmung gut war, dauerte die Jam Session manchmal bis Mittag.

Nur die etablierten Stars konnten es wagen, an den Sessions im *Reno Club* teilzunehmen. Aber es gab auch Sessions in anderen Clubs, bei denen jeder sein Glück versuchen konnte. Um 4 oder 5 Uhr früh waren die Straßen voll von herumziehenden Musikern mit ihren Saxophonen, Trompeten, Posaunen und Gitarren. Die Bassisten schulterten ihre schweren Instrumente und gingen mit ihnen. Die Pianisten hatten nichts zu schleppen, dafür mußten sie sich unter Umständen mit den schlechten Instrumenten abfinden, die sie in den Clubs vorfanden. Die Drummer nahmen zumindest ihre Stöcke mit, mit denen sie am liebsten spielten und vielleicht ihr Lieblingsbecken, importiert aus der Türkei und zu Phantasiepreisen in Jenkins' Music Store angeschafft. Eines Nachts im *Subway Club* spielte Jesse Price alle Drummer der Stadt an die Wand, mit einem Solo von 111 Chorussen über *Nagasaki*, das beinahe eine Stunde dauerte.

Die Musiker zogen von Club zu Club und waren überall willkommen. Die Institution der Jam Session wurde von den Gang-

stern, die die Clubs betrieben, kräftig unterstützt, denn das Bewußtsein, daß sich jederzeit unvorhergesehene Sensationen ereignen konnten, weil man nie wissen konnte, wer vorbeikommen und was geschehen würde, zog das Publikum ebenso an, als wenn ein berühmter Künstler angekündigt worden wäre. Viele Clubeigentümer engagierten eine Hausrhythmusgruppe als offene Einladung zu Jam Sessions. Gastmusiker erhielten freie Drinks, manchmal auch freie Mahlzeiten. In Chief Ellis Burton's *Yellow Front Saloon* standen immer ein Topf mit Chili und ein weiterer mit Crawdad, einer besonderen Kansas-City-Spezialität aus Meeresfrüchten, auf dem Küchenherd bereit. Piney Brown, der Manager des *Sunset Club*, Eddie Spitz im *College Inn* und Milton Morris im *Novelty Club* waren Jazzfans. Keiner von den Clubeigentümern schrieb den Musikern vor, was sie zu spielen hatten.
In jedem Club gab es »The Kitty«, ein Kätzchen oder auch einen Tiger aus Karton, an dem ein Metallbehälter befestigt war, für Spenden an die Musiker. Manche »Kittys« hatten anstelle der Augen elektrische Lämpchen, die an und aus gingen. Das Geld wurde am Ende des Abends unter die Musiker aufgeteilt. Manchmal würfelten die Gangster und der Verlierer mußte das Kätzchen füttern. Gelegentlich fuhr ein schwarzer Cadillac mit schußsicheren Scheiben vor einem der Clubs vor und der Unterweltboß Johnny Lazia kam mit seinen Leuten herein. Pistolen wurden auf den Tisch gelegt, die Türen verschlossen, Zigarren wurden mit Fünf- oder Zehndollarnoten angezündet, das Kätzchen wurde gefüttert und jeder Musiker konnte mit bis zu 20 Dollar nach Hause gehen.
Wenn es um das Jammen ging, konnte man keine Stadt mit Kansas City vergleichen. Vieles an den Sessions erinnerte an feierliche Stammesriten, sie waren permanente Mannbarkeitstests, die die Jazzleute bestehen mußten. Meisterliche Beherrschung des Instruments war eine Grundvoraussetzung, ebenso mußte der Musiker Standardnummern, Blues und anderes Material jener Zeit kennen, in allen harmonischen und melodischen Facetten. Das waren Selbstverständlichkeiten; worauf es ankam, waren neue Ideen. Wenn ein Mann sich zu wiederholen begann, verlor

er seine Anhängerschaft. Mit Klischees oder Riff-Figuren konnte er niemanden beeindrucken. Ein Musiker improvisierte zwei oder drei Chorusse über ein Akkordschema, manchmal waren es bis zu zehn Chorusse und die Giganten waren dafür bekannt, 20 oder gar 30 Chorusse improvisieren zu können, ohne daß ihnen die Ideen ausgegangen wären. Was zählte, war die Fähigkeit, Akkorde zu variieren, neue Melodien zu erfinden und jene komplizierten rhythmischen Muster unter Kontrolle zu haben, aus denen jenes mysteriöse Element entsteht, das man Swing nennt.

Eine der berühmtesten Jam Sessions der Geschichte von Kansas City hatte im *Cherry Blossom* an der Kreuzung 12th Street und Vine stattgefunden. Charlie hatte sie zwar nicht miterlebt, aber die Geschichte war ihm viele Male erzählt worden. Das berühmte Fletcher-Henderson-Orchester war für einen One-nighter in der Stadt gewesen und sein Starsaxophonist Coleman Hawkins, der Mann, den man den Vater des Jazzsaxophons nannte, hatte schon vorher die unglaublichsten Geschichten über die Saxophonisten von Kansas City gehört. Nachdem sein offizieller Job beendet gewesen war, hatte er beschlossen, ins *Cherry Blossom* zu gehen, um diesen Emporkömmlingen einmal zu zeigen, wer der Herr war. Die Nachricht hatte sich wie ein Lauffeuer ausgebreitet und innerhalb einer Stunde waren alle Saxophonisten von Kansas City im *Cherry Blossom* versammelt. Der Wettkampf hatte begonnen und hatte den Rest der Nacht und den anschließenden Vormittag über angedauert. Um die Mittagszeit waren noch vier Saxophonisten auf der Bühne gewesen: Hawkins, Ben Webster von den Clouds of Joy sowie Herschel Evans und Lester Young von der *Reno Club*-Band. Der überlegene Sieger war schließlich Lester Young geworden, der in der Mitte des Nachmittags noch immer frisch war und voll von Ideen steckte. Zum ersten Mal hatte Coleman Hawkins bei einer derartigen »cutting-session« verloren, wodurch das Prestige der Kansas-City-Saxophonisten ungemein stieg. Anschließend, so wurde erzählt, hätte Coleman Hawkins den Motor seines neuen Cadillac ruiniert, weil er wie ein Wahnsinniger quer durch den Staat Missouri gerast war, um zum nächsten Gig der Hender-

son-Band in St. Louis zurechtzukommen. Auf Grund dieses großen Sieges hatte Lester Young damals den Spitznamen »The President« bekommen, der später zu »Pres« abgekürzt worden war und der ihm sein Leben lang bleiben sollte.
Die großen Nahkampfspezialisten hatten Übung darin, die Ideen eines anderen — oft seine besten — zu nehmen und sie auf den Kopf zu stellen, oder sie als Inspiration für eine neue Reihe von Improvisationen zu benützen. Um die Dinge für Neulinge noch mehr zu erschweren, wurden komplizierte Riffs hinter den improvisierenden Solisten gesetzt, so daß dieser mit einem Ohr auf sich selbst hören mußte und mit dem anderen auf das, was hinter ihm vorging. Rasend schnelle Tempi und selten benützte Tonarten waren weitere Herausforderungen.
Charlie konnte bei den Großen noch lange nicht mitmachen, er wußte, daß er zunächst einmal am untersten Ende der Rangordnung Anschluß finden mußte. Es war ihm aber nicht völlig klar, daß zwischen seinen musikalischen Ideen und seinen Fähigkeiten, sie zu realisieren, ein gefährlich großer Abstand war. Was er sich angeeignet hatte, war stümperhaftes, oberflächliches Halbwissen, ohne Bezug zu irgendeiner brauchbaren Methode. Die Fingertechnik etwa hatte er sich abgeschaut. Niemand zeigte ihm das, so wie ein guter Lehrer das getan hätte. Aber das, was er von seinen Idolen kopieren konnte, war nur für Fortgeschrittene geeignet. Nachdem Charlie kaum mehr in der Schule erschien, auch nicht zu den Musikkursen, konnte er auch in Harmonielehre keinerlei Fortschritte machen und wußte so gut wie nichts darüber.
Andererseits war die ständige Konfrontation mit der Musik von unschätzbarem Wert. Charlie nahm alle Sounds und Stimmungen des Kansas-City-Jazz in sich auf. Wenn er auch nicht wußte, wie ein bestimmter Ton hervorzubringen war, so wußte er doch genau, wie er zu klingen hatte. All das speicherte er in seinem Inneren für spätere Zeiten. Seine einsame suchende Seele war bis zum Rand gefüllt mit dem Blues, auf dem das Saxophonspiel in Kansas City aufgebaut war.
In einem obskuren Club namens *High Hat*, Ecke 22nd und Vine, stieg Charlie zum ersten Mal bei einer Session ein. Jimmy

Keith, ein modisch gekleideter Tenorsaxophonist, leitete die Hausband, in der auch zwei von Charlies alten Kameraden von den *Deans of Swing*, Lawrence Keyes und der Trompeter James Ross mitspielten. Die beiden hatten in der Zwischenzeit Lincoln High absolviert und arbeiteten nun als Berufsmusiker. Sie grüßten Charlie mit einem freundlichen Nicken und das gab ihm weiteres Selbstvertrauen. Er zog die Gummibänder an seinem alten Saxophon zurecht und wartete auf seinen Auftritt. Er plante, seine Improvisation auf den ersten Akkorden von *Lazy River* und auf dem Mittelteil von *Honeysuckle Rose* aufzubauen. Als es endlich soweit war, ging Charlie auf den Bandstand. Geführt von Lawrence Keiths Klavierakkorden und unterstützt von der Rhythmusgruppe spielte er ein behutsames Solo. Keith begleitete ihn gewissenhaft und aus der Trompete von Ross kamen ein paar ermutigende Töne. Charlie spielte zwei volle Chorusse und Jimmy Keith, ein schlanker Mann mit einem dünnen Schnurrbart, stand an der Seite und lächelte väterlich.

Anstatt sich damit zufrieden zu geben, beschloß Charlie, sein Schicksal herauszufordern und etwas Neues zu versuchen. Vielleicht sah er sich in diesem Moment auf der Bühne des *Reno* in voller Beherrschung seines Instruments. Er wählte *Body and Soul*, spielte einen Chorus und versuchte im zweiten, das Tempo zu verdoppeln. Die Rhythmusgruppe hinter ihm tat eiligst das gleiche. Aber die kühnen rhythmischen Effekte, die Charlie in seinem Kopf hörte und mit denen er Jimmy Keith und die anderen hatte verblüffen wollen, gelangten nicht bis in seine Finger. Er sah sich plötzlich mit schwierigen technischen Problemen konfrontiert und alles fiel auseinander. Er verfehlte eine Note und quietschte, dann machte er einen noch viel schwerwiegenderen rhythmischen Fehler. Der Rhythmus lief an ihm vorbei und Charlie hörte auf zu spielen. Auf einmal herrschte tödliche Stille im *High Hat Club*. Lawrence Keyes versuchte noch, ihm zu helfen und wiederholte die Akkorde des letzten Taktes, aber der Drummer Li'l Phil hatte bereits aufgehört zu spielen. Die Stille wurde immer unerträglicher, bis auf einmal wie eine Explosion ein dröhnendes Spottgelächter losbrach. Charlie kletterte vom Bandstand herunter, mit Tränen in den Augen, packte sein Horn in das Bettzeugfutteral und ging nach Hause. Drei Monate lang spielte er überhaupt nicht. Ein vager Erfolg hatte sich in ein Desaster verwandelt.

Zusammen mit vielen anderen falschen Vorstellungen hatte Charlie geglaubt, daß alle Musik irgendwie in einer einheitlichen Tonart gespielt wurde. »Ich habe nie darüber nachgedacht, daß es verschiedene Tonarten oder so etwas gibt«, sagte er zu Lawrence Keyes. Keyes erklärte ihm dann die musikalischen Tatsachen des Lebens: daß es ein Dutzend Tonarten gab, eine für jede Note auf den Tasten des Pianos, jeweils einen halben Ton von der nächsten getrennt, wie die Sprossen einer Leiter. Charlies gesamtes musikalisches Denken hatte auf einer naiven falschen Annahme beruht.

Diese Entdeckung hätte einen anderen dazu gebracht, es entweder aufzugeben oder solide musikalische Ausbildung zu suchen, aber Charlie machte sich nicht klar, daß ein Abgrund zu seinen Füßen gähnte. Er würde dieses Problem selbst lösen, ein Problem, das die europäischen Komponisten jahrelang beschäftigt hatte. Er wollte von niemandem Hilfe.

»Ich muß draufkommen«, sagte er zu seiner Mutter. »Auf irgendeine Art und Weise.«

5
Modes

Genialität mag die Fähigkeit einschließen, unendliche Qualen zu ertragen, aber ebenso die Möglichkeit, einen falschen Weg einzuschlagen und ein nicht vorhergesehenes Ziel zu erreichen. Wenn es also zwölf Tonarten gab, überlegte Charlie, dann würde er eben alle zwölf lernen. Wäre er nicht so dickköpfig gewesen und hätte sich erkundigt, dann hätte Alonzo Lewis ihm sagen können, daß der Jazz nur in sehr wenigen Tonarten gespielt wurde, nämlich in denen, die für die Bläser am leichtesten waren. Auch von Lawrence Keyes hätte er das erfahren können. Die erste bedeutende Kansas-City-Band, das berühmte Bennie-Moten-Orchester, jene Formation, aus der Count Basie hervorgegangen war, hatte praktisch alles in B-Dur gespielt, obwohl der Pianist Bennie Moten, der vom Ragtime her kam, sehr wohl auch in anderen Tonarten spielen konnte. Die meisten Jazzmusiker von Kansas City fühlten sich nur in drei oder vier Tonarten wohl. Die übrigen waren unbekanntes Territorium und nur Musikern mit solider Ausbildung zugänglich. Der angehende Jazzmusiker versuchte viel eher, sich einen guten Sound und ein gutes Rhythmusgefühl anzueignen. All das hätte Charlie Parker in wenigen Minuten erfahren können, wenn er danach gefragt hätte.
Er hatte keine Ahnung von dem Harmoniensystem, das auf den Schultern von Rameau und Johann Sebastian Bach ruhte, von der sauberen mathematischen Logik des Quintenzirkels, dem Ergebnis gewissenhafter Arbeit von Generationen europäischer Musiker. Charlie hatte nur gehört, daß es zwölf Tonarten gab, also würde er sie lernen. Er begann mit der, die er kannte, mit C. Dann ging er einen halben Ton hinauf und lernte Des, eine Tonart, die im Jazz kaum verwendet wurde, aber das wußte Charlie nicht. Dann ging er wieder einen halben Ton höher zu D. Auf diese Weise, dachte er, würde er ein Musiker werden. Als

Charlie die ersten Fortschritte machte, ergaben sich Schwierigkeiten mit dem Fingersatz. Er begann, seine eigene Technik auszuarbeiten und bastelte immer wieder mit Gummibändern und Bindfäden herum, um sein altes Saxophon spielbar zu erhalten. Sein Rohrblatt hatte die Tendenz, bei gewissen Intervallen der neuen Tonleitern zu quietschen, so wie es in jener Nacht im *High Hat* passiert war. Charlie schnorrte sich neue Blätter zusammen. Er blieb bei Härtegrad eins oder höchstens zwei, mit ihrem weichen fast schmalzigen Klang. Die härteren Blätter gaben zwar einen kräftigeren und schärferen Ton, was bei Jam Sessions ein Vorteil war, aber sie waren steifer und schwerer zu kontrollieren. Der schreckliche Quietschton aus seinem Saxophon in jener Nacht, als er versucht hatte, *Body and Soul* in doppeltem Tempo zu spielen, war ihm noch in guter Erinnerung. Er konnte sich nicht leisten, daß das noch einmal passierte.
Charlie hatte erfahren, daß Lester Young harte Blätter benützte. Als er ihn fragte, starrte ihn Lester nur böse an. Der große Saxophonist war ein schwieriger Mensch. Seine Rohrblätter, deren Härte, wie er sie mit Sandpapier und einem scharfen Messer bearbeitete, ebenso wie die besondere Art seines Mundstücks betrachtete Lester als seine Privatangelegenheit. Das waren Berufsgeheimnisse, die man nicht so einfach an irgendeinen dahergelaufenen Nachwuchsmusiker weitergab. Da mußte der schon selbst draufkommen. Das gehörte zu der schwierigen Schule des Jazz und zu der gespannten Beziehung zwischen Meister und Lehrling. Aber schließlich sagte Lester in barschem Ton, er müsse vor allem lernen, »die Luft zu formen«. Alles, vom Zwerchfell bis zur Zungenspitze, wäre wichtig für den Sound und auf den käme es an, nicht so sehr auf Noten oder Tonhöhen, und wenn er, Charlie, von erfahrenen Musikern lernen wolle, müsse er selbst mehr können. Professionelles Niveau sei unerläßlich.
Charlie arbeitete weiter an seinen Tonleitern. Die in E, fand er, hatte einen seltsamen einschmeichelnden Klang. Er versuchte einen zwölftaktigen Blues in E zu spielen und das erinnerte ihn sofort an einen Sänger, den er einmal auf der 12th Street gehört hatte, einen Blinden vom Mississippi, der mit durchdringender schneidender Stimme den Blues gesungen hatte, mit beweglicher

Zunge über schadhaften Zähnen. Er hatte sich auf einer Gitarre begleitet und mit dem abgebrochenen Hals einer Whiskyflasche, der auf seinem linken Ringfinger steckte, war er die Saiten auf und ab geglitten und hatte dem Instrument klagende Töne entlockt. Der Effekt, der entstand, wenn Charlie auf dem Saxophon in dieser Tonart den Blues spielte, war etwas, das er noch nie gehört hatte und er nahm sich vor, sich irgendwann später noch ausführlich damit zu beschäftigen. Damit ging er zur F-Skala über, die den echten kräftigen Kansas City Sound hatte, wie Pete Johnsons Klavier im *Sunset Club*. Auch ein Großteil des Repertoires im *Reno Club* wurde in F gespielt. Immer vertrauter wurde Charlie die Welt der verschiedenen Tonarten. Jede hatte ihre eigene Persönlichkeit und verlieh der Musik, die gespielt wurde, eine andere Stimmung.
Charlies Übungsstunden — »woodshedding« nannten das die Jazzleute — fanden zu Hause statt. Nach seinen nächtlichen Streifzügen schlief er meist bis etwa ein Uhr Mittag und wenn seine Mutter noch nicht wach war, bereitete er sich selbst ein kräftiges Frühstück. Er war ein starker Esser. Während der ersten beiden Jahre in Lincoln war er in die Höhe geschossen, aber nun begann er, immer untersetzter zu werden und sein Gesicht wurde rund, mit breiten Backenknochen. Nach dem Frühstück ging er hinauf in sein Zimmer, zog das grüne Rouleau am Fenster hoch und sah hinaus auf die Gärten und Wäscheleinen der Nachbarschaft. Schließlich nahm er sein Horn aus dem Futteral und begann zu üben. Er begann immer mit den Skalen, die er schon konnte und ging dann über zu der, an der er gerade arbeitete. Wenn er eine einmal gelernt hatte, vergaß er sie nie mehr. Das war einer der Vorteile der Do-it-yourself-Methode. In seinem Inneren war alles gespeichert wie in einem Computer, die »überflüssigen« Tonleitern ebenso wie die oft gebrauchten.
Charlie versuchte nun nicht einmal mehr, den Anschein zu erwecken, als ginge er noch in die Schule. Einen Großteil seiner freien Zeit verbrachte er mit Old Man Virgil, begleitete ihn auf seinen Runden durch die Straßen und half ihm, die Altwaren zu sortieren. Einmal zeigte er Virgil zwei Rohrblätter, die er im Musikgeschäft eingesteckt hatte, als der Angestellte gerade anderswo

beschäftigt war. Virgil explodierte. »Das nennt man Ladendiebstahl«, schrie der alte Mann, wie ein Prediger vor seiner Gemeinde. »Für so etwas kannst du zwei Jahre Besserungsanstalt kriegen und dann bist du vorbestraft!« Der alte Mann bedeutete Charlie, sich hinzusetzen.
»Charlie«, sagte er, »es ist Zeit, daß wir uns einmal unterhalten. Du hast keinen Vater und darum werde ich dir ein paar Regeln für dein Leben sagen. Ich bin alt und ich kenne das Leben. Die erste Regel ist: Niemals stehlen!« Virgil machte eine Pause und blickte Charlie zornig an. »Was sind zwei mickrige Rohrblätter um 50 Cents gegen die Besserungsanstalt, kannst du mir das sagen?«
»Es war ziemlich blöd«, gab Charlie zu.
»Richtig«, sagte Virgil, »nur Dummköpfe stehlen. Die zweite Regel lautet: Rede nie schlecht über andere. Das fällt immer auf dich zurück und die Leute behalten es im Gedächtnis. Davon kann nichts Gutes kommen. Merke dir, Charlie, wenn du über jemanden nichts Gutes sagen kannst, dann sag lieber gar nichts, dann wirkst du auch viel smarter auf die Leute.
Was deine Musik betrifft, kann ich dir nicht viel sagen, aber du weißt, für uns Farbige gibt es nicht sehr viele Möglichkeiten und eine davon ist die Musik. In Kansas City haben wir einige der besten Musiker im ganzen Land. Übe weiter, lerne, soviel du kannst, und das Wichtigste — das ist die nächste Regel: bleib bei deinem Horn! Mit ihm kannst du alles in deinem Leben erreichen.
Und die letzte Regel lautet: Such dir eine gute Frau und bleib bei ihr.« Der alte Mann machte eine Pause und sagte dann: »Und jetzt wiederhole die Regeln!«
Charlie tat es, und wann immer er in den darauf folgenden Wochen mit Virgil zusammenkam, ließ dieser ihn die Regeln heruntersagen wie einen Katechismus.
Charlies ehemalige Schulkameraden in Lincoln High standen inzwischen kurz vor der Abschlußprüfung. Er selbst hingegen war immer noch ein Freshman, er hatte keine einzige Prüfung geschafft. Hätte man seinen Intelligenzquotienten festgestellt, so wäre dieser bestimmt überaus hoch gewesen. Charlie war aufge-

weckt, schnell von Begriff, hatte einen forschenden Geist und ein außergewöhnlich gutes Gedächtnis. Aber keine dieser Qualitäten war jemals von den Lehrern in Lincoln gefördert worden. Vielleicht hatte er sie mit seiner Art abgestoßen, oder vielleicht waren sie wirklich »nichts wert«, wie Charlie zu seiner Mutter gesagt hatte.

Die *Deans of Swing* waren keine Schulband mehr, denn Lawrence Keyes und die meisten anderen hatten ihre Abschlußprüfungen schon hinter sich. Eines Nachts spielte Charlie mit seinen alten Freunden bei einer Tanzveranstaltung in der *Paseo Hall*. Im Laufe des Abends stieg der Bandleader George Ewing Lee ein und sang ein paar Nummern mit den *Deans*. Er war ein großer starker Mann mit einem langen flachen dunklen Gesicht und eher ein Balladensänger als ein Bluesmann. Die Leute nannten ihn den Cab Calloway des Mittelwestens. Seine Baritonstimme, entwickelt in einer Zeit, als die Sänger Megaphone anstatt Mikrophonen benützten, hatte große Tragkraft und füllte den Saal.

Nach der Veranstaltung unterhielt sich Lee mit den Musikern und meinte, es wäre nun an der Zeit, daß sie Mitglieder von Local 627 würden, der örtlichen Musikergewerkschaft. Er, Lee, hätte dort einiges zu reden und würde ihnen behilflich sein. Noch in derselben Woche trafen sich Charlie, Keyes und die anderen mit Lee in dem großen Ziegelgebäude in der Highland Avenue 1823, wo sich die Gewerkschaftszentrale befand. Die jungen Männer füllten Antragsformulare aus, bezahlten ihre 10 Dollar Aufnahmegebühr und hatten ein Gespräch mit dem Präsidenten William Shaw. Charlie wußte, daß das Mindestalter für Gewerkschaftsmitglieder 18 Jahre war und machte sich um vier Jahre älter. Mr. Shaw warf einen Blick auf sein strammes Äußeres und stellte keine weiteren Fragen. Charlies Antrag wurde angenommen. Das war ein wichtiger Schritt für ihn, er fühlte sich stolz und bedeutend.

Sobald Charlie seine Mitgliedskarte erhalten hatte, begann er, sich nach einem Job umzusehen. Er hörte, daß in einem Lokal namens *The Greenleaf Gardens* ein Saxophonist gesucht wurde, die Gage war 1 Dollar 25 pro Nacht. Ein weißer Pianist, Bill

Channing, leitete die Band, viel Jazz gab es dort nicht, aber immerhin, es war ein Job. Charlie bewarb sich und wurde engagiert, zu jedermanns Überraschung, nur nicht zu seiner eigenen. Nun war es mit Lincoln High endgültig vorbei, Charlie war ein Berufsmusiker und sollte für den Rest seines Lebens zu den »night people« gehören. *Greenleaf Gardens* lag im Norden des Distrikts und Charlies Job brachte ihn wieder in Kontakt mit Gene Ramey. Der Bassist arbeitete in der gleichen Straße, in der *Bar Le Duc*. Ramey war damals 22 Jahre alt, sieben Jahre älter als Charlie. Geboren in Austin/Texas, war er in einer ordentlichen Mittelklassefamilie aufgewachsen, hatte in einer Brassband Tuba spielen gelernt und war schließlich 1932 mit seiner Familie nach Kansas City gekommen, wo er die High School absolviert hatte. Nun wollte Ramey Jazzmusiker werden und studierte Baß bei Walter Page, dem Bassisten des Count-Basie-Orchesters.

Gene Ramey und Charlie Parker waren in vieler Hinsicht sehr gegensätzlich. Ramey war mager, trug Brillen und sah aus wie ein Theologiestudent. Er hatte nichts von Charlies quecksilbrigem Temperament und übertriebenem Selbstbewußtsein. Wie viele Bassisten war er ein zurückgezogener, selbständiger und resoluter Mann. Das schien zum Beruf zu gehören: Gute Baß-Spieler blieben im Hintergrund, eingebettet in die Rhythmusgruppe und erfüllten dort ihren zwar nicht glanzvollen, dafür aber um so wichtigeren Job: den Rhythmus zu halten. Sie waren die verläßlichen Unteroffiziere einer Jazzorganisation und ihre Vorzüge waren ein kräftiger Sound, ein unbeirrbarer Beat und harmonische Sicherheit.

Ramey entdeckte in seinem Jugendfreund sehr wenig für eine vielversprechende musikalische Zukunft, außer Enthusiasmus und dickköpfiger Entschlossenheit. Manche seiner seltsamen Ideen waren wohl interessant, wie etwa das Spielen in doppeltem Tempo oder über veränderte Harmonien, aber es war noch viel Arbeit nötig, wenn daraus jemals etwas werden sollte. Noch war Charlie kein besonderer Saxophonist. Er brauchte dringend kompetente Instruktionen und ein besseres Instrument, aber das schlimmste von allem war sein Sound. Der Sound eines Musikers ist von größter Bedeutung. Er war die Projektion seines tiefsten Inneren. Ähnlich wie ein literarischer Stil war der Sound der Mann selbst, seine Hoffnungen, seine Ängste, seine Liebe, sein Haß, seine fixen Ideen und seine Visionen musikalischer Schönheit. Ein Mann konnte all seine Ideen und Emotionen durch den Sound ausdrücken, aber Charlies Sound war unreif und unattraktiv. Ramey fand, er klinge so, als spräche man und tränke Wein zur gleichen Zeit und nannte ihn einen »Sweet Lucy«-Sound. »Sweet Lucy« war ein berühmtes Getränk, einer Mischung aus kalifornischem Muskateller und weißem Portwein, die Gallone zu einem Dollar.

Gene Ramey machte sich Sorgen um seinen jungen Freund. Charlie war schon lange nicht mehr der fröhliche Junge, der bei den *Deans of Swing* den Clown gespielt hatte und die Zielscheibe der Witze seiner Kollegen gewesen war. Ramey fand ihn unkollegial und streitlustig und führte dies darauf zurück, daß Charlie ein stets von seiner Mutter verwöhntes Einzelkind war. Er hatte die meiste Zeit mit Erwachsenen verbracht und seine Persönlichkeit hatte einige höchst seltsame Facetten entwickelt. Die Art, wie er sich bei den üblichen Neckereien und Wortgefechten verhielt, konnte allzu leicht mißverstanden werden.

In Dave Dexter jr., einem jungen Journalisten bei der *Journal Post* in Kansas City, hatte Charlie sich einen Feind gemacht. Dexter war ein glühender Jazzfan und arbeitete für verschiedene Musikzeitschriften wie *Down Beat, Metronome* und *Orchestra World*. Nicht, daß Charlie bereits die Aufmerksamkeit der Presse erregt hätte, aber es wäre klug gewesen, an die Zukunft zu denken. Dexter war ein unermüdlicher Propagandist für den Kansas-City-Jazz und seine Idole waren dieselben wie die von Charlie Parker. Aber Charlie konnte den Zeitungsmann nicht leiden und benützte ihn als Zielscheibe einiger übler Scherze. Einer davon, der damals sehr verbreitet war, wurde »the hot foot« genannt. Ein Streichholz wurde dem ahnungslosen Opfer zwischen Sohle und Oberleder seines Schuhs praktiziert und dann angezündet. Das Resultat bestand meist aus großem Gelächter und gelegentlich auch in verbrannten Schuhen und Füßen. Dave Dexter fand das Ganze allerdings nicht sehr lustig. Bei anderer Gelegenheit lenkte Charlie Dexter ab und zog ihm seine Brief-

tasche. »Wenn er dabei erwischt wurde«, schrieb Dexter Jahre später, »dann lachte er herzlich und gab die Brieftasche sofort zurück. Trotz seines mürrischen Wesens und seiner schlechten Manieren konnte er, wenn er wollte, ungemein charmant sein. Wenn er etwas haben wollte, dann bekam er es auch.«
Die schlechte Beziehung der beiden setzte sich auch später fort, als Dexter Herausgeber von *Down Beat* und noch später A&R-Direktor bei der Plattenfirma *Capitol Records* geworden war. Nach Dexters Meinung war Charlie ein ungezogenes Kind.
Das Opfer eines weiteren Streiches war Old Man Virgil. Charlie gab einige Benzedrin-Tabletten in den Wein des Altwarenhändlers und daraufhin raste der alte Mann in den nächsten 48 Stunden wie ein Besessener mit seinem Karren durch die Straßen. Charlie und Li'l Phil, ein Drummer im Teenageralter, experimentierten mit Muskat. Man konnte es für einige Cents überall kaufen und, mit einer Tasse Kaffee oder mit einem Orange-Soda zusammen eingenommen, hatte es zwar spektakuläre Resultate, endete aber meist mit einem schlimmen Magen. Nachdem sie zwei Tage lang vollkommen *high* gewesen waren, konnten Charlie und Li'l Phil nichts anderes hinunterbringen als Suppe. Jede Erinnerung, wo sie die beiden Tage verbracht und was sie unternommen hatten, fehlte. Auch Marihuana war billig und leicht zu bekommen. In einer Hütte im nördlichen Teil des Distrikts lebte eine Frau, die Old Lady genannte wurde und fertiggerollte Joints verkaufte, 12 Stück für einen Dollar. Li'l Phil erschien einmal mit einem Päckchen Kokain, das er zusammen mit Charlie sniffte. Es gab immer wieder Abenteuer für einen jungen Mann, der in diesem Distrikt aufwuchs.
Im Sommer 1936 machte Charlies ständige Freundin Rebecca Ruffing ihren Schulabschluß. Sie war ein hübsches hellhäutiges Mädchen mit sanftgewelltem Haar und reifer Figur. Sie und Charlie waren seit seinem zweiten Jahr in der Schule intim miteinander gewesen. Rebecca war 19, vier Jahre älter als Charlie. Nachdem sie nun ihre Ausbildung beendet und Charlie einen regulären Job hatte, beschlossen die beiden, zu heiraten. Seine Mutter hingegen hielt das keineswegs für eine gute Idee. Sie fand, er

wäre viel zu jung, der Altersunterschied wäre zu groß und seine Arbeit als Musiker biete wenig Sicherheit. »Mama, ich bin verliebt«, sagte Charlie, »und ich bin alt genug, zu heiraten.« Die Hochzeit fand schließlich statt und Charlie brachte seine Frau in das Haus in der Olive Street. Innerhalb der nächsten Monate übersiedelten auch Rebeccas Mutter und Geschwister dorthin, aber an Charlies Lebensweise änderte sich dadurch nichts. Nachdem die ersten paar Wochen vorüber waren, verbrachte er nicht mehr Zeit zu Hause als gewöhnlich.

Charlie hatte gehofft, Rebecca würde ihre Zeit in den Clubs verbringen, in denen er spielte, ihm zuhören und an einem Tisch auf ihn warten, bis er mit seinem Job fertig war. Aber diese Hoffnung erwies sich als trügerisch. Das Nachtleben von Kansas City interessierte Rebecca überhaupt nicht, sie war am liebsten zu Hause. Schon bald zeigte sie einen starken Willen und eine dominierende Persönlichkeit. Charlie hatte nun zwei Mutterfiguren. Sie nörgelten wegen seiner Art zu leben und appellierten an seine Verantwortung als Ehemann, aber sie kochten für ihn, hielten seine Kleider in Ordnung und gaben ihm das Gefühl, der Herr im Haus zu sein. Um das, was sie sagten, kümmerte er sich nicht weiter.

In einem Alter, wo der durchschnittliche amerikanische Jugendliche vorwiegend an Pfadfindermedaillen, Leichtathletiktraining oder Schulballromanzen interessiert ist, war Charlie bereits von der Schule geflogen, war Berufsmusiker und Mitglied der amerikanischen Musikergewerkschaft, hatte Erfahrungen mit Drogen und seltsamen Bräuchen gesammelt, war verheiratet und, wie Rebecca ihm sagte, ein werdender Vater. Verbissen übte er nach seinem eigenen System weiter. Inzwischen hatte er sich alle zwölf Tonleitern angeeignet und begann stets damit, sie eine nach der anderen nach oben und unten durchzuspielen. Als nächstes lernte er, in jeder Tonart den Blues zu spielen, wobei er aufregende neue Entdeckungen über modale und tonale Zusammenhänge machte. Jetzt war er dem Sound der Bluessänger auf die Spur gekommen, die von den Baumwollplantagen des Mississippideltas heraufgekommen waren und an den Straßenecken von Kansas City für ein bißchen Kleingeld sangen. Blues war

Charlie am liebsten, darauf verwandte er die meiste Zeit. Bald war er soweit, in jeder Tonart den Blues spielen zu können und entdeckte Möglichkeiten, von einer Tonart in die andere zu gehen. Als er sich schließlich im Blues völlig zu Hause fühlte, begann er, nach der gleichen Methode an *I Got Rhythm* zu arbeiten, einer Nummer, die bei den Jam Sessions von Kansas City ganz besonders beliebt war. Er arbeitete so lange daran, bis er den harmonischen Ablauf dieser Nummer in jeder Tonart sicher beherrschte. Und als er soweit war, begann er, sich mit einer langen, schwierigen Nummer namens *Cherokee* zu beschäftigen. Bald, das fühlte er, würde er bereit sein.

6
The Making of a Jazzman

Bis zum Frühling 1936 blieb Kansas City zufrieden in seiner provinziellen Abgeschiedenheit, der dunkle Keller mit den seltenen Weinen, von dem Art Tatum gesprochen hatte. Dann aber wurden die raren Weinsorten entdeckt, etikettiert und auf den Markt gebracht. Im Juni erschien der A&R-Mann John Hammond aus New York. Er hatte zufällig einige Sendungen gehört, die die lokale Radiostation W9XBY aus dem Reno Club übertragen hatte und wollte sich überzeugen, ob die Band von Count Base live genausogut klang, wie im Radio. Er fand, sie klang sogar noch besser und schrieb im *Down Beat*: »Diese Band hat all die Tugenden einer kleinen Gruppe wie inspirierte Solisten und vollkommene Relaxation und dazu noch den Drive und die Dynamik eines disziplinierten Orchesters.« Hammond hatte vor kurzem Benny Goodman zum »King of Swing« lanciert und Swingbands waren sehr gefragt. Er setzte sich mit Willard Alexander von der *Music Corporation of America*, der größten Agentur des Landes, in Verbindung und drängte darauf, Basie sofort unter Vertrag zu nehmen. Außerdem empfahl er der Plattenfirma *Vocalion*, für die er arbeitete, mit der Band einen Exklusivkontrakt abzuschließen.

Auch andere hatten inzwischen die Fährte aufgenommen. Es hatte sich herumgesprochen, daß der Jazz von Kansas City »anders« war. Joe Glaser, der Manager von Louis Armstrong, erschien, mietete eine Zimmerflucht im Muehlebach-Hotel und machte seine Runden durch die Nachtclubs. Willard Alexander kam aus New York, flog tief beeindruckt zurück und überredete seine Partner bei MCA, Hammonds Empfehlung zu folgen und Count Basie unter Vertrag zu nehmen. Er stieß zunächst auf Widerstände. Die Basieband spielte ohne geschriebene Arrangements und das war 1936 etwas Unerhörtes. Die Band hatte auch keine Uniformen und keinen Bus und brauchte dringend neue

Instrumente. Außerdem konnte sie nicht überallhin gebucht werden, denn farbige Bands waren immer noch ein Problem. Während über diese Fragen auf höchster Ebene diskutiert wurde, kam Joe Glaser in den *Reno Club* und schloß mit dem Trompeter Oran »Hot Lips« Page einen Exklusivvertrag ab. »In zwei Jahren stehst du im hellen Scheinwerferlicht«, sagte Glaser zu dem Startrompeter des Basie-Orchesters, »und ich mache dich größer als Louis Armstrong!« Page wurde in Eile nach Chicago gebracht, um dort unter der Oberaufsicht von Glaser eine eigene Band zusammenzustellen und die Basieband hatte eines ihrer größten Solotalente verloren. Die typischen Konkurrenzkämpfe des Unterhaltungsgeschäftes hatten begonnen.
Während die Firma *Vocalion* noch zögerte, ob sie den Hammond-Vorschlägen folgen sollte oder nicht, beauftragte Jack Kapp, der Präsident der neugegründeten und talenthungrigen *Decca Record Company* seinen Bruder Dave, mit Count Basie zu verhandeln. Dave fand sofort heraus, daß Basie, was die finanzielle Seite betraf, genauso naiv war wie alle anderen Kansas-City-Jazzmusiker. Er bot dem Bandleader einen Exklusivkontrakt an, mit einer Garantie von 24 aufgenommenen Plattenseiten, sofortige Distribution der Platten in ganz Amerika auf *Deccas* neuem, populärem 35-Cents-Etikett sowie 750 Dollar in bar — mehr Geld, als Basie in seinem ganzen bisherigen Leben gesehen hatte.
Basie unterschrieb sofort, ohne vorher Hammond oder Alexander um Rat zu fragen. Der frustrierte Hammond, der schließlich alles in Bewegung gesetzt hatte, meinte später, es sei die »kostspieligste Unbesonnenheit in Basies ganzem Leben« gewesen. Bei genauerer Betrachtung des Kontraktes erwies sich, daß Basie drei Jahre lang für keine andere Firma Platten aufnehmen durfte. Die 750 Dollar waren die Abgeltung für die Aufnahme von 24 Nummern. Die üblichen 5 Prozent Tantiemen, die Basie von *Vocalion* bekommen hätte, glänzten in dem *Decca*-Vertrag durch Abwesenheit. Es war ein typischer Vertrag von jener Art, wie er gerne mit unerfahrenen, vor allem schwarzen Künstlern abgeschlossen wurde. Im September begann die Basieband, für die Agentur MCA zu arbeiten. Ausgerüstet mit Uniformen, einem

Bus und neuen Instrumenten fuhr die Band zunächst nach Chicago, der ersten Station ihrer Reise zum schließlich landesweiten Erfolg, durch den sie die Richtung des Jazz ändern sollte.
Charlie Parker betrachtete dies alles mit Aufmerksamkeit. Ältere Leute erzählten ihm, daß in diesem Sommer in Kansas City mehr geschehen war, als in den letzten 20 Jahren. Die große Chance und das große Geld wurden von jenen diskutiert, die vorläufig nicht daran teilhatten. Der Distrikt war voll von Gerüchten, und die besten Jobs waren plötzlich frei geworden. Die Clouds of Joy wurden zu Auftritten, Tanz- und Vergnügungsetablissements in den Osten geholt. Joe Turner und Pete Johnson erwarteten einen Anruf von Hammond wegen eines Jobs in einem Nachtclub in New York. Charlie Christian, der junge Gitarrist aus Oklahoma City, wurde von einem Talentsucher für eine berühmte Band entdeckt. Erst vor kurzem hatte Charlie im *Roseland Ballroom* in der Troost Avenue miterlebt, wie Christian Efferge Ware, Eddie Durham und Jim »Daddy« Walker, die drei besten und erfahrensten Gitarristen der Stadt, an die Wand gespielt hatte. Er hatte sie richtig aufgefressen in dieser Nacht, und Christian war kaum ein Jahr älter als Charlie. Wenn Christian das konnte, dachte Charlie, warum nicht auch er? Er brauchte nur dringend ein neues Saxophon, aber das war nicht so leicht zu bekommen, nicht einmal bei den tiefen Preisen der Depression. Ein neues Instrument der Spitzenklasse kostete immerhin 200 bis 300 Dollar und eine solche Summe erschien ihm astronomisch. Aber das Schicksal sollte ihm auf seltsame Art zu Hilfe kommen.
Charlie hatte für einige Tage einen Job in Eldon/Missouri bekommen, in einem Rasthaus, das einem gewissen Mr. Musser gehörte. Eldon war 150 Meilen von Kansas City entfernt und lag im Seen- und Erholungsgebiet der Ozarks. An einem späten Nachmittag fuhren die Musiker in zwei Autos los; dem Buick von Musser und einem alten Chevrolet, den der Drummer Ernest Daniels lenkte und in dem Charlie und der Bassist George Wilkesson mitfuhren. Charlie saß auf dem Rücksitz neben dem Baß und dem Schlagzeug.
Das Wetter war kalt geworden, und an schattigen Stellen der

Wälder konnten sie Flecken von Schnee erkennen. Die Ozarks sahen klar und düster aus. Es wurde dunkler und Daniels hatte Schwierigkeiten, auf den schmalen Bergstraßen mit dem schnelleren Buick mitzuhalten. Etwa 80 Meilen vor Eldon fuhr er mit hoher Geschwindigkeit in eine Kurve. Niemand von ihnen hatte den Eisfilm auf der Straßenoberfläche entdeckt. Der Buick überquerte die gefährliche Stelle ohne Schwierigkeit, aber der Chevrolet geriet ins Schleudern. Daniels kämpfte mit dem Steuerrad, aber er hatte die Herrschaft über den Wagen verloren, der schließlich über die Böschung rutschte, umstürzte und die Männer samt den Instrumenten hinausschleuderte.
Charlies Aufprall wurde durch die Baßgeige und die große Trommel gemindert. Er kam mühsam auf die Beine, gerade als der Buick, der schon weiter vorne gewesen war, wieder zum Unfallort zurückkehrte. Charlie hatte Schnittwunden und Abschürfungen und große Schmerzen in seiner Brust, aber er konnte gehen und seine Arme bewegen. Der Chevrolet war ein Trümmerhaufen. Wilkesson lag bewußtlos im Straßengraben und Daniels, sein Kumpel auf vielen nächtlichen Exkursionen, stöhnte unter einem Metallstück, das seine Lunge durchbohrt hatte. Noch bevor ärztliche Hilfe eintraf, starb Wilkesson. Daniels wurde zurück nach Kansas City ins Krankenhaus gebracht und Charlie fuhr mit ihm, lehnte aber jede ärztliche Hilfe ab. Seine Mutter und Rebecca pflegten ihn zu Hause gesund. Einige Tage später rief Mr. Musser an und sagte, er fühle sich teilweise für den Vorfall verantwortlich und hätte seinen Rechtsanwalt beauftragt, eine Versicherungsregelung auszuarbeiten.
Als Charlies Verletzungen ausgeheilt waren und er wieder bereit war zu spielen, kam eines Tages mit der Post ein Scheck über mehrere hundert Dollar. Charlie fuhr sofort mit einem Taxi in die Stadt, ging zur Jenkins Music Company und kaufte sich das beste Saxophon im Haus, dazu ein hübsches verstärktes Lederfutteral, einen neuen Halteriemen und ein Sortiment von Rohrblättern. Sein altes schadhaftes Horn, das ihm einst seine Mutter gekauft hatte, wurde in Zahlung genommen.
Das neue Altsaxophon trug das Firmenzeichen der französischen Firma Selmer. Aus einer kleinen Broschüre, die er dazu

bekam, erfuhr Charlie eine Menge Dinge, die er bisher nicht gewußt hatte. Das Saxophon war von einem Belgier namens Adolphe Sax im Jahre 1840 erfunden und patentiert worden. Sax hatte den Auftrag gehabt, Instrumente verschiedenster Art für französische Militärkapellen zu entwerfen. Das Saxophon war eine Kombination aus Blech- und Holzblasinstrument, es verband die Kraft der einen mit der Beweglichkeit der anderen Instrumentenfamilie — und die Grundidee von Monsieur Sax war gewesen, ein altes Blechinstrument namens Serpent mit einem Klarinettenmundstück zu verbinden. Das allererste Exemplar hatte der Vater von Sax mit der Hand hergestellt. All das war vor hundert Jahren passiert, wie man der Broschüre entnehmen konnte und die Firma Selmer war die Nachfolgerin des Saxschen Familienbetriebes. Sie hatte die Fabrik mitsamt den Plänen, den Patenten und auch der Belegschaft übernommen; deren Nachkommen arbeiteten nun schon in der vierten oder fünften Generation für Selmer. Die Schalltrichter der Saxophone wurden auch heute noch von Hand gearbeitet und zwar von einem eigenen Handwerksmeister, der dazu einen hundert Jahre alten hölzernen Hammer benutzte und an einem großen Baumstumpf hinter der Fabrik arbeitete. Ohne es direkt auszusprechen, suggerierte die Broschüre dem Käufer, er wäre nun Eigentümer des besten Saxophons, das man für Geld erwerben konnte.

Als sich Charlie mit dem neuen Instrument vor den Spiegel stellte, fühlte er sich wie Lester Young vor dem Basie-Orchester. Die kurvige Oberfläche des polierten Blechs glitzerte im Licht so hell, daß er die Augen zusammenkneifen mußte. Die Tasten lagen so perfekt unter seinen Fingern, als hätten die Leute von Selmer das Instrument eigens für ihn hergestellt. Sie waren weich und komfortabel zu bedienen, aber reagierten so schnell wie die Federn einer Mausefalle. Das neue Saxophon roch nach sauberem neuen Metall, Polierrot und dem Samt des Futterals. Charlie spielte eine Tonleiter, der Sound war hart und klar. Zum ersten Mal in seinem Leben ging Charlie mit einem ordentlichen Instrument zum Job. Er spielte mit dem Tommy-Douglas-Orchester, einer der Bands, die nach dem Abgang von Count Basie auf der Szene von Kansas City erschienen waren.

Tommy Douglas war eine rätselhafte Erscheinung in der Jazzgemeinde. Es gab keinerlei Diskussion darüber, daß er der bestausgebildete Musiker nicht nur der Stadt, sondern des ganzen Südwestens war. In Charlies Alter hatte er ein Stipendium an das *Boston Conservatory of Music* erhalten, ob durch sein Talent oder die Großzügigkeit eines Sponsors, erfuhr Charlie niemals, denn der Bandleader sprach nicht sehr viel über diesen Abschnitt seines Lebens. Douglas hatte vier Jahre lang an dieser berühmten Musikschule studiert und in den Sommerferien in den Bands von Jelly Roll Morton, Duke Ellington und George E. Lee gespielt. Nach seiner Abschlußprüfung hatte er sich um einen Posten in einem der führenden Symphonieorchester des Landes beworben, war aber nicht engagiert worden — nicht wegen mangelnden Könnens, sondern wegen seiner Hautfarbe. Wie jeder Musiker von Kansas City wußte, gab es in keinem Symphonieorchester auch nur einen einzigen scharzen Musiker. 1929 war Douglas wieder nach Kansas City zurückgekommen, hatte einige Jahre als Arrangeur und musikalischer Direktor für andere Bandleader gearbeitet und schließlich begonnen, eigene Bands zu leiten.

Die Bands von Douglas hatten hohes musikalisches Niveau, aber keine von ihnen war geschäftlich erfolgreich. Außerdem hatte Douglas in den Jahren von 1929 bis 1936 immer wieder Schwierigkeiten mit Radiomanagern, Agenten, Lokalbesitzern und der Musikergewerkschaft. Viele meinten, er hätte einfach Pech, andere vermuteten wieder, es läge an seiner Arroganz, weil er jedem seine Konservatoriumsausbildung unter die Nase rieb, aber niemand bestritt, daß Tommy Douglas ein außerordentlicher Musiker war.

Er gehörte zu den Leuten, die alles spielen konnten, was aufgeschrieben war und alles aufschreiben konnten, was gespielt wurde. Er kannte die Harmonielehre in- und auswendig, er spielte alle Saxophone und meisterte sogar die Boehm-Klarinette, die ausschließlich für klassische Musik verwendet wurde und die niemand in Kansas City spielen konnte. Selbstverständlich war er genauso gut auf der Albert-Klarinette, dem Instrument, das die alten New-Orleans-Musiker bevorzugten.

Tommy Douglas war ein mittelgroßer Mann mit hängenden Schultern, einem großen weichen Kinn und einem fleischigen Gesicht, das wie ein Fußball aussah. Er legte bei seinen Musikern großen Wert auf Disziplin und Pünktlichkeit. Charlie nahm seinen Platz in der Band ein, tat genau, was ihm angeschafft wurde, beobachtete den Fingersatz seines Chefs, hörte dessen Improvisationen zu, versuchte, seinen schwierigen, aber schönen Modulationen zu folgen, stellte Fragen und nannte ihn Mr. Douglas. Nun hatte er die professionelle Beziehung, nach der er schon immer gesucht hatte. Tommy Douglas, ein Mann, den Charlie nicht verehrte und nicht einmal besonders gern mochte, den er aber respektierte, war der erste professionelle Musiker, der sich ernsthaft für ihn interessierte.
Douglas wiederum war erfahren genug, um gewisse Qualitäten seines neuen Saxophonisten zu erkennen. Charlie war sehr ernsthaft bei der Sache, er übte unablässig und hatte ein hervorragendes, beinahe absolutes Gehör. Auf der anderen Seite hatte er allerdings harmonisch große Schwächen und seine selbstangeeignete Instrumentaltechnik war voll von Fehlern. Ansatz und Fingertechnik waren unkorrekt, außerdem benutzte Charlie weiche Rohrblätter, mit denen man niemals einen guten Ton hervorbringen konnte, auch nicht mit einem Selmer-Saxophon.
Tommy Douglas war ein guter Lehrer, er wies Charlie an, sich stärkere Rohrblätter zu besorgen, zeigte ihm, wie er sie bearbeiten mußte, damit sie zu seinen Lippen und Zähnen paßten und Charlie den richtigen Ansatz bekam. Dann beschäftigte er sich mit Charlies Fingersatz. Er erläuterte Charlie, daß das Fundament des guten Saxophonspiels die Beherrschung der Klarinette wäre, ob ihm das nun paßte oder nicht. Charlie begriff sehr schnell, daß die Passagen im doppelten Tempo, die er auf der Jam Session im *High Hat* vergeblich versucht hatte, auf einer Klarinette viel leichter zu realisieren waren. Den Klang der Klarinette mochte er noch immer nicht. Konnte die Beweglichkeit dieses Instruments auf das Saxophon übertragen werden? Mr. Douglas wußte das nicht, er hatte darüber niemals nachgedacht. Er hielt es prinzipiell für möglich, aber nicht ohne jahrelange Übung. In

einem Saxophon war die Luftsäule, mit der man zurechtkommen mußte, wesentlich größer. Douglas borgte Charlie eine Albert-Klarinette und Charlie nahm sie mit nach Hause und übte.
Den ganzen Winter 1936 über saß Charlie neben seinem glücklosen Bandleader und spielte bei Tanzveranstaltungen im *Paseo Ballroom*, für Parties und Bälle der Gesellschaft in Kansas City, oder in den nahegelegenen Städten Topeka oder St. Joseph. Wenn der Boß ein Solo spielte, hörte Charlie mit größter Aufmerksamkeit zu. Douglas swingte zwar nicht wie Lester Young oder Ben Webster, aber er verwendete »Durchgangstöne« und »Zusatzakkorde« — Dinge, die er auf dem Konservatorium gelernt hatte. Für Charlie schrieb er einfache Klarinettenstimmen aus. Endlich bekam Charlie eine richtige Ausbildung von der Art, die Lester Young zu einem großen Saxophonisten gemacht hatten.
Im Frühjahr 1937 löste Tommy Douglas sein Orchester auf und Charlie gesellte sich zu den Kansas-City-Musikern, die von gelegentlichen Gigs lebten.
Eines Nachts ging er mit Gene Ramey in den *Reno Club* zum »spook breakfast«. Jo Jones war in der Stadt, der Schlagzeuger, der im Count-Basie-Orchester den Platz von Jesse Price eingenommen hatte, und mehr als fünfzig Jazzmusiker von Kansas City warteten darauf, mit ihm zu jammen. Jo Jones war ein großer Mann, sein Schlagzeugspiel auf der Platte *Swinging at the Daisy Chain* mit Basie und Walter Page war von den Kritikern lobend hervorgehoben worden. Sie hatten besonders seinen geschmeidigen mühelosen Beat, seine Meisterschaft auf den Becken und die Geschicklichkeit, mit der er sich den Solisten anpaßte, gepriesen.
»Das sind schnelle Burschen«, meinte Ramey zu Charlie. »Vielleicht wartest du lieber noch ein bißchen.«
»Ich bin zu allem bereit«, gab Charlie zur Antwort. Sein neues Saxophon gab ihm Selbstvertrauen.
Als die Reihe an ihm war, kletterte er auf den Bandstand unter den Balkon, auf dem er so viele Nächte gesessen hatte. Zum ersten Mal spielte er im Reno. Hinter sich hörte er den Rhythmus

von Jo Jones und seine Akzente auf den High Hats. Ein wunderschöner Klang, der ihn vorantrieb. *I Got Rhythm* wurde gespielt und das war Charlie nur recht, denn diese Nummer kannte er gut. Er wartete auf seinen Einstieg und begann mit seinem Solo. Praktisch jeder Jazzmusiker von Kansas City war im Haus, sie waren gekommen, um zu hören und gehört zu werden und sie waren ein überaus kritisches Publikum. Wer es hier nicht schaffte, der konnte wieder von vorne beginnen, oder sich gleich einen Job auf einem Postamt suchen.
Charlie spürte einen Drummer hinter sich, der imstande war, allem zu folgen. Er spielte seinen ersten Chorus über die 32 Takte von *I Got Rhythm*, es war akzeptabel, das merkte er an der Reaktion des Publikums. Aber das genügte Charlie nicht, er wollte dem, was er spielte, seinen eigenen, unverwechselbaren Stempel aufdrücken. Er wagte es aber nicht, wieder in doppeltes Tempo zu gehen, denn er wußte, dazu war er noch nicht schnell und sicher genug. Schließlich benützte er einen der Durchgangsakkorde, die er von Tommy Douglas gelernt hatte und dadurch kam er plötzlich in eine andere Tonart, aber in eine, die er zu Hause geübt hatte. Es war ein brillanter Akkordwechsel und plötzlich hing wirkliche Spannung im Raum, die Leute hielten den Atem an und warteten, was nun geschehen würde. Charlie war nun in einer anderen Tonart, aber er merkte plötzlich, daß er die Akkorde nicht mehr wußte. Anstelle von C-Moll mußte er jetzt — was spielen? Er wußte es nicht. Das gehörte zu einer Kunst, die Tommy Douglas Transposition nannte und die er am Konservatorium gelernt hatte. Da gab es ein System. Tommy hätte im Bruchteil einer Sekunde den richtigen Akkord gewußt, aber Charlie war verloren. Er kannte sich nicht mehr aus. Er verpatzte zuerst eine Phrase und dann beging er die schlimmste Sünde von allen, er fiel aus dem Rhythmus. Alles, was seinerzeit im *High Hat* geschehen war, wiederholte sich nun, nur unter wesentlich unangenehmeren Umständen.
Jo Jones hatte zu spielen aufgehört und Charlie stand mitten auf der Bühne steif und verängstigt und krampfte seine Hände um sein neues Saxophon. Und dann kam ein Becken durch die Luft geflogen. Jo Jones hatte es von seinem Ständer heruntergerissen

und nach ihm geworfen, es landete mit einem betäubenden Krach zu Charlies Füßen. In der plötzlichen Stille kam das Echo von allen Wänden des *Reno Club* zurück und dann, einige Sekunden später, kam der Chor der Spottrufe und das höhnische Gelächter.
»Wer ist der nächste?« rief jemand.
Charlie wurde puterrot und knirschte mit den Zähnen. Er kletterte vom Bandstand herunter, aber diesmal brach er nicht in Tränen aus. Ramey wartete auf ihn an einem Tisch. Sein Gesicht war warm und voll von Mitgefühl. Er sagte nicht: »Siehst du, was hab ich dir gesagt«, sondern: »Das war ein toller Wechsel in die andere Tonart. Beinahe hättest du es geschafft!« Er sah Charlie ins Gesicht und fügte hinzu: »Mach dir nichts draus. Du hast noch viel Zeit.«
»Jetzt lachen sie mich aus«, sagte Charlie leise. »Aber ich komme wieder.«
Er packte sein Selmer in das samtgefütterte Futteral und als er den Club verließ, lachten die Leute noch immer. »Ich komme wieder«, dachte Charlie, »und dann werde ich es euch zeigen!«

ZWEITER TEIL

7
Woodshedding in the Ozarks

Ein Auto brachte Charlie im Frühsommer 1937 wieder über die kurvenreiche Straße nach Eldon in den Ozarks. Seit dem Debakel im *Reno Club* waren einige Wochen vergangen. Charlie saß auf dem Rücksitz, eingezwängt zwischen seinen Besitztümern: ein Koffer, ein blaues Bandjackett, ein aufziehbares Koffergrammophon und eine Tragtasche mit allen Schallplatten von Lester Young. Soli von Lester hörte man auf den Platten des Count-Basie-Orchesters, die seit dem Abschluß des *Decca*-Vertrages regelmäßig erschienen, meist eine im Monat. Die neue Firma drängte ihre 35-Cents-Platten mit den blau-goldenen Etiketten aggressiv auf den Markt.

Jede der Basie-Platten hatte Charlie sofort nach ihrem Erscheinen gekauft: *Swinging at the Daisy Chain*, *Pennies From Heaven*, *Honeysuckle Rose*, *Boo Hoo*, *Exactly Like You* — und auf jeder der Aufnahmen befand sich ein Solo von Lester Young. Knapp bevor er Kansas City verlassen hatte, war Charlie durch eine Plattenbesprechung im *Down Beat* auf weitere überaus interessante Lester-Young-Soli aufmerksam geworden. Die Platten waren von John Hammond illegal für *Vocalion* produziert worden, unter dem Pseudonym Jones-Smith, Inc. und die fünfköpfige Band umfaßte Jo Jones, Walter Page, Basie, Lester und einen Trompeter namens Tatti Smith. In dieser intimen Umgebung konnte Lester seine Talente viel deutlicher zeigen, da er mehr Raum für seine Soli hatte, und diese Soli wurden Charlies Studienmaterial. Die

Platten waren bereits ziemlich abgespielt, besonders die Stellen mit den Saxophonsoli konnte man an ihrer grauen Farbe erkennen. Der Klang von Lesters Saxophon klang schon etwas verzerrt, unter den Pianoarabesken von Count Base knisterte es und auch die Becken von Jo Jones kamen nicht mehr klar heraus. Diese Becken würde Charlie niemals vergessen; sie waren der Grund für seine Fahrt in die Ozarks.
Charlie hatte einen Job am Taneycomo-See im Herzen der Ozarks, ein paar Meilen südlich von Eldon und dem damaligen Unfallort. Der Bandleader war Charlies alter Wohltäter George Ewing Lee, der sich hier einen Job für die Sommermonate gesichert hatte, wenn die glühende Hitze die wohlhabenderen Bewohner von Kansas City aufs Land treiben würde. In einem alten hölzernen Pavillon mit Aussicht auf den See sollte die Band jeden Abend von 9 bis 2 zum Tanz spielen, eine für die Musiker überaus angenehme Arbeitszeit, verglichen mit dem, was sie in Kansas City gewöhnt waren; sie freuten sich auf viel freie Zeit für Bootfahren und Fischen. Charlie allerdings konnte keine dieser Vergnügungen verlocken, er hatte den Job bei Lee aus einem anderen Grund angenommen.
Der Pianist der Band war Carrie Powell, einer der soliden »chord men« von Kansas City, der Gitarrist Efferge Ware hielt im Paseo Park freie Jazzkurse ab. Powell und Ware hatten Charlie für den Job empfohlen und sich erbötig gemacht, ihm täglich Harmonielehreunterricht zu geben. Der Unterricht begann am späten Vormittag im zu dieser Zeit verlassenen Pavillon. Carrie nannte ihm einen Dur-Dreiklang, Charlie spielte die dazugehörenden Noten und so nahmen sie den ganzen Quintenzirkel durch. So langweilig das auch war und so wenig es scheinbar mit Jazz zu tun hatte, merkte Charlie nach etwa einer Woche doch, daß er davon profitierte. »Wenn du in Tanzbands arbeiten willst«, sagte der Pianist zu ihm, »dann mußt du das können.«
Die Schallplatten waren Charlies wichtigstes Studienobjekt. Auf seinem Grammophon befand sich eine Schraube, mit der man die Geschwindigkeit reduzieren konnte. Dadurch war es leichter, die Soli zu analysieren und die Nuancen des Tons zu studieren, die den Eindruck hervorriefen, daß Lester mit seinem Saxo-

phon sang, schrie und sprach. Charlie lernte jedes Solo auswendig, indem er die abgenützten Platten immer wieder spielte und durch das immer stärker werdende Rauschen aufmerksam auf jede Note aufpaßte. So gelang es ihm, »den Code zu brechen« und hinter Lesters Tricks zu kommen: wie Lester aus einer Triole in eine Reihe punktierter Achtelnoten überging, um die rhythmische Spannung zu erhöhen, wie er ausgehaltene Töne veränderte, damit sie »swingten«, diese langen schneidend scharfen Töne, gegen die er eine Reihe von phantomartigen Klangtupfen setzte, und wie er wieder andere dadurch hervorhob, daß er sie frei stehen ließ. Der gesamte Weg, den die Luft zurücklegte, vom Grund der Lungen bis zum Schalltrichter des Instruments, war in die Entstehung des Saxophonklangs miteinbezogen. Charlie lernte, daß eines der subtilsten Kontrollmittel der Gebrauch der Kehle und der Wangenmuskeln war. Er wurde seinen »Sweet Lucy«-Sound los. Er experimentierte mit dem »false fingering«, das er bei Lester gesehen hatte und fand heraus, daß derselbe Ton oft mit verschiedenen, gelegentlich unorthodoxen Fingerpositionen produziert werden konnte; die Höhe des Tons war die gleiche, aber sein Gewicht und Charakter waren anders. Langsam verleibte Charlie alle Soli von Lester Young seinem Gedächtnis ein. Zuerst sang oder summte er sie vor sich hin, dann spielte er sie Note für Note nach und experimentierte so lange mit Finger- und Mundstellungen herum, bis er sich einbildete, genau wie Lester zu klingen. Natürlich wußte er, daß er nicht so gut war, ja, daß vielleicht niemals irgend jemand so gut sein konnte. Aber er dachte, er klinge wie Lester, das war das Wichtige.

Abends füllte die machtvolle seidige Stimme von George Lee den Tanzsaal. Leute, die mit dem Boot draußen gewesen waren, sagten, man könne Lee auf dem ganzen See hören. Seine Lieblingsnummern waren *What Is This Thing Called Love*, *St. James Infirmary* und *If I Could Be With You One Hour Tonight*. Charlie achtete auf Lees Phrasierung und Atemtechnik. Er arbeitete kleine Saxophonphrasen aus, mit denen er die Atempausen des Sängers füllte. »Hübsche Dinge spielst du da hinter mir«, sagte Lee eines Nachts zu ihm.

In den Wochen am Taneycomo-See verlor Charlie jedes Zeitgefühl. Ein heißer Sommertag nach dem anderen versank in der Dämmerung, es war gerade noch Zeit, ein schnelles Abendessen hinunterzuschlingen und dann begann der Job. Nach dem *Labor Day* wurde das Publikum spärlicher, nur wenige blieben noch über den Altweibersommer. Anfang Oktober bezahlte Lee den Musikern ihre Gage und sie fuhren zurück in die Stadt, alle gesund, erholt und voll von Geschichten über ihren Sommerjob — alle außer Charlie. Er war in seinem 17. Jahr einen Zoll gewachsen und wirkte angespannt und entschlossen.

Charlies erster Auftritt in Kansas City nach seiner Rückkehr war bei einer Jam Session im *Reno Club*. Diesmal war kein Jo Jones da, sondern Charlies alter Freund ·Jesse Price saß am Schlagzeug. Zur Rhythmusgruppe gehörte auch Gene Ramey, der sich inzwischen als bester Bassist der Stadt etabliert hatte. Die führenden Jazzleute der Stadt hatten sich versammelt, um ihre Kräfte zu messen und spielten gerade *I Got Rhythm* in einem schnellen Bounce-Tempo, als Charlie an die Reihe kam. Er spielte drei Chorusse, ohne Ausrutscher und ohne Quietscher. Mutig nahm er den achttaktigen Mittelteil der Nummer in doppeltem Tempo und schaffte es. Hinter sich hörte er Jesse, der ihn mit kleinen rhythmischen Akzenten anfeuerte, als ob er sagen wollte: »Ruhig! Ja, gut! Nur weiter so!« Als Charlie zu Ende war, herrschte einen Augenblick Stille, dann aber kam, an Stelle von Pfiffen und Spottrufen, das Murmeln der Zustimmung, wie es nach einem gelungenen Solo üblich war.

Viele der Musiker aus Kansas City erinnern sich noch an die erstaunliche Wandlung des jungen Musikers im Herbst 1937. »Aus einer Witzfigur war auf einmal ein Saxophonist geworden, dem man zuhören konnte«, sagte Gene Ramey. »Charlie hatte keinen ›Sweet Lucy‹-Sound mehr, er hatte einen eigenen entwickelt, sauber und mit wenig Vibrato. Seine verrückten Ideen wie Doubletiming und seltsame Modulationen hatte er immer noch, aber jetzt klangen sie gar nicht mehr so verrückt. Er kannte alle Lester-Young-Soli auswendig, er klang auch fast wie Lester, als wenn Lester Altsaxophon spielen würde, aber es war

etwas Eigenes von ihm dabei, das immer stärker durchkam. Der Unterschied war fast unglaublich!«
In diesem Herbst war auch Jay McShann nach Kansas City gekommen, der zwei Jahre später Charlies Boß werden sollte. Er kam aus Muskegon/Oklahoma, wo er mit lokalen Formationen gespielt hatte und war fünf Jahre älter als Charlie. McShann spielte ein kraftvolles Blues- und Boogiepiano im Stil von Pete Johnson. Gewandt, gutaussehend, von sanguinischem Temperament und guter Gesundheit, setzte er sich rasch durch.
»Ich begegnete Charlie zum ersten Mal im November oder Dezember 1937«, erzählte Jay McShann, »bei einer der berühmten Jam Sessions von Kansas City. Die waren offensichtlich sein Lebenszweck. Ich spielte eines Nachts mit einer Rhythmusgruppe, als diese freche Wanze sich auf die Bühne drängte. Er war höchstens siebzehn und sah wie ein Schulknabe aus, aber er hatte einen durchdringenden Ton und kannte seine changes. Er spielte eine verrückte Linie und ich dachte, er würde in Schwierigkeiten kommen, aber er landete wie eine Katze auf allen vieren. Viele konnten mit dem, was er machte, nichts anfangen, aber es war harmonisch sinnvoll und swingte immer.
Musikalische Ideen, darauf kommt es letztlich an bei Sessions. Charlie stand seinen Mann, auch gegenüber älteren Musikern mit jahrelanger Bigbanderfahrung. Er war ein seltsamer Bursche, sehr aggressiv und vorlaut und liebte es, Schabernack zu treiben. Dauernd borgte er sich Geld, immer ein paar Dollar, die du nie wiedersahst. Er versuchte immer, erwachsen zu wirken. Es war schwer, all die Geschichten zu glauben, was er vorher für ein mieser Musiker gewesen sein sollte. Diesen Herbst, als er aus den Ozarks zurückkam, war er es jedenfalls nicht mehr.
Ich ging dann zu einer Band, die Prof Smith und Jesse Price für *Lucille's Band Box* zusammengestellt hatten. Das war der alte *Subway Club*, den Lucille nach dem Tod von Piney Brown übernommen hatte. Die Band war eine Mischung aus alten Profis vom Prince-Stewart-Orchester und jungen Musikern wie Charlie und mir. Prof Smith hatte einen zweiten Altisten gebraucht und Jesse hatte ihm Charlie eingeredet. Zum Vorspielen kam er zu spät und in einem Taxi, obwohl er nur zehn Minuten von der

Band Box wohnte. Er bezahlte den Chauffeur dafür, ihm den Saxophonkoffer bis in den Club zu tragen. Prof sah sich das alles an und sagte kein Wort, aber als er ihn spielen gehört hatte, engagierte er ihn sofort. Er klang vielversprechend.«

Jesse Prices Schlagzeug war das Zentrum der Rhythmusgruppe. Price war der perfekte Bigbanddrummer, geschmeidig und schnell und oft spürte man ihn mehr, als man ihn hörte. McShann am Piano und Billy Hadnott am Baß vervollständigten die Rhythmusgruppe, von der, wie bei allen guten Kansas-City-Bands, der Swing ausging. Es gab drei Trompeter, einen brillanten jungen Posaunisten namens Fred Beckett, Odel West und Jimmy Keith am Tenor sowie Prof Smith und Charlie am Altsaxophon. Die meisten waren Mitte oder Ende 20, Smith war 34. Wie üblich war Charlie der Jüngste. Bei seinem ersten wirklichen Bandjob war er umgeben von den guten Sounds von Kansas City, unterstützt von einer swingenden Rhythmusgruppe, und saß neben einem der besten Altsaxophonisten des Jazz.

Prof Smith stammte aus Dallas und war aus derselben harten Schule wie Lester Young hervorgegangen. Durch Zusehen und Imitieren hatte er sich selbst das Klarinettespielen beigebracht, ähnlich wie Charlie das Saxophonspielen. Mit 20 war er dann zu den legendären Oklahoma City Blue Devils gekommen. In seinem Ton war etwas von der Klarheit und Leichtigkeit Lester Youngs.

Nacht für Nacht saß Charlie neben Prof und wurde von ihm in die Geheimnisse eingeweiht, wie man das Mundstück präpariert und die Blätter mit Sandpapier bearbeitet. Und wie in der Zeit bei Tommy Douglas wurde aus dem frechen aggressiven Jugendlichen plötzlich ein aufmerksamer folgsamer Schüler. Charlie begann mit einer neuen Lernperiode.

»Er hörte einem zu«, sagte Smith später. »Er sagte Dad zu mir und ich zu ihm Boy. Ich wurde ihn nicht mehr los. In meiner Band teilten wir uns die Soli; wenn ich zwei Chorusse spielte, spielte er auch zwei, spielte ich drei, tat er es auch und so weiter. Er wollte immer, daß ich zuerst spielen sollte, ich glaube, er wollte auf diese Art etwas lernen. Er spielte ziemlich so wie ich, möchte ich sagen. Aber nach einiger Zeit war er so weit, daß er manches besser konnte.«

Als der Job in der Band Box zu Ende war, spielte die Price-Smith-Band im *College Inn*, Ecke 12th und Wyandotte, in der Nähe des Muehlebach-Hotels. Die Arbeitsbedingungen in Kansas City wurden immer schlechter, jeder im Distrikt war wegen der politischen Situation besorgt. Der *Kansas City Star* hatte mit einer Artikelserie über Pendergasts Wahlmanipulationen begonnen. Auf der Titelseite sah man das Foto eines Häuserblocks im Norden der Stadt, dessen Adresse für mehr als 200 Phantomwähler benützt worden war. Ein Bürgerkomitee formierte sich und verlangte lautstark Reformen. Es hieß, gegen Tom Pendergast sei eine Untersuchung wegen Steuerhinterziehung eingeleitet worden — jenes Delikt, das auch Al Capone hinter Gitter gebracht hatte. Immer öfter hörte man, die Nachtclubs sollten alle geschlossen werden. Nach dem Job im *College Inn* reduzierte Prof Smith die Band auf ein Septett. Charlie spielte im *Hey Hay Club* mit George E. Lee, dem Bassisten Winston Williams und dem weißen Drummer Richard Dickert und als das vorüber war, gehörte auch er zu der immer größer werdenden Schar arbeitsloser Kansas-City-Musiker,
Eines Nachmittags stand Charlie an seiner »Glücksecke«, 12th und Paseo, dem Treffpunkt der Musiker, kleinen Gauner und »night people«, als Joe Barone vorbeikam. Er war der Manager der nahegelegenen *Boulevard Lounge* und suchte einen Saxophonisten. Er bot 2 Dollar pro Nacht und Charlie nahm den Job an.
Barone mußte ihm 14 Dollar Vorschuß geben, damit er sein Horn aus der Pfandleihe auslösen konnte. Aber dieses Geld gewann Charlie noch in der ersten Woche bei einer Wette zurück. Während der Pause kam ein weißes Pärchen in den Club. Der Mann war ein Jazzfan, den Charlie aus dem *Reno Club* kannte, seine Begleiterin war groß, blond, hübsch und elegant gekleidet. Charlie beobachtete vom Bandstand aus, wie das Mädchen sich mit Unbehagen im Raum umsah. Dann sagte sie in einer wohlerzogenen Schulmädchenstimme, laut genug, daß jeder es hören konnte, zu ihrem Begleiter: »Aber hier sind doch lauter Farbige!!« Widerstrebend ließ sie sich überreden, für einen Set zu bleiben und das Paar nahm an einem der hinteren Tische Platz.

Der Club war in erster Linie ein Bierlokal und auf jedem Tisch stand ein Körbchen mit Brezeln. Charlie rief schnell einen der Kellner, gab ihm eine Dollarnote und beauftragte ihn, von einem Stand um die Ecke je ein Päckchen Schokolade- und Vanillewaffeln zu holen, sie durcheinanderzumischen und anstatt der Brezeln auf den Tisch des Paares zu stellen. Dann rief er Joe Barone und wettete mit ihm um 14 Dollar, daß das Mädchen nur die Vanillewaffeln essen würde. »Die Wette gilt«, sagte Barone, »und jetzt mach, daß du auf die Bühne kommst!« Während des folgenden Sets sahen beide, wie die Blonde an ihrem Alexander nippte, geistesabwesend die Waffeln nach der Farbe sortierte und nur die »weißen« aß.
»Okay, Charlie, du hast gewonnen«, sagte Barone nach dem Set. »Dein Versatzticket geht auf meine Rechnung!«

8
The Apple

Wieder war es August geworden, Kansas City schmachtete in der feuchten Hitze und die Jobs waren spärlich. Prof Smith war nach New York gegangen in der Hoffnung, landesweites Interesse für eine Band, die kaum existierte, zu erwecken. Charlies Familiensituation wurde immer unerträglicher. Die Anwesenheit der zahlreichen Ruffing-Familie unter einem Dach führte zu ständigen Reibereien. Die Geburt eines Sohnes, Leon, im Jahre 1936 konnte Charlies und Rebeccas Ehe auch nicht mehr zementieren. Nach wie vor weigerte sich Rebecca, in die Nachtclubs zu gehen, um ihren Mann spielen zu hören, sie blieb zu Hause und nörgelte. Rebecca war vier Jahre älter als Charlie und die älteste ihrer eigenen Familie, mit einer typischen Große-Schwester-Mentalität. Sie wollte Charlie bemuttern und herumkommandieren, was er sich nicht gefallen lassen wollte, und so gab es ständige, gelegentlich auch tätliche Auseinandersetzungen. Charlies Mutter schlug schließlich vor, er möge für eine Zeitlang weggehen und gab ihm ein bißchen Geld. Charlie versetzte sein Saxophon und machte sich auf den Weg in Richtung Chicago.

Sein dortiges musikalisches Debüt wurde von Billy Eckstine miterlebt, der damals als junger Sänger mit der Band von Earl Hines arbeitete. Er war einmal zum wöchentlichen Breakfast-Dance in den *65 Club* an der South Side gegangen, erzählte Eckstine, wo King Kolax mit seiner Band und mit dem Altsaxophonisten Goon Gardner spielte. »Auf einmal kam ein völlig zerlumpter Typ herein, er sah aus, als wäre er eben von einem Güterzug gesprungen. Er ging zu Goon und sagte: He, Mann, kann ich ein bißchen auf deinem Horn spielen? Goon war ein bißchen faul, verstehst du, er ging gerne an die Bar und flirtete mit den Mädchen. Und so sagte er zu dem Typen: Ja, ja, komm nur herauf, dieser ging auf die Bühne und ich kann dir sagen, er blies beinahe den Trichter von diesem Ding herunter. Das war Bird. Er spielte, wie man noch nie jemand hatte spielen hören und alle Leute in dem Lokal saßen da mit offenem Mund.«

Die Kansas-City-Ideen brachen sich Bahn: Lange Melodielinien, mitreißender Swing, das Selbstvertrauen, erworben durch konstantes Jammen, Noten, die oft bizarr erschienen, aber logisch und richtig waren. Charlie war nun 18 und näherte sich resolut der musikalischen Terra incognita. Nichts außer seiner Musik interessierte ihn mehr, er hielt sich für den besten Saxophonisten der Welt, er war hartnäckig und zuversichtlich und bereits auf dem besten Wege zu dem charismatischen Egozentriker der späteren Jahre.

Goon Gardner nahm Charlie mit nach Hause, gab ihm saubere Kleider, verschaffte ihm ein paar Gigs und borgte ihm eine Klarinette. Charlie blieb ein paar Wochen in Chicago, dann versetzte er Gardners Klarinette, fuhr per Anhalter nach New York und suchte Prof Smith auf.

»Er sah schrecklich aus, als er ankam«, erinnerte sich Prof Smith später. »Er hatte seine Schuhe so lange angehabt, daß seine Füße ganz geschwollen waren. Eine Zeitlang wohnte er bei mir. Tagsüber arbeitete meine Frau, ich war auch meist unterwegs und so schlief er in unserem Bett, nachdem er ja die ganze Nacht irgendwo gejammt hatte. Ich sorgte immer dafür, daß er am Nachmittag verschwand, bevor meine Frau nach Hause kam, denn sie wollte nicht, daß er in unserem Bett schlief, weil er nie seine Kleider auszog. Dann ging er hinunter zu *Monroe's* und spielte dort die ganze Nacht. Die Leute hatten begonnen, ihm zuzuhören.«

Manchmal ging Charlie zum *Savoy Baalroom*, bezahlte seinen Eintritt und drängte sich durch die Lindy-Hop-Tänzer bis nach vorn zum Bandstand. Der Bandstand im Savoy war groß genug für zwei Orchester. Die Hausband war die von Chick Webb. Charlie beobachtete den buckligen kleinen Drummer mit seinem Totenschädelgrinsen, wie er die kraftvolle, hart klingende Band vor sich her trieb. Diese Band stand in dem Ruf, bei Wettkämpfen in diesem berühmtesten Tanzlokal der Nation fast immer zu siegen, manchmal sogar gegen Bands wie Fletcher Hen-

derson oder Duke Ellington. Es war üblich, daß die Bands einander »fliegend« während einer Nummer ablösten, so daß kurze Zeit beide Bands auf der Bühne waren und dieselbe Nummer spielten. Die Musiker in diesen Bands konnte man mit den Stars der Baseball-Oberliga vergleichen, die nach langen kampffreien Jahren in der Unterliga endlich oben angelangt waren. Charlie unterhielt sich mit ihnen, aber keiner konnte ihm einen Rat geben, wo er Arbeit finden könnte. »Versuch es in den Nachtclubs. Dort ist immer eine Chance, daß ein Bandleader hereinkommt und dir zuhört.« Charlie hatte das schon versucht. Kaum jemand hatte ihm zugehört.
Ein paar Wochen lang fütterten ihn Prof Smith und seine Frau durch, dann fand Charlie einen Job in *Jimmy's Chicken Shack* im unteren Teil von Harlem. Zum ersten Mal in seinem Leben arbeitete Charlie nicht als Musiker. Er reinigte die Töpfe und Pfannen und bediente die automatische Geschirrspülmaschine, ein überaus unerfreulicher Job. An seinen Händen klebten immer Speisereste und der Dampf hinterließ einen fettigen Film auf seinem Haar, seinem Gesicht und seinen Händen. Im *Chicken Shack* verkehrten viele Musiker und die unternehmungslustigen Bewohner von Harlem. Der Eigentümer war John Williams, ehemals erster Altsaxophonist bei den *Clouds of Joy*. Zu den Stammgästen zählten Zelebritäten wie Joe Louis, Ethel Waters, der zwielichtige Geschäftsmann Dickie Wells, Dan Burley, der Kolumnist der *Amsterdam News* und andere wohlbekannte Persönlichkeiten der afro-amerikanischen Welt. Der Job hatte für Charlie nur einen Vorteil: Das *Chicken Shack* servierte seine Speisen zu Musik von manchmal hoher Qualität. Zur Zeit, als Charlie seine Arbeit begann, spielte dort der Pianist Art Tatum.
Tatum begann einen Set mit einer Nummer wie *Begin the Beguine* und wechselte von einer Tonart in die andere, durch den ganzen Quintenzirkel. Solche Dinge hatte Charlie schon von Coleman Hawkins gehört an guten Abenden, aber nicht mit dieser Finesse. Wenn es um Harmonien ging, war Tatum der Meister. Die Akkorde kamen geschmeidig, kunstvoll, verbunden durch mühelose Übergänge mit aufregenden kleinen Überraschungen. Tatum setzte sich ans Klavier und der Fluß der mu-

sikalischen Ideen begann und hörte nicht auf bis zum Ende des Sets, so, als wenn man einen Wasserhahn aufgedreht hätte. Was Charlie besonders gefiel, war Tatums Gewohnheit, in eine Nummer Zitate aus einer anderen hineinzuarbeiten. Ein Stückchen von *Them There Eyes* in den Mittelteil von *Begin the Beguine* oder eine Phrase von *Goodbye Forever* in *The Man I Love*. Mühelos verdoppelte er gelegentlich das Tempo. Alle Modulationen und rhythmischen Strukturen hatte er unter Kontrolle. Alles, was Tatum spielte, war tief im Jazz verwurzelt, dennoch hatte er den Anschlag eines großen Konzertpianisten.

Charlie überlegte, ob es möglich sein könnte, ein Saxophon mit der Geschwindigkeit und Präzision zu spielen, über die Tatum am Piano verfügte. Wenn ja, dann würde das ein großer Durchbruch sein, denn ein Saxophon war ein beweglicheres und ausdrucksvolleres Instrument. Ein Klavierton konnte, war er einmal angeschlagen, nicht mehr verändert werden. Nicht einmal Art Tatum konnte das. Ein Pianist konnte Klangfarben nur durch die Akkorde erzielen, durch die Art, wie er sie abschattierte. Aber bei einem Saxophon war das ganz anders, denn da gab es eine elastische Luftsäule. Mit ihrer Hilfe konnte man die Töne bearbeiten, biegen und verändern. Mit Tatums Geschwindigkeit auf dem Saxophon spielen zu können, dachte Charlie, das wäre etwas!

Zwischen den Sets pflegte sich Tatum, der seit seiner Geburt beinahe blind war, langsam nach hinten in die Küche zu tasten. Die Kellner gingen ihm respektvoll aus dem Weg, denn er wünschte keine Hilfe. Mit einem Auge war er zumindest imstande, Licht und Schatten zu unterscheiden. Der Pianist bewahrte in einem der Schränke in der Küche eine gut verschlossene Flasche Whisky auf. Die Flasche wurde jede Nacht langsam und in regelmäßigen Dosen konsumiert und am folgenden Tag durch eine identische der gleichen Marke ersetzt. Whisky war für den Pianisten so notwendig wie seine Mahlzeiten und sein Schlaf. Tatum lebte nur für das Klavier, alles andere in seinem Leben war für ihn nebensächlich und der Whisky half ihm, sich innerlich abzukapseln. Immer, wenn Tatum in die Küche kam, wagte es Charlie nicht, ihn anzusprechen. Andererseits gab es auch

nichts zu reden, denn Tatum sagte alles auf dem Klavier. Er nahm seinen Schluck Whisky und ging durch die Schwingtüren wieder langsam in den Club zurück. Charlie konnte seinen weichen gedrungenen Körper am Klavier sehen, sein Kopf hing über die Tasten wie eine verwelkende Blume, wenn er seine atemberaubenden Arpeggien spielte.
Charlie bekam im *Chicken Shack* neun Dollar pro Woche und arbeitete von Mitternacht bis 8 Uhr morgens, genau wie es seine Mutter in Kansas City noch immer tat. Es waren genau die Stunden, in denen die anderen Musiker arbeiteten oder jammten. Als Tatums Kontrakt ablief und der Pianist sein nächstes Engagement in Hollywood antrat, kündigte Charlie. Fast drei Monate hatte er ausgehalten und er wollte nie wieder Teller waschen. New York verlassen wollte er aber genausowenig. Das Leben hier hatte ein besonderes Tempo, das ihm ins Blut ging. Er fühlte, daß alles von Bedeutung sich in New York ereignete und daß Harlem das Zentrum des afro-amerikanischen Lebens war.
Mit dem ersparten Geld kam Charlie eine Woche aus. Dann erzählte ihm ein Trompeter namens Jerry Hurwitz, der ihn zu einigen Jam Sessions im *Greenwich Village* mitgenommen hatte, von einem Job im *Parisien Ballroom* am Broadway, Ende der 48. Straße. Voll neuer Hoffnung stieg Charlie in die U-Bahn und fuhr in die Stadt. Die Adresse war in der Gegend des Times Square im Herzen des Theaterviertels, nur ein paar Blocks südlich des berühmten *Roseland Ballroom*, wo die Bands mit den großen Namen spielten. Aber das Parisien war ein Tanzschuppen mit Taxigirls.
Charlie stieg zwei Stockwerke über eine schmale Treppe hinauf, vorbei an schäbigen Schildern, auf denen zu lesen stand: »Wählen Sie unter fünfzig wunderschönen Hostessen, ein Tanz 10 Cents.« Es war noch früh und er fand eine Reihe von Mädchen in Abendkleidern und mit dicker Schminke, die auf die ersten Kunden warteten. Er wurde ohne Diskussion engagiert.
Die siebenköpfige Band, die aus Musikknechten mittleren Alters bestand, saß an einem Ende der Tanzhalle auf einem schwacherleuchteten Bandstand. Es gab keine geschriebenen oder gedruckten Arrangements, alles wurde nach dem Gehör ge-

spielt. Nur eine Regel wurde eisern eingehalten: Jede Nummer dauerte nicht länger als 60 Sekunden. An der Wand war eine besondere Uhr montiert, die am Ende jeder Minute laut »klick-klick« machte. Das war das Zeichen für den Bandleader, in die nächste Nummer überzugehen. Weder das Tempo noch die Tonart wurden dabei geändert. *You Stepped Out of a Dream* ging nahtlos in *You're an Old Smoothie* über, *Nice Work if You Can Get It* in *Bye, Bye Blackbird*, oder *When Buddha Smiles* in *Chinatown My Chintown*. Immer gab es nur »klick-klick«, ein Nicken des Bandleaders und die nächste Nummer. Der Bandleader war ein resignierter Mann von 50, der einen verwässerten Louis-Armstrong-Stil spielte und die zehnminütigen Pausen damit verbrachte, Rennplatztips zu studieren. Wie die anderen Musiker in dieser Band hatte er längst jedes Interesse an der Musik verloren.
Als Charlie Parker Kansas City verlassen hatte, wo die populäre Musik so sehr ein Teil des Lebens war, hatte er gedacht, eine große Menge von Nummern zu kennen. Aber gemessen an dem, was im *Parisien* von den Musikern verlangt wurde, war das nur ein Tropfen auf den heißen Stein. Während die Minuten vorbeigingen und die Band von Nummer zu Nummer ging, lernte er einen Großteil der Songs, die in den letzten 40 Jahren in Amerika entstanden waren.
Ein Tanz dauerte genau 60 Sekunden und kostete 10 Cents, ein Set dauerte 50 Minuten. Wer mit einem der Mädchen eine ganze Stunde auf der Tanzfläche oder auch an einem der Tische verbringen wollte, mußte dafür 6 Dollar bezahlen, eine Menge Geld im Jahre 1938. Die Mädchen bekamen von dem Geld 40 Prozent, waren sie schon zwei Jahre oder noch länger dabei, bekamen sie 45 Prozent. Das *Parisien* war der Tummelplatz von kleinen Gaunern auf ihrem Weg von einer Stadt zur anderen, von Callgirls, die gerade kein Telefon hatten und von jungen Mädchen aus Kleinstädten im Mittelwesten und Süden, die aus Abenteuerlust von zu Hause fortgelaufen waren.
Die Kundschaft im *Parisien Ballroom* bestand aus Geschäftsleuten mittleren Alters aus Brooklyn und der Bronx und aus Großstadtschürzenjägern, die auf Zuhälter trainierten. Die Hostessen bezeichneten ihre Tätigkeit unverblümt als »vertikale Prostitu-

tion«. Legale Prostitution gab es nicht in New York und die Lücke wurde von Etablissements wie dem *Parisien Ballroom* gefüllt. Erfolgreiche Hostessen fuhren in die Karibik auf Urlaub, konnten ihre Familien unterstützen, sich zurückziehen und Schönheitssalons eröffnen und trugen Pelzmäntel. Meist begann es mit einem Flirt in der Lobby und die Hauptaktion fand dann direkt vor dem Bandstand statt. Die Mädchen legten ihre Arme um den Hals des Partners und während ihre Gesichter ausdruckslos ins Leere starrten, preßten und rieben sie ihren Körper an seinem. Das *Parisien* roch nach muffigen Wollkleidern, nach ungewaschenen Achselhöhlen und Unterleibern und nach dem Lieblingsparfüm der Taxigirls in diesem Jahr, »White Shoulders«.

Den lukrativsten Job im Haus hatte ein älterer Mann, der eine erstaunliche Ähnlichkeit mit dem Negerführer Marcus Garvey hatte und auf der Männertoilette Präservative verkaufte. Er verdiente wesentlich mehr als die Musiker. »Ich hab das beste Scheißhaus in der ganzen verdammten Stadt«, prahlte der Mann in seinem groben ländlichen Dialekt vor Charlie. »Und ich sage immer zu meinem Sohn, vergiß die Schule, besorg dir ein Scheißhaus und bleib dabei!« Der 18jährige, der sich für den besten Saxophonisten der Welt hielt, hörte sich das an, sagte nichts und fuhr fort, seine 50-Minuten-Sets im *Parisien Ballroom* herunterzuspulen.

Um sich die Langeweile zu vertreiben, begann Charlie, kleine Zitate aus anderen Nummern in die Musik, die gerade gespielt wurde, einzuarbeiten, so wie er es von Art Tatum gehört hatte. Ein ältlicher Juwelier, der sich mit einer Hostess abmühte, die seine Enkelin hätte sein können, inspirierte ihn zu *Blue Turning Grey Over You* oder *I Found A Million Dollar Baby in a 5-and-10-Cent-Store*. Derartige Blitze musikalischer Intelligenz brachten ihm die Bewunderung der Mädchen ein. Charlie wurde ihr Lieblingsmusiker.

In Kansas City hatte »Jim Crow« geherrscht, nicht anders als in irgendeiner Stadt unten im Süden. Junge Männer von Charlies Generation nahmen sich mit weißen Frauen keine Freiheiten heraus. Die Körper derer, die es doch versuchten, fischte man bald aus dem Missouri River. New York war in dieser Beziehung wesentlich liberaler. Charlies erste weiße Freundin war eine Hostess im *Parisien*, die er mit seinem Saxophon erobert hatte. Sie war eine Wasserstoffblondine aus Georgia, hatte eine siebenjährige Tochter und lebte mit ihrer Schwester zusammen. Charlie nahm sie mit nach Harlem in sein Zimmer im Woodside Hotel, sie brachten sich mit einem Joint in Stimmung und gingen miteinander ins Bett. Später nahm Charlie sie in *Monroe's Uptown House* mit, wo er bei der Band einsteigen konnte.

Eines Morgens jammte Charlie im *Dan Wall's Chili House*, Ecke 7. Avenue und 139. Straße mit der Hausrhythmusgruppe unter der Leitung des Gitarristen Biddy Fleet. Sie spielten *Cherokee*. Charlie hatte sich mit den Akkorden dieser Nummer so ausgiebig beschäftigt, daß er sie schon nicht mehr hören konnte. Man müßte etwas Neues daraus machen, dachte er. Plötzlich kam ihm eine Idee. Wenn er die oberen Noten der Akkorde anstatt der mittleren oder tiefen spielte, dann hätte er eine neue Melodie. Es war einen Versuch wert. Charlie bedeutete Biddy weiterzuspielen und begann mit einem neuen Chorus. Es klang seltsam, aber es funktionierte. Er benützte die oberen Intervalle, Nonen, Undezimen, Tredezimen, er bewegte sich bei allen Akkorden ganz oben. Niemand hatte das jemals zuvor getan und niemand verstand, was er machte. Die anderen Musiker waren völlig verständnislos. Aber Charlie fühlte, daß er etwas entdeckt hatte. Weder Hawkins noch Lester Young hatten jemals eine solche Linie gespielt. Das war etwas, das ihm allein gehörte.

Als er es im *Parisien* nicht mehr aushielt, nahm er einen Sommerjob in Kew Gardens an, wo er von Harlem mit der U-Bahn hinfahren konnte. Dort mußte zwar nicht jede Minute eine neue Nummer gespielt werden, aber ansonsten war es genauso langweilig. Die Kunden verlangten *Bei Mir Bist Du Scheen*, *Mahzel* und andere Nummern, die Al Johnson und Fanny Brice eine Dekade vorher berühmt gemacht hatten. Charlie blieb nur ein paar Wochen, dann spielte er im *Monroe's* mit dem Trompeter Dave Riddick und dem Drummer Ebenezer Paul. Die Musiker bekamen keine feste Gage, sondern teilten sich allabendlich das Trinkgeld. Eines Abends kam ein Veteran namens Banjo Burney vorbei und bot Charlie einen Job in Annapolis/Maryland an, in

einem hübschen kleinen Club für Marinekadetten. Für Scharze gab es kein Hotel dort und die Musiker wohnten in einem Privathaus im lokalen Ghetto. In Annapolis erhielt Charlie ein Telegramm von seiner Mutter, daß sein Vater gestorben war. Sie sandte ihm das Fahrgeld und er fuhr in seine Heimatstadt.
Das Begräbnis war ein deprimierendes Erlebnis, auf das Charlie nicht vorbereitet gewesen war. Eine Prostituierte hatte seinen Vater mit einem Messer gestochen und bis ärztliche Hilfe eintraf, war Charles sr. schon verblutet. Charlie hatte seinen Vater seit vielen Jahren nicht mehr gesehen, seit der Zeit, als er begonnen hatte, für die Schlafwagengesellschaft zu arbeiten. Der Körper war von Entbehrungen und Blutverlust so gezeichnet, daß er kaum zu erkennen war. Charlie konnte kaum begreifen, daß dies der weltkluge *Song and Dance Man* sein sollte, der die romantische Figur seiner Kindheitstage gewesen war. Mutter hatte sich nur einen billigen Einbalsamierer leisten können, der überaus schlecht gearbeitet hatte. Den Anblick des bleichen, ausgemergelten Gesichtes, gezeichnet von Bitterkeit und Niederlagen, auf dem weißen Satin des billigen Sarges verfolgte Charlie für den Rest seines Lebens. Es wurde ihm klar, wie viele »Ersatzväter« er gehabt hatte — Lawrence Keyes, George Lee, Jesse Price, Prof Smith, Old Man Virgil. Aber das Gesicht im Sarg vergaß er nie.
Charlie machte die Runde durch die Nachtclubs. Nirgends gab es Jobs für Musiker.
Tootie Clarkin hatte alles verkauft und war in einen anderen Staat gezogen. Pendergast war angeklagt wegen Einkommensteuerhinterziehung. Bundesanwalt Maurice Milligan hatte Beweise vorgelegt, daß Pendergast an einem einzigen Tag bis zu 100 000 Dollar verspielt und den Staat um mehr als eine halbe Million geschädigt hatte. Der Anwalt hatte Pendergasts Verbindungen zu einer Baufirma aufgedeckt, die nahezu ein Monopol auf alle öffentlichen Aufträge der Stadt hatte, ebenso das komplizierte System von Protektion, Einflußnahme und Schmiergeldern, auf dem die Politik von Kansas City aufgebaut war. Schließlich wurde Tom Pendergast, der Mann, der 13 Jahre lang die Stadt in seiner Hand gehabt hatte, in das Bundesgefängnis

von Leavenworth gebracht. Auch eine Intervention des Senators Harry S. Truman konnte daran nichts ändern.
Mit dem Chef ging so gut wie die gesamte Stadtregierung mit. Vorbei waren die guten alten Tage von schwarz gebranntem Schnaps, Falschspiel, offener Prostitution und dem Verkauf von Drogen in den Straßen. Vorbei waren die Tage der Gangster in ihren schußsicheren Limousinen, die die Polizisten schmierten, damit sie im Nachtgeschäft ein Auge zudrückten. Zum neuen Bürgermeister von Kansas City wurde Bryce Smith gewählt, ein kleiner, aufgedunsener Bäckereibesitzer, der an der Spitze der Oppositionsbewegung gestanden hatte. An die Säuberung des Rathauses schloß sich eine Kampagne zur Säuberung der ganzen Stadt an. Nicht nur die Spielsalons, die Wettbüros und die Bordelle wurden geschlossen, sondern auch die von Gangstern geleiteten Nachtclubs, wo 3 Jahre lang der Jazz von Kansas City gespielt worden war. Eine Ära war zu Ende.
Charlie war schon entschlossen, wieder nach New York zu gehen, als ihm ein Job bei den Harlan Leonard Rockets angeboten wurde, einer neuen Kansas-City-Band, die soeben einen Plattenvertrag bei *RCA Victor* abgeschlossen hatte. Leonard war ein Absolvent der *Lincoln High School*, er hatte 1922 sein Diplom mit besonderer Auszeichnung in Musik erhalten und sofort Arbeit in Bennie Motens Orchester gefunden. Er war genau die Art von Musiker, die Charlie nicht war: gut ausgebildet, ein perfekter Blattleser mit perfekter Intonation und ein guter Satzführer. Diese Aufgabe hatte er bei Moten und später bei Thamon Hayes erfüllt, bevor er die Rockets übernommen hatte. Leonard war ein Mann, den Charlie respektierte, aber nicht sehr gerne mochte. Die Band hatte eine gute Rhythmusgruppe mit Jesse Price am Schlagzeug, die Bläser waren zwar brauchbar, aber ein bißchen steif. Außer dem Tenorsaxophonisten Henry Bridges jun. und dem Posaunisten Fred Beckett gab es kaum interessante Solisten. Es war eine gute, solide, altmodische Kansas-City-Band, die sich eher an Moten als an Basie orientierte.
Wie üblich, war Charlie viel jünger als alle anderen. Leonard war 35 — in Charlies Augen ein alter Mann — und hielt sehr viel auf Disziplin. Charlie kam meistens zu spät zur Arbeit, so daß

Leonard seinen Platz einnehmen mußte, damit der Saxophonsatz den richtigen Klang hatte. Bevor noch die fünfte Woche seines Engagements vorbei war, legte Leonard Charlie nahe, in gutem Einvernehmen die Band zu verlassen. Charlie tat es und blieb eine Wochengage schuldig, die er auf Vorschuß genommen hatte.

9
Hootie

Durch seine Arbeit bei Prof Smith hatte Charlie seine Lehrzeit als Jazz- und Tanzbandmusiker Marke Kansas City abgeschlossen. Er hatte seine eigenen Experimente weitergeführt, sich die Technik eines Professionals angeeignet und war in der Lage, bei Jam Sessions zu glänzen. Es fehlte ihm nur noch die richtige Umgebung, in der sich seine Talente entfalten konnten. Im Frühjahr 1939 zeigte sich, daß er wieder einmal zur rechten Zeit am rechten Platz gewesen war. Trotz der schlechten Zeiten für die Musikgemeinde wurde eine neue Band zusammengestellt, die einen neuen Ballroom in der Innenstadt eröffnen sollte. Der Geschäftsmann Walter Bales, der auch Basie gesponsert hatte, bot die finanzielle Basis und der Leader war Charlies alter Kamerad von *Lucille's Band Box*, der Pianist Jay McShann. Im Gegensatz zu den Rockets war dies eine junge Band, voller Enthusiasmus und Lust zu Experimenten. Es sollte die letzte der großen Kansas-City-Bands werden.

Bales finanzierte einige Reisen nach Omaha, wo den Bands von Lloyd Hunter, Red Perkins und Hat Towles Musiker abengagiert wurden. In vielem erinnerte die neue Band an Count Basie, sie war stark am Blues orientiert und an der Trade mark des Kansas-City-Stils, dem Riff, einer rhythmischen Figur, die den Rahmen für ausgedehnte Improvisationen lieferte. Der Sänger Walter Brown, den man in einem *honky tonk* auf der Vine Street entdeckt hatte, sang den Blues im Stil von Jimmy Rushing mit einer schneidenden Stimme von ungewöhnlicher Tragkraft und mit jener durchdringenden Schärfe, die den Kansas-City-Bluessängern eigen war.

Die Band swingte von der Rhythmusgruppe her, die außer dem Piano des Chefs aus Gene Rameys Baß und Gus Johnsons Schlagzeug bestand. Ramey spielte mit einem flachen breiten Ton, den er von Walter Page gelernt hatte und war wie dieser un-

beirrbar und unaufdringlich, oft mehr zu fühlen als zu hören, die Schlüsselfigur im rhythmischen Puls der Band. Drummer Johnson, der aus Tyler/Texas zugezogen war, spielte aggressiv, mit einer fast metallischen Sonorität. Die beiden ergänzten einander, so wie Page und Jo Jones bei Basie, es war eine ähnliche Fusion von vollen und leichten Sounds. Seit McShann *Lucille's* vor 18 Monaten verlassen und für *Martin's 210 Club* — der teilweise ebenfalls dem jazzbegeisterten Mr. Bales gehörte — ein Trio formiert hatte, spielten Ramey und Johnson mit ihm. Er hatte sich ein Repertoire von schnellen Blues- und Boogienummern aufgebaut — *So You Won't Jump*, *Hold'em Hootie* und *Vine Street Boogie* — und spielte sie in seiner enthusiastischen ausgelassenen sehr perkussiven Art. Er war ein Pianist mit schnellen geschmeidigen Handgelenken, der seine Daumen nicht sehr viel benutzte. Die Rhythmusgruppe wurde erweitert durch den Kansas-City-Gitarristen Leonard »Lucky« Enois und schnitt bei einem Vergleich mit der des Basie-Orchesters — sie galt damals, 1939, als die beste im Jazz — durchaus nicht schlecht ab.
Die Band konnte da nicht ganz mithalten. Sie spielte frech, eifrig und aggressiv, hatte wohl auch ihre schwachen Stellen, swingte aber immer. Die Improvisationen der Solisten entwickelten sich, wie bei allen Kansas-City-Bands, auf dem reichhaltigen Fundament der Rhythmusgruppe. Die Trompetensoli teilten sich Orville »Piggy« Minor, volltönend und ungestüm wie »Lips« Page, und ein fragiler junger Mann aus Oklahoma City namens Bernard »Buddy« Anderson, der außer Charlie der einfallsreichste Musiker der Band war. Bud Gould war der Posaunist. Der vierköpfige Saxophonsatz bestand aus den Tenoristen Bob Mabane und William J. Scott sowie John Jackson und Charlie Parker am Altsaxophon. Als eine weitere Ähnlichkeit zwischen der Basie-Band von 1936 und der McShann-Band von 1939 registrierten die Musikfreunde von Kansas City die Rollen, die Lester Young bzw. Charlie Parker spielten. In beiden Fällen waren nicht Blechbläser, sondern Saxophonisten die bewegenden Kräfte der Orchestermaschinerie, sehr im Gegensatz zu den Bands im Norden und Osten.
Nach mehrwöchigen Proben spielte die Band schließlich alter-

nierend mit den Rockets in John »Tums« Tumino's *Century Ballroom* Ecke 36th und Broadway, später in der *Casa Fiesta*, im *College Inn* und in *Tootie's Mayfair*. Im Sommer gab es ein langes Engagement im *Fairyland Park* in der Vorstadt und im Herbst ging die Band auf ihre erste Tournee durch Missouri, Kansas und Oklahoma, mit einem längeren Gig in der *Casa Dell* in Tulsa.
Auf einer weiteren Tour im Winter 1940 hatte das Orchester ein freies Wochenende in Wichita, wo Jay McShann früher oft mit den Bands von Al Denny und Eddie Hill gespielt hatte. Der Manager der dortigen Radiostation KFBI, Fred Higginson, ein alter Freund von McShann, engagierte die Band für eine Serie von Rundfunkaufnahmen, sogenannte *Radio Transcriptions*. Das war für 1940 etwas äußerst Ungewöhnliches, denn nur sehr wenige Bands, und schon gar nicht unbekannte, wurden damals dazu herangezogen. Am Samstag, dem 30. November, wurden zwei Titel, *I Found a New Baby* und *Body and Soul*, von einer kleinen Gruppe aus Musikern der Band aufgenommen: Buddy Anderson und Orville Minor, Trompete; Bud Gould, Posaune und Violine; William Scott, Tenorsaxophon; Charlie Parker, Altsaxophon; Jay McShann, Klavier; Gene Ramey, Baß und Gus Johnson, Schlagzeug. Weitere fünf Nummern, *Honeysuckle Rose*, *Lady Be Good*, *Coquette*, *Moten Swing* und einen unbetitelten Blues, nahm die Gruppe in gleicher Besetzung, nur mit Bob Marbane anstelle von Scott, am darauffolgenden Montag, dem 2. Dezember, auf.
Daß Charlie Parker die Inspiration und der beste Solist des Jay-McShann-Orchesters war, ist aus diesen Aufnahmen deutlich herauszuhören. In *Honeysuckle Rose* ist das Tempo nahezu Metronome 300, zu schnell für die Bläser, die von Johnson und Ramey unbarmherzig angetrieben werden. Die Ensembleparts klingen unsauber, die Soli gehetzt.
Charlie hingegen ist die Ausnahme. Schon sein Einstieg nach einem chaotischen Trompetensolo von Minor ist elegant und selbstbewußt. Souverän hält er den Rhythmus und baut eine Linie aus präzise punktierten Achtel- und Sechzehntelnoten auf, mit gelegentlichen *grupetti* à la Lester Young. Nur eine Handvoll Jazzmusiker war 1940 imstande, in diesem Tempo derart prä-

gnante Soli zu spielen. Manch fließende Kadenz in der Melodieführung erinnert stark an Art Tatum, aber es gibt auch völlig neue Dinge: eigene Wendungen, und der Gebrauch von großen Secunden, großen Septimen und verminderten Akkorden. Und schließlich ist in diesen Jugendwerken auch schon eine Spur dessen zu erahnen, was ein hervorstechendes Charakteristikum des kommenden Jazzstils werden sollte: das Gefühl, daß der Improvisator während seines ganzen Solos in zwei verschiedenen Taktmaßen zugleich spielte. Schon zu diesem Zeitpunkt war Charlie fähig, einen vollen Chorus von 32 Takten in einem Atem zu spielen. Der Abstand, der ihn von führenden Jazzleuten wie Lester Young, Art Tatum, Benny Goodman oder Roy Eldridge trennte, wurde immer kleiner.

Noch viel mehr kann man aus den *Wichita Transcriptions* heraushören. Die Balladen sind eine Art Fallstudie des Saxophonstils jener Zeit. *Coquette* etwa wird genau in jenem populären Stil dargeboten, den man damals in den Tanzlokalen ganz Amerikas hören konnte, dann, wenn der Haustechniker die blauen Scheinwerfer aufzog und die Paare Wange an Wange über die Tanzfläche glitten. Charlie aber entfernte auch den letzten Tropfen Schmalz. »Dies ist ein sehr schlechtes Musikstück«, scheint er uns zu sagen, »aber es erfordert Technik, und ich kann auch solche Dinge spielen!« Die Versuchung, diese lange manierliche Prozession von Viertelnoten zum Swingen zu bringen, muß übermächtig gewesen sein, aber Charlie bleibt genau an der Grenze.

Hatte er damit bewiesen, daß ihm die Wiedoeft-Schule nicht fremd war, so führte er in *Body and Soul* den etablierten Saxophonstil eines Coleman Hawkins vor: Vorhersehbare Phrasierung, genau auf dem Beat, die Linie sorgfältig an die Akkordfolge angepaßt. Obwohl Charlie weder den opulenten Sound Hawkins' noch seine harmonische Meisterschaft besitzt, ist diese Aufnahme eine beachtliche Demonstration.

Lady Be Good war ein Standardthema von Lester Young. Das war eine jener Plattenaufnahmen, die Charlie mit in die Ozarks genommen und so oft gespielt hatte, bis er jeden Ton auswendig kannte und auf der Platte keine Rillen mehr zu sehen waren. Dieses *Lady Be Good* ist Lester Young in der Verkleidung eines emsigen Imitators, und am Altsaxophon. Vermindert man die Bandgeschwindigkeit so weit, daß der Klang des Altsaxophons sich dem eines Tenorsaxophons annähert, so ist es beinahe unmöglich, den Schüler vom Meister zu unterscheiden. Das ganze Inventarium von Lester Youngs Tricks ist hier zu finden. Das, was im *Club 65* in Chicago geschehen ist, und wovon Billy Eckstine erzählt, kann ein Historiker und Musikologe anhand dieser Aufnahmen studieren. Diese Transcriptions sind vermutlich das Aufschlußreichste, das jemals ein Jazzmusiker über seinen Ursprung, seine Inspirationen, seine Vorbilder und seine Lehrzeit hinterlassen hat.

Auch die kommende Änderung des Trompetenstils kann man hier schon voraussahnen. Buddy Anderson spielt in *Moten Swing* ein bedeutendes Solo. Sein Vibrato ist leicht, seine Phrasierung relaxed, der Ton gedämpft und lieblich, und er verbindet Staccato- und Legatopassagen in einer Weise, wie das vorher noch niemand gemacht hat. Anderson nimmt hier schon einiges vorweg, was sich später in der Bebop-Ära entwickeln sollte, im Spiel von Dizzy Gillespie und Fats Navaro.

Die *Wichita Transcriptions* zeigen Charlie's Entwicklungsstand in seiner vorrevolutionären Periode. Er war nicht, wie später viele glaubten, ein einzelgängerisches Genie, seine Wurzeln liegen in einer reichhaltigen ungebrochenen Volkskultur. Er hatte seine Kunst aus erster Hand von deren Meistern gelernt und sich mit jedem bedeutenden Jazzsolisten auseinandergesetzt, bei Liveauftritten und durch Schallplattenstudium. Er war entschlossen, hingegeben, unermüdlich und ehrgeizig. Er hatte keine Mühe gescheut und war früh entwickelt. Wenn man seine Arbeit mit George E. Lee, Jesse Price, Prof Smith, Harlan Leonard und Jay McShann betrachtet — ganz zu schweigen von den vielen Stunden des Übens und Jammens — dann ist es sicher eine berechtigte Annahme, daß Charlie bis zu diesem Zeitpunkt nicht weniger als 15 000 Stunden dem Altsaxophon gewidmet hat. Die Neuerungen, die bald folgen sollten, ruhten auf diesem soliden Fundament.

Ende 1940 kehrte die Jay-McShann-Band nach Kansas City zu-

rück. Noch hatte sie kein wirklich bedeutendes Engagement gehabt und keine Plattenaufnahmen gemacht. Charlie Parker war ein unbekannter Saxophonist in einer obskuren Band, die sich im Südwesten herumtrieb. Er war 20 Jahre alt.
Die Band kehrte nach Kansas City zurück, um sich etwas zu erholen. Das gute Klima in dieser Formation beweisen die seltenen Personalwechsel — nur zwei neue Leute waren dabei, als die Band in John Tuminos *Century Room* zu spielen begann — man kann es aber auch aus dem Text einer Nummer heraushören, die zum Repertoire der McShann-Band gehörte und später bei *Decca* auf Platte aufgenommen wurde, eine Komposition von Jay McShann, in der Walter Brown sang:

> *When you get drunk, why do you do the things you do*
> *You talk loud and long and don't care what you say and do*
>
> *Last night do you remember standing on 18th and Vine*
> *If I'h been your pappy, you won't have been called no son of mine*
>
> *Now don't drink, Hootie! Hootie, Hootie, it won't spoil*
> *Now I know why folks all call it ignorant oil*
>
> *So hold it, Hootie! Hootie, don't drink that stuff*
> *'cause you don't know just when you've got enough*

»*Ignorant oil*« war im Argot von Kansas City die Bezeichnung für Schnaps, und der Text bezog sich auf Jay McShann, dem seine gelegentlichen Exzesse den Spitznamen »Hootie« eingebracht hatten. Nur wenige unter den Zuhörern verstanden den Spaß. Das Lied wurde allabendlich gespielt, ohne die Bandmoral zu beeinträchtigen und niemand schien sich dabei mehr zu vergnügen als der betroffene Bandleader Jay McShann.
Wie er erzählt, war »Charlie einer der Gründe, daß wir eine so fröhliche Band hatten. Für die Proben und die Ausarbeitung von Ideen wurde bei uns fast soviel Zeit aufgewendet wie für die Jobs. Charlie hatte bei mir viel Freiheit. Einmal stellte ich ihn wegen seiner Schlampigkeit zur Rede, er war der schlechtestgekleidete Musiker meiner Band. ›Hootie‹, sagte er darauf, ›wäre es dir lieber, wenn ich wie ein Doktor gekleidet auf den Bandstand

käme — und wie ein Doktor spielen würde??‹ Darauf wußte ich keine Antwort. Ein anderer seiner Aussprüche war: ›Wer es sich bequem macht, spielt auch gut. Wer nur ein klein wenig blödelt, hat gute musikalische Ideen.‹ Er lebte seine Musik 24 Stunden am Tag. Niemals spielte er in zwei aufeinanderfolgenden Nächten gleich. Sein Kopf war immer voll Ideen und Melodien und er spielte dauernd, in den Hotels und in den Garderoben, er konnte es nicht erwarten, bis der Job begann.«

»Bird war zu dieser Zeit ungemein aufnahmefähig«, sagte Gene Ramey. »Er bezog alle Klänge, die er um sich hörte, in seine Musik ein: ein vorbeizischendes Auto auf dem Highway, das Singen des Windes in den Bäumen, alles hatte eine musikalische Botschaft für ihn. Ein Hund, der bellte, ›sprach‹ seiner Meinung nach... Während wir spielten, beobachtete er oft die Frauen auf der Tanzfläche. Ihre Körperbewegungen, ihre Gestik, ihre Gesichter erweckten in ihm Emotionen, die er in seinen Soli zum Ausdruck brachte. Wenn sein Ton durchdringend wurde, wußten wir sofort, was er meinte.

Eine Spezialität von ihm war, vom Grundakkord einer Nummer ausgehend den Quintenzirkel zu durchrasen und erst zwei oder drei Takte vor dem Mittelteil wieder zurückzukehren. ›Running out of key‹ nannten wir das damals. Bird versuchte immer wieder, uns zu erklären, was er machte. Damals konnte kaum einer den Mittelteil von *Cherokee* spielen. Bird spielte da ein paar Fragmente von *Tea For Two* hinein, und weil das eine leicht faßliche Melodie ist, hatten die Typen dadurch einen Anhaltspunkt. Ich glaube, uns allen war damals nicht klar, wie weit fortgeschritten Bird schon war und wie weit er seine Ideen schon perfektioniert hatte.«

10
The Band That Played the Blues

Im Vorfrühling 1941 sahen die Dinge für die neue Band recht gut aus. »Tums« Tumino, der Manager des *Continental Room*, hatte aus freien Stücken die Funktion eines Agenten für die Band übernommen und einen Plan für eine ausgedehnte Tournee ausgearbeitet. Dave Dexter, der Jazzjournalist, der als erster die Leser des *Downbeat* auf die Talente von Jay McShann hingewiesen hatte, versuchte nun, eine große Plattenfirma für einen Kontrakt zu interessieren. Die Tournee begann im März und führte die Band zunächst an die Atlantikküste, anschließend südwärts. Wenige der Musiker waren jemals im alten Süden gewesen, die meisten kamen aus Staaten nördlich der Mason-Dixon-Linie. In Martinsville/Virginia verschwand der lokale Veranstalter, während die Band ihren letzten Set spielte, spurlos mit den Tageseinnahmen. McShann konnte die Saalmiete nicht bezahlen und verbrachte ein paar Tage im Gefängnis, bis das Geld aufgebracht worden war. Obwohl der betrügerische Veranstalter in der Stadt bekannt war, versuchte niemand ernsthaft, ihn aufzuspüren und die meisten Leute betrachteten das Ganze als einen lustigen Spaß auf Kosten der reisenden Musiker.
Die Bestimmungen im Süden waren streng. Als die Band die Stadt Jackson in Mississippi erreichte, wurde den Musikern dringend nahegelegt, äußerst diskret zu sein. In Jackson gab es eine Vorschrift, wonach die schwarze Bevölkerung sich nach 23 Uhr nicht mehr auf der Straße aufhalten durfte. Darum war es nötig, die Veranstaltung um 19 Uhr 30 zu beginnen und spätestens um 22 Uhr 30 zu beenden, damit sowohl die Musiker als auch das Publikum noch vor der Sperrstunde zu Hause sein konnten. Nachdem es für Schwarze kein Hotel gab, wurden die Musiker der Band in Pensionen oder Privathäusern untergebracht. Charlie und Walter Brown hatten auf der straßenseitigen Veranda eines Hauses Feldbetten zugewiesen bekommen. Nachdem sie

beim Nachhausekommen keineswegs müde waren, ließen sie das Licht auf der Veranda brennen und unterhielten sich miteinander, vorwiegend über die attraktiven Mädchen von Jackson. Um Mitternacht fuhr ein Polizeiauto vor und vier stiernackige bewaffnete Gesetzeshüter verhafteten Charlie und Walter. Das brennende Licht wurde als Verletzung der Sperrstunde gewertet. Die Band mußte mehrere Tage ohne ihren Sänger und ohne Charlie auftreten und als die beiden wieder zurückkamen, konnte jeder die Beulen sehen, die die Schlagstöcke der Polizei von Jackson auf ihren Köpfen zurückgelassen hatten. Zur Erinnerung an dieses Abenteuer komponierte Charlie eine Nummer, die zunächst *What Price Love* hieß und später unter dem Titel *Yardbird Suite* bekannt wurde.

Auf dieser Reise durch den tiefen Süden erblickte Charlie zum ersten Mal die unverhüllte Fratze des Rassismus. Er hatte schon vorher verschiedene Teile der Vereinigten Staaten besucht und überall Rassentrennung gefunden. Sie war in New York genauso selbstverständlich wie in Kansas City, nur wurde sie in den großen Städten indirekter gehandhabt. Im Süden jedoch war sie völlig offenkundig, streng reglementiert und unermüdlich kontrolliert von einer rauhen rücksichtslosen Polizei, bis zu den Zähnen bewaffnet mit 45er-Revolvern und abgesägten Flinten. Hätte Charlie nicht sechs Jahre lang auf einen Job in einer solchen Band hingearbeitet, so hätte er das Orchester verlassen. Er hatte aber auf dieser Reise reichlich Zeit, um über soziale Probleme nachzudenken. Wenn er seine eigenen Erfahrungen und die seiner musikalischen Vorbilder überdachte, dann wurde ihm klar, daß sich das Verhalten der schwarzen Jazzmusiker von Generation zu Generation verändert hatte. Louis Armstrong und die Leute seiner Generation zogen eine Show ab, versuchten, es den Weißen recht zu machen, wurden aber von den jüngeren Schwarzen verächtlich als »Uncle Toms« bezeichnet. Lester Youngs Generation war sophisticated und wesentlich kritischer, war aber noch nicht so weit, sich wehren zu können; sie umgingen schwierige Situationen und flüchteten sich in einen bohemehaften Lebensstil. Schwarze Bands, die sich schon einen Namen gemacht hatten, können Engagements in gewissen Bundesstaa-

ten oder Städten, die notorisch bekannt waren, ablehnen. Aber diesen Status hatte das McShann-Orchester noch nicht erreicht und Tourneen, auch durch den Süden, waren einfach eine wirtschaftliche Notwendigkeit.
Charlie versuchte, seine eigene Lösung für soziale Probleme zu finden und dabei kam er auf das Training zurück, das er an den Straßenecken von Kansas City erhalten hatte, als er ein Teenager gewesen war, ständig mit älteren Leuten konfrontiert, die versucht hatten, sich über ihn lustig zu machen. Seine Fähigkeit, Rollen zu spielen, die er sich damals bei den ungleichen Auseinandersetzungen mit Älteren angeeignet hatte, erwies sich nun von allergrößtem Wert — Charlie sah darin den Schlüssel zum Überleben. Schauspielerisch begabt wie er war, begann Charlie die regionalen Dialekte und Verhaltensweisen der Schwarzen zu studieren, die in den Baumwoll- und Terpentinfabriken von Alabama, Mississippi und Texas arbeiteten. Zwischen »etwas darstellen können« und »etwas sich aneignen« verläuft nur eine sehr schmale Grenze. Es war möglich, feindselige Konfrontationen zu mildern, wenn man imstande war, die nötigen Rollen zu improvisieren, genauso wie man ein erfolgreiches Jazzsolo improvisierte. Hatte man Talent und Erfahrung genug, konnte man solche Situationen sogar in ihr Gegenteil verkehren, zum eigenen Vorteil und zum Nachteil des Angreifers. Die Tourneen des McShann-Orchesters fanden fünf Jahre vor dem Zeitpunkt statt, als in New York die sogenannten Hipsters erschienen. Aber Charlie war schon 1941 der coole undurchschaubare Typ, der alles unter Kontrolle hatte. Der Mutterwitz der Straßenecken von Kansas City und die Taktiken der Jam Sessions wurden von ihm auf das ganze Leben angewandt. Charlie lernte, alle Situationen zu überblicken und immer die richtigen Sätze und Körperhaltungen bereit zu haben. Nie verlieren und nie im Nachteil sein, das war sein Ziel.
Nach ein paar weiteren unangenehmen Vorfällen in Martinsville und Jackson bekam Charlie auf eigenen Wunsch und mit Zustimmung der Musiker den zusätzlichen Job, den Lastwagen mit den Uniformen und Instrumenten zu fahren. Sein Beifahrer war ein Sänger, den die Band in San Antonio aufgelesen hatte, ein junger Mann namens Al Hibbler. Er war ein Balladensänger in

der Art von George E. Lee und Pha Terrell, der der große Gesangsstar bei Andy Kirk war und führte der Band neue Publikumsschichten zu. Hibblers Lieblingsnummern waren *Blue Champagne*, *'Tis Autumn*, *Old Folks* und *Skylark*, Nummern, die Charlie auch gerne mochte. Charlie setzte seine Gewohnheit fort, mit dem Saxophon Balladen zu untermalen, wie er es am Taneycomo-See mit George Lee getan hatte und dadurch wurden die Balladen von Al Hibbler zu Höhepunkten bei den Auftritten des Jay-McShann-Orchesters.
Charlie und Al Hibbler wurden enge Freunde. Der großgewachsene lässige Sänger war seit seiner Geburt blind und hatte ein eigenes System der Wahrnehmung entwickelt. Seine Intuition grenzte an hellseherische Fähigkeiten. Er hatte gelernt, Fremde aufgrund ihrer Stimme zu beurteilen, eine Fähigkeit, die auch Charlie besaß. Arglist und Tücke, Feindseligkeit und Rassenhaß, die hinter den Rindfleischgesichtern südlicher Polizisten versteckt lagen, wurden für die beiden offenkundig, sobald der Betreffende zu sprechen begann. Allein »Boy«, das von weißen Lippen wohl am meisten einem Scharzen gegenüber gebrauchte Wort, konnte eine ganze Menge über den, der es sprach, verraten, über seinen Charakter und über seine Absichten.
Al Hibbler erinnert sich an diese Fahrten noch immer mit Vergnügen. Er als Blinder erschien den Leuten ohnehin als harmlos und der stotternde, dümmliche Lastwagenfahrer, den Charlie darstellte, ebenso. So oft sie in eine neue Stadt kamen, blieb Charlie mitten auf der Hauptstraße stehen und brachte es durch eine gelungene Mischung aus wichtigtuerischer Dummheit und Schuldbewußtsein fertig, anstelle eines Strafmandats eine Polizeieskorte zum Auftrittsort der Band zu bekommen. Dort angekommen, grinste Charlie, half Hibbler aus dem Wagen, holte Tabak und Zigarettenpapier aus seiner Tasche und rollte sich mit blitzschnellen Bewegungen seiner Finger eine Zigarette. Er zündete sie an, bedankte sich höflich bei den Polizisten für die erwiesene Freundlichkeit und ging in das Gebäude. Den Trick mit der Zigarette hatte Charlie in den Straßen von Kansas City gelernt, nur hatte er so lange geübt, bis er es mit einer Hand konnte. Dieser Trick wurde Teil seines Repertoires.

Die »One-nighter« im Süden hatten auch ihre angenehmen Seiten. Daß es kaum Hotels für Schwarze gab, erwies sich gelegentlich als Vorteil. Charlie, der in dem Ruf stand, der größte Fresser der Band zu sein, liebte es, privat zu wohnen. Das bedeutete gute, hausgemachte Mahlzeiten mit Grütze, Grüngemüse, selbstgemachten Biskuits, Kaffee mit Zichorie und weiblicher Gesellschaft. Diese Fahrt vermittelte einen Eindruck, wie die »andere Hälfte« lebte und überlebte. Die Brüder und Schwestern da unten im Süden setzten eine Maske auf, wenn sie ihre eigene Umgebung verließen. Was hinter diesen Masken vorging, interessierte die meisten Weißen genauso wenig wie die Musik. Es war ein anderes Leben, eine andere Kultur, eine andere Sprache.

Als die Band zu einem kurzen Engagement in New Orleans eintraf, erhielt sie die Information, daß die Verhandlungen von Dexter und Tumino mit der Plattenfirma *Decca* Erfolg gehabt hätten und daß geplant war, in Dallas, dem Hauptsitz dieser Plattenfirma, sechs Aufnahmen zu machen. Die Session war für 30. April 1941 angesetzt. Drei Titel wurden mit der vollen Besetzung aufgenommen, und zwar *Swingmatism*, ein Rifforiginal, *Hootie Blues* in einem Arrangement von Charlie Parker, und *Dexter Blues*, benannt nach Dave Dexter. Jay McShann spielte am Klavier zwei schnelle Bluesnummern, *Hold'em Hootie* und *Vine Street Boogie*, und schließlich sang Walter Brown, begleitet von der Rhythmusgruppe, *Confessin' the Blues*. Bedauerlicherweise erhielt Al Hibbler keine Chance, bei diesen Aufnahmen mitzumachen.

Die Aufnahmen wurden von Dave Kapp geleitet, dem Mann, der John Hammond das Count-Basie-Orchester weggeschnappt hatte. Kapp war eigens dafür aus New York herübergekommen. Er hatte auch alle Basie-Plattenaufnahmen geleitet, ebenso wie die der Clouds of Joy. In der Branche galt er als Spezialist für die Behandlung farbiger Orchester. Er stand darüber hinaus in dem Ruf, eine gute Nase für Hits zu haben, seitdem seine Produktion von *Until the Real Things Come Along* mit Pha Terrell ein Erfolg geworden war. Es muß an dieser Stelle auch erwähnt werden, daß gerade zu diesem Zeitpunkt *Decca* Count Basie verloren hatte und daß man Kapp für sehr schlau hielt, weil er versuchte, weitere gute Kansas-City-Musik aufzunehmen.

Den größten Erfolg von allen sechs aufgenommenen Plattenseiten erzielte überraschenderweise *Confessin' the Blues*. Vielleicht lag es daran, daß es als letzte Nummer aufgenommen wurde, als alle Beteiligten schon relaxed waren. Walter Brown singt:

> *Baby, here I telephone you with my heart in my hand,*
> *I want you to read it, Mama, hoping that you'll understand.*
> *Well, baby! — Mama, please don't dog me 'round,*
> *I'd rather love you, baby, than anyone else I know in town.*

Und zu den einschmeichelnden Klängen des Klaviers von Jay McShann setzt Walter Brown fort:

> *When my days are long and dreary and the sun refuse to shine,*
> *I would never be blue and lonely if I knew that you were mine,*
> *Well, baby — will you make everything all right?*
> *Can I have you today, babe? Or will it be tomorrow night?*

Die Platte erschien wenige Wochen nach der Dallas-Session und kletterte schnell an die Spitze der Rhythm-and-Blues-Liste. Die endgültigen Verkaufsziffern beliefen sich schließlich auf 500 000, was für eine Platte dieser Art im Jahre 1941 überaus beachtlich war.

Für Jack Kapp, den Präsidenten von *Decca*, war damit alles klar: Das Jay-McShann-Orchester war »The Band That Played The Blues« und seine Hauptattraktion war der Sänger Walter Brown. Es interessierte Kapp nicht, daß das Bandbook von McShann 50 Prozent Rifforiginals in der Tradition von Kansas City enthielt (zum Beispiel *Swingmatism* oder *Sepian Bounce*), 25 Prozent Balladen — wunderschön ausgearbeitet von Al Hibbler und Charlie Parker — und weitere 25 Prozent Blues, die Spezialität von Walter Brown — eine Mischung, die McShann zu einem echten Konkurrenten von Basie oder Kirk hätte machen können. Nach dem Willen des Chefs wurde Jay McShann bei der Firma *Decca* unter »Blues« katalogisiert. Alle Aufnahmen erschienen in der *Sepia*-Serie, die vor allem für das schwarze Publikum bestimmt war. Auf der Rückseite von *Confessin' the Blues* war der *Hootie*

Blues, von der breiten Öffentlichkeit kaum zur Kenntnis genommen, aber dennoch eine der bedeutenden Jazzplatten dieser Dekade.

War *Confessin' the Blues* ein großer Erfolg in den Juke-Boxes, so war *Hootie Blues* ein gewisser Schock für alle Musiker, die zufällig darauf stießen. Dieser Schock kam von einem 12taktigen Altsaxophonsolo zwischen dem einleitenden Orchesterchorus und dem Gesang von Walter Brown. Diese 12 Takte wurden wie die Bergpredigt empfunden. Die sich schlängelnde Melodielinie und die geradlinige urtümliche Klangarchitektur zeigten ein völlig neues Jazzkonzept. Es gibt sieben Kadenzen, eine Linie von lebhaften Aufwärts- und stürzenden Abwärtsbewegungen, deren Ruhepunkte nicht etwa auf seltsamen oder unüblichen Intervallen der Tonleiter, sondern auf den für Jazzmusiker sehr gebräuchlichen liegen: der Terz, der Quint und der Tonika, die auf eine neue Art erreicht werden. Jeder Ton ist geformt und die plastische Qualität des Klangs ist einmalig.

Die richtige Tonhöhe wird oft nur angedeutet und sehr viele dynamische Effekte werden benützt. Und als letzten Streich endet Charlie sein Solo genau an dem Punkt, an dem der Sänger einsteigt. Dieses Solo ist zwar eine Miniatur, aber eine so abgerundete, sichere und musikalisch richtige Darbietung, daß sie ein Orientierungspunkt der Jazzgeschichte ist, eine Art Büchse der Pandora kommender Dinge.

Ein angehender Altsaxophonist in Los Angeles, Sonny Criss, der später selbst ein Star werden sollte, erinnert sich, wie er die Platte in einem Musikgeschäft auf der Central Avenue kaufte: »Weder auf dem Plattenetikett, noch in irgendeiner Kritik war angegeben, wer hier Saxophon spielte. Ich wußte nur, daß hier jemand einen neuen Weg durch die Bluesprogressionen gefunden hatte. Dieses Solo in *Hootie Blues* führte mich in eine ganz neue Richtung.« Wie viele bedeutsame Durchbrüche wurde auch dieser nur von wenigen wahrgenommen. *Hootie Blues* war ein rätselhaftes Hinweisschild auf ein fernes und noch unbekanntes Ziel.

Als sich *Confessin' the Blues* fröhlich in den Juke-Boxes im ganzen Land drehte, nahm Dave Kapp die Angelegenheiten der

Band energischer in die Hand. John Tumino wurde überredet, seine Aktivitäten als Agent der einflußreichen *General Amusement Corporation* zu überlassen. Nach einem längeren Engagement in Jefferson City/Missouri kam die Band Mitte November nach Chicago, um in den dortigen Studios von *Decca* weitere sieben Plattenseiten aufzunehmen, bei denen die Stimme von Walter Brown im Mittelpunkt stand. Charlies einzige Chance, gehört zu werden, war in *One Woman's Blues*, wo er eine Serie von Obligatopassagen hinter dem Sänger spielen konnte. Der Agentur gelang es sehr bald, durch ihre Erfahrungen und Beziehungen der Band einen Job zu verschaffen, von dem alle Orchester Amerikas träumten: Ein Engagement im *Savoy Ballroom* in New York. Nach je einem einwöchigen Gig im *Regal Theater* in Chicago und im *Paradise Theater* in Detroit kam das Jay-McShann-Orchester in New York an. Immer noch reisten die Musiker in Personenautos, während Charlie und Al Hibbler den Lastwagen mit den Instrumenten fuhren. Hibbler erinnert sich noch an die große Aufregung und an eine freundliche Auseinandersetzung mit einem berittenen Polizisten, als sie sich verirrt hatten und ziellos um den Central Park gekreist waren. Charlie war wieder zurück in seiner selbsterwählten neuen Heimatstadt.

Am zweiten Freitag im Januar 1942 hatte die Band ihr Debüt im *Savoy*, dem berühmtesten Tanzlokal der Welt. Niemanden störte es, daß dieses Debüt überschattet wurde von Amerikas Eintritt in den zweiten Weltkrieg und daß ganz Harlem für weiße Besucher gesperrt worden war. In der ersten Nacht teilte sich die Band den Bandstand mit dem Lucky-Millinder-Orchester, in dem Talente wie der Pianist Clyde Hart, die Trompeter Freddie Webster und Dizzy Gillespie, der Altsaxophonist Tab Smith und die Sängerin Sister Rosetta Tharpe engagiert waren. Charlie Parker hatte ein Auftrittsolo in *Clap Hands Here Comes Charlie* und wurde groß herausgestellt in *Cherokee*, das man in rasendem Tempo spielte. War diese Nummer für die Tänzer nichts weiter als eine Tour de Force saxophonistischer Akrobatik, so fanden die Musiker, sie repräsentiere das Gegenstück zu *Hootie*; *Hootie* war ruhig, introvertiert und bluesy, *Cherokee* hingegen frech, aggressiv und verwirrend.

Charlie erregte zum ersten Mal die Aufmerksamkeit der Fachpresse. Barry Ulanov schrieb im *Metronome*: »Was Parker auf dem Alt spielt, ist superb. Zwar zeigt sein Ton Schwächen und er hat die Tendenz, zu viele Töne zu spielen, aber seine unausgesetzte Suche nach verrückten Ideen und die Beständigkeit, mit der er sie findet, sind genügend Ausgleich für diese Schwäche, die leicht zu überwinden sein sollte.«

Der Trompeter Howard McGhee hörte Charlie zum ersten Mal im Radio in der Garderobe des *Adam Theater* in Newark, wo er mit der Charlie-Barnet-Band arbeitete. McGhee plauderte gerade mit Oscar Pettiford, Al Kilian, Peanuts Holland und Ralph Burns, als der Bassist Chubby Jackson eine der regelmäßigen Radioübertragungen aus dem *Savoy Ballroom* einschaltete. Man hörte einen spektakulären Altsaxophonisten, der zehn Chorusse über *Cherokee* spielte und den niemand erkennen konnte. Als die Barnet-Band in dieser Nacht die letzte Show beendete, gingen die Musiker alle geschlossen ins *Savoy* und McGhee bat Jay McShann *Cherokee* zu spielen. Damit war das Geheimnis um den unbekannten Saxophonisten gelüftet. Die Barnet-Musiker hatten noch nie derartige Improvisationen auf diesem Instrument gehört. Sie sprachen mit Charlie, fanden heraus, daß er aus Kansas City stammte und als er mit seinem Job fertig war, luden sie ihn zum Essen ein.

Einige tausend Kilometer entfernt, in Albuquerque/New Mexico, hatte ein junger Student die Sendung aus dem *Savoy* mit seinem Kurzwellenradio empfangen. Er hieß John Lewis, studierte damals Musik und Anthropologie an der Universität von New Mexico und sollte später der Pianist und musikalische Leiter des Modern Jazz Quartetts werden.

»Die Altsoli in diesen Sendungen eröffneten mir eine völlig neue musikalische Welt«, sagte Lewis später. »Ich kannte Jay McShann aus der Zeit, als er im Südwesten getourt war, aber dieser Altsaxophonist war neu und allen um Jahre voraus. Er hatte ein völlig neues System von Sound und Rhythmus. In den Sendungen wurde nicht einmal sein Name angesagt, erst nach dem Krieg erfuhr ich, daß es Charlie Parker gewesen war. So lange hatte ich gebraucht, um das Rätsel zu lösen.«

Jazzmusiker aus anderen Bands kamen immer häufiger ins *Savoy*, ähnlich wie sie früher zu den Auftritten von Count Basies Band gekommen waren, um Lester Young zu hören. Das war etwa vor fünf Jahren gewesen. Nun war es Zeit für eine neue Generation mit neuen Ideen. Viele Musiker begannen, bei der Band einzusteigen, zum Beispiel Drummer Big Sid Catlett, Bassist Chubby Jackson und die Trompeter Howard McGhee und Dizzy Gillespie, und wenn der Job vorüber war, gab es fast immer eine Jam Session in einem der Clubs in Harlem.
Auch bei den Tänzern war das McShann-Orchester sehr beliebt. Es hatte den soliden Beat und den bluesigen Sound, die sie schon bei Basie und bei den Clouds of Joy• bewundert hatten. Das McShann-Orchester schlug sich bei seinen Auftritten im *Savoy* hervorragend gegen so bekannte Gruppen wie die Savoy Sultans, Cecil Scott, Erskine Hawkins oder Chick Webb, die alle über erstklassige Solisten verfügten. Wenn die Band nicht im *Savoy* oder im *Apollo Theater* beschäftigt war, spielte sie »One-nighters« in New England oder an der Atlantikküste.
Im Frühling 1942 neigten die Jazzmusiker dazu, den zweiten Weltkrieg eher als einen schlechten Scherz zu betrachten. Walter Brown sang zwar *You Say Forward, I'll March*, eine Nummer, die er zusammen mit Jay McShann komponiert hatte, aber er meinte es nicht ernst. Die Jazzmusiker wußten es noch nicht, aber der Swing hatte seine Schuldigkeit getan und die Tage der Bigbands waren bereits gezählt. Immer neue Vorschriften kamen aus Washington und griffen tief in das Unterhaltungsgeschäft ein: Zuerst Verdunkelung an der Küste wegen der U-Boote, dann Benzinrationierung und die Umwandlung von Instrumentenfabriken in Kriegsfabriken und schließlich umfassende Reisebeschränkungen und die Einführung der allgemeinen Wehrpflicht. Alle Musiker mußten sich registrieren lassen und in den Orchestern entstanden immer größere Lücken.
Im Sommer wurde die Plattenindustrie durch unüberbrückbare Meinungsverschiedenheiten mit der Musikergewerkschaft in ihren Grundfesten erschüttert. Mit 1. August 1942 verbot die Gewerkschaft ihren Mitgliedern, an Plattenaufnahmen mitzuwirken — ein äußerst ungünstiger Zeitpunkt, zu dem die Platten-

hersteller nicht in der Lage waren, zu verhandeln. Die Lieferungen von indischem Schellack, einem wesentlichen Bestandteil für die Herstellung von Schallplatten, blieben infolge des Krieges aus. Die Plattenfirmen konnten sich ausrechnen, daß ihre Vorräte an Schellack höchstens noch 15 Monate reichen würden und hatten daher keinerlei Lust, die Forderungen der Gewerkschaft zu erfüllen. Zu den letzten Aufnahmen, die noch rasch unter Dach und Fach gebracht wurden, bevor der Tag X heranrückte, gehörten auch vier weitere Plattenseiten der Jay-McShann-Band.

Charlie spielte zwei achttaktige Soli in *Sepian Bounce*, einer der Riffnummern der Band, und einen zwölftaktigen Chorus in *Jumpin' Blues*, einer Nummer, die er selbst orchestriert hatte. Sein Solo enthüllt in den ersten Takten die Grundidee zu seiner späteren Komposition *Ornithology*. In *Get Me on Your Mind* bekam Al Hibbler die einzige Chance, auf einer Platte des Jay-McShann-Orchesters zu singen, kurz darauf sollte er der Starvokalist bei Duke Ellington werden. In seinem Solo in *Lonely Boy Blues* spielte Charlie ein hohes Fis und ging damit als erster über den normalen Tonumgang seines Instruments hinaus. Dieses Solo war ebenso intensiv wie das in *Hootie*, wenn auch weniger sorgfältig strukturiert. Kurz nach dieser Aufnahmesitzung kündigte Jay McShann seinen Musikern eine lange Tournee an, die in Kansas City enden würde. Alle waren begeistert, außer Charlie. Kansas City bot keine Verlockungen mehr für ihn.

Charlie sprach mit Jay McShann und teilte ihm mit, er beabsichtige, in New York zu bleiben. Und so verließ er im Sommer 1942 die organisierte Welt der Musik und verschwand im Untergrund von Harlem, jener Stadt innerhalb der Stadt, die für seine ganze weitere Karriere die Operationsbasis bleiben sollte. Drei Jahre lang hatte er sich im Saxophonsatz der letzten großen Kansas-City-Band das erworben, was ihm noch an Rüstzeug gefehlt hatte. Jetzt fühlte er sich imstande, es auf eigene Faust zu versuchen.

11
The Bebop Laboratory

Für Jazzmusiker in New York, die auf der Suche nach »action« waren, gab es ein halbes Dutzend Clubs oben in Harlem, »uptown«, wie man zu sagen pflegte. Der berühmteste war *Minton's Playhouse*, das Laboratorium, in dem musikalische Experimente durchgeführt wurden, als die Bebop-Revolution um 1941 begann. Trotz seines exotischen Namens war *Minton's* ein eher düsteres Lokal. Eine Markise über dem Eingang und eine weiß markierte Ein- und Aussteigezone für Autos verlieh dem Club eine gewisse Aura von Prestige in der ansonsten schäbigen 118. Straße. Innen war der übliche Garderobenraum mit Doppeltür und Kleiderhaken, eine lange Bar, Tische, eine Wand mit ziemlich mitgenommenen Spiegeln und ein enger Bandstand, wie man ihn während der Pendergast-Ära in vielen Clubs von Kansas City finden konnte, mit Raum für einen Stutzflügel, ein Schlagzeug und ein paar Bläser. Es gab keinerlei Dekoration. *Minton's Playhouse* war spärlich beleuchtet, einigermaßen sauber, preislich attraktiv und weit vom Schuß — die Art von Lokal, die Jazzmusiker lieben. Als es sich herumzusprechen begann, fuhren die Taxis unter der ausgebleichten grünen Markise mit einer Häufigkeit vor, wie es sonst nur vor den »in«-Lokalen zu beobachten war, Taxis, denen meistens Musiker entstiegen, was man an den Instrumentenkoffern erkennen konnte, die sie trugen. Hätte das Management von *Minton's* daran gedacht, ein Gästebuch aufzulegen, so hätte man darin die Namen aller bedeutenden Jazzpersönlichkeiten aus diesen Übergangsjahren gefunden. Der Club war nach seinem Eigentümer Henry Minton benannt, einem Mann mittleren Alters, der den Vorzug genossen hatte, der erste farbige Delegierte in der New Yorker Sektion der amerikanischen Musikergewerkschaft Local 802 zu sein. Bis Ende 1940 leitete er den Club selbst. Dieser war mit dem Foyer des angrenzenden Hotels Cecil durch eine Tür verbunden und

in besseren Tagen dessen Speiselokal gewesen. *Minton's Playhouse* war ein Treffpunkt der Oldtimer aus dem Tanzbandgeschäft. Es gab keine musikalische Linie und das Klavier blieb oft tagelang unberührt. Als das Geschäft immer schlechter ging, entschloß sich Minton, einen Manager zu engagieren. Seine Wahl fiel auf Teddy Hill.
Dieser, ein sehr verläßlicher sachlicher Mann mit einer gewissen Würde, hatte als Saxophonist in den Bands von King Oliver und Louis Armstrong gearbeitet, Arrangements geschrieben, einige Songs (aber keine Hits) komponiert und das Bandbusiness von Grund auf erlernt. In reiferen Jahren war er schließlich selbst Bandleader geworden.
Teddy Hill hatte nie wirklichen Erfolg gehabt, aber er war herumgekommen, kannte eine Menge Leute und hatte Ideen. »Engagieren wir doch eine Hausband, damit wir Jam Sessions veranstalten können«, meinte er zu Minton und rückte den dunkelgrauen Filzhut zurecht, den er immer trug, um die kahle Stelle auf seinem Kopf zu verbergen. »Und montags könnten wir immer freies Essen für die Künstler geben. Wir könnten drüben im *Apollo* einfach eine Einladung an das Schwarze Brett hängen.« Der Montag war der Sonntag des Showbusiness, die meisten hatten da frei. Henry Minton fand, man könnte das einmal versuchen.
Bald war die montägliche »Celebrity Night« in *Minton's Playhouse* von Küste zu Küste bekannt. Alle Showleute und Jazzmusiker wußten davon, egal, ob sie im *Howard* in Philadelphia, im *Regal* in Chicago oder im *Lincoln Theater* in Los Angeles arbeiteten. Teddy Hill sorgte dafür, daß das Buffet immer jene kräftigen Gerichte enthielt, die die Künstler alle aus ihrer Kindheit kannten, die man aber auf Tourneen nur selten bekommen konnte: Barbecue-Rippchen mit kreolischer Sauce, geschmortes Huhn, Kohlgemüse mit Schinken, Süßkartoffeln, kandierte Yamwurzeln oder rote Bohnen mit Reis. Von Zeit zu Zeit sorgte Hill noch für besondere Extras wie Crawdads aus Kansas City oder Mississippiwelse aus St. Louis. 1941 waren er und Minton voll im »soul food«-Geschäft. Das Playhouse war in den frühen 40er Jahren das Lokal, wo »man« am Montag hin-

ging, und es sollte auch die Szene der Palastrevolution im Jazz werden.

Musikalisch nahm sich Hill ein Beispiel an den Clubbesitzern von Kansas City: er engagierte eine Rhythmusgruppe und einen Bläser als Hausband und als ständige Einladung an anwesende Musiker, einzusteigen und mitzumachen. Er war erfahren genug, um zu erkennen, daß sich die glatte Oberfläche der Musik zu kräuseln begann. Der »alte« Jazz der 20er Jahre, wie ihn Oliver und Armstrong gespielt hatten, war tot, der Swingstil sah sich mit ernsten Schwierigkeiten konfrontiert. Neue Ideen waren entstanden, neue Stimmen zu hören, eine neue Generation von Musikern war herangewachsen, die ihre Instrumente beherrschten und spielen konnten und diese Leute wollte Hill in *Minton's Playhouse* präsentieren, zusammen mit den etablierten Stars.

Zum Leiter der Hausband wählte Teddy Hill einen Mann, den er vor weniger als einem Jahr gefeuert hatte: Kenny »Klook« Clarke, den Drummer, dessen Perkussionsarbeit das letzte Teddy-Hill-Orchester durcheinandergebracht hatte. Vor einem Jahr hatte er mit ihm über das debattiert, was Clarke »dropping bombs« nannte und hatte den starrköpfigen jungen Schlagzeuger schließlich angeschnauzt: »Halte gefälligst den Beat auf den Baßtrommeln, wo er hingehört! Die Leute wollen dieses Zeug nicht hören, sie wollen Musik, nach der sie tanzen können!« Clarke hatte ihn nur angeschaut. Sein Spitzname »Klook« war übrigens die Kurzform von *klook-a-mop*, was wiederum die onomatopoetische Ausdeutung einer von Clarke bevorzugten rhythmischen Figur war. Nun, Monate nachdem er Clarke hinausgeworfen hatte, dachte Teddy Hill über dessen zerrissene Zick-Zack-Rhythmen nach und schließlich nahm er Kontakt mit ihm auf.

»Ich war zuerst etwas überrascht, als er mich anrief«, erzählte Clarke später, »aber nachdem wir eine Weile geredet hatten, verstand ich, was er wollte. Ich war es 1937 müde geworden, immer wie Jo Jones zu spielen, es war Zeit für die Jazzschlagzeuger, sich weiterzuentwickeln. Ich verlegte den Grundrhythmus von der Baßtrommel auf das Becken. Ich fand heraus, daß ich da oben

wunderschöne Sounds erzeugen konnte, ich variierte Tonhöhe und Klangfarbe durch die Art, wie ich das Becken mit dem Stock anschlug. Der Beat war leichter, geschmackvoller und flüssiger. Ich konnte die Baßtrommel, die Tom-Toms und die Snare Drum für Akzente verwenden und ich versuchte, neue rhythmische Muster über den regulären Beat zu legen. Die Soli wurden immer länger und die Solisten brauchten mehr Unterstützung durch den Drummer — Antrieb, Akzente, Einstiege, solche Sachen eben.«
Wer kam noch in Frage?
Klook schlug einen Pianisten namens Thelonious Sphere Monk vor. Er war ein bärenhafter, gedankenverlorener junger Mann, der nie ohne Sonnenbrillen in der Öffentlichkeit erschien und als einer der ersten Jazzleute einen »goatee«, einen Ziegenbart, kultivierte. Monk hatte seine Laufbahn als Begleiter einer Gospelgruppe begonnen, die durch den Süden und Mittelwesten tourte. Er hatte das spartanische Innere Hunderter von weißen Baptistenkirchen gesehen, auf ihren verstimmten Klavieren herumgehämmert und ihre händeklatschenden hosannaschreienden Gemeinden erlebt. Darum war er auch nicht so sehr durch den Blues geformt, sondern mehr durch die ebenso alte afro-amerikanische Gospelmusik. Um auf diesen endlosen Tourneen durch das Kernland des ehrbaren Afro-Amerika seine musikalische Integrität zu bewahren, jammte Monk, wann und wo immer er konnte. Mary Lou Williams berichtete, sie hätte ihn eines Nachts in einem Club in Kansas City gehört. Monk wollte aus dem Gospelbusiness aussteigen und Jazz spielen, aber nach seinen eigenen anspruchsvollen Vorstellungen.
Wenn er nicht auf Tournee war, lebte er zu Hause bei seiner hingebungsvoll in ihn vernarrten Mutter — die tragische Heldin in den Biographien so vieler Jazzleute. Mutter und Sohn und später noch eine Ehefrau und zweite Mutterfigur namens Nellie lebten am San Juan Hill in Manhattan, im 4. Stock eines aufzuglosen Hauses. Ein Steinway-Flügel war da, dessen Anschaffungskosten seine Mutter vom Haushaltsbudget abgezweigt hatte, damit Thelonious ein ordentliches Instrument zum Üben und Komponieren zur Verfügung stand. Er hatte bereits einige außergewöhnli-

che neue Kompositionen geschaffen, *Blue Monk*, *Epistrophy* und *Round about Midnight*, die alle seine seltsame unverwechselbare Handschrift trugen. Über dem Klavier war an der Decke ein großer Spiegel angebracht, der die Tastatur, die Saiten und die Hämmer reflektierte.

Thelonious hatte sich mit 6 das Klavierspiel selbst beigebracht. Er konnte sich in dem einfachen Hymnenbuch der Baptistischen Kirche zurechtfinden, ansonsten hielt er es nicht der Mühe wert, sich mit Noten abzugeben. Er spielte in einem linkisch wirkenden Stil, die Finger flach über die Tasten gespreizt. Bei Monk hatte man das Gefühl, die Musik würde aus dem Instrument herausgequetscht, wie der Saft aus den Trauben. Manchmal schlug er alle zwölf Töne einer Oktave zugleich an, wobei er die Daumen auf zwei Tasten zugleich drückte. Wenn er spielte, hielt er seinen Kopf abgewinkelt. Das Kinn erhoben, die Augen hinter den dunklen Gläsern verborgen, schien er den Akkorden und ihrem Widerhall nachzulauschen. Zu Hause verbrachte er Stunden um Stunden am Flügel, übte zu jeder Tages- und Nachtzeit, versuchte alle möglichen und unmöglichen Klangkombinationen und starrte nach oben, gefangen in der selbstgeschaffenen Architektur der Klänge und den narzißtischen Reflektionen des Spiegels an der Decke.

Monks Akkordtextur war dick, aber er ließ viel Raum zwischen den einzelnen Akkorden stehen und die Akkorde kamen meist zu einem unerwarteten Zeitpunkt. Sein Rhythmus erschien grob und unorthodox, swingte aber auf die gleiche Art wie der von Kenny Clarke. Die Akkorde erinnerten an Gospelmusik mit starkem Bluestouch, angereichert mit ungewöhnlichen Intervallen und Ausweitungen im oberen Bereich. Monks harmonischer Startpunkt schien die verminderte Quinte zu sein, von wo aus er zu Ganztonskalen aufbrach, eine Methode, die der von Charlie Parker verwandt war, aber zu anderen Resultaten führte. Wenn Monk und »Klook« miteinander spielten, war ihre Musik ausgefallen und beunruhigend, »kochte« aber dennoch. Kanonenschußartige Schläge kamen von der Baßtrommel, die Stöcke tanzten auf den gespannten Fellen der Snare Drum und die Vibrationen, die das Zischen der Becken hervorrief, waren in

allen Ecken des Clubs zu spüren. Aus dieser ungestümen Flut ragten die dissonanten gewichtigen Akkorde des Klaviers.
Minton's begann als Stätte des Wettstreits zwischen Jazzmusikern verschiedener Überzeugung und wurde schließlich ein blutiges Schlachtfeld, wo Schonung weder erbeten noch gewährt wurde, wo etablierte Reputationen demoliert und neue Helden gekürt wurden. Bei der ersten Session im Frühjahr 1941, als Charlie Parker noch mit Jay McShann unterwegs war, dominierte noch die alte Garde. Sie konnte sich auf eine stattliche Reihe von Improvisatoren stützen, die alle als Solisten mit bedeutenden Formationen bekannt waren: die Saxophonisten Coleman Hawkins, Ben Webster, Chu Berry, Johnny Hodges, Benny Carter und Willie Smith, die Trompeter Lips Page, Cootie Williams, Charlie Shavers, Harry James und Roy Eldridge, die Pianisten Fats Waller, Jess Stacy, Teddy Wilson und Mary Lou Williams. Auch die Bandleader waren sich keineswegs zu gut, selbst in das Kampfgeschehen einzugreifen. Duke Ellington, Andy Kirk, Count Basie, Artie Shaw, Lionel Hampton und Benny Goodman — sie alle traten im *Minton's* auf und warfen ihr Prestige und Können in die Schlacht.
Das Mittelfeld zwischen der musikalischen Rechten und Linken wurde von den Repräsentanten des Übergangs gehalten. Dazu gehörten die Pianisten Clyde Hart und Tadd Dameron, die Posaunisten Fred Beckett und Dickie Wells, die Tenoristen Dick Wilson und Henry Bridges jr. sowie drei dominierende Persönlichkeiten, die von jedem in der Jazzgemeinde respektiert wurden: Art Tatum, Lester Young und Charlie Christian.
Es war nicht so, daß man dieses brillante Aufgebot von Jazzmusikern aus Vergangenheit, Gegenwart und Zukunft in einer bestimmten Nacht im *Minton's* bewundern konnte. Die Sessions waren informell und die jeweiligen Teilnehmer nicht vorhersehbar, da abgesehen von den Mitgliedern der Hausband niemand gegen Gage verpflichtet war. Vielleicht waren an einem Abend nur lauter Saxophonisten da; dafür kamen dann am nächsten alle Trompeter der Branche zugleich, und die Wände zitterten vor Lippentrillern und hohen B's.
Prominenz war so selbstverständlich im *Minton's*, daß auch ein

Coleman Hawkins oder ein Roy Eldridge sich wie jeder andere immer wieder beweisen mußte. Wenn alle Ideen, die ein Musiker gehabt hatte, von einem anderen wie die Ärmel eines alten Kleidungsstückes umgedreht oder gar als Ausgangspunkt für noch bessere Ideen verwendet worden waren, dann war es das beste für ihn, zu gehen. Wie jemand die Herausforderung annahm, wie er unter Druck reagierte und welche musikalischen Einfälle er dann hatte, darauf kam es an, alles andere war »chord running«, Klischee oder inhaltslose Virtuosität. In dieser Hexenküche wurde irgendwann zwischen 1941 und 1944 aus dem Swing der neue Jazzstil Bebop.*

Der Sturm der Veränderung, der die Jazzgemeinde durcheinander wirbelte, blies am stärksten während der Zeit des *AFM Recording Ban*.** Anstatt daß die stilistischen Entwicklungen durch Platten lückenlos dokumentiert worden wären, existiert nur eine Handvoll technisch mangelhafter Amateuraufnahmen. Im Mai 1941 machte der Amateurtontechniker Jerry Newman mit einem tragbaren Plattenschneidegerät Acetatfolien und einem riesigen Verstärker Aufnahmen im *Minton's* und im *Monroe's*. Obwohl diese Aufnahmen schon sehr abgenutzt waren, bevor ihr historischer Wert wirklich erkannt wurde, sind sie dennoch Dokumente dieser aufregenden Nächte. *Down on Teddy's Hill* etwa, mit den Anfeuerungen »Go!« und »Blow!« gibt einem eine Vorstellung von der herrschenden Erregung und der Anteilnahme der Zuhörer. Einige Chorusse von Thelonious Monk gaben dem Jazzklavier eine neue Dimension, aber der dominierende Solist ist Charlie Christian, hier in den letzten Wochen seines professionellen Lebens — er starb im März 1942 an Tuberkulose —, aber immer noch in der Superform, die ihn bei Benny Goodman zum Star gemacht hatte. Gleich nach ihm kommt

---

* Das Wort Bebop gilt als onomatopoetisch, wie klook-a-mop. Manche sagen allerdings, der stets jive-wortschöpferische Fats Waller hätte es erfunden. Niemand mochte das Wort besonders, am wenigsten die Musiker, aber es blieb hängen.

** Aufgrund einer Meinungsverschiedenheit zwischen Plattenfirmen und Musikergewerkschaft verbot diese ihren Mitgliedern, an Plattenaufnahmen mitzuwirken. Siehe auch Seite 122 f.

Kenny Clarke und es wird deutlich, daß er der Schöpfer des neuen Perkussionsstils war. Man hört den zwingenden Beat, eine köstliche Vielfalt von Polyrhythmen und ein ungewöhnliches Gespür für die Bedürfnisse des jeweiligen Solisten. Auch der damals 23jährige John Birks Gillespie erprobt sich hier, noch nicht ganz seines Stils und seiner selbst sicher. Aber abgesehen von Clarkes meisterhaftem Schlagzeugstil wird hier das Niveau der *Wichita Transcriptions* oder des *Hootie Blues*, wo klar und positiv neue Entwicklungen erkennbar sind, nicht erreicht. So gut sie auch war, der Musik von Clarke und Monk fehlte ein ebenbürtiger Bläser.

Charlie Parker war bei dieser und auch bei anderen Aufnahmen, die Jerry Newman machte, sehr wohl anwesend, aber unglücklicherweise hatte Newman, was Saxophonisten betraf, einen orthodoxen Geschmack und bevorzugte Benny Carter und Herbie Fields. Newman mochte Parkers Spiel nicht, eine Meinung, mit der er nicht allein da stand. Es schien nicht zu swingen, der Ton war zu durchdringend, der Ideenfluß zu schnell für ungeübte Zuhörer. Newman hielt Charlies Spiel gar nicht für Jazz, sondern für eine Art von »Chinesenmusik«, wie Cap Calloway den neuen Stil verächtlich genannt hatte. Die technische Ausrüstung Newmans, so sorgfältig in den Club installiert, wurde abgeschaltet, wenn Charlie mit einem Solo dran war. Erst etwa ein Jahr später sollte der emsigste aller Amateurtontechniker, Dean Benedetti, auftauchen und das genaue Gegenteil von Newman tun, nämlich nichts außer Parkers Soli aufzunehmen.*

Charlie Parker war nicht oft im *Minton's* während dessen ersten Monaten. Sein Hauptquartier, nachdem er McShann verlassen hatte, war *Monroe's Uptown House*, Ecke 133rd Street und 7th Avenue, wo er schon in den Tagen seines Engagements im *Parisien Ballroom* gerne gewesen war. *Monroe's* war ein Cabaret mit einem Floor-Show-Programm, aber nach der letzten Show wurde die Bühne geräumt und eine kleine Band unter der Lei-

---

* Nach Jerry Newmans Tod wurde in seinem Nachlaß eine Aufnahme gefunden, auf der das unverkennbare Altsaxophon Charlie Parkers mit *Cherokee* zu hören ist.

tung von Vic Coulson begann zu spielen. Jam Sessions waren erwünscht und die daran teilnehmenden Musiker teilten sich den Inhalt eines »Kitty«, was für Charlie ein großer Anreiz war. Belief sich sein Anteil auch manchmal auf nur 50 oder 90 Cents — kaum genug, um eine Mahlzeit zu bestellen —, so konnten es in einer guten Nacht, wenn all die Buchmacher von Harlem gekommen waren, gelegentlich auch 8 oder 9 Dollar sein.
Die Schlüsselfiguren der brodelnden Bebop-Revolution begannen einander im Herbst 1941 zu entdecken. Eines Nachts erzählte jemand im *Minton's* von einem neuen Saxophonisten, einem Burschen aus Kansas City, der Bird oder Yardbird genannt wurde und angeblich wie Lester Young spielte, nur auf dem Altsaxophon und doppelt so schnell. Die Musiker wollten das nicht glauben. Lester war immerhin der Spitzenmann seines Instruments und auf dem Alt hatte es nichts Neues mehr gegeben, seit Johnny Hodges vor 10 Jahren bei Duke Ellington Furore gemacht hatte. Aber natürlich mußte der Sache nachgegangen werden. Kenny Clarke und Thelonious Monk beschlossen, sich selbst zu überzeugen. Auf dem Bandstand im *Monroe's* fanden sie einen Mann, der jünger als sie war, der Sonnenbrillen, einen ungebügelten Anzug und ein zerknittertes Hemd trug und einen Chorus nach dem anderen spielte, als ob sein Leben davon abhinge. Die lebendige Intensität, die präzise Artikulation der Noten und die Vehemenz und atemberaubende Geschwindigkeit, mit der sie gespielt wurden, waren etwas vollkommen Neues.
»Bird spielte Dinge, die wir noch nie gehört hatten«, erinnerte sich Kenny Clarke. »Er spielte rhythmische Figuren, von denen ich gedacht hatte, ich hätte sie für das Schlagzeug erfunden. Er war doppelt so schnell wie Lester Young und spielte Harmonien, an die sich Lester nie herangewagt hatte. Bird ging denselben Weg, den wir gingen, aber er war uns weit voraus. Ich glaube nicht, daß ihm klar war, welche Umwälzungen er verursachte, für ihn war das einfach seine Art, Jazz zu spielen. Er redete nicht viel, er war ruhig, reserviert und bescheiden. Wir gaben ihm Geld und brachten ihn dazu, ins *Minton's* zu kommen. Teddy Hill weigerte sich, ihn für die Hausband zu engagieren, also legten wir zusammen, damit er ein Einkommen hatte. Ich nahm

ihn mit auf meine Bude, die ich mit Doc West teilte, einem weiteren Schlagzeuger und sehr guten Koch. Wir sahen darauf, daß er zu essen hatte, denn er war dünn und halb verhungert, er hatte nur vom ›Kitty‹ im *Monroe's* gelebt.
Minton's wurde bald ein heißer Boden für die älteren Musiker. Dizzy begann, regelmäßig zu kommen und damit hatten wir die vier Schlüsselinstrumente: Trompete, Altsaxophon, Klavier und Schlagzeug. Das, zusammen mit einem guten Baß, war die Band der Zukunft. Eines Nachts, nachdem er es wochenlang versucht hatte, spielte Dizzy Roy Eldridge an die Wand. Es war eine Nacht wie viele andere auch, aber sie hatte Signalwirkung. Roy war jahrelang der Superstar gewesen. Danach schlossen wir unsere Reihen enger.
Wir erfanden komplizierte Riffs, um die Dinge für Außenseiter schwierig zu machen. In manchen unserer Themen verwendeten wir den A-Teil einer Nummer, zum Beispiel *I Got Rhythm*, aber der Mittelteil kam von einer anderen, etwa *Honeysuckle Rose*. Da waren die Swingtypen völlig verwirrt, sie mußten zu spielen aufhören. Wenn wir im *Minton's* fertig waren, aßen wir und dann spielten wir bis zum Morgen im *Monroe's* weiter. Wir rechneten nicht damit, daß aus unserer Musik jemals etwas werden würde, wir wollten einfach Dampf ablassen und unseren Spaß haben.«
Während dieser Periode höchster Kreativität war Charlie Parkers Leben ein hoffnungsloses Durcheinander. Er lebte von der Hand in den Mund, von offerierten oder geschnorrten Mahlzeiten und wechselte andauernd seine Adresse. Seine Kleider sahen aus, als ob er darin geschlafen hätte, was oft genug auch der Fall war. Zeitweilig war sein Horn versetzt, so daß er auf geborgten Instrumenten spielen mußte; aus diesem Grund trug er das Mundstück und die Blätter immer getrennt. Ungeachtet seiner finanziellen Notlage hatte Charlie mit harten Drogen zu experimentieren begonnen, die in New York ebensoleicht aufzutreiben waren wie in Kansas City. Jeder Block in Harlem hatte seinen »Pusher«, der präsumptive Kunden stets ermutigte und ihnen anfangs, in der Inkubationsperiode, sogar Kredit gab, wenn es nötig war, vor allem, wenn die Betreffenden erfolgverspre-

chende Musiker waren. Eine Kapsel Heroin oder Morphium kostete zwischen 50 Cents und 3 Dollar und das weiße Pulver, mit Wasser vermischt und in einem alten Teelöffel erhitzt, wurde zu einer farblosen Flüssigkeit, die in eine Vene injiziert wurde und einen Zustand der Euphorie hervorrief, der zwölf Stunden oder länger anhielt, lange genug, um einem über den größten Teil des Tages hinwegzuhelfen. Das war wichtiger als Essen oder ein ordentlicher Raum. Und was war das für eine Euphorie! Verglichen mit der Wirkung von Heroin erschien alles andere lächerlich.

Narkotika hatten schon immer zur Jazzszene gehört, ebenso wie Gangster, Zuhälter, Huren, Spieler und der berühmte Betrunkene, der *Sweet Adeline* bestellte. Viele Jazzleute hatten Heroin einmal probiert, waren aber abgeschreckt worden durch die starke Wirkung und das warnende Beispiel derer, die süchtig geworden waren. Charlie hatte genug Junkies in Kansas City gesehen, dort hatte er auch die Droge zum ersten Mal ausprobiert. Das war eines der Experimente gewesen, die er mit seinem Teenagerfreund, dem Drummer »Li'l Phil«, unternommen hatte. Phil war inzwischen ein Süchtiger geworden, und bei einem Besuch in Kansas City hatte Charlie die tragische Geschichte erfahren. Sein Freund war mit einer lokalen Band auf eine Tournee in den tiefen Süden gegangen und konnte dort keinen Stoff auftreiben. Krank und halb verrückt vor Entzugserscheinungen war er in einer kleinen Stadt in Mississippi aufgegriffen, als nicht zurechnungsfähig erkannt und in ein Asyl gesteckt worden. Nach monatelanger erfolgloser Behandlung hatte man den kranken Mann buchstäblich auf die Straße gesetzt. Zerlumpt, an Gedächtnisschwund leidend und ohne einen Cent hatte Li'l Phil sich durch den Süden gebettelt, bis er Monate später mehr oder weniger zufällig wieder in Kansas City gelandet war.

Das erschütternde Schicksal seines alten Kumpels hielt Charlie nicht davon ab, weiterhin Drogen zu nehmen. Er hatte entdeckt, daß er durch seine in vieler Beziehung unverwüstliche Konstitution auch Heroin besser als die meisten anderen vertragen konnte. Junkies waren meist entrückt und schläfrig, hatten keinen Appetit auf Essen und noch weniger auf Sex. Sie mieden

Alkohol, als wäre er Gift. Nichts von alldem konnte Charlie an sich beobachten. Er trank, er aß wie ein Scheunendrescher und schlief mit allen Frauen, die ihn interessierten. Im *Monroe's*, wo die Musiker freie Drinks hatten, pflegte er die Nacht mit zwei doppelten Whiskys einzuleiten, zwischen den Sets trank er weiter. Es kam auch nie vor, daß er nicht imstande gewesen wäre, zu spielen.

Die Drogen milderten den seelischen Druck, unter dem er litt — wegen des Mangels an ständiger Arbeit, wegen der Indifferenz des Publikums seiner Musik gegenüber und vor allem wegen der widersprüchlichen Rolle eines kreativen Künstlers, der in einem Nachtclub komponierte und improvisierte. Drogen machten die unappetitlichen Speiselokale und die billigen Pensionen mit ihren schmutzigen Stiegenhäusern und stinkenden Gangtoiletten erträglicher, und sie ersparten Charlie auch den Militärdienst: ein Armeearzt sah die Einstiche an seinem Arm und klassifizierte ihn sofort als untauglich. Heroin wurde Charlies tägliches Brot. Der »Affe auf seinem Rücken« hielt die Außenwelt von ihm ab. Wie alle anderen glaubte auch Charlie, daß er wieder aufhören könne, wann immer er Lust hatte. Er experimentierte mit »goof balls«*, um Entzugserscheinungen zu vermindern. Der »Schuß« wurde das wichtigste Ereignis an jedem Tag. Er lernte den Trick, sich kleine Geldbeträge auszuleihen, einen Dollar oder zwei, zu kleine Summen, um sie im Gedächtnis zu behalten. Sein Lebensstil härtete sich zu einer Form, die er nie mehr imstande sein würde, zu zerbrechen. Nur etwas unterschied Charlie von Hunderten anderer jungen Scharzen, die magisch von New York City angezogen worden waren und nun ziellos durch die Straßen von Harlem streunten, ständig in Gefahr, von der Unterwelt verschlungen zu werden: das war sein Saxophon.

Charlie war 21 geworden. Er hatte sich, wenn auch noch unsicher, im Untergrund der Stadt seiner Träume etabliert, er hatte sich in der vordersten Frontlinie eingegraben. Er lernte, von einem Tag zum anderen zu leben, mit nicht einmal 5 Cents in der

---

* Phenobarbitalpräparat

Tasche, ohne sich zu sorgen. Ein Platz zum Schlafen, Alkohol, Drogen, Sex und Essen — das waren seine leiblichen Bedürfnisse. Das alles und ein Platz zum Spielen, dann war sein Leben erfüllt. Er hatte keinen Job, keine Wohlfahrtsunterstützung, kein Geld, aber er kam irgendwie zurecht und jede Nacht machte er neue musikalische Entdeckungen.
Im Jazz-Untergrund wurde er schnell zur Legende. Musiker von reisenden Bands kamen nach Harlem, um ihn zu hören und waren von seiner Fähigkeit, über jegliches musikalisches Material zu improvisieren, verblüfft. Eines Nachts berührte jemand zufällig das Klavier und schlug drei Töne an. Sofort machte Charlie daraus eine Melodie, kleidete sie in ein harmonisches Gerüst und improvisierte mehrere Chorusse. Ein anderes Mal brach eine Taste seines Saxophons ab. Charlie schickte den Kellner um einen Teelöffel und hatte sein Instrument mit Hilfe des verbogenen Löffels und eines Gummibands, das er aus der Tasche gefischt hatte, schnell wieder einsatzbereit. Die zuhörenden Musiker gingen kopfschüttelnd weg und erzählten, wo immer sie hinkamen, die tollsten Geschichten über einen unbekannten phantastischen Altsaxophonisten, der in einem obskuren Nachtclub im oberen Harlem ununterbrochen Musik aus sich herausschleuderte, wie ein junger Mozart. Die Geschichten machten die Runde.
In bitterkalten Winternächten erschien Charlie oft in der Braddock Bar, einem Musikertreff nahe dem *Apollo Theater*. Er hatte herausgefunden, daß er hier zu freien Drinks kommen konnte, denn in diesem Lokal herrschte das »Two-For-One«-System — das heißt, wenn ein Gast sich Whisky bestellte, bekam er einen doppelten und dazu, in einem eigenen Glas, einen einfachen Whisky serviert. Das zweite Glas stand auf dem Bartisch und wurde an überfüllten Abenden in der allgemeinen Hektik oft übersehen. Charlie schlenderte mit leeren Taschen an der Bar auf und ab und kippte nacheinander die »vergessenen« Gläser hinunter. Natürlich blieb das nicht immer unbemerkt, aber diejenigen, die Charlie kannten und mochten, pflegten es wohlwollend zu übersehen. Anders war das mit Fremden. Eines Nachts wurde Charlie von einer Gruppe Harlemer Gangster auf fri-

scher Tat ertappt und zur Rede gestellt. Die rauhen Burschen stellten ihn vor die Wahl: entweder er spendiere eine Runde, oder man werde ihn mit hinaus auf die Straße nehmen und ihm eine gehörige Abreibung verpassen. Charlie versuchte sich herauszureden, aber ohne jeden Erfolg, bis ihm einfiel, daß das Jay-McShann-Orchester gerade im *Apollo* spielte. »Gebt mir 10 Minuten«, sagte er zu seinen Bedrängern, »und Ihr bekommt Eure Drinks!« Dann sandte er einen Boten ins *Apollo*, mit einer dringenden Botschaft an seinen Freund Gene Ramey.

Glücklicherweise war gerade Pause, und Ramey hatte ein wenig Zeit. Er kam in die Bar und war schockiert, von dem, was er dort sah. »Bird war ausgemergelt, sein Gesicht war verzerrt, er sah aus wie ein ungemachtes Bett. Draußen hatte es 6 Grad minus und Bird trug ein T-Shirt, keine Socken und einen teuren schwarzen Mantel. Er war in ernsthaften Schwierigkeiten und brauchte dringend 2 Dollar, um da herauszukommen.«* Ramey streckte ihm das Geld vor und Charlie konnte seinen Verpflichtungen nachkommen. Später spielte er seine Soli auf dem Bandstand des *Minton's* immer noch mit dem schwarzen Mantel bekleidet — sein einziger Anzug war versetzt. Es war ein wunderschöner Mantel, weich gefüttert, mit einem Pelzkragen. Ein Bekannter, der vom Ladendiebstahl lebte, hatte Charlie das gute Stück für ein paar Dollar überlassen.

Ungeachtet seines unsicheren Lebensstils, vielleicht auch gerade deswegen, heiratete Charlie zum zweiten Mal. Seine erste Ehe mit Rebecca Ruffing war zwei Jahre nach der Geburt seines Sohnes Leon geschieden worden und Rebecca erhielt Alimente in Höhe von fünf Dollar pro Woche zugesprochen, die Charlie widerwillig, unregelmäßig und endlich gar nicht mehr bezahlte. Seine zweite Frau war Geraldine Marguerite Scott aus Washington, D.C. Sie war überaus attraktiv und liebte den Glanz des Nachtlebens und der Clubs. Die Ehe stand von Anfang an auf einem schwankenden Fundament, denn die Parkers hatten nie ein eigenes Heim, sondern nur Hotel- oder Pensionszimmer. Geraldine war keine besondere Hausfrau, die meisten Mahlzeiten

---

* Interview in der Jazz Review 1960

wurden auswärts eingenommen. Die Beziehung zerfiel nach etwa einem Jahr und Charlie fiel zurück in seine alte nomadenhafte Lebensform, frei von Verantwortung, die er in seinen Teenagerjahren für sich gefunden hatte. Ungeachtet seiner späteren Bindungen existieren keinerlei Unterlagen, daß seine zweite Ehe jemals geschieden wurde.
Um Mitte Dezember war Charlies Zustand besorgniserregend geworden, und seinen Musikerkollegen war klar, daß etwas geschehen mußte. Der Trompeter Benny Harris unternahm Anstrengungen, um Charlie im Orchester von Earl Hines unterzubringen — Hines war auf der Suche nach einem Ersatz für den Tenoristen Budd Johnson, der die Band verlassen wollte und Harris begann, ihm Bird einzureden. Eines Nachts machte Harris einen nächtlichen Harlem-Bummel mit Hines, dem Sänger Billy Eckstine, dem Saxophonisten Scoops Carry, Budd Johnson und Count Basie. Die Gruppe fand Bird im *Monroe's*. Er war in Hochform, spielte Chorus auf Chorus und falls er high war, konnte man es nicht feststellen. Hines zeigte sich beeindruckt, meinte aber: »Das hilft uns nicht weiter. Der Bursche spielt Altsaxophon, ich brauche aber einen Tenoristen!« Nach dem Set brachte Harris Charlie zu Hines, der ihn fragte, ob er Tenorsaxophon spielen könne. Charlie sagte ja. Ob er ein Tenorinstrument hätte? Nein, sagte Charlie, sogar das Altsaxophon, auf dem er eben gespielt hatte, war geborgt.
»Also gut«, sagte Hines schließlich, »ich kaufe dir ein Tenorsaxophon. Du fängst morgen bei uns an.«
Er gab Charlie zehn Dollar, damit er sich ein neues Hemd kaufen konnte und schrieb ihm die Adresse eines Studios in Manhattan auf, wo am nächsten Tag die Probe stattfinden sollte.

12
The Last of the Big Bands

Earl Hines rauchte Zigarren, war gutaussehend, temperamentvoll und durchdrungen von heiterem Selbstvertrauen, ein gesunder Extrovertierter, der vor seinen Bands saß und sie vom Klavier aus leitete. Als Charlie in die Band eintrat, war Hines 37 und hatte bereits 20 Jahre Erfahrung im Musikgeschäft hinter sich. Er war auf der Höhe seiner Leistungsfähigkeit und hatte seinen festen Platz in der Jazzgeschichte. In den 20er Jahren war er bei Louis Armstrong gewesen und hatte an dessen historischen Hot-Five-Aufnahmen von 1928, *A Monday Date* und *West End Blues*, teilgenommen. Um in jenen verstärkerlosen Tagen inmitten der Bigband hörbar zu sein, hatte er sich angewöhnt, an Stelle von einfachen Noten Oktaven zu spielen. Earl Hines war der Vater des modernen Jazzklaviers und die Hauptinspiration für Art Tatum.

Er hatte riesengroße, aber wunderschön geformte Hände und konnte mit Leichtigkeit Dezimen, manchmal Duodezimen anschlagen. Ein nie bestätigtes Gerücht wollte wissen, daß er am Anfang seiner Karriere, als ihm die Notwendigkeit des Oktavenspielens klargeworden war, einen Chirurgen aufgesucht hätte, der ihm die Gewebe zwischen den Fingern durchtrennte. Er saß am Klavier, wie es sich für ein Mitglied des »Jazzadels« gehörte, groß, breitschultrig und makellos in Schwarz gekleidet, unerschütterlich in seinem Selbstvertrauen, die Zigarre in einem Winkel seines Mundes, und leitete seine Musiker mit pianistischen Signalen, sprühenden Läufen und Tremolos, die sich durch das Klanggewebe der Band bewegten.

Die 1942er Version des Earl-Hines-Orchesters war allerdings weit entfernt von jenen rauhen Bands, die den Ruf ihres Leaders während eines langen Engagements in dem von Gangstern kontrollierten *Grand Terrace Club* an der Südseite von Chicago begründeten. Diese Bands hatten Floor-Shows mit Ethel Waters und Bojangles Robinson begleitet, in ihnen wirkten viele gute Solisten wie Jabbo Smith, Omer Simeon, Ray Nance, Trummy Young und der Sänger Herb Jeffries mit. Immer noch saß Hines, wenn sich der Vorhang am Beginn der Shows hob, im Scheinwerferlicht an seinem Klavier, während die Musiker hinten »Fatha Hines, Fatha Hines« sangen. Aber dieser Gesang, den Radiohörern über die Jahre hinweg vertraut, war für die jungen Musiker, die man hauptsächlich aus bebop-orientierten Nachtclubs engagiert hatte, inzwischen mehr ein Spaß. Das Earl-Hines-Orchester des Jahres 1942 war von den Jazzrevolutionären infiltriert worden. Sie saßen in allen Abteilungen der Band, in deren Klangbild man immer wieder verminderte Quinten, falsche Triolen und anderes aus dem Reservoir des »New Sound« hören konnte. Die konservativeren Bandleader warnten Hines und meinten, er säße auf einem Pulverfaß.

Im Trompetensatz saß, mit Baskenmütze und Ziegenbärtchen, Dizzy Gillespie, zusammen mit seinen Gesinnungsgenossen Benny Harris, Shorty McConnell und Gail Brockman, und mit dem Posaunisten Benny Green war das Blech beinahe vollständig in der Hand der Bebopper. Eine seltsame Kombination war der Saxophonsatz: John Williams, ein Traditionalist, dessen Karriere noch im Vaudeville und in Zeltshows begonnen hatte, Goon Gardner, Charlies Kumpel aus dem *Club 65* in Chicago, Scoops Carry, ein sehr guter Altsaxophonist, der später Rechtsberater der Musikergewerkschaft in Chicago werden sollte, und Charlie Parker. Shadow Wilson, ein Schüler von Kenny Clarke, saß am Schlagzeug. Mit Billy Eckstine hatte die Band den interessantesten Sänger seit Herb Jeffries und Pha Terrell. Die Platten, die Hines ein Jahr zuvor gemacht hatte — *X-Y-Z*, *Yellow Fire*, *Jersey Bounce*, *Water Boy* und *Jelly Jelly* — reflektierten den Trend zu progressiven Ideen, den Hines zwar als zeitgemäß und richtig ansah, aber nur mit wachsenden Schwierigkeiten unter Kontrolle halten konnte.

Nachdem Charlies Selbstvertrauen durch den festen Job wieder hergestellt war, hatte er bald eine der für ihn typischen indirekten Konfrontationen mit seinem Chef. Die Band probierte ein kompliziertes neues Arrangement von Jimmy Mundy. Nach

zwanzig Minuten Arbeit und zwei holprigen Durchläufen ging Hines zur nächsten Nummer über. Ein paar Tage später wollte Hines die Mundy-Nummer wieder probieren. Die Musiker kramten gehorsam die Noten hervor und stellten sie auf ihre Pulte. Parker war die Ausnahme, sein Pult blieb leer, obwohl er das Saxophon abwartend in der Hand hielt.
Hines lehnte sich über das Klavier und sagte: »Nun, Charlie, möchtest du nicht deine Noten heraussuchen?«
»Ich kann das auswendig«, erwiderte Charlie.
»Aber ich meine das neue Mundy-Arrangement!«
»Ich weiß!«
Hines war skeptisch, stellte aber bald fest, daß Charlie keineswegs bluffte. Er hatte seinen Part auf der kurzen Probe ein paar Tage zuvor seiner Erinnerung einverleibt und spielte ihn ohne jeden Fehler. »Er konnte seine Stimme vorwärts und rückwärts«, erzählte Hines später. »Er hatte ein fotografisches Gedächtnis.«
Das neue Mundy-Arrangement hatte Earl Hines viel Geld gekostet, aber Charlie fand es langweilig, ganz abgesehen davon, daß es keine Möglichkeiten für Soli enthielt. Er war Arrangements gegenüber überhaupt kritisch und voll von Vorurteilen, die aus seiner Kansas-City-Tradition stammten. Die Arrangeure hielt er für Parasiten, die die Ideen anderer Leute sammelten, so wie alte Frauen Aprikosen zum Einkochen. Der eigentliche Grund, warum er Spaß daran hatte, bei Earl Hines zu sein, war seine Freundschaft mit Benny Harris, Billy Eckstine und dem übersprudelnden Dizzy Gillespie. Charlie und Dizzy verbrachten viel von ihrer freien Zeit mit Üben. Sie übten schwierige Passagen so lange, bis sie sie doppelt so schnell wie vorgeschrieben spielen konnten. Das war ein gutes Training für die Lippen und die Finger. Manche trickreiche Phrase, die sie sich so erarbeitet hatten, tauchte dann plötzlich in der nächsten Show auf, wobei das Publikum verständnislos und der Bandleader unmutig reagierten. Die Geschwindigkeit von Bird und Diz auf ihren Instrumenten wurde legendär. Die Töne flogen aus ihren Instrumenten wie die Lichtsterne aus einem explodierenden Feuerwerkskörper. Allein an Virtuosität waren sie unübertrefflich, niemand konnte mit dieser Geschwindigkeit und Präzision spielen.

In dieser Periode hatte Charlie eine unendliche Fülle von musikalischen Ideen. Sie kamen so schnell hintereinander, daß er sie meist gar nicht aufschrieb. Viele gingen in den schmutzigen Garderoben hinter der Bühne verloren, andere trieben jahrelang in seinem Inneren herum und kamen dann als das Thema von *Dexterity* oder der Mittelteil von *Klactoveesedstene* ans Tageslicht. Manche ihrer Ideen baute Dizzy in neue Nummern ein, etwa *A Night in Tunisia* oder ein seltsames Abrakadabra namens *Salt Peanuts*, mit unerwarteten Akkordwechseln und trampolinartigen Sprüngen von Oktave zu Oktave.

Am 15. Januar 1943 spielte das Earl-Hines-Orchester im *Apollo Theater* als Beginn einer Tournee. Charlie erregte großes Aufsehen bei einer Jam Session im *El Grotto Room* in Chicago, es war der erste von vielen Auftritten, die er dort haben sollte. Der Bassist Oscar Pettiford, der gehört hatte, Dizzy und Bird seien in der Stadt, aber keinen Groschen Fahrgeld besaß, schleppte seinen Baß drei Meilen weit durch die windige und kalte Nacht, nur um mit den beiden bis zum Morgengrauen jammen zu können. Überall, wohin sie kamen, wurden Charlie und Dizzy als berühmte Persönlichkeiten gefeiert. Die jungen Musiker erschienen, wo auch immer die beiden spielten, und luden sie anschließend zu Jam Sessions ein.

Bei den Bühnenshows, wo die Band verschiedene Vaudeville-Darbietungen begleitete und am Ende des Programms in eigenem Namen spielte, konnte das Publikum eine seltsame Stilmelange hören. Es war beinahe wie eine Mischung aus Musik von Palestrina, Mozart und Alban Berg, alles vom selben Orchester und als Potpourri. John Williams spielte ein anheimelndes, altmodisches, volltönendes Altsaxophon mit starkem Vibrato, so wie er es mit den Clouds of Joy getan hatte. Scoops Carrys klare, kühle Vortragsweise lag in der Mitte zwischen Swing und Bop. Dizzys koboldhafte Einfälle ergänzten Charlies Tenorsaxophon und sprachen für die neue Generation. Auf der Bühne saß Dizzy am äußersten linken Ende und Charlie am äußersten rechten, so daß ihre Soli die Band und ihren Sound einzurahmen schienen. Genau in der Mitte saß Earl Hines, strahlend und ein bißchen wichtigtuerisch, und spielte jenen Klavierstil auf dem Beat, mit dem er

1928 berühmt geworden war. Das Hines-Orchester der Jahre 1942—1944, in dem alte und neue Ideen so intensiv gegen- und durcheinander liefen, hinterließ keine Schallplatten; die Aufnahmesperre der Gewerkschaft lief ohne Unterbrechung weiter.
Die Auftritte in den Theatern erforderten Pünktlichkeit. Die Musiker mußten spielfertig auf ihren Plätzen sein, wenn Hines den Einsatz für *Rosetta*, die Kennmelodie der Band, gab und der Vorhang aufging. Sehr oft aber war dann Charlie nicht auf seinem Platz und, wie Billy Eckstine erzählt, verpaßte er fast die Hälfte aller Shows. Besonders die Matineen waren für ihn ein Problem. Um es zu lösen, dachte sich Charlie eine Methode aus, wie er während des Jobs schlafen konnte. Mit dem Saxophon fest im Mund, aufgeblasenen Wangen, den Fingern auf den Tasten und geschlossenen Augen, die allerdings durch die dunklen Gläser verborgen blieben, döste er auf seinem Sitz, bis er mit einem Solo dran war. Dann gab ihm Scoops Carry oder Goon Gardner einen Rippenstoß und Charlie sprang auf wie ein Schachtelmännchen und begann, rein instinktiv, zu improvisieren. Sein ausgezeichnetes Gehör und seine musikalischen Kenntnisse ermöglichten ihm, innerhalb von ein oder zwei Takten Bescheid zu wissen, was musikalisch los war.
Eines Nachts, nachdem Hines Charlie eine Strafe von seiner Gage abgezogen hatte, weil er wieder zu einer Show nicht erschienen war, beschloß Charlie, unter der Bühne zu schlafen. Wie er zu Billy Eckstine sagte, spare er damit Hotelkosten und wäre auf alle Fälle pünktlich bei der Matinee des nächsten Tages. Der nächste Tag kam, die Matinee fand statt, aber ohne Charlie, sein Stuhl blieb leer. Als die Show vorbei war, der Vorhang fiel und die Musiker ihre Sachen zusammenpackten, hörte man plötzlich unter der Bühne seltsame Geräusche. Es war Charlie, rotäugig und aufgedunsen durch ein ungewohntes Übermaß an Schlaf. Er hatte die ganze Nacht unter der Bühne geschlafen und war auch durch die Matinee nicht geweckt worden. Ein anderes Mal hatte er während einer Abendshow seine Schuhe ausgezogen, um es bequemer zu haben und war eingeschlafen. Dann kam er in Socken in die Mitte der Bühne gerannt und spielte ein spektakuläres Solo über *A Night in Tunisia*.

»Paß auf«, sagte Benny Harris eines Tages zu ihm, »Hines wird dich hinauswerfen, wenn du dich nicht zusammennimmst. Außerdem sind unsere Arrangements für fünf Saxophonisten geschrieben und vier klingen einfach nicht gut.« Die Musiker umringten Charlie, drängten ihn an die Wand, beschimpften und pufften ihn so lange, bis er brüllte: »Ich bin so sauer, ich könnte einen von euch umbringen!« »Okay«, sagte Harris, ein kleiner, drahtiger Mann, der früher einmal Berufsboxer gewesen war. »Wenn du raufen willst, Bird, dann versuch's doch mit mir. Ich trete dir den Arsch ein!« Nach diesem Vorfall nahm sich Charlie zusammen, aber nur eine Zeitlang. Später sagte Harris: »Wir alle liebten Bird so sehr, daß wir ihn verwöhnten.«

Eine Sängerin namens Sarah Vaughan, die sich damals noch Vaughn schrieb, stieß zu der Band, als diese im April 1943 im *Apollo Theater* engagiert war. Sie kam aus einer Arbeiterfamilie in Newark und war damals 19 Jahre alt. Wie viele andere afroamerikanische Sänger hatte sie in einem Kirchenchor begonnen. Sie spielte auch Klavier und Orgel. Sarah sang mit klarer kontrollierter Stimme und hatte ein perfektes Gehör. Den Musikern machte es großen Spaß, sie zu begleiten. Die kleinen subtilen musikalischen Freiheiten, die sie sich nahm, waren erheiternd. Sarah war die Rarität, eine Sängerin für Jazzleute. Charlie liebte es, Obligati hinter ihr zu spielen und bedauerte es sehr, daß er sie nicht auf seinem wirklichen Instrument, dem Altsaxophon, begleiten konnte; das Alt hätte viel besser zu Sarahs Stimme gepaßt. In *Body and Soul* und zwei neuen Balladen, *East of The Sun* und *You Are My First Love*, wurde Sarah groß herausgestellt. Das Zusammenspiel zwischen ihr und Charlie in *You Are My First Love* war ein Höhepunkt jeder Show.

Das Engagement im *Apollo* brachte einige Tage in New York, mit der Chance, sich zu entspannen und die Clubs in Harlem zu besuchen. Im *Minton's* leitete »Klook« noch immer die Hausband und die Jam Sessions im *Monroe's* dauerten bis in den grauen Morgen. Einige Bebopper konnte man bereits im Stadtzentrum antreffen. Sie hatten Jobs auf der 52th Street, wo einige kleine Clubs aufgemacht hatten, um die Soldaten anzulocken. Oscar Pettiford war aus Chicago gekommen und spielte mit Roy

Eldridge im *Onyx Club*. Die nächste Hines-Tournee wurde von der Pabst-Brauerei gesponsert und führte in die Armeetrainingslager im Süden und mittleren Westen. Moderator war der Komiker Ralph Cooper, dessen Spezialität es war, die Straßeneckentypen von Harlem zu imitieren.

Eines Nachts in Pine Bluff/Arkansas, wo die Band zum Tanz spielte, saß Dizzy zwischen den Sets am Klavier und suchte sich Akkorde zusammen. Ein rotnackiger Farmarbeiter erschien, warf eine Münze auf das Klavier, zeigte auf Dizzy und sagte: »Boy, spiel mir den *Darktown Strutters Ball*!« Diz hob nicht einmal den Kopf. Er experimentierte weiter mit seinen Akkorden, der Wunsch wurde ignoriert, die Münze lag, wo sie hingefallen war, auf dem Deckel des Pianos. Für den anderen war die Sache aber damit noch lange nicht erledigt. Als Dizzy nach der Show auf die Toilette gehen wollte, bekam er plötzlich einen Schlag auf den Kopf, mit einer Bierflasche. Dizzy war bereit, sich zu wehren, aber einige seiner Kollegen, die Angst vor Schwierigkeiten hatten, hielten ihn zurück. In diesem Moment intervenierte Charlie Parker. Mit drohend erhobenem Finger sagte er zu dem Angreifer in einem kultivierten Akzent, den er für Oxford-Englisch hielt: »Laß meinen Freund in Ruhe!« Verwirrt verließ der Weiße schließlich den Toilettenraum. Dizzys Wunde wurde im Krankenhaus von Pine Bluff genäht, die Tournee ging weiter.

Die Termine waren dichtgedrängt und die Arbeitsbedingungen unangenehm. Obwohl allgemein von der Integration der Rassen innerhalb der Armee gesprochen wurde, regierte dennoch in den meisten Militärcamps »Jim Crow«. Die rapid steigenden Preise machten die einst ansehnlichen Gagen der Musiker zu überaus durchschnittlichen Einkommen. Hines weigerte sich, die Gagen zu erhöhen und Billy Eckstine, Sarah Vaughan und Dizzy Gillespie verließen die Band. Die Kluft zwischen den Beboppern und den Traditionalisten innerhalb der Band begann sich zu vertiefen. »Bird«, sagte Scoops Carry eines Tages zu Charlie, »es ist aber immer noch die beste Band im Showbusiness und die modernste.«

»Nein«, sagte Charlie, »es ist ein Gefängnis!«

Dizzy gründete in New York zusammen mit Oscar Pettiford

eine kleine Formation, die die erste wirkliche Bebopgruppe war, und lud Charlie ein, mitzumachen. Das war aber nicht möglich, weil Charlie bei der New Yorker Musikergewerkschaft nicht gemeldet war. Charlie wartete noch eine Woche, dann verließ er die Band, ging nach Washington und spielte dort mit seinem alten Kumpel aus Kansas City, dem Pianisten Sir Charles Thompson.

Innerhalb von wenigen Wochen war aus dem Earl-Hines-Orchester ein wüstes Durcheinander geworden, zerrissen von internen Explosionen, genauso wie »Fathas« Kollegen es befürchtet hatten. Frustriert und verbittert warf Hines auch die restlichen noch übriggebliebenen Saxophonisten hinaus und engagierte dafür eine zwölfköpfige Mädchenstreichergruppe. Die neue Band hielt sich weniger als zwei Monate und wurde in der Zeitschrift *Variety* nur als der »20 000-Dollar-Flop« bezeichnet. Wie sich herausstellte, gab es mit den Mädchen mindestens ebenso viele Probleme wie mit den Beboppern. Hines konzentrierte sich schließlich auf den Klavierstil, den er geschaffen hatte und stellte eine kleine Gruppe von Jazzmusikern der alten Schule zusammen. Sein romantischer Flirt mit der Avantgarde war ebenso zu Ende wie die lange Tradition der Earl-Hines-Bigbands, die bis in die 20er Jahre zurückreichte. Jazz — zu dieser Ansicht war »Fatha« gekommen — war ein Spiel für jüngere Leute geworden.

Als sein Job in Washington zu Ende war, kehrte Charlie nach Kansas City zurück, wo er seine Mutter allein in dem zweistöckigen Haus in der Olive Street vorfand. Addie Parker zahlte immer noch an der Hypothek, aber in vorhersehbarer Zukunft würde das Haus ihr gehören und, wie sie ausdrücklich betonte, nicht nur ihr, sondern auch Charlies Zuhause sein; hier könnte er sich zwischen seinen Engagements und Tourneen erholen. Addie hatte sogar ein Telefon einleiten lassen, damit ihr Sohn die notwendigen beruflichen Gespräche führen konnte. Es war ihr gelungen, ein kleines Sparguthaben auf der Bank aufzuhäufen, für etwaige Notfälle. Charlies Sohn Leon war nicht mehr in Kansas City. Wie seine Mutter erzählte, hätte Rebecca ihn nach Baltimore mitgenommen. Das große Haus erschien leer.

Charlie wurde plötzlich von Traurigkeit und von Liebe zu seiner Mutter überwältigt. Was für ein Leben hatte sie geführt! Sie war mit schwersten Schicksalsschlägen fertig geworden, sie hatte das Heim zusammengehalten, ihn aufgezogen und verwöhnt, seine Ambitionen unterstützt und jeden Erfolg mit ihm geteilt. Sie fand sich mit Rebecca und deren Familie ab und zog seinen Sohn Leon auf, als ob er ihr eigenes Kind gewesen wäre. Sie hatte sich mit entwürdigenden Jobs über Wasser gehalten und es dennoch fertiggebracht, das Haus zu kaufen und etwas Geld zu ersparen. Es waren die schwarzen Frauen, die dafür sorgten, daß die Rasse überlebte. Die Männer waren entweder Versager, von Anfang an zum Scheitern verurteilt wie Charlies Vater, oder sie waren Gauner. Männer waren entbehrlich und Charlie fühlte, daß seine eigene Lebenskraft und sein Talent sich letzten Endes auch als entbehrlich herausstellen würden.

Die Heimatstadt war schon lange nicht mehr die »Heavenly City«, die sie in Charlies Jugend gewesen war. Old Man Virgil war tot und in einem Armengrab verscharrt worden. Der armlose Bettler an der Ecke 12th und Paseo war verschwunden. Der *Reno Club* war geschlossen, ebenso das *Sunset*, wo Charlie Pete Johnson und Joe Turner zugehört hatte, das *High Hat*, wo er das erste Mal versucht hatte, zu jammen und die *Band Box*, wo er mit Prof Smith gespielt hatte. Die ehemals taghell erleuchteten Straßen des Distrikts, wo früher aus jeder Tür die guten Kansas-City-Sounds herausgedrungen waren, blieben nun ruhig und dunkel. Die letzten noch existierenden Bands spielten den Großteil des Jahres über anderswo. Charlie und Buddy Anderson hatten eine sechsköpfige Band zusammengestellt und spielten im neuen *Mayfair Club*, den Tootie Clarkin außerhalb der Stadtgrenze und damit außerhalb der Reichweite der Polizei eröffnet hatte. Eines Tages fuhr Charlie mit Clifford Scott, einem seiner ältesten Freunde, in dessen Auto spazieren. Sie fuhren den Cliff Drive entlang, von dem aus man die ganze Stadt überblicken konnte. Plötzlich sagte Charlie: »Scottie, fahr einmal auf diesen Parkplatz hier, ich muß dir etwas sagen.« Als der Wagen zum Stillstand gekommen war, blickte Charlie Scottie tief in die Augen und sagte langsam: »Wenn ich jemals höre, daß du mit dem

Fixen angefangen hast, dann komme ich und bringe dich um.«
Charlie hatte zu diesem Zeitpunkt längst selbst damit begonnen.
Er fühlte sich ganz wohl und war durchaus nicht unglücklich, aber dennoch sehnte er sich nach New York. Mit seinen dortigen Freunden hielt Charlie telefonischen Kontakt und die Telefonrechnungen waren sehr bald höher, als die kleinen Beiträge, die Charlie zum Haushalt seiner Mutter beisteuerte. Billy Eckstine, so erfuhr er, arbeitete im *Yacht Club* auf der 52nd Street und die Presse begann, von seinen Talenten Notiz zu nehmen. Einer hatte ihn »The Sepia Sinatra« genannt. Eckstine, Dizzy und noch einige andere bestürmten den Agenten Billy Shaw, eine zeitgenössische Bigband zu organisieren, keinen Kompromiß à la Earl Hines, sondern eine Band, die ausschließlich die Talente der jungen Jazzleute herausstellte. Die Idee war gar nicht so weit hergeholt, wie es scheinen mochte. Eine völlig unbekannte Band konnte zu dieser Zeit leichter den Durchbruch erzielen als jemals zuvor, denn der Krieg und seine Folgen hatten das Unterhaltungsgeschäft völlig durcheinandergewirbelt. Ein derartiges Unternehmen brauchte nur finanzielle Unterstützung und einen attraktiven Namen an der Spitze. Billy Shaw konnte sich durchaus vorstellen, daß der Name Billy Eckstine attraktiv genug sein könnte und Eckstine begann nachzudenken, wen er in seiner »Dreamband« haben wollte. Ob Charlie interessiert sei, mitzumachen? Selbstverständlich war Charlie interessiert und Eckstine versprach, ihn auf dem laufenden zu halten.
Der Mann, der die Schlüssel zu diesem ehrgeizigen Projekt in Händen hielt, vereinigte in sich Qualitäten, die in der eitelkeitsdominierten Welt des Showbusiness überaus rar waren. Eckstine war damals 29, kam aus einer Mittelklassefamilie in Pittsburgh und hatte die Howard University besucht. Seine intimen Freunde riefen ihn bei seinen Initialen oder nannten ihn einfach Mr. B. Er war stets makellos wie das Modell eines Herrenausstatters gekleidet, war schlank, grazil und ungemein gutaussehend. Er hätte einer jener aalglatten Zuhälter sein können, die mit ihren chartreuse- oder lavendelfarben lackierten neuesten Cadillacs auf der 125th auf- und abfuhren. Mr. B hatte in einigen ob-

skuren Clubs in Buffalo und Detroit angefangen und war schließlich im *Club De Lisa* auf der State Street in Chicago gelandet. Dort hatte ihn Budd Johnson gehört und ihn sofort seinem Chef Earl Hines vorgeschlagen, der gerade auf der Suche nach einem Ersatz für seinen Sänger Herb Jeffries gewesen war. Billy Eckstine wurde 1939 von Hines engagiert und hatte beinahe sofort mit ihm zusammen einen Plattenerfolg: das einschmeichelnd-schlüpfrige *Jelly Jelly*, eine zeitgenössische Version des zweideutigen Blues. *Jelly Jelly* war ein großer Erfolg in den Juke-Boxes und lenkte die Aufmerksamkeit des Publikums auf ein neues Talent. Mr. B's Stimme war ein Naturbariton von gutem Tonumfang und ohne die Probleme, mit denen so viele untrainierte Stimmen zu kämpfen haben. Die Stimme war rund, volltönend, sinnlich und sanft maskulin. Die Kritiker der Plattenbesprechungen nannten sie samtig, die Frauen — die die meisten Platten kauften — nannten sie sexy. Aber Mr. B hatte mehr als das zu bieten: Er war ein Jazzsänger aus echtem Schrot und Korn, von derselben raren Qualität, die auch Sarah Vaughan hatte und die von den Jazzmusikern so rückhaltlos bewundert wird.

Obwohl ihm die Frauen in Scharen nachliefen, lehnte Billy Eckstine ihre Einladungen sehr oft ab und ging dafür lieber mit seinen Musikerkollegen zu den Jam Sessions. Er spielte Trompete und Ventilposaune, zwar nicht mit der Brillanz eines Dizzy Gillespie oder Benny Green, aber akzeptabel. Mr. B sah sich als frustrierten Jazzmusiker und hätte freudig seine vokalen Fähigkeiten gegen die instrumentalen seiner Kollegen eingetauscht.

Eckstine hatte ein ausgeglichenes Temperament, war geradlinig und durch und durch verläßlich. Für das große Traumprojekt der zeitgenössischen Bigband fehlte damit nur noch eines, allerdings etwas sehr Wichtiges, nämlich Geld. Billy Shaw nahm Kontakt mit der William-Morris-Agentur auf, die sich sehr interessiert zeigte und bereit war, Geld zur Verfügung zu stellen, allerdings unter der Bedingung, daß Shaw ein Interesse unter den Veranstaltern für die neue Band nachweisen konnte. Dieses Ziel erreichte Shaw auf die klassische Art: Er interessierte eine der kleinen unabhängigen Plattenfirmen, *De Luxe Records*, die sich

die Unstimmigkeiten zwischen der Musikergewerkschaft und den großen Firmen zunutze machten, für die noch gar nicht existierende neue Band und handelte einen neuen Plattenvertrag aus.
Am 13. April, während Charlie noch in Kansas City war, nahm Billy Eckstine in New York drei Nummern für *De Luxe* auf: *Good Jelly Blues*, eine Paraphrase und Weiterentwicklung seines alten Hits, *I Stay in The Mood for You* und *I Got a Date with Rhythm*. Plattengeschäfte und Juke-Box-Besitzer, die wegen des Aufnahmeverbots der Musikergewerkschaft zwei Jahre lang kein neues Material bekommen hatten, empfingen die Platten mit Enthusiasmus. Während die großen Plattenfirmen sich immer noch weigerten, den Forderungen der Gewerkschaft nachzukommen, schossen in New York und Los Angeles kleine Firmen wie die Pilze aus dem Boden und produzierten für die Liebhaber von Blues, Gospel und Jazz.
Kaum waren die Eckstine-Platten auf dem Markt erschienen, hängte sich der wortgewandte Billy Shaw ans Telefon und bot bei den Veranstaltern seine ganze Überredungskünste auf, um Engagements für die Band zu buchen. In ein paar Tagen war es ihm gelungen, eine Menge von Zusagen zu bekommen — genug, um William Morris davon zu überzeugen, daß nun die Zeit gekommen wäre, Geld für die Bandgründung zur Verfügung zu stellen. Billy Eckstine machte eine Reise nach Detroit und Chicago, um sich ein paar wichtige Musiker zusammenzuengagieren. Zu dieser Zeit hatte Charlie gerade seinen Job in Tooties *Mayfair Club* beendet und war nach Chicago gegangen, um bei Noble Sissle zu spielen, einer altmodischen Band, die im *Rhumboogie Club* die Floor-Shows begleitete. Eckstine erzählte Charlie, daß er Dizzy Gillespie als musikalischen Direktor des Orchesters engagiert habe und daß er ihn, Charlie, als Satzführer des Saxophonsatzes wolle. Obwohl Charlie enttäuscht war, weil er selbst gerne musikalischer Direktor geworden wäre, nahm er den Job an und begann, sich seinen Saxophonsatz zusammenzusuchen. Er engagierte John Jackson, seinen Kollegen aus der Jay-McShann-Band, Gene »Jug« Ammons, den Sohn des berühmten Chicagoer Boogie-Woogie-Pianisten Albert Ammons,

der ein großartiger Tenorsaxophonist war und den er bei einer Jam Session in Chicago kennengelernt hatte, und schließlich überredete er Eckstine auch, den Trompeter Buddy Anderson zu engagieren.
Aus allen Richtungen, aus Chicago, Detroit, Kansas City, Boston, Philadelphia, Washington kamen die Musiker der neuen Eckstine-Band nach New York. In der ersten Maiwoche begannen die Proben in den *Nola Studios* in Manhattan. Die Agentur bezahlte die Uniformen und Vorschüsse für die Musiker. Das erste Problem, mit dem sich Charlie als Satzführer konfrontiert sah, war, einen Baritonsaxophonisten aufzutreiben, der imstande war, das große Instrument mit der für den neuen Stil erforderlichen Beweglichkeit zu spielen. Nachdem es ihm nicht gelang, einen geeigneten Mann zu finden, überredete er den Altsaxophonisten Leo Parker aus Washington, sein Instrument mit dem Baritonsaxophon zu vertauschen, und bald war sein Namenskollege soweit, das große Ding schneller zu spielen, als es jemals zuvor gespielt worden war. Der Saxophonsatz bestand schließlich aus »Jug« Ammons und Tom Crump, Tenor-, Charlie und John Jackson, Alt- sowie Leo Parker, Baritonsaxophon. Die fünf waren in wenigen Tagen unter Charlies Leitung tadellos eingespielt und imstande, ihre Akzente gegen die Blechbläser in der Art zu setzen, die den Bigband-Jazz jener Ära so aufregend machte.
Dizzy Gillespie leitete den Trompetensatz, dem außer ihm noch Buddy Anderson, Gail Brockman und Shorty McConnell angehörten. Die Posaunisten waren Benny Green, Rudy Morrison und Howard Scott. Die Rhythmusgruppe bestand aus John Malachi, Klavier; Connie Wainwright, Gitarre; Tommy Potter, Baß und dem ehemaligen Earl-Hines-Schlagzeuger Shadow Wilson. Als besondere Attraktion kam noch die Sängerin Sarah Vaughan dazu. Die Band, die die Hoffnung der Avantgarde war und in der fast alle ihrer wesentlichen Persönlichkeiten mitwirkten, bestand demnach aus neun ehemaligen Mitspielern des Earl-Hines-Orchesters (Eckstine, Vaughan, Parker, Crump, Gillespie, Brockman, McConnell, Green und Harris) und drei Kansas-City-Musikern, die ehemalige Mitglieder der Jay-McShann-Band waren (Parker, Anderson, Jackson).

Die Musiker verliehen dem Orchester seine Farbe und seine innere Spannung, jedoch plötzlich kam ein entmutigender Rückschlag: Innerhalb von zwei Wochen wurden drei von ihnen zur Armee eingezogen: der Saxophonist Tom Crump, der Posaunist Benny Green und der Drummer Shadow Wilson. Crump konnte kurzfristig durch Junior Williams von der McShann-Band ersetzt werden, Green und Wilson hingegen waren große Verluste.

Ein weiteres überaus gravierendes Problem war das »Bandbook«. Es herrschte Mangel an guten Arrangements, wie sie alle erfolgreichen Bandleader im Laufe von Jahren und unter großen finanziellen Opfern ansammeln. Billy Eckstines Musiker waren gute Improvisatoren, aber kaum Arrangeure. Dizzy arbeitete einige Nächte durch und schrieb Arrangements, darunter eine neue Fassung von *A Night in Tunisia*, und Jerry Valentine schrieb den *Second Balcony Jump*. Aber auch danach wies das »Bandbook« noch immer gefährliche Lücken auf. Es war klar, daß eine moderne Band mit vielen Blech- und fünf Holzbläsern nicht nach dem alten Kansas-City-Prinzip funktionieren konnte, sondern entsprechende Arrangements brauchte und Billy Shaw rückte schließlich mit Geld dafür heraus. Einige Arrangements von Count Basie und Boyd Raeburn wurden gekauft und schließlich war die Band, versehen mit den Segenswünschen des ganzen Musikgeschäftes, unterwegs zu ihrem ersten »One-nighter« in Wilmington/Delaware.

»Und so«, schrieb *Down Beat*, »begann die wilde Irrfahrt einer der musikalisch fortgeschrittensten Jazzbands, die jemals zusammengestellt wurden.« Eine andere Zeitung prophezeite: »Diese Band ist musikalisch so weit ihrer Zeit voraus, daß sie einfach scheitern muß.«

Der Anfang war sehr schwer, es fehlte der Posaunist Benny Green und noch mehr der Drummer Shadow Wilson. Eckstine vertelefonierte viel Geld, um einen passenden Ersatz für Wilson zu finden, aber auch Kenny Clarke war zum Militär eingezogen worden. Schließlich erreichte Eckstine Art Blakey, der gerade ein Engagement in einem Club in Boston hatte und Blakey erklärte sich bereit, in etwa einem Monat zur Band zu stoßen. Bis

dahin mußte die Band einfach ohne einen adäquaten Schlagzeuger auskommen. Jedoch das Publikum in den kleinen Städten war nicht so anspruchsvoll und überhörte gelegentliche musikalische Schwächen, es war zufrieden, wenn der Rhythmus tanzbar war und wenn es den Sängern Mr. B und Sarah Vaughan zuhören konnte.
Als die Band sich dem Tourneeplan gemäß durch den tiefen Süden und weiter nach Texas bewegte, wurden die Dinge allmählich besser. In Kansas City stieß Tadd Dameron zur Eckstine-Band, der ehemalige Pianist von Harlan Leonard und Andy Kirk. Dameron war allerdings nicht als Pianist, sondern als hauptberuflicher Arrangeur engagiert worden und begann sofort mit dem Überarbeiten aller Arrangements. Zwei seiner Werke hatte er gleich mitgebracht, *Cool Breeze* und *Lady Bird*, die neue Maßstäbe im Arrangieren setzten. Weitere Arrangements von Budd Johnson und Gil Fuller kamen mit der Post. In St. Louis traf die Band endlich mit Art Blakey zusammen und sofort kam neues Leben in die Rhythmusgruppe. Hier erkrankte auch der Trompeter Buddy Anderson, die Ärzte stellten Tuberkulose fest. Als vorübergehender Ersatz für Anderson kam der Sohn eines Dentisten aus East St. Louis in die Band, ein 18jähriger High-School-Absolvent namens Miles Davis. Der Bursche hatte gehört, daß Bird und Dizzy in der Stadt seien und war zum Konzert mit seiner Trompete in der Hand erschienen, in der Hoffnung, einsteigen zu dürfen. Er wurde gleich dabehalten.
Die Band war in St. Louis für zwei Wochen im *Plantation Club* gebucht, einem Black-and-Tan-Cabaret ähnlich dem *Grand Terrace Club* in Chicago, wo schwarze Künstler für ein weißes Publikum spielten. Als die Musiker zum ersten Mal den Haupteingang benützen wollten, wurde ihnen klargemacht, daß für sie der Hintereingang vorgesehen sei. Charlie wollte sofort Lärm schlagen, aber Dizzy rieb sich gedankenvoll seine Kopfwunde aus Pine Bluff und meinte, es stünde nicht dafür. Auch Billy Eckstine, dessen Kopf mit tausend anderen Dingen angefüllt war, schloß sich dieser Meinung an und fügte hinzu, man würde ohnehin bald in Chicago sein, also auf eher zivilisierterem Boden. Charlie wollte sich damit jedoch nicht zufrieden geben. Als sich

die Musiker nach einer Probe bei einem Drink entspannten, sammelte Charlie sorgfältig alle leeren Gläser ein und zerbrach eines nach dem anderen demonstrativ. Einem Vertreter des Clubmanagements erklärte er dabei, diese Gläser wären ohnehin für weißes Publikum nicht mehr zu verwenden, nachdem schließlich Neger daraus getrunken hätten. Schließlich wurde der Eigentümer des Clubs, ein wohlbekannter Gangster aus St. Louis, geholt und erklärte das Engagement der Band mit sofortiger Wirkung als beendet. Eckstine ging zum Telefon und rief Billy Shaw an, der der Band glücklicherweise sofort ein Ersatzengagement im *Club Riviera*, einem schwarzen Cabaret auf der anderen Seite der Stadt, vermitteln konnte.
Je weiter die Band nach Norden kam, um so besser wurde ihr musikalisches Niveau. Immer weiter entwickelte sich das, was den Zauber der alten Kansas-City-Bands ausgemacht hatte: Jeder Satz der Band swingte wie ein einziges Instrument und die Sätze swingten schließlich gegeneinander, bis das ganze Lokal von Vibrationen erfüllt war. Nur auf diese Weise konnte eine Band eigenes musikalisches Leben entwickeln, das großartiger war, als die Summe der in ihr wirkenden Talente von Arrangeuren und Improvisatoren. Das war das Geheimnis von Bands wie Count Basie, Duke Ellington und einigen, aber ganz wenigen anderen. Üblicherweise war diese besondere Magie etwas, das erst nach langer Zeit und langem Suchen entstand. In Billy Eckstines Band hingegen hatte es sich äußerst schnell entwickelt, wie es schien, und dennoch war dies etwas ganz anderes. Es war wie das plötzliche Aufblühen eines jener Gewächse, die nur alle Jahrhunderte einmal blühen, und dieses Aufblühen hatte sich über Jahre hinweg entwickelt und repräsentierte die Sehnsucht einer ganzen Generation von Musikern, die alle in den alten Swingbands ihr Handwerk erlernt hatten, die eine gemeinsame Sprache sprachen und eine gemeinsame Sache verfochten. Diese Reise war nicht nur eine Tournee, sie war beinahe so etwas wie ein Kreuzzug.
In der letzten Augustwoche 1944 kam die Band nach Chicago, wo sie ein zweiwöchiges Engagement im *Regal Theater* hatte. Ungeachtet der drückenden Hitze standen die Leute Schlange, um

Karten zu ergattern. Der Trompeter Howard McGhee, der mit Charlie Barnets Band in der Stadt war, sprang für den immer noch fehlenden Buddy Anderson ein. Die Show im *Regal* wurde von dem Kritiker John Sipple in seiner Kolumne im *Down Beat* besprochen. »Die treibende Kraft hinter den Saxophonen«, schrieb Sipple, »ist Charlie Parker. Der Schreiber dieser Zeilen hat sechs Shows im *Regal* miterlebt, und nicht ein einziges Mal hat Parker in den vielen Chorussen, die er spielte, auch nur eine Idee wiederholt.« Weiter berichtete Sipple, daß Parker in allen sechs Shows Applaus auf offener Szene für sein Solo in *I'll Wait and Pray* erhalten hatte, das er zwischen den Gesangschorussen von Sarah Vaughan spielte.

Was Sipple geschrieben hatte, war Charlies erste bedeutende Pressekritik. Charlie schnitt sie aus der Zeitung aus und sandte sie seiner Mutter, nachdem er sie schon vorher telefonisch darüber informiert hatte, wie rasch er nun in der Welt des Jazz vorwärtskam.

Nach einer Woche im *Paradise Theater* in Detroit ging es weiter nach New York. In nur sechs Wochen hatte die Band mehr als 100 000 Dollar eingespielt. Die William-Morris-Agentur war enthusiastisch, *De Luxe Records* verlängerten den Kontrakt und Billy Shaw galt plötzlich als das Wunderkind unter den Agenten. Billy Eckstines Formation war etabliert und konnte Wochengagen von 5000 Dollar und mehr verlangen, ebensoviel wie Basie oder Ellington.

Es war August, ein Monat, der eine besondere Rolle in den Gezeiten von Charlie Parkers Leben spielte. Seine Geburt, das Zwischenspiel am Taneycomo-See, seine Abschiede von Jay McShann und »Fatha« Hines — all das war im August geschehen. Außerdem war die Band nun wieder in New York. Charlie fühlte, daß sich ein weiterer Kreis in seinem Leben geschlossen hatte. Er sprach mit Billy Eckstine und teilte ihm mit, er wolle die Band verlassen. Er hatte nun seine Arbeitsgenehmigung für New York und ein Angebot, auf der 52nd Street zu spielen. Eckstine bot Charlie an, seine Gage zu erhöhen, aber Charlie war nicht interessiert. Er hatte nichts gegen Billy und ebenso wenig gegen seine Kollegen in der Band, er hatte nur einfach genug von Bigbands. Es täte ihm sehr leid, erklärte Charlie, aber er wünsche sich die Freiheit einer kleinen Gruppe und wolle in der aufregenden Atmosphäre New Yorks arbeiten. Als der Bandbus am nächsten Morgen nach Baltimore abfuhr, war Charlie nicht an Bord. Am Abend hielt er ein vorüberfahrendes Taxi an und fuhr zu seinem ersten bezahlten Job auf der 52nd Street.

13
The Street

»The Street« war eine Ansammlung vierstöckiger Häuser aus jenem widerstandsfähigen und plumpen Sandstein, den die Architekten um die Jahrhundertwende bevorzugt hatten. Diese Sandsteingebäude waren nahtlos aneinandergebaut, über die ganze Länge der 52nd Street zwischen der 54th und 6th Avenue. In jedem dieser Häuser hatte früher nur je eine einzige wohlhabende New Yorker Familie gewohnt. Inzwischen waren sie abgewohnt und heruntergekommen und Defekte in den Installationen und in der Elektrizitätsversorgung beschäftigten oft die Feuerwehr. Die Mieter waren nun Schildermaler, Textildesigner, leicht abgewirtschaftete Import-Export-Firmen, Privatdetektive und Musiklehrer. Auch viele Zeitungsfotografen, die nachts mit ihren Kameras durch die Nachtclubs strichen, hatten hier ihre Ateliers und Dunkelkammern.

Im Tageslicht sah »The Street« ziemlich schäbig aus, verglichen mit der nahegelegenen schicken 5th Avenue und dem ebenso nahen und glitzernden Broadway. Die Clubs, die dort während des zweiten Weltkrieges aus dem Boden schossen, wurden in unbenützten Kellern oder Erdgeschossen der Sandsteinhäuser eingerichtet. Sie waren alle am westlichen Ende des Blocks zusammengedrängt, insgesamt waren es sieben: *Jimmy Ryan's, The Onyx, Famous Door, Samoa, Down Beat, Spotlight* und *Three Deuces*. Vor jedem Club gab es die unvermeidliche Markise aus ausgeblichener grüner Zeltleinwand. Einige dieser Lokale waren nichts weiter als feuchte Kellerräume, zehn Meter breit und nicht sehr viel tiefer, mit winzigen Garderoben und Miniaturbars und mit Mobiliar, das aussah, als wäre es bei einer Versteigerung erworben worden. Der Bandleader Woody Herman beschrieb das *Famous Door* einmal als »rattenverseuchtes, überfülltes Kellerloch«. Die Preise waren hoch für damalige Begriffe, eine Flasche Bier oder ein wäßriger Whisky-Highball kosteten 75 Cent.

Die Besucher saßen an taschentuchgroßen Tischchen und bezahlten drei Dollar Eintritt. Alle Lokale auf der »Street« waren auf schnelle Fluktuation eingestellt. Nach jedem Set, der dreißig Minuten dauerte, verließen die meisten Besucher den Club und gingen weiter zum nächsten. In jedem der Clubs hing ein Schild an der Wand: »Maximal zugelassene Personenzahl: 60«, aber um dieses Limit kümmerte sich nahezu niemand. Die meisten der Clubbesitzer waren Gangster von jener Art, wie sie in Kansas City unter Tom Pendergast erfolgreich operiert hatten.

Ähnlich wie einst der Musikdistrikt von Kansas City verwandelte sich auch die tagsüber schäbige »Street« nach Einbruch der Dunkelheit in ein glitzerndes, verheißungsvolles Märchenland. Neonlichter erhellten die rußigen Sandsteinfassaden, vor den Clubeingängen flatterten die Markisen mit den Namen der auftretenden Künstler und wer an der wundervollen Welt des Jazz interessiert war, konnte hier dessen wichtigste Stars in unglaublicher Anzahl antreffen.

Als Charlie in einer warmen Nacht des September 1944 mit einem Taxi in der »Street« anlangte, übersah er mit einem schnellen Blick all die Namen auf den Markisen, die alle zusammen die Geschichte des Jazz symbolisierten, vom New Orleans der Jahrhundertwende bis zum gegenwärtigen Zeitpunkt. In *Jimmy Ryan's*, dem Club, der am nächsten zur 5th Avenue gelegen war, leitete der legendäre Sidney Bechet, der letzte der kreolischen Meisterklarinettisten, eine fünfköpfige Band, die den authentischen New-Orleans-Stil spielte, und in der Zutty Singleton am Schlagzeug saß, ein Mann, der noch mit dem legendären Buddy Boldon zusammengespielt hatte. Der alte Mann, dessen Gesicht aussah, als wäre es aus hartem Holz geschnitzt, beherrschte nicht nur die Klarinette, sondern auch das damals selten gespielte Sopransaxophon. Sein durchdringender Ton mit dem kräftigen Vibrato war trotz des Verkehrslärms auf der Straße deutlich zu vernehmen.

Im *Onyx* hatte das Publikum Gelegenheit, den großen Meister des Tenorsaxophons, Coleman Hawkins persönlich, zu hören. Seit 1922 hatte er in den bedeutendsten Bands gearbeitet und verfügte nun im Alter von 40 nach wie vor voll über seine improvisatorischen Fähigkeiten und über den kräftigen Ton, der sein Markenzeichen war. Auch Hawk hatte sich an die neue musikalische Richtung herangetastet, wenn auch mit wesentlich größerer Umsicht als »Fatha« Hines. In seiner Gruppe spielten zwei hervorragende Musiker der jungen Generation mit, der Trompeter Howard McGhee und der Drummer Max Roach. Diese musikalische Bluttransfusion hatte der Musik von Coleman Hawkins neues Leben eingehaucht.

Gegenüber, im *Famous Door* hielt der unübertreffliche Art Tatum Hof, nicht mehr als Klaviersolist, sondern im Trio mit dem Gitarristen Tiny Grimes und dem Bassisten Slam Stewart. Im Club *Down Beat* war die Sängerin Mildred Bailey die Attraktion, begleitet von ihrem Ehemann, dem Vibraphonisten Red Norvo und einer Gruppe weißer Musiker, im *Spotlight* war es Fats Waller. Leo Watson mit seinen Spirits of Rhythm, angekündigt als »50 000 Killer-Watts of Jive«, begeisterte das Publikum im *Samoa* mit seinem akrobatisch-atemberaubenden Scat-Gesang und mit Nummern wie *Sweet Marihuana Brown* (aufgebaut auf *Sweet Georgia Brown*) oder *She Ain't No Saint*, einem Lied über das Callgirl von nebenan.

Inmitten dieser hektischen Aktivität lag die *White Rose Bar*, wo sich die Musiker zwischen ihren Auftritten erholen und mit ihren Freunden plaudern konnten. Hier saß der Besucher Ellbogen an Ellbogen mit den berühmten Stars oder deren Begleitmusikern. Die Preise waren billig, ein Bier kostete 10 und ein Whisky 25 Cents. Hier wurde viel geklatscht und hier fand man auch Manager, Agenten, Veranstalter, Musikjournalisten, Frauen und Freundinnen von Musikern und Leute aus dem Plattengeschäft.

Die Hauptattraktion der Clubs wie Fats Waller, Art Tatum, Coleman Hawkins oder Sidney Bechet traten ab 9 Uhr abends immer zur vollen Stunde auf. Dazwischen spielten jeweils andere Gruppen, die zwar weniger berühmt, aber für die Jazzfans von ebenso großem Interesse waren. Die Ablöse für Sidney Bechet waren Eddie Condon's Chicagoans, bestehend aus Bobby Hackett, Bud Freeman, Pee Wee Russell, Dave Bowman und George Wettling. Im *Onyx* konnten die Saxophonfreaks abwechselnd mit Coleman Hawkins den Tenorsaxophonisten Don Byas hören, der kürzlich ein Star des Count-Basie-Orchesters gewesen war und jetzt sein eigenes Quintett leitete. Die laute lärmende Musik der Stimmungskanone Fats Waller war abwechselnd mit dem kammermusikalischen Jazz des John-Kirby-Sextetts zu genießen. Mildred Bailey und Red Norvo im *Down Beat* wechselten sich mit dem schwarzen Engel der Jazzgeige, Hezekiah »Stuff« Smith ab und das Art-Tatum-Trio im *Famous Door* mit dem Ben-Webster-Quartett.

Der einzige Star, den man hier vermißte, war Lester Young. Er war für eine Weile aus dem Verkehr gezogen und mußte in einem Militärcamp in Georgia eine Strafe absitzen, angeblich, weil er Muskatellerwein mit Kokain versetzt hatte.

Die labyrinthartigen Clubs auf der »Street« waren zu klein, um Bigbands aufzunehmen und, abgesehen davon, war die Bigband-Ära vorbei, wie allen langsam klar wurde. Die Gründe dafür waren in erster Linie ökonomische. Eine Combo — diese Bezeichnung für kleine Jazzformationen kam damals auf — war wesentlich angenehmer für die geplagten Clubbesitzer, die nicht nur durch den Krieg bedingte Versorgungsschwierigkeiten mit Alkohol hatten, sondern auch im selben Zusammenhang eine Kabarettsteuer von 10 Prozent entrichten mußten. Für viele Unternehmen war diese Steuer existenzgefährdend. Die Gerissenen unter den Clubbesitzern sahen diese Gefahr voraus, bezahlten die Steuern einfach solange nicht, bis sie von den Behörden gemahnt wurden, verkauften dann blitzschnell ihr Lokal und verschwanden. Auf diese Weise fand ein permanenter Wechsel in der Leitung der Jazzclubs statt und erfahrene Jazzmusiker sahen darauf, möglichst niemals Gagenrückstände zu haben. Dennoch waren derartige Überlegungen sekundär, wichtig war in erster Linie die Musik. Die Musiker, die 1944 auf der »Street« spielten, priesen sich glücklich, daß sie Arbeitsbedingungen vorfanden, die an die großen Tage von New Orleans vor dem ersten Weltkrieg oder an die Tage des Pendergast-Regimes in Kansas City erinnerten. Auch die Befreiung von den Ansprüchen der Bigbands war den Musikern hochwillkommen. Von 1944 an sollte die Jazzcombo dominieren.

Der Club, in dem Charlie engagiert war, lag am nächsten zur 6th Avenue, hieß *Three Deuces* und wurde von Sammy Kaye geleitet, einem jungen Brooklyner Juden, der nichts mit der Mafia zu tun hatte und ein großer Jazzfan war. Im Gegensatz zu manchen seiner Kollegen war Kaye von dem neuen Sound total begeistert. Er war oft im *Minton's* gewesen und wußte darüber Bescheid, was im Bebopuntergrund vor sich ging. Als Kaye erfahren hatte, daß Charlie sich mit dem Gedanken trage, die Eckstine-Band zu verlassen, hatte er ihm sofort einen Job angeboten. Der Club ging im Augenblick äußerst gut, weil Kaye als Hauptattraktion einen bis zu diesem Zeitpunkt unbekannten Pianisten aus Pittsburgh engagiert hatte. Der Mann hieß Erroll Garner und spielte einen vollen, melodiösen Klavierstil, mit dem er aus alten abgenutzten Showmelodien magische Momente herausholte. Garner arbeitete als Solist; die Band, die abwechselnd mit ihm auftrat, war ein Trio, bestehend aus dem Pianisten Joe Albany, dem Bassisten Curly Russell und dem Drummer Stan Levey. Dieses Trio brauchte dringend ein Horn — noch besser zwei Hörner. Charlie wurde für 65 Dollar pro Woche engagiert, etwas weniger, als er bei Eckstine bekommen hatte. Charlie wies Kaye darauf hin, daß diese Instrumentierung immer noch zu dünn sei und erbat seine Genehmigung, noch einen Trompeter zu engagieren. Dizzy Gillespie wurde in Washington kontaktiert, verlangte aber Bedenkzeit, bis die Eckstine-Band wieder in New York war. In der Zwischenzeit kam Howard McGhee herüber, wenn er zwischen seinen Sets Zeit hatte, und stieg ein.

Charlie hatte noch keine Woche auf der »Street« gespielt, als er bereits von der unabhängigen Plattenfirma *Savoy* in Newark zu seiner ersten Plattenaufnahme eingeladen wurde. Der Vertrag lief auf den Namen von Art Tatums Gitarristen Tiny Grimes. Dieser war früher Mitglied der Vokalgruppe »Cat and the Fiddle« gewesen und irgendwie war es ihm gelungen, *Savoy* davon zu überzeugen, daß er eine große Zukunft als Sänger hätte. Da man 1944 alles, was rund war, zehn Zentimeter Durchmesser und ein Loch in der Mitte hatte, verkaufen konnte, war die Firma einverstanden, agierte aber äußerst vorsichtig. Für ein Gesamtbudget von weniger als 200 Dollar wurden fünf Musiker engagiert, Pianist Clyde Hart, Bassist Jimmy Butts und Drummer Doc West waren bereits unter Vertrag, Grimes selbst als Sänger und Gitarrist sollte der vierte sein, nur ein Bläser wurde noch benötigt. Bezahlt wurde nach Gewerkschaftstarif, also 30 Dollar für etwa drei Stunden Arbeit. Charlie akzeptierte das Angebot ohne viel Nachdenken. Das ganze Projekt erschien ihm nicht besonders vielversprechend, denn fünf Musiker mußten für jeglichen Sänger einen eher armseligen Hintergrund darstellen. Eckstine hatte für seine Aufnahmen bei *De Luxe* 16 Begleitmusiker gehabt und wenn Sinatra seine Aufnahmen für Columbia machte, wurde er von einem kleinen Symphonieorchester mit mehr als 30 Musikern begleitet. Aber die 30 Dollar waren hochwillkommen.

Am Nachmittag des 15. September trafen sich die fünf Musiker in den *Nola Studios* am Broadway. Teddy Reig, der junge A&R-Mann von *Savoy*, leitete die Aufnahme. Die Musiker spielten zunächst eine instrumentale Bluesnummer, *Tiny's Tempo*, um sich aufzuwärmen. Die erste Gesangsnummer hatte Tiny Grimes für sich selbst komponiert, sie hieß *I'll Always Love You Just the Same*, und genauso klang sie auch. Grimes war kein professioneller Sänger, er wollte nur einer sein. Er konnte weder phrasieren, noch richtig atmen, noch das Tempo halten. Mehr als eine der drei vorhergesehenen Aufnahmestunden war vergangen, bis *I'll Always Love You Just the Same* ordentlich durchprobiert, durchgespielt und dreimal aufgenommen war. Keiner der Takes war wirklich akzeptabel, weder der Sänger, noch Reig, noch irgend jemand sonst war zufrieden. Das einzig Bemerkenswerte daran waren die Obligatos von Charlie auf dem Altsaxophon, ähnlich wie er sie bei *I'll Wait and Pray* mit Sarah Vaughan gespielt hatte.

Die nächste Nummer, die in Angriff genommen wurde, war eine traurige kleine Bebop-Ballade mit dem Titel *Romance Without Finance*, ebenfalls von Grimes komponiert, die sich durch einen überaus albernen Text auszeichnete. Aller Enthusiasmus der beteiligten Musiker konnte die Nummer nicht retten. Nach einigen Fehlstarts und drei holprigen Takes war die zweite der drei vorgesehenen Stunden vorbei. Zu diesem Zeitpunkt waren die Stimmbänder Tinys infolge der ungewohnten Anstrengung in einem Zustand, der es ihm unmöglich machte, auch nur eine weitere Zeile zu singen. Der Aufnahmeleiter, ein korpulenter Mann mit Watschelgang, quietschender Stimme und reizbarem Temperament, wurde nun langsam ungeduldig. Angesichts des bisher aufgenommenen Materials, das er persönlich als wertlos betrachtete, schlug Teddy Reig vor, die Musiker sollten sich raschest etwas überlegen, was man auf die noch fehlende vierte Seite aufnehmen könne. Vielleicht eine weitere Instrumentalnummer wie *Tiny's Tempo*. Die beiden Instrumentalnummern könnten dann auf der Rückseite der beiden gesungenen Nummern gepreßt werden, falls *Savoy* sich dazu entschließen sollte, diese zu veröffentlichen. Das wäre für Reig auf alle Fälle besser, als mit leeren Händen zu seinem Boß zurückzukehren, einem jähzornigen Mann namens Herman Lubinski, der aus seinem kleinen Plattengeschäft eine unabhängige Plattenfirma gemacht hatte. Weniger als zwanzig Minuten Studiozeit wären noch übrig, hätte vielleicht einer der Musiker eine Idee, was man aufnehmen könne?

Charlie hatte eine Idee. Er spielte eine der Dutzend Melodien an, die er sich über das Gerüst von *I Got Rhythm* zurechtgelegt hatte. Schnell machten sich die anderen Musiker mit der Melodielinie vertraut, die Chorusse wurden eingeteilt, die Nummer einmal durchgespielt und dann folgte die erste Aufnahme. Das Tempo schien etwas zu langsam. Doc West zog ein bißchen an und die zweite Aufnahme wurde als akzeptabel in das Studiobuch eingetragen. Charlie bot als Titel *Red Cross* an — er dachte dabei nicht an die gleichnamige Hilfsorganisation, sondern an einen Mann dieses Namens, der bei Billy Eckstines Band als Roadie fungierte. Als der dritte und endgültige Take von *Red Cross* im Kasten war, war auch die dritte Aufnahmestunde zu Ende.[*]
Reig brauchte keine Überzeit zu bezahlen und das Budget der Firma *Savoy* blieb innerhalb des vorgesehenen 200-Dollar-Limits. Unter diesen mehr zufälligen und alles andere als per-

---

[*] Der Mann heißt Bob Redcross und ist damit mit falsch buchstabiertem Namen in die Geschichte eingegangen.

fekten Bedingungen fand die erste Aufnahmesitzung der Bebop-Discographie statt.

Red Cross beginnt mit einem Unisono-Chorus. Die Erfahrung der Profis von der »Street« zeigt sich in der reichen Klangfülle und geschickten Abstimmung der Instrumente aufeinander und in dem leichten, lockeren Swing der kleinen Gruppe. Die Nummer ist jedoch in erster Linie ein Vehikel für das Altsaxophon. Am Beginn des achttaktigen Mittelteils — »channel« oder auch »bridge« genannt — erscheint das Alt allein und baut so die Spannung für das spätere Solo auf. Dieses Solo folgt im ersten Chorus nach dem Thema und hier ist zum ersten Mal der neue Klang des Altsaxophons zu hören, in voller Dimension und sorgfältig aufgenommen, sehr im Gegensatz zu den Amateuraufnahmen von Newman und Benedetti. Das ist Charlie Parker, wie ihn die Insider in den Nachtclubs von Harlem hörten. Alle Qualitäten, die Charlies Fangemeinde begeisterten, sind hier festzustellen. Der Sound des Saxophons ist kräftig und männlich, viel reicher im Mittelregister als auf den knabenhaften lyrischen *Wichita Transcriptions* oder dem *Hootie Blues*. Es ist ein erwachsener Mann, der hier zu hören ist. Über allem liegen immer noch Einflüsse des Blues wie ein Ölfilm auf ruhigem Wasser. Durch die besondere Art der Phrasierung setzt die Melodielinie kräftige rhythmische Akzente. Die melodischen Statements kommen ohne Zögern, obwohl jede Linie frisch improvisiert ist, wie man es anhand der verschiedenen Takes von *Red Cross*, entstanden innerhalb von 15 Minuten und immer noch im Plattenhandel erhältlich, leicht selbst feststellen kann. Das sind pure Improvisationen, noch dazu unter Zeitdruck entstanden und dargeboten mit der Präzision eines Symphoniemusikers, der nach langer Probezeit ein Werk von Mozart perfekt wiedergibt. Jedes der Soli über *Red Cross* hat sein eigenes unverwechselbares Profil, hat einen Anfang, eine Mitte und ein Ende. Jedes ist eine kleine Miniatur und zeigt, daß Jazzdarbietungen bleibende und wertvolle Kunstwerke sein können, unter voller Berücksichtigung der Stärken und Schwächen derartiger Schöpfungen, bei denen der Musiker zugleich Komponist und Interpret ist, während sein überaus fragiles Werk auf Schallplatte aufgenommen wird.

Diese drängende musikalische Dialektik fehlt bei *Tiny's Tempo*. Das ist eine Bluesnummer, sanft und funky, nicht der Blues der Verzweiflung, sondern fröhlich, sprudelnd und aus dem Unterleib. Charlies reich quellende Töne, geschickt in die Konturen der Melodielinie geformt, erheben sich über den fließenden Rhythmus.

Einige Wochen später veröffentlichte *Savoy* die Aufnahmen: *I'll Always Love You Just the Same*, gekoppelt mit *Tiny's Tempo*, und *Romance Without Finance* gekoppelt mit *Red Cross*. In den JukeBoxes, mitten unter den Platten von Eckstine, Vaughan, Jeffries, Sinatra, Como und Crosby, wirkten die beiden Gesangsnummern noch armseliger als im Aufnahmestudio. Die beiden B-Seiten hingegen wurden für die Plattensammler so etwas wie kostbare Funde im archäologischen Schutt. *Tiny's Tempo* und *Red Cross* wurden die Grundsteine jeder modernen Jazzplattensammlung. *Savoy* erkannte schließlich den Wert dieser Aufnahmen und koppelte sie auf einer Platte zusammen.

Einige Wochen später kam Dizzy Gillespie nach New York zurück und die Combo im *Three Deuces* nahm ihre endgültige Gestalt an. Die Rhythmusgruppe bestand nun aus Al Haig am Klavier, Curly Russell am Baß und Stan Levey am Schlagzeug. Das war sie nun, die Band der Zukunft, wie Kenny Clarke es ausgedrückt hatte. Sie operierte nicht mehr irgendwo in Harlem, sondern als gefeierte Attraktion in einem Nachtclub in der Innenstadt. Ihre Musik war sparsam und funktionell. Die Rhythmusgruppe unterstützte die Bläser. Der rhythmische Angelpunkt war der Bassist, er lieferte den durchgehenden Grundrhythmus im 4/4-Takt. Der Drummer übernahm diesen Rhythmus auf dem großen Becken und entwickelte mit seinem übrigen Instrumentarium — Snare Drum, Baßtrommel und Tom-Tom — Gegenrhythmen. Haigs eingeworfene Klavierakkorde wirkten wie musikalische Konfettiexplosionen. Das rhythmische Produkt, das so entstand, gab den beiden Musikern der Frontline die nötige Unterstützung.

Die übliche Bigbandbesetzung (sieben Blechbläser und fünf Saxophone) war hier auf den kleinsten gemeinsamen Nenner gebracht: ein Blechbläser und ein Saxophon. Jedes der Hörner war ein Satz für sich selbst, sie spielten die Unisonoparts, wechselten einander in der Führung ab, erfanden Gegenmelodien und spielten natürlich improvisierte Soli. Alles, wozu die Bigbands imstande waren, und noch mehr, konnten Musiker wie Charlie Parker und Dizzy Gillespie mit nur zwei Blasinstrumenten zuwege bringen. Ihr Spiel war ein konstanter kreativer Prozeß. Etwas wie ein »Bandbook« gab es nicht, kein Besucher im *Three Deuces* bekam jemals ein Notenblatt zu Gesicht. Die Musiker hatten ihre Nummern im Kopf und diese Nummern hatten nicht einmal Titel, das kam erst später. Das Repertoire der Parker-Gillespie-Combo — *A Night in Tunisia, Salt Peanuts, Epistrophy, 'Round About Midnight, Swingmatism* — war bei Jam Sessions und auf Tourneen entstanden. Weitere Nummern wurden für den Job im *Three Deuces* ausgearbeitet: *A Dizzy Atmosphere, Blue'n'Boogie, Groovin' High, Anthropology* und *Shaw 'Nuff* — letzteres zu Ehren von Billy Shaw, dem guten Freund der Bebopper unter den Agenten. Die Nummern waren auf der harmonischen Struktur von populären Songs aufgebaut. *I Got Rhythm* lieferte das Gerüst für *Dizzy Atmosphere, Red Cross, Anthropology* und das *52nd Street Theme, Groovin' High* war auf *Whispering, Hot House* auf *What Is This Thing Called Love, Keen and Peachy* auf *Fine and Dandy, Stupendous* auf *S' Wonderful, Byas-a-Drink* auf *Stompin' at the Savoy* und *Ice Freezes Red* auf *Indiana* aufgebaut.

Chi-Chi war die leichtfüßige Freundin eines wohlbekannten Disc-Jockeys namens Symphony Sid, der als erster die neue Musik im Radio präsentierte. *Scrapple From the Apple* war *I Got Rhythm* mit dem Mittelteil von *Honeysuckle Rose*. Die Produkte der Tin Pan Alley wurden zerhackt und verschlüsselt und aus ihnen entstanden Symbole einer neuen musikalischen Intelligenz. Die Sets von Parker und Gillespie waren Explosionen purer musikalischer Energie, deren Kraft die Zuhörer betäubte und umwarf. Der gesamte Umfang des amerikanischen Jazz von Bolden bis Basie wurde einer erschöpfenden Revision unterzogen. Dizzy, mit flottem Beret und auf- und abhüpfendem Ziegenbärtchen preßte sein Horn an die Lippen und stieß Girlanden von Tönen heraus. Das Saxophon unterstützte ihn dabei, kommentierte, unterstrich, paraphrasierte, akzentuierte oder erfand Gegenstimmen. Die Saxophonsoli waren noch brillanter, sie schienen dort einzusetzen, wo die Trompete aufhörte und hatten eine Präzision und eine Geschwindigkeit, die den Zuhörern die Haare zu Berge stehen ließen. Seit King Oliver's Creole Jazz Band, frisch aus New Orleans, mit dem jungen Louis Armstrong am Cornett, 1922 in den *Lincoln Gardens* in Chicago aufgetreten war, hatte man keine so aufregende Band mehr gehört.

Ein Besuch im *Three Deuces* war für die meisten zunächst ein Schock. Kein einziger Journalist von den Zeitungen liebte die Musik, die meisten haßten und verurteilten sie. Einige Kritiker bemühten sich ernsthaft, ihren Lesern das Phänomen Bebop durch sinnvolle Berichte begreiflich zu machen, aber ohne viel Erfolg. Es war schwierig, den Akkordalterationen zu folgen und alles wurde in rasendem Tempo gespielt. Einigkeit herrschte lediglich darüber, daß die Bopper ihre Instrumente meisterhaft beherrschten. Warum aber, um Himmels willen, mußten sie dann solche Musik spielen? Den altgedienten Jazzkritikern entging das Wesentliche, obwohl gerade sie es hätten besser wissen müssen. Denn die Musik, die sie beharrlich »Non-Jazz« oder »Anti-Jazz« nannten, entsprach allen Kriterien, nach denen der Jazz immer beurteilt worden war: Sie war kollektiv improvisiert und von äußerst persönlicher Intonation. Dieselben Kritiker beklagten sich auch, daß die neue Musik nicht swinge. In Wirklichkeit swingte sie mehr als jemals zuvor, nur waren viele zu festgefahren, um darauf zu reagieren. Die Bebopper gaben sich auch keinerlei Mühe, ihre Kunst zu erklären. Sie brachten der Musikpresse dieselbe Verachtung entgegen wie dem Establishment im Showbusiness. Ein prominenter Kritiker hatte zum Beispiel geschrieben: »Parkers Version des Bebop unterscheidet sich von der Dizzys dadurch, daß er auf- und abwärtslaufende chromatische Skalen in allen Tonarten spielt.« Dieser Geistesblitz wurde von Charlie jahrelang zitiert und oft ermunterte er seine Mitspieler, auf seine chromatischen Skalen zu achten.

Namhafte Bandleader gaben, weil sie sich bedroht fühlten, giftige und dümmliche Statements ab. Tommy Dorsey sagte in einem Interview für *Down Beat*, der Bebop hätte »die Musik um

20 Jahre zurückgeworfen«. Sogar Louis Armstrong, der große Neuerer einer früheren Ära, meinte, die Bopper »spielten lauter falsche Akkorde«. John Hammond, der Schutzheilige der Swingmusiker und nach wie vor ein angesehener Mann im Plattengeschäft, sagte: »Für mich ist Bebop eine Ansammlung ekelerregender Klischees, wiederholt ad infinitum.« Diese lateinische Phrase, die er von seinen zwei Jahren in Yale mitgebracht hatte, gab dem Bebop so etwas wie ein offizielles Siegel der Ablehnung. Sigmund Spaeth, ein vielgelesener Musikkritiker, formulierte: »Die graduelle Entwicklung der Zerstörung des Jazz bis zu den künstlichen Absurditäten des sogenannten Bebopstils muß sogar einem oberflächlichen Hörer auffallen.« Und als der New Yorker Kolumnist Jimmy Cannon einmal dem Club, in dem Bird und Dizzy mit Enthusiasmus am Werk waren, einen Besuch abgestattet hatte, berichtete er seinen Lesern, deren Zahl etwa auf eine Million geschätzt wurde: »Für mich klingt Bebop wie ein Eisenwarengeschäft während eines Erdbebens.« Die meisten Leute fühlten sich, wenn sie zum ersten Mal mit Bebop konfrontiert wurden, unangenehm berührt und zum Besten gehalten.
Die Bopper hatten diese Reaktionen vorausgesehen und fanden sie erheiternd. Es machte ihnen großen Spaß, die jeweils neuesten Verrisse zu zitieren. Nur zwei Prominente der Swingtradition enthielten sich negativer Kommentare: Duke Ellington und Count Basie, Männer, die ihren Beitrag zur Jazzgeschichte geleistet hatten und gute Musik, egal in welcher Form, zu schätzen wußten.
Dennoch hatte das Stiefkind des Jazz seinen Fuß unverrückbar im Türspalt. Die Parker-Gillespie-Band war im Winter 1944/45 die kontroverseste und zugleich aufregendste Attraktion der »Street«. Die allnächtlichen Darbietungen der beiden waren das Tagesgespräch von Küste zu Küste. Wenn Bigbands in ihren Bussen in New York ankamen, hatten die jungen Musiker nichts Eiligeres zu tun, als ins *Three Deuces* zu gehen, wie die Pilger nach Mekka. Viele von ihnen gaben ihre Jobs auf, damit sie Diz und Bird jede Nacht auf der »Street« hören und, wenn sie Glück hatten, vielleicht sogar mit ihren Idolen jammen konnten. Sie hör-

ten die neue Musik als Offenbarung und betrachteten ihre Hauptinitiatoren als Propheten.
Im Laufe von Charlie Parkers erstem Jahr auf der »Street« begegnete er zwei Frauen, die dazu ausersehen waren, wesentliche Rollen in seinem Leben zu spielen: Doris Sydnor und Chan Richardson. Die beiden waren absolut gegensätzliche Typen. Doris war groß, reserviert und scheu. Aus einer Chicagoer Arbeiterfamilie stammend, war sie Mitte der 40er Jahre nach New York gekommen und hatte in Harlem und auf der »Street« Beschäftigung als Serviererin und Garderobiere gefunden. Obwohl sie viel Zeit ihres Lebens in Nachtclubs verbracht hatte, wußte sie wenig über Jazz; er war einfach ein Teil der Umgebung, in der sie arbeitete. In New York lernte sie die Jazzmusiker der Bebop-Bewegung kennen und verliebte sich in Charlie Parker. Wann immer es möglich war, trug sie seinen Instrumentenkoffer und hielt ihm in den Clubs, in denen er spielte, einen Tisch frei, an dem er zwischen den Sets sich ausruhen, trinken und mit Freunden plaudern konnte. Obwohl sie geradezu unglaublich dünn war und stets gekrümmt ging, um ihre Größe zu verbergen, war sie dennoch eine ausgesprochen mütterliche Figur. Doris blieb am Rande der Szene, wirkte oft so, als ob sie überhaupt nicht dazugehöre und wurde mehr toleriert als akzeptiert. Sie war geduldig, hartnäckig und hoffnungslos »square«.
Alles, was Doris nicht war, war dagegen Chan Richardson. Sie war eine Tänzerin, ein ehemaliges Fotomodell, »hip« und sehr gutaussehend. Chan war buchstäblich auf der »Street« aufgewachsen, wohin ihre Mutter, ein ehemaliges Ziegfeld-Girl, nach dem Tode und finanziellen Ruins ihres Gatten, eines ehemals erfolgreichen Nachtclubbesitzers, übersiedelt war. Mrs. Richardson leitete einige Jahre lang ein Bordell in Westchester und konnte dabei so viel zur Seite legen, daß es ihr schließlich möglich war, die Garderobenkonzession im *Cotton Club* zu erwerben. Mutter und Tochter lebten zusammen in einem der braunen Sandsteinhäuser, auf Nummer 7 in der West 52nd Street.
Die *Cotton Club*-Konzession erwies sich als lukrativ. Gelegentlich half Chan ihrer Mutter dort oder arbeitete vertretungsweise als Garderobiere im *Three Deuces*. Aber diese Arbeit war nicht

nach ihrem Geschmack. Nachdem sie die Highschool absolviert hatte, nahm sie Tanzunterricht und arbeitete anschließend als Tänzerin. Mit 19 Jahren gehörte Chan zu den »night people« von Manhattan. Eine Generation davor waren die Teenager mit Glen Miller und *In the Mood* aufgewachsen, Chan wuchs auf mit *Ornithology* und *Groovin' High*. Die Nummern, mit denen die Bebopper die »Squares« verwirrten, waren für sie so vertraut wie Kinderlieder, sie wußte von jeder, wann und von wem sie komponiert worden war und ob sie schon auf Platte existierte. Jive war ihre zweite Muttersprache. Chan sprach das kryptische Argot der Bopper mit glockenheller Stimme, flüssig und charmant. Ihre Idole waren die Größen der Bop-Revolution und sie war sehr bemüht, alle von ihnen persönlich kennenzulernen. Chan wurde sehr ärgerlich, als ihre Mutter sie warnte. »Mutter«, sagte sie, »sei nicht so square! Ich schlafe nicht mit diesen Typen, das sind meine Kumpels.« Chan war eine sehr auffallende Erscheinung. Sie hatte den Körper einer Tänzerin, mit geraden Schultern, beweglichen Hüften und wunderschönen Beinen und erregte Aufsehen, wenn sie über die abgetretenen alten Gehsteige der »Street« spazierte. Ihr frischer, rosiger, irisch-amerikanischer Teint, hübsches schwarzes Haar, das sie kurzgeschnitten trug, fröhliche dunkle Augen und Grübchen im Gesicht vervollständigte das Bild des Lieblings aller Jazzmusiker. Wenn sie von der winterlichen Straße in das *Three Deuces* hineinwirbelte, waren alle Augen auf sie gerichtet.
Chans Begeisterung für die Bebop-Bewegung war mehr als nur ein Lippenbekenntnis. Sie war von demselben fanatischen Eifer durchdrungen, der Dean Benedetti dazu brachte, seine Tonaufnahmetechnik immer weiter zu verfeinern. Chan war wie ein Presseagent der neuen Musik. Sie sprach mit Journalisten, Managern und Leuten von den Plattenfirmen, und viele Aufnahmesessions waren direkt auf ihre Initiative zurückzuführen. In ihrem schwarzen Notizbuch standen alle wichtigen Telefonnummern und wenn etwa dringend ein Bassist gesucht wurde, wandte man sich vertrauensvoll an Chan, die immer imstande war, den richtigen Mann ausfindig zu machen.
Chan renovierte ihre Wohnung am Ende der »Street«. Num-

mer 7 wurde eine Kombination aus Salon, Hotel, Schnellrestaurant, Gepäckaufbewahrung und Informationszentrum für Jazzleute. Jazzmusiker, die die richtigen Empfehlungen hatten, egal woher sie kamen, konnten jederzeit ohne Voranmeldung praktisch rund um die Uhr auf Nummer 7 erscheinen und dort für kurze Zeit wohnen und essen, sich Platten anhören, das Telefon benützen, ihr Gepäck unterstellen und den neuesten Klatsch aus der Musikwelt erfahren. In kürzester Zeit wußten sie alles Wichtige über Bandleader, Tourneen, Personalwechsel, pleite gegangene oder neu eröffnete Clubs usw. Auch jene Musiker, die in den Clubs arbeiteten, schauten gerne zwischen den Sets einmal kurz bei Chan vorbei. Chan war eine sehr wichtige Institution der »Street« geworden.

Charlie wurde ein häufiger und als der bedeutendste neue Musiker sehr willkommener Gast auf Nummer 7. Er und Chan kamen sich näher und wurden oft zusammen im *Minton's* und *Monroe's* gesehen, nachdem die Clubs auf der »Street« geschlossen hatten. Zum ersten Mal hatte Charlie Kontakt mit einem Mädchen, das soviel über Jazz und die Bedingungen, unter denen er gespielt wurde, wußte. Aber 1946 waren beide zu populär und zu beschäftigt, so daß nicht mehr als eine kurze angenehme Romanze entstand. Eine ernsthafte und reife Beziehung zwischen den beiden ergab sich erst zu einem späteren Zeitpunkt ihres Lebens.

14
A Dizzy Atmosphere

Der neue Untergrund brachte auch eine neue Linguistik. *To broom* hieß etwa, eine Flugreise machen — dieser Hipsterausdruck bezog sich auf das bevorzugte Fortbewegungsmittel der Hexen. Geld war *gold*, *Eyes* bedeutete Geneigtheit oder Schwärmerei und jemandes *pad* war sein Bett, im weiteren Sinne seine Unterkunft. Die Ausdrücke der alten Jazzleute waren nicht nur »out«, sie zeigten auch, daß der, der sie benützte, nicht mehr »in« war. Diese Ausdrücke bildeten höchstens den Ausgangspunkt für verbale Improvisationen, so wie *I Got Rhythm* der Ausgangspunkt für *A Dizzy Atmosphere* war. Die Etymologie blieb in angemessener Direktheit und der Zweck war immer derselbe: die innere Gemeinschaft zu stärken, die Nichteingeweihten auszuschließen und die »squares« in Verwirrung zu stürzen. Aus *out of this world* wurde das kürzere und indirektere *gone*, aus *blow your top flip your wig*, von dem sich *flipped, flipped out, wigged, wig* und *wiggy* ableitete. *Knocked out* wurde zu *gassed*, wie im Armstuhl eines altmodischen Dentisten. Das Verbum *gas* gebar das gleichlautende Substantiv, mit dem ein mitreißendes Erlebnis, etwa ein Abend im *Three Deuces* oder »uptown« im *Minton's* beschrieben wurde. *Cool* und *dig* dienten als Verben, Adjektive, Adverbien und Substantive. Die Hipsters erfanden Wortkombinationen wie etwa *chinchy* (aus *cheap* und *stingy*). Das Wort *like*, in der englischen Sprache bereits als Adjektiv, Verbum, Adverb, Präposition und Konjunktion altgedient und abgenützt, erschien nun in beinahe jedem Satz — manchmal stand es ganz allein, ein Satz für sich, gefolgt von einem imaginären Ausrufungs- oder Fragezeichen oder einfach einem Gedankenstrich mit hochgezogener Augenbraue. Wer *hip* war, für den war es selbstverständlich, *to dig* — oder seine Vorstellungskraft zu benützen. Aus *put down* war *put on* geworden, die hochentwickelte Kunst des »Verarschens«, oft derart subtil, daß das Opfer gar nichts davon bemerkte.

Dan Burley, der sympathisierende Kolumnist der *Amsterdam News*, der führenden Zeitung für Scharze von New York, veröffentlichte das *Original Handbook Of Harlem Jive*, ein leicht phantasievolles Lexikon des neuen Argots. Es enthielt Parodien auf John Greenleaf Whittiers *Barefoot Boy* und den Monolog aus *Hamlet* in Jive (»to dig, or not to dig, Jack, that is the question...«). Slim Gaillard begann, seine musikalischen Jive-Versionen aufzunehmen, großzügig vermischt mit Nonsenssilben, und hatte Hits wie *Cement Mixer* oder *A-Reet-A-Vootie*.

Wie die neue Musik entwickelte sich auch die neue Linguistik von Fixpunkten und etablierten Ideen aus und wie die Musik war auch die Sprache in ständiger Bewegung, täglichen subtilen Änderungen unterworfen, mit immer neuen Prägungen und Bedeutungen, die den Bedürfnissen entsprachen. Schnell und mit Färbung gesprochen, war sie wie ein beinahe unverständlicher Dialekt. Die Bopper hatten sowohl musikalisch als auch linguistisch die Tür hinter sich zugeschlagen. Es ging ihnen darum, innen zu sein und nach draußen zu sehen, und das war auch der Grund für all die Sonnenbrillen, die trotzig selbst im dunkelsten Nachtclub getragen wurden.

Mit den neuen Klängen und der neuen Sprache kamen auch neue Verhaltensmuster, die im Gegensatz dazu eigenartig zurückhaltend waren. Auf laute Stimmen oder hektische Aktivitäten wurde befremdet reagiert (diesen Detailaspekt behandelt Harry »The Hipster« Gibson auf seiner Platte *Ferdinand the 4-F-Freak*. Die Kleidung wurde ordentlicher und konservativer, an Stelle des Handshake streifte man nur die Handfläche des anderen mit den Fingern. »Yes, Daddy ... I'm hip ... Wot happening?«

Das Leben, das die Jazzleute führten, ihre Arbeitsstunden, die langen Zeiträume, die sie unterwegs waren, das alles brachte sie in Gegensatz zur »normalen« Welt. Jazz war immer Anti-Establishment gewesen, und die Jazzmusiker waren sich ihrer zwielichtigen Rolle im Unterhaltungsgeschäft schmerzlich bewußt. Jetzt kamen die Hipsters und revoltierten gegen das Establishment des Jazz selbst. Zu der hedonistischen Lebensauffassung, die unter den Swingleuten vorherrschte, kam nun politische Bewußtheit und Wachheit hinzu: das Zwei-Parteien-System der Regierung mit seinen Humpty-Dumpty-Kandidaten und mit seiner Gerichtsbarkeit erschien als eine wohlausgeklügelte Farce, ein komplexer Mechanismus der Unterdrückung. Der zweite Weltkrieg war eine groteske Show, ins Leben gerufen von kranken alten Männern, die es zuwege gebracht hatten, ganz Amerika in ein großes Gefangenenlager zu verwandeln.

Wenn die Lokale auf der »Street« Schluß gemacht hatten, trafen sich die Musiker meist im *Stage Door Delicatessen* auf der 6th Avenue, das die ganze Nacht offenhielt, wo sie an den Marmortischen saßen und vielstöckige Sandwiches verzehrten. Dort hörten sie einem Drummer zu, der »Mouse« genannt wurde und ein imaginäres Gespräch zwischen Churchill, Stalin, Hitler, Roosevelt, Haile Selassie und Mussolini erfand. Großzügig mit *Pot* versehen, ließ »Mouse« die Staatsoberhäupter zu einer Gipfelkonferenz zusammentreffen und über Möglichkeiten zur Beendigung des Krieges diskutieren.

Unter den führenden Köpfen der neuen Musik wählten die »in-people« Charlie Parker zum Gegenstand ihrer Verehrung. Ohne Zweifel war Dizzy Gillespie ein wundervoller Trompeter und Improvisator, aber nicht so sehr die treibende Kraft wie Charlie. Dizzy war wortgewandt, geistreich, extrovertiert und von sonnigem Gemüt — alles, was Charlie nicht war. Dizzy war für jedermann zugänglich. Einen solchen Mann setzte man nicht an die Spitze einer Hierarchie.

Die ausübenden Musiker, die Bescheid wissen mußten, stimmten darin überein, daß Parker die Quelle der neuen Musik war. Der reiche Fluß seiner musikalischen Ideen suggerierte mysteriöse Urkräfte. Mit einer kleinen Veränderung paßte auch Charlies Spitzname zu allem anderen. »Yardbird« war reizlos, wenn nicht sogar herabsetzend. »Bird« hingegen erinnerte an schwerelosen Flug, Licht, unbegrenzte Horizonte und Jenseitigkeit. Im Gegensatz zu Dizzy war Charlie unzugänglich, rätselhaft und geheimnisvoll, unberechenbar, mehr intuitiv als rational und unverwechselbar »heavy«. Wie jede rechtlose Minderheit hatten auch die »in-people« Sehnsucht nach einem mythischen Helden und schufen sich selbst einen.

Was als Fan-Club begonnen hatte, war Ende 1944 zu einem ausgewachsenen Kult geworden, als dessen Hellseher und Exorzist der kurz davor in New York eingetroffene Dean Benedetti agierte. Benedetti stammte aus Susanville, einer kleinen Gebirgsstadt an der Grenze zwischen Kalifornien und Nevada, wo es eine kleine italienische Kolonie gab. Schon in seiner frühen Kindheit hatte er aus Begeisterung für die Musik Verdis begonnen, Klavier zu spielen und mit 18 beherrschte er die Familie der reeds, besonders das Altsaxophon. Er hatte in den lokalen Bands von San Francisco und Los Angeles gespielt, bevor er mit einer Band durch den Osten getourt und schließlich in New York hängengeblieben war. Wie alle jungen Saxophonisten aus der Provinz hörte er bald unglaublich klingende Geschichten über Charlie Parker und dessen Virtuosität. Als er Charlie das erste Mal auf dem Instrument erlebte, das er, Benedetti, bis zu diesem Zeitpunkt zu beherrschen geglaubt hatte, waren seine Reaktionen ähnlich denen vieler anderer Kollegen: Unglauben, Schock, ohnmächtige Wut und Verzweiflung und, am Ende, Erleuchtung: *so*, und nicht anders, mußte dieses Instrument gespielt werden! Von da an begann Dean Benedetti, Charlie zu studieren — Fingertechnik, Ansatz, Atemkontrolle, Phrasierung, bevorzugte Wendungen und Progressionen. Er ahmte sogar persönliche Angewohnheiten nach, experimentierte mit Rohrblättern, Mundstücken, anderen Instrumenten, kurz, er benützte alle Möglichkeiten seiner professionellen Erfahrung, um seinem Idol nachzueifern, aber ohne Resultat. Hier ging es nicht um Virtuosität oder um irgendeine Methode. Birds Saxophonspiel war nicht nur ein Stil, es war der Mann selbst, und Dean kam letzten Endes zu dem unausweichlichen Schluß, daß ihm nichts anderes übrigblieb, als das Altsaxophonspiel aufzugeben. Von da an widmete er Bird sein Leben, folgte ihm überall hin und zeichnete seine Soli auf. Diese Soli waren für Dean unbezahlbar, aber sie wurden in die Luft geblasen, sie waren wie Predigten in der Wüste, keiner zeichnete sie auf. Nicht zwei dieser Soli glichen einander, denn Charlie zitierte sich wohl manchmal selbst, wiederholte sich aber niemals. Jedes einzelne Solo war einmalig, die Zuhörer bewunderten Bird und erzählten es überall herum, aber keiner tat etwas. Das, so hatte Dean beschlossen, würde er ändern. Durch seine Beziehungen zur Halb- und Unterwelt der »Street« kam Dean an einen Hehler, dessen Warenbestand aus Einbrüchen in Appartements von Manhattan stammte. Darunter fand sich eine große Rarität für die damalige Zeit, ein in Deutschland erzeugtes tragbares Aufnahmegerät, ein Prototyp jener Tonbandmaschinen, die in den 50er Jahren ganz alltäglich waren. Dieses Gerät hatte zwar Drahtspulen an Stelle der Tonbänder und seine Tonqualität war nicht sehr gut, aber das spielte keine Rolle, ein geübtes Ohr konnte das Fehlende — Tonfarben, Dimension und Timbre — leicht ergänzen. Mit seinem Recorder und einer Tasche voll Drahtspulen wurde Dean bald eine vertraute Figur auf der »Street«. Er war im *Three Deuces*, wenn Charlie spielte und folgte ihm in andere Clubs, wenn er dort einstieg, zu Sessions in Hotelzimmern, oder zu gelegentlichen kurzen Gigs in Philadelphia, Toronto oder Chicago, und überall zeichnete er getreulich auf, was sein Idol musikalisch zu sagen hatte.

Einmal hatte Charlie einen »One-nighter« im *El Grotto* in Chicago, einem Kellerlokal unter dem *Pershing Hotel* im Süden der Stadt. Dean fuhr mit dem Greyhound-Bus voraus, um genügend Zeit für das Installieren seiner Aufnahmeapparatur zu haben, wurde aber aus dem Lokal gewiesen. Unautorisierte Mitschnitte, so hieß es, würden von der Musikergewerkschaft nicht mehr länger geduldet. Es gelang Dean, ein Hotelzimmer zu mieten, das direkt über dem Bandstand lag. Mit Hilfe des Werkzeugs, das er immer mit sich führte, bohrte er ein Loch in den Fußboden und steckte sein Mikrophon durch, bis es an seinem dünnen Kabel wie eine zarte graue unauffällige Spinne über dem Klavier schwebte. Sicher und ungestört nahm Dean dann alles auf, was Charlie an diesem Abend spielte. Dean hatte gewußt, es würde ein außerordentlicher Abend werden, die Musiker spielten an einem anderen Ort und vor neuem Publikum immer besser.

Wenn Dean in fremden Lokalen operierte, war er immer noch besser ausgerüstet als sonst: Elektrikerzange, Halteklammern, Reservemikrophon, eine kleine Säge und kleine Rollen von dünnen Kabeln in verschiedenen Farben, um sich an die Farbe der

Innenausstattung anpassen zu können. Gute Tarnung war wichtig, um den wachsamen Augen von Lokalbesitzern und Gewerkschaftsagenten zu entgehen. Dünne Drapierungen in kleinen Clubs waren gut, sie waren meist jahrelang nicht gereinigt worden, starrten vor Dreck und waren ein ideales Versteck für ein kleines Mikrophon. Auch Topfpalmen, Bilderrahmen und die abgewandte Seite des Klaviers eigneten sich. Manchmal hängte sich Dean auch kaltblütig an die Hausanlage eines Clubs, dann mußte er allerdings sein Gerät viel sorgsamer aussteuern, weil die Impulse wesentlich stärker waren.
Deans Sammlung von Drahtspulen mit endlosen Sequenzen von Saxophonsoli wuchs und wuchs. Er wußte genau, zu welcher Akkordstruktur jedes Solo gehörte. Die Spulen waren penibel mit Datum und Ort beschriftet, und Dean trug sie stets in einem alten Plattenkoffer bei sich. Dadurch konnte er Interessenten auch jederzeit daraus vorspielen, so wie ein Werber für eine religiöse Sekte jederzeit Traktate an der Hand hat. Außerdem verstärkten diese Aufnahmen noch den Eindruck der Intimität Deans mit Bird. Denn es war Dean, der wußte, welche Blätter Charlie verwendete, wo und mit wem er lebte, wo er sich zwischen den Sets aufhielt und was er nach seinen Jobs jeweils vorhatte. Wenn Bird in Schwierigkeiten war, wenn Kontakte herzustellen waren, dann erledigte das Dean. Er war »Mr. Knows-where-its-at«, »Mr. Fixit«, der Sekretär, der Drogenbeschaffer.
Ein typischer Parker-Tag begann in der Abenddämmerung, falls der vorangegangene da überhaupt schon zu Ende war, denn Schlaf war nicht wichtig, wenn es faszinierende Abenteuer gab. Aber angenommen, Bird hatte geschlafen — in seiner Behausung oder in einer anderen, in einem Bett, allein oder in weiblicher Gesellschaft, oder auf dem Fußboden, gelegentlich auch in einer Badewanne, dann war es die Zeit der Abenddämmerung, zu der er aufstehen und sich auf seinen Abendjob vorbereiten mußte. War er gerade an der Nadel, dann bereitete er sich einen Schuß vor und injizierte sich Heroin in die Vene seines linken Arms, den er vorher mit seiner Krawatte abgebunden hatte — das war der Grund, warum seine Krawatten immer so abgenutzt aussahen. Wenn Charlie auf Heroin war, brauchte er täglich 10 Dollar

dafür und gab fast seine ganze Gage aus. Er wußte, er konnte aufhören, wann immer er wollte, um zu beweisen, daß er nicht abhängig war, es war ihm aber auch klar, daß das immer schwieriger wurde. In den Heroinpausen nahm Charlie Pillen, er kombinierte verschiedene Präparate zu einer Mischung, von der er erwartete, daß sie allfällige Entzugserscheinungen mildern würde. Dann war es Zeit, an ein gutes Essen zu denken. Sein Appetit war nie besser gewesen.
Charlie hatte viele Lieblingsspeisen — chinesische Küche, Barbecue-Rippchen mit allen Beilagen, oder die immensen Sandwiches mit ihren exotischen, koscheren Zutaten, die man im *Stage Delicatessen* bestellen konnte. Er ließ sich seine immer mit 3 Sorten von geräuchertem Fisch, Corned Beef aus Chicago und importiertem Schweizer Käse belegen, dazu aß er Krautsalat, koschere Pickles und grüne Tomaten. Er liebte die neuen Cafeterias in der Nachbarschaft von Broadway und 50th, geräumig wie Warenhäuser, wo die Speisen in einem appetitlichen Mosaik auf Bords aus rostfreiem Stahl ausgelegt waren. Hier belud er sein Tablett mit Suppe, Roastbeef, Kartoffelpüree, verschiedenen Gemüsen, Fruchtsalat, Bismarckrollen, Butter, Gelee, Schokoladencreme und Kaffee. Charlie hatte gern einen Tisch für sich allein, wenn er aß. Dann sprach er auch nicht, und wurde er angesprochen, antwortete er mit einsilbigem Grunzen: »Yeah!« »Gone!« »Cool!«
Wenn Charlie schließlich gesättigt war, ging er zu Fuß, mit festen zielbewußten Schritten zum *Three Deuces*. Er nannte das seinen Gesundheitsspaziergang, obwohl es nur ein paar Häuserblocks weit war. Das Publikum wartete schon auf den ersten Set, und immer waren neue Gesichter da, Musiker von auswärts, die ihn kennenlernen wollten. Auf das steigende Interesse an seiner Person reagierte Charlie mit gemischten Gefühlen, er war immer noch nicht daran gewöhnt, obwohl er wußte, daß er jeden an die Wand spielen konnte.
Die coolen Umgangsformen und die konservative Kleidung der Hipsters waren seinem Kansas-City-Background fremd. Er kleidete sich wie ein kleiner Gauner von der 8th Street, der, gerade in New York angekommen, direkt in ein Ausstattungshaus am

Broadway geht: Nadelstreif, dunkles Material mit gewagtem Dessin, große Aufschläge mit tiefen Einschnitten — alles, was ihm die Verkäufer einredeten. Er hatte bei Kleidung keinen Geschmack und keinen Sinn für Stil. Das einzige, wo er seine festen Vorstellungen hatte, war die Stoffqualität. Die Stoffe mußten widerstandsfähig sein, denn Charlie nahm keinerlei Rücksicht auf seine Kleidung.
Die Struktur seines Charakters durchlief eine letzte Veränderung. Der Schutzpanzer, den er um sein wahres Ich gelegt hatte, bestand aus dichten übereinanderliegenden Schichten: Der kleine Junge, arm, aber doch zu vornehm, um Zeitungen zu verkaufen — der Mini-Mann der dunklen Alleen und Straßen von Kansas City — der gutaussehende vielversprechende *freshman*, der drei Jahre lang ohne jeden Erfolg die High School besuchte hatte — der kompromißlose Schrecken der Bigbands und ihrer imagebewußten Leader — die dämonengetriebene Zentralfigur von Tausenden Jam Sessions — der Rattenfänger von Hameln für einen Haufen humorloser abgekapselter Hipster. Die Schutzhülle seines Egos war nahezu vollendet. Er war seiner selbst sicher, er war abgehärtet, ausdauernd und unangreifbar und die Anerkennung der Hipstergemeinde war ihm Bestätigung. Immer näher kam er dem Lebensstil, den er immer angestrebt hatte: frei zu leben, wie er wollte, ohne Rücksichten, cool und »wiggy« und mit allem unter Kontrolle. Das Leben war eine nie endende Folge von Genüssen: Essen, Trinken, Drogen, Sex und, vor allem anderen, die Musik. Sie war das große Spiel, das die kleinen Spiele untermalte und von ihnen untermalt wurde. Charlie lernte, sich durchs Leben zu spielen. Er begann, auf der Ebene totaler Spontaneität zu leben. Auf selbstverständliche Weise eignete er sich die neue Sprache der Hipsters an. Sie war nur eine zeitgenössische Version dessen, was die Jazzmusiker schon immer gesprochen hatten, so wie seine eigenen musikalischen Ideen. *Cool, dig, solid, gone, gold, drag* waren neue und zweckmäßige Ausdrücke, mit denen man sich schnell verständigen konnte. Im Gegensatz zu Lester Young, einem der großen Verbalisten, trug Charlie selbst nichts zum Vokabular bei.
Worauf es nun ankam, war, daß er seinen eigenen Vorstellungen

gemäß spielen konnte, in der richtigen Umgebung, mit einer fünfköpfigen Combo, in einem intimen Club, der von einem verständnisvollen Boß geleitet wurde. Er liebte es, mit Dizzy zu arbeiten, denn der nahm seine Herausforderungen an und war ebenso schnell auf seinem Instrument. Zwischen den Sets ging Charlie in die *White Rose Bar* auf einen Doppelten. War er in Stimmung, dann ging er vielleicht ins *Onyx* hinüber und stieg ein, Coleman Hawkins war das nur recht. Charlie, ehemals »Little Yard from Kaycee«, war nun zu einem Mann herangewachsen, mit dem man rechnen mußte. Wenn das *Three Deuces* schloß, wartete Dean auf ihn. Er hielt ihm die Leute vom Leib, ebnete die Wege, besorgte die Mädchen, so wie es Redcross für Eckstine getan hatte. Dean organisierte eine Gruppe von Leuten, rief ein Taxi und sie fuhren nach Harlem. Charlie nahm während der Fahrt die Gelegenheit wahr, ein wenig zu schlafen, er litt unter Schlaflosigkeit. Dean achtete stets darauf, daß jemand mitkam, der die Fahrtkosten und die Rechnungen in den Restaurants bezahlte. Nach einem opulenten Essen ging Charlie entweder zu einer Session, oder er zog sich mit einem oder zwei Mädchen zurück. Er konnte immer seine Wahl treffen unter willigen und erfahrenen Modellen, Tänzerinnen, Zigarettengirls, Fotografinnen und Callgirls. Er nahm an, die weißen Mädchen schliefen deshalb mit ihm, weil er schwarz und stark gebaut war.

Dean war immer in der Nähe, erledigte Besorgungen und räumte Schwierigkeiten aus dem Weg, damit Bird ungestört den inneren Zwängen, die nach einem nicht erkennbaren Plan sein Leben bestimmten, folgen konnte. Dean mit seinem maßgeschneiderten Bandjackett aus Kamelhaar mit Metallknöpfen, wie sie auch Woody Herman trug, und mit seinen ungemusterten Sporthemden mit sorgfältig gebügelten Kragen und handgestickten Monogrammen auf der Brusttasche. Dean, groß und aufrecht, das dicke glänzende rabenschwarze Haar in gefällige Wellen gelegt, das klassische mediterrane Elfenbeingesicht ohne jeden Humor, ernsthaft, gelassen, den Kopf voller Aufgaben. Dean, der sich sein Geld mit dem diskreten Verkauf selbstgemachter Marihuanazigaretten in Männertoiletten verdiente, der die Schar der treuen Anhänger ermahnte, einzuspringen, wenn Bird Geld für Autofahrten, für Pillen oder für einen Schuß brauchte, der Bänder herausgab wie ein hipper Bibliothekar, der Bittsteller abschirmte, der die Uneingeweihten instruierte, Audienzen arrangierte und Squares abwimmelte. Oft wurde Dean im *Three Deuces* ans Telefon gerufen, wenn irgendwer aus Terre Haute oder Fresno anrief und neues über Bird wissen wollte. »Was tut sich, Mann?« bedrängte die ferne Stimme Dean und wartete gierig auf Neuigkeiten über die allnächtlichen Ereignisse im »Apple«. »Nein, Mann, noch 2 Wochen One-nighter bis Seattle, und dann löst Woody die Band auf, stell dir diesen Scheiß vor! Aber was tut sich bei euch, Mann? Ich meine, was treibt Bird jetzt?« Es gab ein Gerücht, die Parker-Gillespie All Stars würden in einem Club in Hollywood auftreten und die neue Musik damit erstmals an der Westküste zu hören sein. Dean wußte nichts davon. Er stand am Telefon, starrte auf die Graffiti an der Wand und teilte dem Anrufer in seinem priesterlichen Tonfall mit, der Ort, wo »es« sich abspielte, wäre immer noch New York. Wer wissen wollte, was los war, hatte nur eine Möglichkeit: broom back to the Apple!

DRITTER TEIL

15
The Independent Record Derby

> *I want to tell you lovin' things*
> *When the lights are low...*
> *Ah wants all yo' lovin', or none at all,*
> *Ah wants all yo' kisses,*
> *Yo' big fat juicy kisses,*
> *Or none at all...**

Wieder einmal wurden die neuen Sounds unter billigem, zickigem Gewäsch vergraben. Im Studio, im Hintergrund des Sängers, spielten acht der besten Jazzmusiker von der »Street« — unter ihnen Charlie Parker, Dizzy Gillespie, Don Byas und Clyde Hart — ein Flickwerk von Soli. Der Sänger war »Rubberlegs« Williams, der auf eine dreißigjährige Tätigkeit im Showbusiness zurückblicken konnte; er hatte bei Karnevals- und Minstrels-Shows als Damenimitator, exzentrischer Tänzer und Bluessänger gearbeitet. Jetzt machte er Plattenaufnahmen für die Firma *Continental*, die die gleichen Fehler machte wie ihre Konkurrentin *Savoy* bei der *Red Cross*-Session. Die angemessene Begleitung für einen Sänger wie Williams wäre Bottleneck-Gitarre, Waschbrett und Jug gewesen. Während einer zehnminütigen Pause lenkte Dizzy den Sänger ab und Charlie warf Benzedrin-Tabletten in seinen Kaffee**. In dem Rest der Aufnahmen heulte »Rub-

---
* *I Want Every Bit of It*, »Rubberlegs« Williams auf *Continental Records*.
** Aufputschmittel, ähnlich wie Pervitin oder Captagon, etc.

berlegs« seine Texte wie ein Nebelhorn hinaus, vor einem verschroben-abstrakten Hintergrund, den seine Begleitmusiker lieferten.
Einige Tage später trafen sich dieselben Musiker ohne »Rubberlegs« Williams wieder in den *Continental*-Studios und wieder waren die Resultate äußerst mager. Nachdem der Aufnahmeleiter Swing- und Bopmusiker gemischt hatte, hoben sich deren Bemühungen gegenseitig auf. Eine der Nummern trug den Titel *Ooh, Ooh, My, My* und hatte eine lächerliche Gesangseinlage des Posaunisten Trummy Young. Ein Versuch mit Charlie, Dizzy und Sarah Vaughan brachte eine weitere Enttäuschung und unverständlicherweise unterließ es *Continental*, *I'll Wait and Pray* aufzunehmen, den Showstopper der Theatertourneen. Die Plattenfirma *Apollo* nahm den Swingtrompeter Buck Clayton zusammen mit Charlie und Dexter Gordon auf (zum Beispiel *The Street Beat*). Zusammen und einzeln erfüllten Charlie und Dizzy insgesamt 14 Plattenkontrakte mit kleinen, unabhängigen Plattenfirmen bis zum Ende des Jahres 1945. Sie erschienen auf den Plattenetiketten teils unter eigenen Namen, teils unter verschiedenen Pseudonymen, aber nur bei 4 der 14 Aufnahmesessions entstand Musik von bleibendem Wert.
Dies war einerseits auf schlampige Arbeit, andererseits aber auf den chaotischen Zustand der Plattenindustrie zurückzuführen. Die Musikergewerkschaft hatte sich mit den großen Unternehmen der Branche noch immer nicht wegen der Tantiemen einigen können, erteilte aber jeder der kleinen Firmen, die bereit war, ein derartiges Abkommen zu unterzeichnen, bereitwillig eine Lizenz. Die Folge war, daß Ende 1945 mehr als 350 kleine Plattenfirmen registriert waren. Jeder kleine Wichtigtuer mit ein paar hundert Dollar in der Tasche konnte in das Geschäft einsteigen und viele taten es, in der Hoffnung, schnell Geld verdienen zu können, ermutigt durch das Beispiel von *Open the Door Richard*, *The Honeydripper* oder *Cement Mixer*, die über Nacht große Juke-Box-Hits geworden waren. *Cement Mixer* etwa war von einem beschäftigungslosen Textdichter namens Jack Riley produziert worden und hatte bei Produktionskosten von weniger als 500 Dollar innerhalb von vier Monaten 300 000 Dollar

eingespielt. Die meisten dieser neuen Unternehmer hatten weder fachliche Qualifikationen, noch waren sie gute Geschäftsleute. Diese Neulinge verbrachten ein paar Abende in Nachtclubs und waren dann felsenfest überzeugt, die geborenen Plattenbosse zu sein. Die Auswahl der Künstler wurde von Launen, Mutmaßungen und irrationalen persönlichen Präferenzen bestimmt. Dritt- und viertklassige Talente erhielten Exklusivkontrakte und wurden eilig in die Studios gebracht. Die Jazzmusiker von New York, dem Zentrum der Plattenaktivitäten, fungierten bei den überhastet organisierten Aufnahmesitzungen als Begleitmusiker, hauptsächlich weil sie kompetent und verfügbar waren.

Eine erfreuliche Ausnahme von dieser Regel waren die Aufnahmen, die die kurzlebige Firma *Guild* Anfang 1945 machte. Charlie und Dizzy nahmen zunächst *Groovin' High, All the Things You Are* und *A Dizzy Atmosphere* auf, und der einzige Schönheitsfehler dieser Aufnahmen war die Verwendung des Swingdrummers Cozy Cole anstelle von Stan Levey. Schuld daran war die Schlamperei des Aufnahmeleiters, aber das Resultat war dennoch spektakulär. Bei einem weiteren Termin entstanden *Salt Peanuts, Shaw 'Nuff, Hot House* und *Lover Man*. Die Brillanz der Darbietungen wurde durch einen exzellenten Tonmeister und durch hervorragende Plattenpressungen unterstrichen. Der Ideenaustausch zwischen Trompete und Saxophon ist wie ein Computerdialog, die Strukturen sind einfach und die Ideen aufs äußerste komprimiert. Die rasend bewegten Melodielinien eröffneten Räume, deren ausgiebige Erforschung die Jazzmusiker in den folgenden zwanzig Jahren beschäftigen sollte. Der Zuhörer wird mit Melodien, Rhythmen und Klängen überflutet. *Shaw 'Nuff* und *A Dizzy Atmosphere* sind typische Beispiele für die rasenden Tempi der Bebopper. Den Kontrapunkt bilden langsamere Nummern wie Tadd Damerons *Hot House* mit seiner feingewobenen Melodielinie. In *Lover Man* singt Sarah Vaughan, aber dennoch ist dies weniger eine gesungene Ballade als vielmehr die Zusammenarbeit dreier sensibler Improvisatoren. Die Platten der Firma *Guild* gehören zu den besten Comboaufnahmen der Jazzgeschichte und stehen auf einer Stufe mit den Aufnahmen des Benny-Goodman-Sextetts, den kleinen Gruppen aus Ellington-Musikern, der Kansas-City-Six ebenso wie den klassischen Einspielungen von Billie Holiday und Louis Armstrongs Hot Five und Hot Seven. Diese Platten fehlten in keiner zeitgenössischen Sammlung der Hipsters und Jazzmusiker. Wenn sie abgenützt waren, wurden sie durch frische Exemplare ersetzt, genauso wie es in den 20er Jahren mit den Platten von Louis Armstrong geschehen war.*

Ein paar Wochen nach den Aufnahmen für *Guild* trafen sich Charlie und Dizzy in einem anderen Studio, um unter sehr angenehmen Bedingungen für eine weitere Kleinfirma, *Comet*, aufzunehmen. Als Aufnahmeleiter fungierte Red Norvo, ein verdienter Leader großer und kleiner Bands, eine vertraute Erscheinung auf der »Street« und eine von allen respektierte Persönlichkeit. Auf den ersten Blick erschienen die Musiker, die Norvo ausgewählt hatte — der Pianist Teddy Wilson, der Tenorist Flip Philipps, der Bassist Slam Stewart und der Drummer J. C. Heard — als unpassend für ein Zusammenspiel mit Charlie und Dizzy, den »enfants terribles« des Jazz. Doch der unerschütterliche, souveräne Norvo war eine Art musikalischer Moderator. Er versuchte keine komplizierten Ensemblepassagen, sondern ließ den Musikern improvisatorische Freiheit. Die Themen waren einfach: ein langsamer und ein schneller Blues, sowie die Standards *Get Happy* und *Hallelujah*. Außer den solistischen Beiträgen von Charlie und Dizzy gibt es schöne Soli von Norvo, Slam Stewart und Teddy Wilson, obwohl diese deutlich erkennbar einer vergangenen Ära angehören. Altes und Neues wird in diesen Aufnahmen einander gegenübergestellt. Bemerkenswert an der *Comet*-Session ist, daß sie um 9 Uhr morgens stattfand, einer für Jazzbegriffe ungewöhnlichen Zeit. Charlie und Dizzy kamen direkt von einer Jam Session, zwei andere Musiker von einer Tournee. Alle waren müde, aber relaxed, und Red Norvo nimmt an, daß dieser Umstand entscheidend zur musikalischen Qualität beigetragen hat. Die Aufnahmen waren an die 5 Minuten lang

---

* Nachdem die Firma *Guild* Pleite gemacht hatte, landeten diese Aufnahmen schließlich bei *Savoy*, wo sie heute noch erhältlich sind.

und mußten auf besonders leicht zerbrechlichen 12-Zoll-Schellacks veröffentlicht werden. Auch sie fehlten in keiner zeitgenössischen Plattensammlung.

Am 26. November 1945 fand bei *Savoy* eine Aufnahmesitzung statt, bei der die Ziele der Bebopper am bis dahin überzeugendsten realisiert wurden. Das bisher fehlende oder doch unvollkommen vorhandene Glied in der Kette war nun präsent in der Person des Schlagzeugers Max Roach. Die Session begann alles andere als vielversprechend. Als Pianist war Thelonious Monk vorgesehen, konnte aber nirgends gefunden werden. Hektisch suchte man nach einem Ersatzmann und holte schließlich Argonne Thorton aus einem Kaffeehaus. Dizzy hatte soeben einen Exklusivvertrag mit der Firma *Musicraft* abgeschlossen und wirkte daher inkognito mit. Der offizielle Trompeter war der 19jährige Miles Davis, der zu dieser Zeit an der *Juillard School of Music* studierte und nachts auf der »Street« zu jammen pflegte. Charlie kam wie üblich zu spät. Während des Aufwärmens stellte sich heraus, daß sein Rohrblatt unbrauchbar war und jemand mußte in die Stadt fahren, um in einem Musikgeschäft eine Packung Rico Nr. 5 zu besorgen.

Während der Aufnahmezeit gingen Musikerkollegen und Hipsters im Studio aus und ein wie in einem Busbahnhof. Immer wieder wurden Pausen eingelegt, damit Essen, Drinks, Eiscreme, Narkotika und Mädchen besorgt werden konnten. Miles Davis legte eine halbstündige Schlafpause auf dem Fußboden des Studios ein. Der Aufnahmeleiter der Firma *Savoy*, Teddy Reig, selbst halb schlafend, ließ all dies widerspruchslos durchgehen. Das von der Gewerkschaft festgesetzte Stundenlimit wurde großzügig ignoriert. Aber die Resultate waren dennoch so bemerkenswert, daß *Savoy* nicht ohne Berechtigung von der »Greatest Recording Session in Modern Jazz History« sprechen konnte.

Billie's Bounce, dem Agenten Billy Shaw zugeeignet, obwohl sein Name falsch buchstabiert wird, ist eine Nummer in mittlerem Tempo und im Stil von *Red Cross*, aber um Klassen besser. Die Perkussionsarbeit stimmt und die Rhythmusgruppe klingt so, wie man es in den Clubs zu hören gewohnt war. Die Unisonopassagen wirken ein wenig funky. Innerhalb dieses zwölftaktigen Blues mit seinen drei unabdingbaren Akkorden war Charlie nach seinen eigenen Gesetzen schöpferisch tätig. Bird konnte, wie es der Trompeter Howard McGhee auszudrücken pflegte, »aus dem Blues mehr Nummern machen als irgendein anderer Musiker, der jemals gelebt hat«.

- *Now's the Time* ist mitreißend, unvergeßlich und einmalig. Es hat jene Extradimension von Qualität, die das Kennzeichen von Meisterwerken ist. Es ist zeitlos. Es scheint viel länger zu dauern, als seine tatsächliche Zeit von drei Minuten. Mit seiner perfekten Balance und Logik, einschmeichelnd und unheimlich zugleich, ist *Now's the Time* ein Höhepunkt im Schaffen der Bebopper bis zu diesem Zeitpunkt.

Koko, in halsbrecherischem Tempo gespielt, ist auf *Cherokee* aufgebaut. Man könnte sagen, *Koko* ist das, was aus *Cherokee* geworden ist, auf dem Weg von den grünen Vorhängen der Olive Street über *Minton's,* das *Savoy* und das *Apollo* und verschiedene Tourneen. *Koko* und *Now's the Time* sind wie die beiden Seiten einer Münze und erinnern an die Dualität in Parkers gesamtem Werk. Gegenüber der coolen, bluesigen Nachtstimmung von *Now's the Time* wirkt *Koko* spannungsgeladen, aggressiv und selbstsicher, ein Stück von erstaunlicher und schonungsloser Virtuosität. Durch 64 Takte voller komplizierter Changes wird das Saxophon bis an seine äußersten Grenzen gespielt, so als ob alle anderen Saxophonisten entmannt werden sollten. *Koko* ist nicht die Art von Musik, die man oft hören möchte, es ist beunruhigend, auf dieselbe Art, wie manche Werke von Schönberg beunruhigend sind. *Now's the Time* hingegen kann man immer wieder und wieder mit Vergnügen hören.

Noch im Studio verkaufte Charlie für 50 Dollar seine Komponistenrechte an *Now's the Time*. Die Nummer erschien bald unter dem Titel *The Huckle Buck* in den Juke-Boxes und erwies sich in Rhythm-&-Blues-Fassung als durchaus profitabel. Das war keineswegs eine Überraschung für alle, die die moralischen Standards der Unterhaltungs- und Plattenindustrie kannten, »eine Welt, die den Jazz schon immer als unbewachten Safe betrachtet hatte, in den man nach Herzenslust einbrechen konnte. Wenn

man die Beute entsprechend säuberte, konnte man große Summen Geldes damit verdienen«, schrieb der Jazzkolumnist Benny Green im *London Observer*.
Die Kritiken waren durchwegs schlecht und vertieften das Mißtrauen der Bopper gegenüber der Musikpresse. Im *Down Beat* vom 22. April 1946 hieß es: »*Billie's Bounce* und *Now's the Time* sind exzellente Beispiele für die andere Seite des Gillespie-Fimmels: den schlechten Geschmack und irregeleiteten Fanatismus von Dizzys hemmungslosem Stil. Nur Charlie Parker, der ein besserer Musiker ist, und dem überhaupt mehr Anerkennung gebühren würde, kann das Ärgste verhüten. Dabei ist er hier gar nicht in guter Form — davon zeugen ein schlechtes Rohrblatt und einige unverzeihliche Fehler. Wer immer der irregeführte Trompeter sein mag*, er kopiert sein Idol Gillespie wie viele andere auch mitsamt allen Fehlern wie Mangel an Ordnung und Bedeutung sowie Überbewertung von technischer Akrobatik. Drummer Max Roach, der in Gillespies gescheiterter Bigband gespielt hatte, hätte viel zum Guten beitragen können, tat es aber nicht. Das ist genau die Art von Musik, die unzählige beeindruckende Musiker aus der Bahn geworfen und manchen von ihnen irreparable Schäden zugefügt hat.« Normalerweise wurden Platten im *Down Beat* mit einem bis vier Punkten bewertet. In diesem Fall weigerte sich der Kritiker jedoch, *Now's the Time*, eine der wichtigsten Platten der gesamten Dekade, überhaupt zu bewerten.
Der Unterschied zwischen Improvisation und Komposition mag für einen Laien verwirrend sein. Jazzmusiker sind prinzipiell Improvisatoren, sie sind aber auch Komponisten. Als Improvisatoren brauchen sie Material, über das sie improvisieren können. Zur Zeit Charlie Parkers wurden hauptsächlich zwei Arten von Material verwendet: Der zwölftaktige Blues und der üblicherweise 32taktige Song — sie lieferten das Akkordschema für die Improvisationen. Nur blutige Anfänger spielten bei einem populären Song die Melodielinie, die der Komponist geschrieben hatte. Ein Jazzmusiker fand seine eigene Linie. Im Re-

---

* Miles Davis

pertoire der Bopper befanden sich viele neue Nummern, die harmonisch auf alten Standards beruhten. Weil George Gershwines *I Got Rhythm* eine attraktive Akkordfolge hat, diente es als Grundlage für Dutzende von Bebopnummern wie *Red Cross, Shaw 'Nuff, Anthropology, 52nd Street Theme, A Dizzy Atmosphere* und viele andere. Wurden diese Nummern nun auf Platte aufgenommen, erhob sich die Frage des Urheberrechts. Nachdem die Bebopthemen wenig Ähnlichkeit mit den Originalen hatten (obwohl ein guter Jazzmann die Verwandtschaft an den Akkorden erkennen konnte), schien es keinen Grund zu geben, dem jeweiligen Bebopmusiker das Urheberrecht zu verweigern. So wurde Charlie Parker zum Komponisten, obwohl er, was das Urheberrecht betraf, überaus nachlässig war. Er war gewöhnlich so sehr damit beschäftigt, neue musikalische Ideen zu kreieren, daß er keine Zeit fand, die schon gehabten Ideen legalisieren zu lassen.

Mit der *Now's the Time*-Aufnahmesitzung war wieder eine Ära zu Ende gegangen und schwere Zeiten kamen für die »Street«. Der Krieg war zu Ende und Antirauschgiftbrigaden, angestachelt von den militärischen Autoritäten, fielen wie Heuschreckenschwärme über die »Street« her. Viele friedliche, unschuldige Musikfreunde wurden zusammen mit »verdächtigen Elementen« eingesperrt. Einige Clubs wurden geschlossen, andere als *off limits* für Armeeangehörige erklärt. Charlie und Dizzy standen plötzlich ohne Arbeit da und wandten sich hilfesuchend an Billy Shaw, dessen Enthusiasmus für die neue Musik durch nichts zu erschüttern war. Shaw führte einige Ferngespräche mit Kalifornien und das Ergebnis war ein interessantes achtwöchiges Engagement in Billy Bergs Jazz-Bistro in Hollywood. Die Band umfaßte außer Bird und Diz Stan Levey, Al Haig, den Bassisten Ray Brown und den ersten Vibraphonisten des Bebop, Milt »Bags« Jackson. Anfang Dezember 1945 reisten die Rebellen der »Street« an die Westküste ab. Es war das erste Mal, daß dort Bebop gespielt werden sollte.

16
Yardbird in Lotus Land

Sie fuhren mit der Bahn an die Westküste. In Chicago, wo sie umsteigen mußten, beschlossen sie, zu einer Jam Session zu gehen. Dadurch versäumten sie ihren Anschlußzug, den »Santa Fe Chief«, auf dem sie Plätze reserviert hatten und mußten einen späteren und wesentlich langsameren Zug nehmen, wodurch die Reise, die an sich für drei Tage und zwei Nächte geplant war, beinahe eine Woche dauerte. Irgendwo in New Mexico oder Arizona, keiner wußte genau, wo es war, blieb der Zug wieder einmal auf freier Strecke stehen, mitten in der Wüste. Charlie, seit Chicago in einem tiefen Drogenschlaf, erwachte durch das Kreischen der Bremsen und starrte erschrocken aus dem Fenster auf die weite Ebene mit ihren Salbeisträuchern und Dornbüschen unter der grellen erbarmungslosen Sonne. Panik stieg in ihm auf, er griff nach seinem Instrumentenkoffer, kletterte aus dem Zug, stolperte über die Felsbrocken neben dem Gleis und rannte blindlings in die Wüste hinein. Er reagierte nicht auf seine Kollegen, die entsetzt hinter ihm her brüllten. Schließlich ermannte sich Stan Levey, rannte hinter Charlie her und erreichte ihn knapp vor einem Drahtzaun. Charlie stierte ihn mit irren Augen an. »Ich bin krank«, sagte er. »Ich brauche einen Arzt.« Levey wußte es besser. Charlie hatte kein Heroin mehr und litt unter schweren Entzugserscheinungen. Er schwitzte und zitterte am ganzen Körper, ließ sich aber schließlich doch zum Zug zurückbringen. Seine Kollegen legten ihn in sein Schlafwagenbett und banden ihn mit einem Lederriemen fest.
Sie waren über den Vorfall sehr erschüttert. Dizzy gab nun zu, daß er etwas Derartiges befürchtet und aus diesem Grund Milt Jackson mitgenommen hatte. Er, Dizzy, hätte Charlie in den letzten sechs Monaten aufmerksam beobachtet und festgestellt, daß dessen anfängliches Herumexperimentieren mit Heroin inzwischen zur vollen Abhängigkeit geführt hatte. Charlie war ein kranker Mann.

Zwanzig Stunden nach diesem Vorfall rollte der Zug langsam in die Union Station von Los Angeles. Nach am Abend desselben Tages sollte die Band im Lokal von Billy Berg ihren Job antreten. Am Bahnsteig wartete Dean Benedetti, der mit dem Greyhound-Bus vorausgefahren war, und brachte böse Neuigkeiten. In Los Angeles waren Drogen kaum zu bekommen und wenn, dann um das zwei- oder dreifache des Preises, den man in New York bezahlte. Vor allem aber gab es kein Heroin. Unter den Musikern entstand eine Diskussion, ob man es eventuell mit einem ortsansässigen Saxophonisten versuchen sollte und da wurde Charlie plötzlich zornig. »Redet keinen Scheiß«, sagte er. »Ich setze mir einen Schuß und alles ist cool. Dean, hol uns ein Taxi!« Charlie gab dem Taxifahrer Anweisung, sie zur nächstgelegenen Ordination eines Arztes zu fahren. Sie fanden einen praktischen Arzt im Wilshire District und Charlie begann, eine lange Geschichte zu erfinden: Er leide unter Nierensteinen, die Schmerzen seien durch die lange Bahnfahrt beinahe unerträglich geworden und er müsse heute abend ein wichtiges Engagement antreten. Der Arzt begann über Laboratoriumstests und Bestrahlungen zu reden, und währenddessen griff Charlie in die Tasche und schob ihm eine Zwanzigdollarnote über den Tisch. Daraufhin unterbrach sich der Arzt, schrieb hastig ein Rezept über einen Dreitagevorrat an Morphium aus, drückte es Charlie in die Hand und ersuchte ihn dringend, sich hier nie wieder blicken zu lassen. Charlie hatte keinerlei Schwierigkeiten, das Rezept bei der nächsten Apotheke einzulösen. Immer, wenn er bei der Beschaffung von Heroin Schwierigkeiten hatte, versuchte er, auf diese Art an Morphium zu kommen.

Der Eröffnungsabend bei Billy Berg war ein großes Ereignis, an dem teilzunehmen für jeden Pflicht war, der in der Jazzgemeinde der Westküste etwas gelten wollte. Sogar aus San Diego, Phoenix und Seattle reisten die Jazzfans an, um dabeisein zu können. Die Band spielte die ersten beiden Sets ohne Charlie. Er blieb in seiner Garderobe, aß die beiden »Conquistador«-Dinners und brachte sich langsam in Form. Der Schuß hatte ihn wieder auf gleich gebracht. Morphium aus der Apotheke war immer rein, konnte allerdings ohne ärztliche Verschreibung nicht

beschafft werden. Charlies am Anfang beschriebener zirkusartiger Auftritt war der eindeutige Höhepunkt des Abends und wurde von den Jazzfans mit der historischen Pariser Uraufführung von Strawinskys *Sacre Du Printemps* verglichen. Nach diesem hoffnungsvollen Beginn ließ allerdings das Interesse des Publikums schnell nach. Nach einer Woche spielte die Band nur mehr vor dem harten Kern von Hipsters und Jazzmusikern, die das Lokal höchstens zur Hälfte füllten. Der Umsatz an Getränken war beschämend niedrig. Die Besucher blieben stundenlang, Set für Set, an ihren Tischen sitzen und bestellten höchstens einen Eiskaffee oder eine Flasche Bier. Zwischen den Sets pflegten sie die Toilette aufzusuchen und waren den ganzen Abend über angenehm high, aber nicht von den Drinks, die Billy Berg verkaufte.
An seinen guten Abenden war Charlie relaxed und genial. Sein Gesicht war glatt und strahlend, wie es seinem Alter von 25 entsprach. Junge ortsansässige Jazzmusiker besuchten ihn in seiner Garderobe und nahmen ihn oft, nachdem das Lokal geschlossen hatte, in ihren lauten alten Vorkriegsautos zu Jam Sessions mit, die allnächtlich in den Lokalen der Central Avenue, *Brown Bomber*, *Lovejoys*, *Club Alabam* oder *Bird in the Basket* abgehalten wurden. Dann gab es die anderen Nächte, in denen Charlie zurückgezogen, mürrisch und reizbar wie ein kleiner Tyrann war. Er schwitzte stark, hatte schlechten Atem und sein Spiel wurde aggressiv. Sein Blick war dumpf und verschleiert, seine Augen blutunterlaufen in tiefen dunklen Höhlen. Er sah aus wie ein 40jähriger in schlechtem Zustand und niemand wollte glauben, daß er erst 25 war. An solchen Abenden wagten auch seine Bewunderer nicht, ihm nahe zu kommen. In der folgenden Nacht konnte er dann wieder er selbst sein. Alles hing von der Droge ab. Mit Droge war er Dr. Jekyll, ohne Droge Mr. Hyde. Zum ersten Mal in seinem Leben hatte ihn nun das Heroin eingeholt. In seiner Physiologie hatten bedeutsame und typische Veränderungen stattgefunden, seine Körperfunktionen, Stoffwechsel und Fermentierung, alles war auf die tägliche Dosis Heroin eingestellt. So wie in den Anfangsstadien beeinträchtigte die Droge keineswegs Charlies großen Appetit auf Nahrung, Pillen, Alko-

hol und Sex, ebensowenig wie seine unstillbare Lust, zu spielen, zu improvisieren und musikalische Wettkämpfe auszutragen. Aber die Möglichkeit, über längere Zeitabschnitte hinweg einfach auf das Heroin zu verzichten, hatte Charlie nun nicht mehr. Er war abhängig von der Droge und von denen, die ihn damit versorgten, und so sollte es für den Rest seines Lebens bleiben.

Dean Benedetti gelang es nach kurzer Zeit, das Problem einer verläßlichen Bezugsquelle zu lösen. Er fand Kontakt zu einem der bizarren Typen des Ghettos, der Emry Byrd hieß, aber allgemein als »Moose the Mooche« bekannt war. Er hatte früher in Jefferson High, einer schwarzen Schule im Südwesten der Stadt, studiert und war ein gefeierter Sportler gewesen, erkrankte aber dann an Kinderlähmung und konnte sich nur noch mit Krücken fortbewegen. »Moose the Mooche« betrieb einen Schuhputzstand auf der Central Avenue, verkaufte dort auch Jazz- und Bluesplatten, aber das wirkliche Geschäft machte er mit Drogen. Er hatte stets einen Vorrat von mexikanischem Marihuana und Heroin und sein Schuhputzstand wurde von Kunden aus dem Musik- und Showgeschäft frequentiert. »Moose« war ein glühender Jazzfan und hatte wie die meisten schwarzen Stadtbewohner seiner Generation den Bebop sofort als den zeitgenössischen Jazzstil erkannt. Er war sehr stolz, dessen führenden Musiker als Stammkunden zu haben. Nachdem Charlie einen sicheren »Anschluß« in Los Angeles hatte, begann sich alles zum Guten zu wenden.

Während des Engagements bei Billy Berg nahmen Charlie und Dizzy an einer Plattenaufnahme teil, die Slim Gaillard Hals über Kopf organisiert hatte. Dieser, ein großgewachsener vulgärer Entertainer, der verschiedene Instrumente beherrschte, war schon an die 10 Jahre im Showbusiness und hatte einige Hits gehabt, zum Beispiel *Cement Mixer*. Er arbeitete früher mit dem Bassisten Slam Stewart im Duo und einer der größten Erfolge der beiden war der *Flat Foot Floogee* gewesen. Diese Nummer sollte nun für eine kleine kalifornische Plattenfirma neu aufgenommen werden. Weitere Nummern waren *Dizzy Boogie, Popity Pop* und schließlich *Slim's Jam*, die beste von allen — eine köstliche kleine Miniatur-Jam-Session, in der Slim jeden Musiker vor seinem Solo persönlich vorstellte.

Im darauffolgenden Januar wirkten Charlie und Dizzy in einem Jazzkonzert mit, das der ortsansässige Impresario Norman Granz veranstaltete. Das Konzert fand in dem überaus häßlichen, gewölbeartigen *Philharmonic Auditorium* von Los Angeles statt, wo normalerweise nur klassische Musik für die Bewohner des südlichen Kalifornien gespielt wurde. Die Idee von Norman Granz, war, einem großen Publikum die erregende Atmosphäre einer Jam Session zu bieten. Das 2800 Plätze umfassende Haus war im Nu ausverkauft. Unter den Mitwirkenden befanden sich noch der Trompeter Al Killian, der früher mit Count Basie, Charlie Barnet und Lionel Hampton gespielt hatte, Willie Smith, der frühere Altsaxophonstar des Jimmy-Lunceford-Orchesters und, als besondere Attraktion, kein geringerer als Lester Young, der nach Verbüßung seiner Strafe endlich wieder in das Jazzleben zurückgekehrt war.

Es war nicht nur Charlies erstes großes Jazzkonzert, es war auch das erste Mal, daß er zusammen mit Lester Young auf der Bühne stand. Lester erkannte ihn nicht, er wirkte versponnen und entrückt und die anderen Musiker raunten sich zu, daß er eine Menge trinke. Ungeduldig wartete Charlie auf Lesters erstes Solo, aber die Ehrfurcht, mit der er zuhörte, verwandelte sich immer mehr in Trauer. Der große Held des *Reno Club* in Kansas City spielte nicht mehr mit demselben Feuer, er war alt geworden und etwas Wesentliches schien aus seinem Spiel verschwunden zu sein, vielleicht durch seine bösen Erfahrungen in der Armee. Lester spielte zuerst eine Ballade, *The Man I Love*, die Töne kamen weich und trunken aus seinem Instrument. Anschließend setzte er fort mit *Sweet Georgia Brown*, und hier spielte Charlie ein hervorragendes Solo. Der Erfolg dieses Konzertes war so groß, daß Norman Granz sofort Pläne für weitere derartige Veranstaltungen machte. So begann *Jazz at the Philharmonic*, das bald den Jazzfreunden auf der ganzen Welt ein Begriff werden sollte.

Auch im zweiten Konzert dieser Serie spielte Charlie mit. Der Abend begann damit, daß im Namen der Zeitschrift *Down Beat*

Willie Smith als bester Altsaxophonist und Charlie Ventura als bester Tenorsaxophonist ausgezeichnet wurden. Weder Charlie Parker noch der gleichfalls mitwirkende Lester Young wurden in diesem Zusammenhang erwähnt, aber als das Konzert schließlich begann, konnte sich das Publikum im ausverkauften *Philharmonic Auditorium* bald selbst ein Bild von der wirklichen Rangordnung machen. Zuerst spielte Lester Charlie Ventura an die Wand und dann lieferte Charlie Parker mit seinem Solo über *Lady Be Good* den absoluten Höhepunkt des gesamten Konzertes. Dieses Solo ist eine von Charlies besten Improvisationen überhaupt, und John Lewis, der spätere Leiter des Modern Jazz Quartetts, der den Abend miterlebte, sagte: »Bird machte aus *Lady Be Good* einen Blues. Sein Solo machte alle anderen Musiker auf der Bühne zu alten Männern.« Das Konzert hatte eine interessante Folge: es war manchen offenbar zu erfolgreich. Weil das Publikum vor Begeisterung tobte und in den Gängen tanzte, verbot die Leitung des *Philharmonic Auditorium* Norman Granz, dort weitere Veranstaltungen abzuhalten. Der Name *Jazz af the Philharmonic* wurde jedoch beibehalten.

Am ersten Montag im Februar beendete das Parker-Gillespie-Sextett sein Engagement bei Billy Berg. Am darauffolgenden Abend trafen sich Charlie, Dizzy, Levey und Ray Brown mit George Handy, dem Pianisten und Arrangeur von Boyd Raeburn, um für die erste Aufnahmesitzung der neuen Plattenfirma *Dial* zu proben, die ich gegründet hatte. Handy war von mir beauftragt worden, die Musiker auszuwählen und die Aufnahmen zu leiten. Er hatte sogar die Mitwirkung von Lester Young vorgesehen, aber wie sich herausstellte, waren seine Pläne zu schön, um wahr zu sein. Lester war an diesem Abend nicht aufzufinden. Die übrigen Musiker erschienen im Studio zusammen mit einer kleinen Armee von Hipsters mit ihren Mädchen und die ganze Probe entwickelte sich zu einem heillosen Durcheinander. Das Studio war Teil einer Radiostation, die einer lokalen Sekte gehörte und lag in einem traurigen kleinen Park, der an den Forest Lawn Cemetery grenzte, dem wohl am verschwenderischsten ausgestatteten Friedhof auf der ganzen Welt. Die Schlachtenbummler verlegten ihre Aktivitäten schließlich vom

Studio in den Park; es war sicher das erste Mal, daß in dem steifen vornehmen Vorort Glendale öffentlich freie Liebe praktiziert und Joints geraucht wurden. So amüsant das alles gewesen sein mag, es war nicht gerade förderlich für eine Plattenproduktion. Das einzige greifbare Ergebnis dieses Abends war eine Testaufnahme von *Lover* mit einem kurzen Parker-Solo. Handy allerdings zeigte sich voll zufrieden, versicherte mir, alles sei in bester Ordnung und schärfte den Musikern ein, am kommenden Abend um Punkt 8 Uhr zur Aufnahme zu erscheinen. Der nächste Abend kam heran und um halb acht meldete sich Handy bei mir und berichtete, Charlie sie nirgends aufzutreiben, ganz zu schweigen von Lester. Er hätte Charlie die ganze Nacht über nicht aus den Augen gelassen, aber irgendwann im Morgengrauen sei er ihm entwischt. So verpatzten wir die Gelegenheit, eine der interessantesten Jazzgruppen aufzunehmen.
Inzwischen zog es die Musiker zurück nach New York. Sie hatten genug von Kalifornien mit seinem milden Klima, den affektierten Umgangsformen und dem unentrinnbaren »Jim Crow«. Sie hatten Heimweh nach dem »Apple«. Marvin Freeman, Rechtsanwalt in Los Angeles und stiller Teilhaber der Firma *Dial*, buchte für die Gruppe einen Flug bei United Airlines. Dizzy holte die Tickets ab und verteilte sie an seine Musiker, was sich als Fehler herausstellte, denn als die Zeit der Abreise kam, war Charlie verschwunden. Nachdem Stan Levey die Stadt mit einem Taxi abgeklappert und erfolglos 20 Dollar ausgegeben hatte, verließen die Musiker die Stadt schließlich ohne Charlie und waren am Abend zurück auf der »Street«. Charlie hatte sein Ticket zurückgegeben, das Geld — etwas mehr als 100 Dollar — in einem Tag verbraucht und war nun in Kalifornien gestrandet, ohne Geld und ohne Job. Er machte keinerlei Versuche, nach New York zu gelangen und fand nach einiger Zeit einen Job im neueröffneten *Club Finale*. Der Club befand sich in der San Pedro Street im japanischen Viertel, dessen Bewohner während des Krieges fast ausnahmslos interniert waren und das langsam aus dem angrenzenden Negerdistrikt unterwandert wurde. Foster Johnson, der Leiter des Clubs, hatte keine Lizenz für den Alkoholausschank, er kassierte von jedem Besucher zwei Dollar

Eintritt und stellte ihnen Gläser und Eiswürfel auf die Tische. Jeder brachte sich seinen Alkohol selbst in Papiersäcken mit. In der Halle des alten schäbigen Gebäudes hing ein Plakat, auf dem Charlie Parker als neuer Star des Altsaxophons und als Gewinner des Esquire Jazz Poll 1945 angekündigt wurde.
An den Türen der Büros von obskuren Geschäftsunternehmen vorbei kam der Besucher in einen langgestreckten Raum, dessen Decke so niedrig war, daß ein großgewachsener Mann mit ausgestreckter Hand ihre Metallverschalung berühren konnte. Früher hatte sich hier das Lokal einer japanischen Kulturgesellschaft befunden. Es gab eine kleine Bühne mit einem alten Pianino, schäbige Tische und Stühle und die übliche hastig improvisierte Dekoration. Das *Finale* wurde schnell zu einer Art *Minton's* der Westküste. Die niedrige Decke garantierte exzellente Akustik, und Charlies Anwesenheit war ein Magnet für ortsansässige und durchreisende Jazzmusiker, unter ihnen Stan Getz, Zoot Sims, Miles Davis, Gerry Mulligan, Red Rodney, Hampton Hawes, Serge Chaloff, Shorty Rogers, Ralph Burns, Johnny Bothwell, Gerald Wilson, Sonny Criss und Charlie Ventura. Abgesehen vom *Minton's* und den Lokalen auf der »Street« waren die Jam Sessions im *Finale* 1946 die interessantesten im ganzen Land. Wenn die Stimmung gegen 3 Uhr früh ihren Höhepunkt erreicht hatte, sprang oft der Clubchef Foster Johnson leichtfüßig auf die Bühne und improvisierte geschickte Tanzschritte zu *A Dizzy Atmosphere* oder *Now's the Time*. In diesem gemütlichen kleinen Club in »Little Tokyo« hörte ich Charlie Parker im Frühjahr 1946 sehr oft und faßte den Plan, Plattenaufnahmen mit ihm zu machen.
Meine eigenen Beziehungen zur zeitgenössischen Jazzszene hatten im davorliegenden Sommer begonnen, als mein dreijähriger Dienst als Radio-Offizier der Marine zu Ende gegangen war. Damals eröffnete ich auf dem Hollywood Boulevard gegenüber den Florentine Gardens ein Plattengeschäft, das *Tempo Music Shop*. Die Regale zimmerte ich selbst mit Hilfe eines beschäftigungslosen Studiotischlers und füllte sie für den Anfang mit meiner eigenen Schallplattensammlung, meine eigene Anlage diente als Vorführgerät. Ich wollte eigentlich klassische Jazzauf-

nahmen an Sammler verkaufen, aber die Hipsters und Bopper sorgten dafür, daß das Geschäft sehr schnell ein Hauptquartier für die Anhänger der neuen Musik wurde. Louis Gottlieb, der damals bei Arnold Schönberg Komposition studierte, unterstützte uns besonders eifrig. Er liebte es, die Verdienste der beiden größten musikalischen Geister des Jahrhunderts, Schönberg und Parker, gegeneinander abzuwägen. Als Dean Benedetti in Kalifornien ankam, machte er die Vorführkabine des *Tempo* zu seinem Hauptquartier und spielte allen Leuten seine Drahtspulen vor, um sie gebührend auf das kommende Engagement Charlies bei Billy Berg hinzuweisen. Das Ereignis wurde auch in unserer monatlichen Aussendung »Jazz Tempo« unter der Überschrift »Bebop erobert den Westen« angekündigt.

An den Wänden der Vorführkabine wurden Autogramme gesammelt. Noch bevor das *Tempo* ein Jahr alt war, hatten sich hier bereits Lester Young, Nat King Cole, Miles Davis, Andre Previn, Burl Ives, Earl Robinson, Cisco Houston, Moe Asch, Gerry Mulligan, Howard McGhee, Stan Getz, Dave Dexter, George Avakian, Boyd Raeburn, Kid Ory, Norman Granz, Leadbelly, Red Rodney und Charlie Parker verewigt. Auf dem Plattenspieler drehten sich den ganzen Tag bis weit in die Nacht hinein die Platten, die direkt von den Herstellern im Osten geliefert wurden, um die Bedürfnisse der kalifornischen Bop-Fans zu erfüllen: *Congo Blues, Shaw 'Nuff, Billie's Bounce, Street Beat, Lover Man, Koko, Red Cross*. All diese Platten hörte ich hunderte Male. Aber erst der Eröffnungsabend bei Billy Berg mit Charlies dramatischem Auftritt überzeugte mich restlos vom Bebop.

Die Plattenfirma *Dial* entwickelte sich auf ganz natürliche Weise aus dem *Tempo Music Shop*, genauso wie die Firma *Commodore* aus dem *Commodore Music Shop* in New York, dem besten Plattengeschäft der Welt, entstanden war. Mein Partner, der Rechtsanwalt Marvin Freeman, war schon einer der bekanntesten Plattensammler von Los Angeles gewesen, als ich selbst damit anfing, in Altwarenläden nach seltenen Schallplatten zu suchen. Er trieb einen Teil des Startkapitals auf. Als wir uns klar darüber wurden, daß es kaum eine Firma gab, die gezielt Bebopaufnahmen machte, beschlossen *wir* es zu tun.

Eines Abends gegen 9 kam Woody Isbell herein, ein junger Mann, der einer unserer treuesten Stammkunden war und sagte: »Ich habe jemand draußen in meinem Auto, der mit Ihnen sprechen will.« Es stellte sich heraus, daß dieser Jemand Charlie Parker war. Er sah frisch und ausgeruht aus, sein Gesicht war knabenhaft, sein Lächeln entwaffnend. Nur der Ausdruck in seinen Augen paßte da nicht dazu, er war vorsichtig und mißtrauisch. Charlie entschuldigte sich für das Fiasko in Glendale, aber er hätte keine Lust gehabt, mit George Handy zusammenzuarbeiten. Auch mit Dizzy wolle er nicht mehr aufnehmen. Er hätte einen anderen Trompeter im Sinn, nicht einen Virtuosen, der ein Feuerwerk nach dem anderen aus seinem Instrument hervorholte, sondern eine andere Art von Musiker, einen, der einen relaxten Legatostil spielte, im mittleren und unteren Register, und einen warmen Ton hätte, nämlich Miles Davis, der in ein oder zwei Wochen in Los Angeles eintreffen würde. Charlie sprach lange über seine gescheiterten Bestrebungen und über seine Zukunft. Er hatte erfahren, daß Igor Strawinsky und Arnold Schönberg in Kalifornien lebten und nun sah er dieses Land mit neuen Augen. Er wollte sich auch hier niederlassen, er wünschte sich ein eigenes Heim mit Büchern, Bildern, einem Klavier, einer großen Plattensammlung und vielleicht einem Swimmingpool, damit er wieder ganz gesund werden konnte. Er wollte alle Werke von Strawinsky und Schönberg hören, ebenso die von Hindemith, Bartok, Varese und Alban Berg. Er hatte die ernsthafte Absicht, selbst zu komponieren. Für seine erste Aufnahmesitzung bei *Dial* versprach er, eine wunderschöne Komposition ähnlich wie *Confirmation* zu liefern. Wir diskutierten über verschiedene Musiker, mit denen Charlie gerne arbeiten wollte, ebenso wie über soziale und politische Probleme. Als das Thema Rassenproblem zur Sprache kam, meinte Charlie: »Darüber brauchen wir beide nicht zu reden!« Er erzählte von seinen Erfahrungen mit den Plattenfirmen im Osten, von deren Besessenheit, Hits für die Juke-Boxes zu liefern und von deren Geschick, wenn es darum ging, schwarze Jazzmusiker übers Ohr zu hauen. Er hatte *Now's the Time* nicht vergessen. Über seine Drogenprobleme sprach Charlie nicht und ich wagte nicht, das

Thema zu erwähnen. Unser Gespräch dauerte länger als eine Stunde und bevor Charlie ging, hatten wir eine handschriftliche Vereinbarung aufgesetzt.
Ich gab ihm aus der Ladenkasse des *Tempo* 100 Dollar Vorschuß und ein paar Tage später schlossen wir in Marvins Büro einen formellen Kontrakt ab. Er sollte ein Jahr lang laufen, mit der Option auf ein weiteres Jahr, die Gewerkschaft würde ordnungsgemäß verständigt und schließlich setzten wir das Datum der ersten Aufnahmesitzung fest. Die Proben dafür fanden im *Club Finale* statt.
An einem grauen regnerischen Donnerstagnachmittag Ende März versammelte Charlie die Musiker, die er sich ausgesucht hatte, im *Radio Recorders Studio* am Santa Monica Boulevard in Hollywood: Miles Davis, Trompete; Lucky Thompson, Tenorsaxophon; Dodo Marmarosa, Klavier; Arv Garrison, Gitarre; Vic McMillan, Baß und Roy Porter, Schlagzeug. Miles war mit dem Benny-Carter-Orchester nach Los Angeles gekommen, die übrigen Musiker hatte Charlie im *Finale* ausgewählt. Der Beginn der Aufnahmen war für 13 Uhr angesetzt, verschob sich aber bis gegen 14 Uhr. Die Musiker hatten in der Nacht zuvor im *Finale* zwar geprobt, aber praktisch nichts fertiggemacht. Außerdem gab es Streitereien und damit im Zusammenhang eine Änderung des ursprünglich vorgesehenen Personals. Auch die versprochene Originalkomposition hatte Charlie nicht geliefert. Kaum im Studio, konzentrierte sich Charlie voll auf die Arbeit. Er rollte die Hemdärmel auf, nahm sein Instrument und spielte ein paar Tonleitern. Es schien, als hätte er allein damit schon Atmosphäre geschaffen. Dann begann er mit tiefer, sicherer Stimme seinen Musikern zu erklären, was er von ihnen wollte. Er setzte das Tempo fest, spielte ihnen das Thema vor und unterwies jeden in seinem Part. Gelegentlich wurde ein Akkord oder eine Note genannt, aber meist spielte Charlie vor, was er meinte. Nach zwanzig Minuten war die Band bereit für die erste Aufnahme. Das rote Licht leuchtete auf, Marvin und ich gingen in den Kontrollraum zu den Technikern. Auf ein Nicken Charlies wurden die Maschinen gestartet. Die erste Nummer war eine Parker-Komposition mit dem Titel *Moose the Mooche*,

ein heiter-fröhliches Musikstück, das dem Drogenlieferanten Emry Byrd gewidmet war. Danach kam *Yardbird Suite*, ruhig und reserviert, aber sehr schön, aufgebaut auf dem alten *What Price Love*-Motiv, zu dem Charlie vor Jahren durch seine Begegnung mit der Polizei von Jackson/Mississippi inspiriert worden war. Dann nahm Charlie *Ornithology* auf, dessen Wurzeln ebenfalls in der Vergangenheit lagen. Es war die Weiterentwicklung eines Motivs, das Charlie in einem Solo auf einer Platte von Jay McShann benützt hatte.

Der Punch der Rhythmusgruppe ging von Roy Porter aus, der mit einem »pork-pie-hat«* hinter dem Schlagzeug saß. Der schlanke Gitarrist Arv Garrison hatte sich mit seiner Ausrüstung etwas seitlich aufgebaut und war sichtlich glücklich, hier dabei sein zu dürfen. Vom Klavier hörte man die erfreulichen Akkorde und Läufe von Dodo Marmarosa, auf dessen kleinen gedrungenen Körper ein enormer Kopf saß, was ihn sehr zwergenhaft wirken ließ. Dodo pflegte sich für die Sessions im *Finale* in Form zu bringen, indem er Bachs zweistimmige Inventionen in doppeltem Tempo spielte, und auch beim Jazz hatte sein Klavierspiel immer etwas von Bach. Der unerschütterliche, schweräugige Lucky Thompson bewältigte die Anforderungen der Session mit Leichtigkeit, ebenso wie Miles Davis, der mit stoisch unbewegtem Gesicht zwar nicht viel Solo spielte, aber den Ensembleparts durch seinen schönen Ton viel Wärme verlieh.

Nach jedem Take bat Charlie den Toningenieur, die Aufnahme vorzuspielen. Dann zeigte er die Fehler auf und ließ eine weitere Version aufnehmen, solange, bis er zufrieden war. Die Fehler kamen in allen Fällen von den Mitspielern, besonders von Miles Davis, der etwas langsam war, wenn es darum ging, sich mit neuem Material vertraut zu machen. Charlies beste Soli waren oft auf dem ersten und zurückgewiesenen Take, obwohl diese Takes aufgehoben und später auch veröffentlicht wurden. Bei der Arbeit im Studio war Charlie viel zurückhaltender und disziplinierter als bei seinen Auftritten in den Clubs. Er beschränkte sich in jeder Nummer auf einen einzigen Chorus, weil

---

* flacher runder Filzhut

er einerseits den anderen auch eine Chance geben, andererseits sich nicht allzu sehr ausgeben wollte.

Die letzte Nummer, die aufgenommen wurde, war *A Night in Tunisia*, und im ersten Take spielte Charlie einen geradezu atemberaubenden Break. Während des Playbacks stellte sich heraus, daß dieser Take nicht verwendbar war, da er vor Fehlern der anderen Musiker nur so strotzte. Charlie war sauer. »Diesen Break bringe ich nie wieder so zusammen«, sagte er. Es sollte sich zeigen, daß er recht hatte und nicht nur das, auch seine Soli in den folgenden Takes waren nicht so gut wie das im ersten. Als schließlich fünf komplette Versionen von *A Night in Tunisia* eingespielt waren, endete die Aufnahmesitzung um 9 Uhr abends. Abgesehen von einigen kurzen Kaffeepausen hatte Charlie sieben Stunden lang durchgearbeitet, eine eindrucksvolle Vorführung disziplinierten Musikertums. Außer Louis Armstrong hatte ich noch nie einen Musiker erlebt, der derart in seiner kreativen Rolle aufging.

Das Ergebnis dieser Session war beachtlich: die lyrische *Yardbird Suite*, das rauhe herzhafte *Moose the Mooche*, *A Night in Tunisia*, das bis dato nur in der Version von Boyd Raeburn erhältlich gewesen war und, als eindeutig beste Nummer der ganzen Session, *Ornithology*, das ein Bebop-Standard wurde. Drei der Mitwirkenden — Dodo Marmarosa, Miles Davis und Lucky Thompson — wurden von *Down Beat* unter die »New Stars 1946« eingereiht.

Zur Regelung der urheberrechtlichen Seite schlug *Dial* vor, einen Musikverlag zu gründen und Charlies Kompositionen zu veröffentlichen. Die legalen Voraussetzungen wurden geschaffen, um *Ornithology*, *Yardbird Suite* und *Moose the Mooche* urheberrechtlich zu schützen, es fehlten nur die Originalmanuskripte und Charlies Unterschrift. Nachdem diese aber niemals eintrafen, blieben die Nummern ungeschützt und wurden vielfach gestohlen. Eine weitere Vereinbarung besagte, daß *Dial* an Charlie jeweils zwei Cents für jede verkaufte Plattenseite zahlen würde, auf der sich eine Komposition Charlies befand. Der Betrag von zwei Cents war das Maximum innerhalb des in der Branche üblichen Spielraumes. Dieser Vertrag wurde rechtskräftig.

Die erste Schallplatte mit *A Night in Tunisia* auf der einen und *Ornithology* auf der anderen Seite erschien Anfang April auf dem Markt und ich ging damit auf eine dreiwöchige Werbe- und Verkaufstour. Als ich zurückkehrte, traf ich meinen Partner zornig und frustriert an. Wortlos überreichte mir Marvin zwei Briefe, die während meiner Abwesenheit angekommen waren. Es ging um Charlie. Trotz der Vorschüsse und ungeachtet unserer Versuche, ihm über lange Zeit hinweg ein Einkommen aus den Plattenverkäufen zu sichern, hatte er ein überaus erstaunliches Abkommen geschlossen.

Das eine Dokument war ein handschriftlicher Entwurf des zweiten. Dieses war sauber getippt, von beiden Seiten unterfertigt und von einem öffentlichen Notar beglaubigt.

Marvin lächelte wehmütig. »Nun ja«, sagte er, »wenigstens haben wir die Genugtuung, daß wir Idealisten waren. Wir haben versucht, eine gute Tat zu vollbringen. Wir kümmern uns um unsere Künstler und so.«

»Ist das wirklich rechtsgültig?« fragte ich.

»Das Handgeschriebene nicht«, sagte Marvin. »Aber das andere, das notariell beglaubigte, auf alle Fälle. Es ist ein legales, gültiges Dokument. Ich nehme an, es ist dir klar, daß Charlie damit die Hälfte von allem, was er jemals in seinem Leben von uns bekommt, abgetreten hat. Für ein bißchen Kokain, oder was immer er benützt.«

»Heroin«, korrigierte ich.

Marvin legte die beiden Dokumente in den Parker-Ordner und gab ihn seiner Sekretärin. Dann begannen wir, unsere finanzielle Situation zu überprüfen. Unsere ursprüngliche Abmachung war, daß Marvin das Kapital zur Verfügung stellte, ich mich mit 500 Dollar daran beteiligte und die ganze Arbeit machte. Er hatte bereits 7000 Dollar aufgewendet, eine Summe, die unsere Schätzungen weit überstieg. Aber Studiomiete, Plattenherstellung, Büromaterial und ein wenig Werbung, das alles hatte eben seinen Preis und es war klar, daß wir nicht erwarten konnten, Hits zu produzieren. Marvin erklärte, er sei gegenwärtig nicht in der Lage, weitere Summen beizusteuern und schlug vor, wir sollten zunächst unsere Aufnahmeaktivitäten unterbre-

chen und sehen, daß das investierte Geld in irgendeiner Form wieder hereinkäme. Was als großer Spaß begonnen hatte, sah nun auf einmal kompliziert, lästig und riskant aus.
Dann brachte die Morgenpost einen Brief von Charlies Teilhaber Emry Byrd, alias »Moose the Mooche«, in dem dieser präzise und formell mitteilte, daß sich infolge unglückseliger Umstände seine Adresse geändert habe und bis auf weiteres »Staatsgefängnis San Quentin« laute. Das ergab eine abschließende überraschende Wendung in diesem bizarren finanziellen Arrangement zwischen Charlie und seiner Versorgungsquelle, die nun offensichtlich für eine Zeitlang versiegt war.

17
Sparrow's Last Jump

Auf der Central Avenue war die Panik ausgebrochen. Es gab keine Drogen mehr, nicht einmal zum doppelten oder dreifachen Preis. Die Junkies lagen zitternd und schwitzend in billigen Hotels und versuchten, mit den Entzugserscheinungen fertig zu werden. Der immer lebhafter werdende Betrieb im *Club Finale* war der Rauschgiftbrigade der Polizei von Los Angeles aufgefallen und der Clubbesitzer Foster Johnson wurde von der Polizei immer mehr unter Druck gesetzt. Er hatte den Club ins Leben gerufen, weil er die Musik liebte und gerne dazu tanzte. Nun aber beschloß er, lieber für jemand zu arbeiten, der mit den Realitäten des Nachtgeschäftes besser zurechtkam. Charlie Parker und den Musikern, die mit ihm in diesem Club engagiert waren, wurde dies nicht eigens mitgeteilt; sie kamen eines Abends wie gewöhnlich zu ihrem Job und standen vor verschlossenen Türen. Charlie verschwand daraufhin völlig von der Bildfläche. Einige Tage lang wußten nicht einmal seine besten Freunde, wo er war.

Nach mehrtägiger, geduldiger Suche fand ihn schließlich Howard McGhee in einer Garage auf der McKinley Avenue, einer der schäbigeren Straßen des Ghettos. In der Garage standen ein Feldbett, zwei wacklige Stühle und eine alte Kommode, von der die Farbe abblätterte. Es gab ein kleines Fenster ohne Vorhang und einen kleinen Teppich auf dem Betonboden. Die Wände waren nicht wetterfest und es war keine Heizgelegenheit vorhanden. Im Frühling sind die Tage in Kalifornien sonnig und mild, die Nächte können aber noch recht kalt sein. Charlie benützte seinen Mantel als Bettdecke. Er hatte seit Tagen nichts gegessen und lebte von kalifornischem Portwein, den man damals um einen Dollar pro Gallone bekam. Der Wein war sein Essen, sein Trinken und seine Medizin, die er sich selbst verschrieben hatte. Damit, so sagte er zu Howard, wollte er das Heroin loswerden.

Howard half Charlie, seine wenigen Sachen zu packen und nahm ihn mit in den Bungalow auf der West 41st Street, wo die McGhees wohnten.
Die McGhees steckten selbst bis über beide Ohren in Problemen. Dorothy McGhee war eine Weiße, ein langbeiniges blondes Exfotomodell. Gemischte Pärchen aber waren ein ständiger Dorn im Auge der Polizei von Los Angeles. Diese war in den Kriegsjahren mit schlecht ausgebildeten Nachwuchskräften aus dem Südwesten aufgefüllt worden, die ihren eigenen Rassismus mitbrachten. Einmal wurden die McGhees verhaftet, als sie friedlich nebeneinander in einem Kino saßen und sich einen Film ansahen, bei einer anderen Gelegenheit traten Polizisten die Tür des Bungalows ein und nahmen Howard McGhee wegen Besitzes von Rauschgift fest, das ein Polizist vorher vorsorglich in der Wohnung deponiert hatte. Schon der Anblick eines gemischten Pärchens war genug, um einen Los-Angeles-Cop, der auf sich hielt, in blinde Wut zu versetzen. Inzwischen bemühten sich die beiden um die Leitung des geschlossenen *Finale Clubs* und eröffneten ihn im Mai wieder. Dorothy saß an der Kasse und kassierte von jedem Besucher einen Dollar Eintritt. Die Eintrittsgelder wurden unter der Band aufgeteilt, die aus Howard, Charlie, Dodo Marmarosa, Red Callender und Roy Porter bestand. Damit hatte Charlie wieder einen Job, wenn auch einen sehr unsicheren, einen Platz zum Wohnen und Freunde, die sich um ihn kümmerten.
Seit Emry Byrd ins Gefängnis eingeliefert worden war, hatte Charlie kein Heroin mehr angerührt und bemühte sich ernsthaft, ohne die Droge auszukommen. Aber es war ihm unmöglich, gleichzeitig auch auf den Alkohol zu verzichten. Vom Portwein war er zum Whisky übergegangen und trank davon große Mengen, manchmal mehr als einen Liter täglich. Alkohol schien er nicht so gut wie Drogen zu vertragen.
Er entwickelte eigenartige Verhaltensweisen und seltsame Ticks. Manchmal zuckten seine Gliedmaßen unkontrollierbar. Während er spielte, kam es vor, daß sein Saxophon plötzlich in die Höhe schoß, als hätte man es an einer Schnur gerissen. Eines Nachts drehte er dem Publikum den Rücken zu und spielte ei-

nen ganzen Set mit dem Gesicht zur Wand. Sein Spiel war nicht mehr so spontan wie früher. Manchmal spielte er überhaupt nicht und saß nur brütend da, mit seinem Instrument auf den Knien. Körperlich und seelisch war er in diesem Frühjahr ein kranker Mann und durchlebte eine ernsthafte Lebenskrise. Die Beziehungen zwischen der Firma *Dial* und ihrem wichtigsten Künstler wurden anstrengend und schwierig. Jeder meiner Besuche im *Finale* endete mit Geldforderungen. Charlie verlangte Vorschüsse auf seine Einkünfte der kommenden Monate und betonte immer wieder, daß er jederzeit bereit und imstande sei, eine weitere Plattenaufnahmesitzung zu machen. Er sagte, er würde die Musiker aus dem *Finale* verwenden, würde Miles Davis für diese Gelegenheit kommen lassen, würde ein Dutzend wunderschöner neuer Nummern schreiben und so weiter. Ich versuchte immer, vernünftig mit ihm zu reden, aber er igelte sich ein und war keinem Argument zugänglich. Es war nahezu unmöglich, mit Charlie zu diskutieren. Vielleicht wären die Barrieren, die er um sich gelegt hatte, hochgegangen, wenn ich schwarz gewesen wäre, ein Junkie oder ein Jazzmusiker, aber auch da bin ich nicht sicher. Er hatte ein besonderes Talent, einen auf Armeslänge von sich fernzuhalten. Er war — wie es John Lewis einmal ausgedrückt hat — wie Feuer, man konnte ihm nicht zu nahe kommen. Das einzige, was Charlie gerne hörte, war, wenn ich ihm sagte, er gehöre meiner Meinung nach zu den Giganten der afro-amerikanischen Musik und stehe auf einer Stufe mit Armstrong, Ellington und Lester Young.
Dann lächelte er.
»Ist das dein Ernst?« fragte er. »Natürlich«, erwiderte ich und fügte ein paar ähnliche Meinungen von Gottlieb und anderen hinzu.
»Nun gut«, rief er dann. »Und wann machen wir unsere Aufnahmen?«
»Wir werden sehen.«
Ich brachte Marvin schließlich dazu, das erforderliche Geld aufzutreiben, und ein Studiotermin wurde festgesetzt. Howard McGhee hatte ernsthafte Bedenken. Es war unmöglich, Charlie vom Trinken abzuhalten, und an manchen Abenden im *Finale*

war er völlig außerstande, zu spielen. Wir hatten für Dienstag, den 29. Juli, das *C. P. McGregor Transcription Studio* auf der Western Avenue südlich des Wilshire Boulevards gemietet, wo wir kurz davor hervorragende Aufnahmen mit Woody Herman machten. Außer Charlie und Howard hatten wir den Pianisten Jimmy Bunn, den Drummer Roy Porter und den Bassisten Bob Dingbod Kesterton engagiert, der mit seinem Instrument auf einem italienischen Motorroller ankam. Alles war unter strengster Geheimhaltung vor sich gegangen, um die Außenseiter abzuhalten. Im Kontrollraum waren außer mir Marvin, dessen jüngerer Bruder Richard, der Psychiater war, der Toningenieur Ben Jordan, Bobby Dukoff, ein wohlbekannter Studiomusiker, Saxophonist und Hersteller von Saxophonmundstücken sowie Elliott Grennard, der Hollywoodkorrespondent des Magazins *Billboard*. Slim, der Aufpasser aus dem *Finale*, war mitgekommen, um beim Transport der Instrumente zu helfen.

Während Marvin und ich auf den Beginn der Session warteten, stellten wir uns besorgt einige naheliegende Fragen. Hatten wir alles, was möglich war, getan? Hatten wir die richtigen Sidemen für eine derart delikate Situation ausgewählt? Würde der neue Pianist die richtigen Akkorde finden können? Oder sollten wir das Ganze noch rasch absagen, würde es nur hinausgeworfenes Geld bedeuten? Es war uns klar, daß die Beantwortung dieser Fragen von dem Star unserer Produktion abhängig war, von seinen Reflexen, seinem Arbeitswillen, seiner Gesundheit, seiner Stimmung und nicht zuletzt dem Alkoholgehalt in seinem Blut. Würde er plötzlich zum Leben erwachen, so wie bei der letzten Aufnahmesitzung? War er überhaupt imstande, zu spielen und konnte er durchhalten? Die Verträge waren unterschrieben, das Studio für fünf Stunden gemietet, eine Stunde kostete 100 Dollar. »Eigenartige Aufnahmesitzung«, knurrte Marvin und ich sah das Unbehagen auf seinem Gesicht. »Alles hängt von einem einzigen Mann ab!«

In dem riesigen Studio mit seiner hohen gewölbten Decke wirkten die fünf Musiker wie Zwerge. Hier hatten siebzigköpfige Orchester Aufnahmen gemacht. Charlie lümmelte in einem der Metallstühle. Er trug die Hosen seines gegenwärtigen guten An-

zuges, Hosenträger über einem sauberen weißen Hemd, keine Krawatte. Sein Saxophon lag in dem geöffneten Futteral auf dem Boden. Es sah aus, als hätte Charlie jedes Interesse an der Session verloren. Nichts war vorbereitet. Auf die Frage, was er spielen wolle, kam eine grunzende nichtssagende Antwort. Behutsam machte Howard McGhee den Vorschlag, Charlie solle sein Horn aufwärmen. Charlie tat es. Sein Spiel war mechanisch, sein Ton kalt. Dann schlug jemand als Anfang *Max Is Making Wax* vor, eine beliebte Nummer auf der »Street«. Mit stumpfem Blick und ungeschickten Fingern nahm Charlie sein Saxophon, hängte es an den Nackenriemen und nahm seinen Platz am Mikrophon ein. Das rote Licht flammte auf. Ben Jordan startete die Aufnahmemaschine, und die Band begann, viel zu schnell, *Max Is Making Wax* zu spielen.
Die Rhythmusgruppe spielte unsauber, die Männer spürten die unerträgliche Spannung. Ebenso unsauber war das Altsaxophon in den Ensembleparts. Außerdem bewegte sich Charlie dauernd vor dem Mikrophon und der Toningenieur versuchte verzweifelt, die dynamischen Unterschiede mit seinem Regler auszugleichen. Die Saxophonphrasen kamen wie die Feuerstöße eines Maschinengewehrs. Der Take dauerte etwa zweieinhalb Minuten und war offensichtlich unbrauchbar. Marvin schickte seinen Bruder in das Studio, der sich kurz mit Charlie unterhielt und dann in den Kontrollraum zurückkam.
»Was ist mit ihm?« fragte Marvin.
»Ich glaube, er leidet an Unterernährung und akutem Alkoholismus«, erklärte Richard. »Um Genaueres sagen zu können, müßte er in einem Krankenhaus untersucht werden. Aber er will nicht hingehen.« Richard griff nach seiner Arzttasche. »Ich werde ihm etwas geben.«
»Drogen?«
»Nein, ein Beruhigungsmittel. Er behauptet, seine Dosis sei 10 Tabletten. Ich werde ihm einmal 6 geben, aber ich kann nicht garantieren, was dann passiert.«
Bobby Dukoff, der Hersteller von Saxophonmundstücken, sagte: »Ich könnte in diesem Zustand nicht einmal einen Takt spielen!« Der Mann von *Billboard* saß ruhig in einer Ecke und

machte sich Notizen, die das Rohmaterial für eine später preisgekrönte Kurzgeschichte mit dem Titel »Sparrow's Last Jump« waren. Richard löste 6 gelbe Tabletten in einem Papierbecher Wasser auf und Charlie trank es gehorsam. »Charlie, diese Nummer war wundervoll, einfach phantastisch«, sagte Marvin mit forciertem Enthusiasmus. Charlie nickte abwesend und meinte, als nächstes wolle er *Lover Man* probieren. Der Pianist spielte sich die Akkorde durch und Howard reinigte die Ventile seiner Trompete. Ich sagte hastig zu Ben Jordan, er solle die Maschinen einfach starten und alles aufnehmen, egal was passiert. Und dann ließ ich mich in meinen Sessel fallen und wartete auf das, was da kommen sollte.

Die Klaviereinleitung von Jimmy Bunn schien kein Ende zu nehmen. Endlich kam Charlies Einsatz, aber er versäumte ihn. Das Altsaxophon kam mit ein paar Takten Verspätung. Charlies Ton war stärker geworden, aber er war scharf und so schmerzerfüllt, daß es einem das Herz brach. In seinen Phrasen spiegelten sich Bitterkeit und Frust der Monate in Kalifornien. Die Töne flossen in einer traurigen, würdigen Erhabenheit, aber Charlie schien nicht als denkender Musiker, sondern nach puren Reflexen zu improvisieren. Das waren die rauhen Klänge eines Alptraums, der aus den tiefsten Schichten des Unterbewußtseins empordrang. Noch eine letzte unheimliche spannungsgeladene Phrase, die unvollendet blieb, dann Stille. Alle Anwesenden im Kontrollraum waren erschrocken, verstört und zutiefst berührt.

Wir verschwendeten keine Zeit für ein Playback. Nach einer kurzen Pause begann Charlie, *The Gipsy* zu spielen. Seine Reflexe wurden immer unpräziser, die Phrasen kamen in keuchenden Stößen mit langen Pausen dazwischen. Zu langen Pausen. Umsonst brüllte Roy Porter: »Blas, Bird, blas doch, Mann!« Aber Charlie hatte schon aufgehört. Howard stieg mit seiner Trompete ein und versuchte, die Situation zu retten. Der Take endete mit einem hastigen, unorganischen Schluß. Dann kam der letzte Versuch, eine vierte Nummer, und zwar *Bebop*, schlecht ausgewählt und viel zu schnell gespielt. Charlies Saxophon war zeitweise kaum zu hören und wir sahen, daß er vor

dem Mikrophon herumtaumelte. Als die Nummer zu Ende war, sank er erschöpft in seinen Stuhl.
Richard Freeman sagte: »Ich würde ihm eine Morphiuminjektion geben, aber ich glaube, das ist zu riskant. Wir müssen ihn so rasch als möglich zu Bett bringen.«
Charlie wohnte damals im Civic Hotel um die Ecke vom *Finale Club*. Ein Taxi wurde gerufen und Slim bekam den Auftrag, Charlie nach Hause zu bringen und dafür zu sorgen, daß er sofort zu Bett ging. Da die Studiozeit noch nicht abgelaufen war, machte Howard McGhee den Vorschlag, noch ein paar Nummern aufzunehmen. Nach einer kurzen Erfrischungspause spielte er zwei Takes mit der Rhythmusgruppe und war so gut wie nie zuvor, er erinnerte an Roy Eldridge, wenn er gut in Form war. Aber dennoch klang das Ganze ohne ein zweites Blasinstrument sehr dünn. Howards Anstrengungen konnten auch nicht mehr verhindern, daß die Session ein totaler Reinfall war. Marvin bezahlte die Studiomiete, für Richard wurde es Zeit, seinen Dienst im Krankenhaus anzutreten und ich entschloß mich, noch beim Civic Hotel vorbeizufahren, um zu sehen, ob alles in Ordnung war.
Das Civic lag in den oberen Stockwerken eines Ziegelbaus Ecke 1st und San Pedro, ein Drittklassehotel, aber bequem und sauber. Als ich hinkam, bemerkte ich Wasser auf dem Gehsteig und ein Einsatzfahrzeug der Feuerwehr mit blinkendem roten Licht. Dann kamen vier Feuerwehrleute die Stiegen herunter mit einer Matratze, die sie auf die Straßen warfen und mit Chemikalien besprühten. Die Matratze qualmte und rauchte. In Charlies Zimmer im obersten Stock fand ich weitere Feuerwehrleute, die eben ein zerstörtes Bett auf den Gang heraustrugen. Der Hotelmanager, ein Chinese, erzählte mir in seinem seltsamen singenden Englisch, was geschehen war. Charlie und Slim waren mit dem Taxi angekommen, Slim hatte gewartet, bis Charlie im Bett lag und war dann gegangen. Etwas später war Charlie in der Hotelhalle erschienen, um zu telefonieren — es gab auf den Zimmern keine Telefone. Charlie hielt ein 35-Cent-Stück in der Hand und wollte es von dem Manager gewechselt haben. Abgesehen von einem Paar Socken war er splitternackt. Als einige Gäste deswegen

protestierten, wurde Charlie überaus ärgerlich und benützte derbe Schimpfworte. Mit Mühe überredete ihn der Manager, in sein Zimmer zurückzugehen.

Wieder einige Zeit später wiederholte sich das Ganze, aber diesmal brachte der Manager Charlie persönlich auf sein Zimmer und versperrte die Tür. Die nächste halbe Stunde war es ruhig. Dann kam ein aufgeregter Hotelgast in die Halle gelaufen und berichtete, er hätte beobachtet, daß unter der Tür von Charlies Zimmer Rauch hervordringe. Der Manager alarmierte die Feuerwehr, dann raste er die Stiegen hinauf und öffnete die Tür zu Charlies Zimmer. Die Matratze brannte, die Flammen waren im Begriff, auf das hölzerne Bettgestell überzugreifen und der Raum war mit dichtem Rauch erfüllt. Der Manager packte Charlie, der immer noch nackt war und laut vor sich hin fluchte und zerrte ihn aus dem Zimmer. Von allen Seiten stürzten angsterfüllte Hotelgäste herbei und bald hörte man die Sirene der Feuerwehr. In ihrem Gefolge kam die Polizei.

Uniformierte Feuerwehrmänner mit Schläuchen, Äxten und Feuerlöschern stürmten die Treppe herauf und in Charlies Zimmer. Charlie versuchte verzweifelt, die Wirkung des Beruhigungsmittels abzuschütteln und beschimpfte die Feuerwehrleute vulgär, weil sie seine Privatsphäre verletzten. Die Feuerwehrleute ignorierten ihn, nicht aber die Polizei. Charlie wurde prompt mit Hilfe eines Gummiknüppels »ruhiggestellt«, sie drehten seine Arme auf den Rücken und fesselten ihn mit Handschellen, dann wurde er in eine Decke gewickelt und über die Stiegen hinunter in den Einsatzwagen gezerrt. Das alles dauerte kaum länger als zwei oder drei Minuten. Die Polizisten hatten offenbar nicht die Absicht, mit einem nackten, randalierenden Schwarzen in einem zweifelhaften Hotel Zeit zu verschwenden.

Für die folgenden 10 Tage war Charlie spurlos verschwunden. Unter den Hipsters jagte ein Gerücht das andere, jemand wollte sogar wissen, Charlie sei tot. Ich machte mich auf die Suche nach ihm und begann im städtischen Gefängnis, wo ich feststellte, daß man dort Charlies Personalien aufgenommen hatte, daß er selbst aber nicht mehr dort war. Schließlich gelang es Richard, herauszufinden, daß Charlie in die Psychopathenabtei-

lung des Landesgefängnisses verlegt worden war, das sich in einem alten Gebäude an der Ostseite von Los Angeles befand. Howard und ich fuhren sofort hin und wurden in einen riesigen kreisrunden Raum geführt. Auf den Bänken saßen 40 oder 50 Menschen in einheitlichen grauen Pyjamas und in den verschiedensten Stadien des Schwachsinns, der Erregung und der Depression. Da gab es Prediger, Mimen, Standbilder, Napoleons, Barrymores und Lenins, aber keinen Charles Parker jr.
Endlich erschien ein Beamter und führte uns die Stiege hinauf zu den Zellen. Sie waren mit schweren Eisentüren verschlossen, die nur ein kleines vergittertes Guckloch hatten. Eine der Türen stand halb offen. Wir blickten in einen Raum in dem gerade Platz für ein Feldbett, ein kleines Nachtkästchen und einen Stuhl war. Die der Tür gegenüberliegende Wand hatte ein vergittertes Fenster. Auf dem eisernen Feldbett lag Charlie in einem grauen Pyjama und einer Zwangsjacke, die allerdings nicht geschlossen war. Man hatte jedoch sein linkes Handgelenk mit Polizeihandschellen an das Feldbett gefesselt. Der Beamte teilte uns mit, wir könnten fünf Minuten bleiben.
Charlie war bei vollem Bewußtsein. Er wirkte überwältigt und zornig. Als er uns bemerkte, versuchte er, sich aufzusetzen, soweit es ihm die Handschellen gestatteten. »Um Gottes willen, Mann«, keuchte er, »bring mich hier raus!« Dann begann er eine lange Schimpftirade gegen die Polizei, das Gefängnis und Kalifornien im allgemeinen. Er befahl Howard, den Beamten zu suchen, damit er zu seinen Kleidern käme und mir, ihm einen Platz für den nächsten Flug nach New York zu buchen. Noch während er sprach, erschien der Beamte wieder und teilte uns mit, die fünf Minuten seien um.
Während der Beamte uns mit sanfter Gewalt aus der Zelle beförderte, rief uns Charlie ängstlich nach: »Ihr werdet mich doch nicht hierlassen?«
»Wir holen dich heraus«, erwiderte Howard. »Auf irgendeine Art und Weise!«
Ich hatte das Gefühl, daß das gar nicht so einfach sein würde.

18
Relaxin' At Camarillo

Für die Bedauernswerten, die von der Polizei von Los Angeles wie menschlicher Müll in der Psychopathenabteilung des Staatsgefängnisses abgeladen wurden, gab es alle zwei Wochen Gerichtsverhandlungen an Ort und Stelle — das war einfacher und billiger, als die Gefangenen vor ein reguläres Gericht zu transportieren. Ein improvisierter Richtertisch wurde direkt vor der Zelle desjenigen aufgebaut, dessen Fall behandelt werden sollte. Ein Gerichtsdiener rief mit lauter Stimme, die Verhandlung sei eröffnet und der Richter stand hinter dem improvisierten Richtertisch, seine schwarze Robe über dem Straßenanzug. Der Gefangene wurde nicht, wie es üblich war, durch einen Anwalt vertreten. Der Bericht der Polizei, das Ergebnis der Untersuchungen und, falls vorhanden, die Empfehlungen des Psychiaters wurden verlesen, das Urteil verkündet und der Gefangene in eine der drei Nervenheilanstalten des Landes, Norwalk, Patton oder Camarillo, überwiesen.
Die Anklage gegen Charlie lautete: Unzüchtiges Benehmen, Widerstand gegen die Staatsgewalt und Verdacht auf Brandstiftung. Marvin meinte, gegen den dritten Anklagepunkt könnte erfolgreich Einspruch eingelegt werden, die Strafen für die ersten beiden könnten jedoch 3 bis 6 Monate Gefängnis ausmachen. Aber die Behörden waren weitergegangen, sie vermuteten, Charlie sei geisteskrank. Von Rauschgiftsucht war nicht die Rede, obwohl die Einstiche an Charlies Arm jedem untersuchenden Arzt auffallen mußten. Norwalk und Patton, so erfuhren wir, waren altmodische, schwer bewachte Anstalten, in denen hauptsächlich Geistesgestörte und geistig abnorme Rechtsbrecher festgehalten wurden. Wer einmal hinter ihren Mauern verschwunden war, hatte es sehr schwer, wieder herauszukommen. Camarillo dagegen war bekannt als der »Country Club« unter den Nervenheilanstalten und hatte ein Rehabilitationsprogramm für chronische

Alkoholiker und Rauschgiftsüchtige. Wir mußten alles versuchen, um Charlie dorthin zu bringen.
Marvin erhob gegen das Urteil Einspruch und bereitete die notwendigen Papiere vor, um Charlies Fall vor die nächsthöhere Instanz zu bringen. Der Richter, der dort schließlich damit betraut wurde, war Stanley Mosk, er war jung und bekannt für seine liberalen Ansichten. Bei der Verhandlung in Charlies Abwesenheit traten Marvin, Richard, Howard und ich als Leumundszeugen auf. Das Gericht wurde über Charlies Karriere und seine Beiträge zur amerikanischen Musik informiert. Richter Mosk — er wurde später Generalstaatsanwalt und Mitglied des Obersten Gerichtshofs von Kalifornien — ordnete schließlich Charlies Einweisung in die Staatliche Nervenheilanstalt von Camarillo an, und zwar für mindestens 6 Monate. Danach sollte eine neuerliche Verhandlung stattfinden. Die Anklage wurde bis dahin suspendiert. Charlie war enttäuscht, weil er erwartet hatte, auf freien Fuß gesetzt zu werden, wir anderen aber waren sehr erleichtert.
Am folgenden Tag wurde Charlie in die Anstalt von Camarillo transportiert. Sie lag 70 Meilen nördlich von Los Angeles, nahe der kleinen Stadt gleichen Namens. Die niedrigen weißen Gebäude im kalifornischen Missionsstil mit roten Ziegeldächern und überwölbten Veranden lagen auf einem Hügel, von dem aus man über Gemüsegärten, Wiesen und das Meer blicken konnte. Das Klima war das gleiche, an dem sich die Millionäre im nahegelegenen Santa Barbara erfreuen. Die ersten sechs Wochen lebte Charlie hier ruhig und bemüht, sich an das neue Leben zu gewöhnen. Er beklagte sich nicht, war aber auch wenig interessiert an dem, was in der Welt vorging, nicht einmal an der Premiere von Dizzys neuer Bigband im *Spotlight*. »Er ist auf dem Wege der Besserung«, sagte Richard nach unserem ersten Besuch. Beim nächsten Mal im darauffolgenden Monat konnten wir das selbst erkennen. Charlie aß mit großem Appetit und hatte vier Kilo zugenommen. Seit Atem war rein geworden, seine Augen leuchteten. Mit einer Art von neuem Stolz erzählte er uns, daß er sich freiwillig zur Arbeit im Gemüsegarten gemeldet hatte. So etwas hatte er nie zuvor in seinem Leben getan. Die Arbeit mit Pflan-

zen und Erde gefiel ihm, sie war, wie er sich ausdrückte, »a gas«. An den Samstagabenden spielte er in der Anstaltsband Saxophon. Die Band bestand aus Ärzten, Krankenschwestern und Anstaltsinsassen, und Charlie freute es, daß er mit Abstand der beste Musiker war. Die durch das jahrelange Nachtleben entstandene Blässe war einer gesunden Sonnenbräune gewichen, seine Muskeln waren kräftig geworden und langsam begann er, wie ein gesunder Mensch auszusehen.

Dean Benedetti kam eines Tages von einem Besuch aus Camarillo zurück und berichtete, daß Charlie das Handwerk eines Maurers erlernte und sich ernsthaft überlegte, die Musik aufzugeben. In Hollywood hatte es sich herumgesprochen, daß Bird auf einem großen Gesundheitstrip war und viele Hipsters machten Ausflüge nach Camarillo, um Bird während der Besuchszeiten zu sehen.

Doris Sydnor war aus New York angekommen, hatte sich ein Zimmer gemietet, einen Job als Kellnerin angenommen und damit begonnen, Charlies persönliches Eigentum, das sich an verschiedensten Plätzen in Kalifornien befand, zusammenzutragen. Sie machte kein Hehl aus ihrer Absicht, auf Charlies Entlassung zu warten. Inzwischen war Chan Richardson, die Charlie ebenfalls nach Kalifornien gefolgt war, wieder nach New York zurückgekehrt. Die beiden wichtigsten Beziehungen zu Frauen waren in ein neues Stadium getreten.

Einmal monatlich fuhren Richard und ich nach Camarillo, um den Fall zu diskutieren. Charlies Krankengeschichte war einem Psychiater namens Hammond übergeben worden, einem Flüchtling aus Europa, in dessen Niederschriften Richard Einsicht nehmen durfte. Es schien, als hätte Hammond wenig Fortschritte erzielt. Richard las mir den Satz vor: »Mr. Parker gibt zu, Mary-Anna-Zigaretten geraucht zu haben!« Es war sehr zweifelhaft, ob Charlie in den letzten Jahren überhaupt Marihuana geraucht hatte, weniger zweifelhaft schien es aber, daß er den Psychiater offensichtlich auf den Arm nahm. Hammond hatte wenig Ahnung von Amerika, Schwarzen, Musik oder Drogen. Im Report eines Ärztekomitees hieß es: »Überdurchschnittliche Intelligenz, akustische Halluzinationen, sexuelle Phantasien, pa-

ranoide Tendenzen und sehr ausweichende Persönlichkeit.« Es gab noch keine generelle Diagnose, aber das Komitee war bemüht, Charlie irgendwo einzuordnen. Eine Elektroschock-Therapie wurde erwogen und darüber machte sich Richard große Sorgen.
»Das ist eine milde Form des elektrischen Stuhls«, sagte er. »Der Patient wird zunächst durch einen elektrischen Schock bewußtlos gemacht und anschließend kann er dann auf einem Ruhebett versuchen, die Splitter und Bruchstücke seiner Persönlichkeit wieder zusammenzusetzen. Charlies Reflexe könnten dadurch für immer durcheinandergebracht werden. Möglicherweise wäre er dann eine fügsame Persönlichkeit, aber ein sehr durchschnittlicher Musiker. In solchen Anstalten experimentieren sie gerne mit allen möglichen exotischen Behandlungsmethoden herum!« Richard sprach mit dem Komitee und die Idee wurde fallengelassen.
Charlies Fall faszinierte den jungen Arzt. Richard hatte viele Jahre Klavier studiert, in der Hoffnung, ein großer Konzertpianist zu werden. »Ich würde alles dafür geben«, sagte er, »wenn ich nur ein Zehntel oder ein Zwanzigstel von Charlies Talent hätte. Als Durchschnittsmensch mit höchstens durchschnittlichem Talent erscheint es mir, als würde er sein Leben auf tragische Art absichtlich verschwenden, aber als Arzt weiß ich, daß das nicht stimmt.«
Richard machte kein Hehl aus seinen gemischten Gefühlen. Er gab zu, daß außerordentliches Talent stets mit außerordentlicher Verantwortlichkeit und außerordentlichem Streß verbunden war, ganz zu schweigen von dem ständigen Druck, unter dem ein Scharzer in Amerika leben mußte. Der Vermutung des Ärztekomitees, Charlie leide an Schizophrenie, konnte Richard sich nicht anschließen, glaubte aber schon, daß Charlie eine psychopathische Persönlichkeit hatte. »Er ist der klassische Psychopath«, sagte Richard. »Ein Mann, der von Augenblick zu Augenblick lebt, und nur für sein Vergnügen: Musik, Essen, Trinken, Sex und Drogen. Seine Persönlichkeit ist auf einer infantilen Ebene hängengeblieben. Er hat kein Gefühl für Schuld und nur äußerst verkümmerte Ansätze von Gewissen. Das einzige, was

ihn von allen Psychopathen, die die Gefängnisse und Nervenheilanstalten füllen, unterscheidet, ist seine Musik. Das ist wirklich der einzige Grund, warum wir an ihm interessiert sind, warum seine Fans an ihm interessiert sind, warum wir alle bereit sind, unser eigenes Leben hintanzustellen und immer hinter ihm herzuräumen. Leute wie Charlie brauchen jemand, der ihnen durch das Leben folgt und ihren Dreck aufwischt.«
Charlies Gesundheit wurde immer besser, er begann, lauthals seine Entlassung aus Camarillo zu fordern. Seiner Meinung nach war es unsere Angelegenheit, dafür zu sorgen. Inzwischen war er an allem, was draußen vorging, bis ins kleinste Detail interessiert. Vergessen war der Plan, die Musik aufzugeben und Maurer zu werden. »Wenn sich nicht bald etwas tut«, sagte er, »dann haue ich einfach ab.« Einige Hipsters hatten sich bereit erklärt, Charlies Flucht zu unterstützen. Ein besonderes Problem war, daß nach kalifornischem Gesetz Patienten, die hier nicht ansässig waren, nach sechs Monaten in ihre zuständigen Heimatgemeinden transportiert wurden. In diesem Fall wäre Charlie nach New York gebracht worden und das Ganze hätte noch einmal von vorne begonnen. Würde Charlie, wie er angedroht hatte, »über die Mauer« gehen, dann würde er sofort aufs neue von der Polizei arretiert werden. Richard befaßte sich eingehend mit den Gesetzen und Bestimmungen und fand schließlich eine Alternative. Mit Zustimmung eines Verwaltungsrates in Sacramento konnte der Insasse einer Anstalt entlassen und unter die Aufsicht eines unbescholtenen Bürgers von Kalifornien gestellt werden, der dann legal für ihn verantwortlich war. Richard konnte diese Verantwortung nicht übernehmen, auch Marvin lehnte ab, Doris erklärte sich zwar bereit, wurde aber nicht akzeptiert. Richard meinte, ich sollte das übernehmen.
Ich hatte zuerst keine Lust dazu. Ich hatte genug gesehen, um mir klarzumachen, daß niemand auch nur die geringste Kontrolle über Charlie Parker ausüben konnte. Aber auch meine Gefühle waren gemischt. In diesem Herbst hatte ich das *Tempo Music Shop* verkauft und war der alleinige Eigentümer von *Dial Records* geworden. Die Firma war nun meine einzige Aktivität. Ich hatte Marvin seine ursprüngliche Investition zurückgezahlt, was

nur durch den Verkauf des Plattengeschäftes, Einschränkung neuer Aufnahmen und höhere Verkaufszahlen bei den bereits existierenden Platten möglich war. Der Katalog von *Dial* enthielt bis jetzt sechs Platten, genug, um die Plattengeschäfte von San Francisco, Chicago und New York zu interessieren: die Ergebnisse der *Ornithology*-Session und die Aufnahmen, die ich mit Woody Herman und Dizzy Gillespie gemacht hatte. Ich erwog noch einmal das Risiko und entschloß mich dann schließlich doch, den Antrag zu stellen, Charlie in meine Obhut zu entlassen. Mit Marvins Hilfe füllte ich ein vierseitiges Formular aus und reichte es in Camarillo ein.

Wir gründeten ein Komitee, um in Hollywood ein Benefiz-Konzert für Charlie durchzuführen. Es bestand außer mir aus Charly Emge, dem Herausgeber von *Down Beat* an der Westküste, Eddie Laguna von der Plattenfirma *Sunset Records* sowie Maynard Sloate und June Ore, die miteinander eine aufstrebende Agentur führten. Wir holten die Genehmigung der Musikergewerkschaft ein und traten an verschiedene Musiker heran, um sie zu bitten, mitzumachen. Mit dem Geld, das dabei hereinkam, wollten wir Charlie nach seiner Entlassung unterstützen. Niemand von uns hatte zu diesem Zeitpunkt Geld übrig — Doris verdiente ihren Lebensunterhalt als Kellnerin, Marvin war pleite und *Dial* hatte noch keinen Profit abgeworfen. Charlie hatte all seine Kleider an jenem Abend im Civic Hotel eingebüßt. Während der Vorbereitungen für das Benefizkonzert erhielt ich einen handgeschriebenen Brief von Charlie. Er schrieb, er sei nahe daran, durchzudrehen und dann hieß es wörtlich: »Komm sofort her und hol mich hier raus!« Kein Wort über die Gemüsegärten von Camarillo, über die Samstagabend-Veranstaltungen oder über seine Absicht, den Beruf eines Maurers zu ergreifen. Charlie wollte wieder zurück ins Musikgeschäft. Er wollte wieder spielen und Platten aufnehmen wie zuvor. Am Schluß des Briefes hieß es noch einmal: »Ich warte, bis du kommst und mich holst. Als ob das so einfach gewesen wäre.«

Ein mit 24. Dezember datierter Brief des Anstaltsleiters Dr. Thomas W. Haggerty war nichtssagend und neutral. Es hieß

darin: »Charlie Parker ist am 12. Dezember einem Komitee von Ärzten dieser Anstalt zur Untersuchung vorgeführt worden. Das Komitee ist dabei zu der Ansicht gelangt, daß eine Entlassung zum gegenwärtigen Zeitpunkt nicht das Beste für Mr. Parker wäre. Andererseits ist er nicht in Kalifornien ansässig, und solange wir ihn nicht als völlig geheilt entlassen können, ist für seine Entlassung eine Genehmigung des Departements für geistige Hygiene in Sacramento unbedingt erforderlich.«
Richard fuhr wieder nach Camarillo, erhielt dort die Information, daß Dr. Hammond die Anstalt verlassen hatte und Charlies Fall an jemand anderen übergeben worden war und versuchte, alle Hebel für Charlies Entlassung in Bewegung zu setzen. Endlich Ende Januar erteilte das Departement für geistige Hygiene in Sacramento die Genehmigung, Charlie in meine Aufsicht zu entlassen. Ich fuhr in meinem neuen Chevrolet nach Camarillo, wo mich Charlie strahlend und gesund aussehend im Besucherraum erwartete. Wenn auch die Erfolge der Psychiater bei ihm nicht groß waren, so hatte er in Camarillo doch wenigstens seine Batterien wieder aufladen können. Nachdem unser ursprünglicher Kontrakt nur zum Teil erfüllt worden war, schlug ich vor, ihn um ein weiteres Jahr zu verlängern. Charlie erklärte sich damit einverstanden, wenn er auch später behauptete, ich hätte ihn nur herausgelassen, nachdem er dieses Papier unterschrieben hatte. Wir fuhren zurück nach Los Angeles, wo Lee Wilder, der neue Eigentümer des *Tempo Music Shop*, eine kleine Willkommensfeier für Charlie vorbereitet hatte. Das Wichtigste war zunächst, Charlies Garderobe wieder zu vervollständigen. Eine Gruppe von Leuten unter der Leitung von Dean Benedetti begab sich mit Charlie zu Zeidler & Zeidler auf dem Hollywood Boulevard. In diesem von den Hipsters bevorzugten Herrenausstattungsgeschäft besorgte sich Charlie zwei Anzüge, Hemden, Krawatten, Unterwäsche, Socken und Schuhe.
In einem möblierten Zimmer in der Innenstadt richteten Charlie und Doris ihren Haushalt ein. Die ersten Wochen verbrachte Charlie damit, sich zu erholen und alte Freundschaften zu erneuern. Er war fröhlich, knabenhaft und gesellig. Er wurde Sieger bei einem Pizza-Wettessen. Im *Down Beat*-Poll wurde er

drittbester Altsaxophonist hinter Johnny Hodges und Willie Smith. Eines Abends ging er mit einer Gruppe von Hipsters auf eine Party am Strand von Santa Monica. Jemand schlug vor, baden zu gehen, und einige Mutige entkleideten sich und gingen ins Wasser. Charlie folgte ihnen laut lachend und vollbekleidet. Einige der Hipsters behaupteten hinterher, Charlie wäre über die Wellen gewandelt wie Jesus. Sein Anzug und seine Schuhe waren ruiniert. »Typisch Charlie«, sagte Doris. »Er ist immer so ausgelassen.«
Anfang Februar spielte Charlie mit Howard McGhee im *Club Hi De No* auf der südlichen Western Avenue. Es war Howards Job, aber Howard machte Charlie zum Co-Leader mit einer Gage von 200 Dollar pro Woche. Charlies Spiel war viel lyrischer und mehr relaxed als früher. Nie zuvor hatte er besser gespielt oder besser ausgesehen.
Unglücklicherweise war er nun wieder im Nachtleben. Dealer tauchten im *Hi De No* auf und versuchten ins Geschäft zu kommen, aber Charlie jagte sie alle aus dem Club. Nur ohne Alkohol schaffte er es nicht. Eines Nachts stürzte er schon vor dem ersten Set acht doppelte Whiskys hinunter.
Charlie und Doris planten, nach New York zurückzukehren, sobald das Ärgste des Winterwetters vorbei war. Auf der »Street« taten sich die tollsten Dinge, alle Aufmerksamkeit war auf Dizzy konzentriert und Charlie fühlte sich beiseite geschoben. Er versprach mir, vor seiner Abreise noch eine Aufnahmesitzung für *Dial* zu machen. Ich begann, sorgfältige Vorbereitungen dafür zu treffen. In der Zwischenzeit führte ich Verhandlungen mit Nachtclubbesitzern in Chicago und New York in der Hoffnung, in einem der Clubs einen ständigen Job für Charlie zu finden. Ich nahm auch Kontakt mit Chan Richardson auf, die nach New York zurückgekehrt war und wieder in der 52nd Street lebte. Ich erklärte ihr die Situation und ersuchte sie, mir behilflich zu sein. Zwei Wochen später erhielt ich einen ebenso nützlichen wie aufschlußreichen Antwortbrief von Chan. Sie schrieb über ihre frühere Beziehung mit Charlie, ihre Gefühle für ihn als Mann und Musiker, ihre Schwangerschaft aus einer früheren Ehe und die andere Frau, Doris, und berichtete außer-

dem über Verhandlungen mit Sammy Kaye, dem Besitzer des *Three Deuces*, wegen eines möglichen Engagements Charlies.

7. Februar 1947

Lieber Ross,
Dein Brief hat mich wirklich umgeschmissen. Ich hatte eine ungefähre Idee, was mit Bird passiert war, aber keine Ahnung von den Details.
Ich liebe Bird, weil ich weiß wie fähig er ist und ich bin sicher, er ist ein Genie. Ich kenne ihn ungefähr drei Jahre und ich war ihm nahe genug, um verschiedene Dinge erkennen zu können, die indirekt zu seinem Zusammenbruch geführt haben. Weil ich alles tun möchte, damit es Bird wieder gutgeht, erzähle ich Dir einiges davon.
Er nimmt Rauschgift seit seinem 15. Lebensjahr. Er war in einer Irrenanstalt, vor Jahren in Kansas City. In den letzten Jahren in New York nahm er wohl Rauschgift, hatte sich aber unter Kontrolle. Er hatte hier ein Mädchen, das ihm Geld gab. Ich wußte damals nichts von ihr und ich versuchte, ihm zu helfen, vom Rauschgift loszukommen. Ich hörte, sie ist nun drüben bei ihm, Doris. Sie liebt Bird wirklich und würde alles für ihn tun, aber ich bezweifle, daß sie ihm irgend etwas verweigert, das er haben will.
Bird und ich hatten einen Streit und ich denke, sein Vertrauen in mich ist ziemlich erschüttert. Er ging mit Diz nach Kalifornien und ich kam im Februar letzten Jahres nach. Ich war schwanger und Bird störte das sehr, er wollte, daß ich eine Abtreibung machen lassen solle. Ich wollte aber das Baby, das übrigens im August auf die Welt gekommen ist und Bird bekam mit, daß es mir mehr bedeutete als er. Ich weiß die Westküste hat ihm nicht gut getan, denn ich konnte ihn überhaupt nicht mehr verstehen. Während er im Finale arbeitete, versuchte er, sauber zu bleiben. Als das vorbei war, verstand ich, wie sehr ihn das verletzte. Bird ist vielleicht der sensibelste Typ, den ich kenne. Bei einem Gig von Norman Granz war er besoffen und sie sagten ihm, er solle von der Bühne verschwinden. Das war ein weiterer Schlag.

Ich hielt es an der Küste nicht mehr aus und ich wollte mein Baby in New York bekommen, so fuhr ich im Mai zurück. Ich wußte, was mit Bird los war, aber ich sah keine Möglichkeit, es zu verhindern. Er wollte mit mir nichts mehr zu tun haben, wollte mich nicht einmal sehen. Einige Briefe von mir hat er nie beantwortet. Ich würde alles in meiner Macht stehende tun, um Bird wieder auf die Beine zu helfen, aber ich glaube wirklich, New York ist der beste Platz für ihn. Die Leute sind komisch an der Küste.
Wenn Du Dich um ihn kümmerst, hilft das eine Menge. Erwarte Dir aber keine Dankbarkeit von Bird, denn bei allem, was er bekommt, glaubt er, es stehe ihm ohnedies zu. Aber Du kannst ihm wirklich helfen, auch Howard McGhee ist gut für ihn, weil er ein cooler, gesetzter Typ ist.
Achte darauf, daß Bird nicht zuviel Geld auf einmal bekommt, denn auf diesem Gebiet ist ihm nicht zu trauen. Ich bezweifle, ob er der Versuchung widerstehen kann, Heroin wieder ein- oder zweimal zu probieren, und dann hängt er wieder dran. Wenn es um etwas geht, das er möchte, aber nicht sollte, ist er sehr leicht beeinflußbar. Was Bird braucht, ist ein Kindermädchen. Ich würde den Job übernehmen, aber ich habe ein Baby, um das ich mich kümmern muß. Außerdem habe ich ab Mittwoch einen Job, ich tanze im Chanticleer *in Baltimore. Du kannst mich aber über die New Yorker Adresse erreichen, meine Mutter bleibt hier.*
Wenn ich irgend etwas tun kann, um Bird in seiner unglücklichen Situation zu helfen, dann laß es mich bitte wissen. Ich bin sicher, wenn Bird die Chancen bekäme, die Dizzy bekommen hat, daß alles in Ordnung wäre. Er weiß, was er wert ist und es verletzt ihn, daß Dizzy nun das ganze Geld verdient. Sammy Kaye kennt Bird, und Bird hat sich bei ihm nicht gerade den besten Ruf erworben. Aber ich nehme Deinen Brief heute abend mit und spreche mit ihm. Ich weiß er wird Bird eine Chance geben.
Übrigens, das Spotlight *hat nun auch zugemacht,* Three Deuces *und* Down Beat *sind jetzt die einzigen Clubs auf*

der Street. Die Jobsituation ist hier fürchterlich, die Typen mieten sich sogar Studios, nur damit sie spielen können. Ich werde noch ein PS dazusetzen, sobald ich mit Mr. Kaye gesprochen habe. Bitte, halte mich auf dem laufenden wegen Bird und vielen, vielen Dank für die Platten. Ich weiß, Bird hat Dich verletzt, aber er verletzt jeden, mit dem er eng verbunden ist. Trotzdem ist es der Mühe wert, ihn zu kennen und sich über seine Größe klarzuwerden. Er hat mir von dem Dial-Vertrag erzählt und ich habe ihn noch nie so stolz gesehen. Bird hat einen siebenjährigen Sohn in Kansas City, es wäre vielleicht gut für ihn, wenn er ihn sehen könnte. Dieser Brief ist ein ziemliches Durcheinander, aber ich schreibe die Dinge so hin, wie sie mir einfallen. Bird ist ein großer Schauspieler und viele Dinge tut er nur wegen des Effekts. Wie schön wäre es, wenn er wieder ganz auf die Beine käme und wie schön wäre es, wenn wir uns treffen könnten, ich weiß, was Du alles für ihn tust. Bestelle ihm meine besten Wünsche und ich hoffe, er wird vergeben und vergessen, wie ich es getan habe. Sag ihm, mein kleines Mädchen ist wundervoll und das erste Wort, das sie sagen wird, ist »Bird«. Sag ihm, ich werde sie erziehen, ihn zu lieben.
Bis später. Noch einmal Dank für alles. Herzlich
                                              Chan Richardson

PS: Bird sagte einmal: Aus deinem Blut können sie's herausbringen, aber nicht aus deinem Kopf.

Handschriftlicher Zusatz:

Habe soeben mit Sammy gesprochen, er bietet 700 Dollar für die Band. Er sagt, sie können jederzeit anfangen, aber man soll ihm zwei Wochen vorher Bescheid geben. Ich weiß nicht, ob 700 gut ist, aber wenn Du mit ihm sprichst, kannst Du vielleicht noch mehr herausschlagen. Sammy ist in Ordnung. Ich rate Dir auch, eine zweimonatige Garantie zu verlangen. Hoffe bald von Dir zu hören. Bitte behandle diesen Brief vertraulich.

Aus der Aufnahmesitzung, die Charlie versprochen hatte, vor seiner Abreise für *Dial* zu machen, wurden durch die Umstände zwei Aufnahmesitzungen. Ich hatte die besten Musiker zusammengetrommelt: Howard McGhee, Wardell Gray, den aufregenden neuen Tenoristen der Eckstine-Band, den Pianisten Dodo Marmarosa, Charlie Barnets ehemaligen Gitarristen Barney Kessel, Red Callender, der früher mit Lester Young und dem Nat-King-Cole-Trio Baß gespielt hatte, sowie Woody Hermans neuen Schlagzeuger Don Lamond. Alles war getan worden, um eine wirkliche All-Stars-Session zu produzieren. Im letzten Moment sagte mir Charlie, er wolle einen unbekannten Sänger verwenden, den er in einem Club auf der Central Avenue entdeckt hatte. Der Sänger hieß Earl Coleman und sang wie Billy Eckstine. Ich war an Sängern nicht interessiert, ich hatte *Dial* nicht gegründet, um im »Juke-Box-Derby« mitzumischen, außerdem wußte ich, daß ein Sänger eine instrumentale Aufnahmesitzung ruinieren konnte, wie es bei jenen fehlgeschlagenen Aufnahmen in New York geschehen war. Darum schlug ich Charlie vor, Earl Coleman in einer eigenen Sitzung mit einer kleinen intimen Begleitgruppe aufzunehmen. Charlie schluckte den Köder. Er nahm Kontakt mit dem Pianisten Erroll Garner auf, dessen Trio mit Red Callender und Hal West gerade ohne Beschäftigung war. Am 17. Februar trafen sich Erroll Garner mit seinem Trio, Charlie und Earl Coleman im Studio. Das knappe Budget erinnerte an die *Red Cross*-Sitzung für *Savoy* und, wie es der Zufall wollte, es waren zwei der Musiker von damals dabei.

Earl Coleman plagte sich zunächst zwei Stunden lang mit *Dark Shadows* und *This Is Always*, bis von diesen beiden Nummern akzeptable Takes vorhanden waren. Mir gefielen sie nicht, obwohl sie gut gelungen waren. Dann folgte eine unglaubliche halbe Stunde, in der Charlie ohne jegliche Vorbereitung zwei neue Nummern erfand, *Birds Nest* und *Cool Blues*, und insgesamt sieben Takes aufnahm. Es waren zwei seiner allerbesten Aufnahmen überhaupt. Die Zusammenarbeit zwischen Charlie und Erroll war ein Meilenstein der Discographie, die Musik war sanft, relaxed und lyrisch. *Cool Blues* gewann ein Jahr später in Frank-

reich den *Grand Prix Du Disque*, in Amerika war es ein Achtungserfolg und verkaufte sich recht gut.
Die Abschiedssession fand eine Woche später im selben Studio statt. Bei der Probe am Vortag war Charlie völlig verkatert, mürrisch und ungeduldig, und sah alles andere als gut aus. Er kam eine Stunde zu spät und anstelle der vier Originalkompositionen, die er versprochen hatte, trug er ein einziges Notenblatt in der Hand. Darauf hatte er während der Taxifahrt die Melodielinie eines neuen unbetitelten zwölftaktigen Blues gekritzelt.
Keiner konnte Charlies Notenschrift lesen. Als Howard ihn taktvoll auf einige Schreibfehler aufmerksam machte, riß ihm Charlie das Notenblatt aus der Hand, zerknüllte es, warf es auf den Boden, nahm sein Horn zur Hand und spielte das Thema vor. Es war wunderschön, seltsam und schwierig. Die Musiker brauchten eine Stunde, bis sie es beherrschten.
Die Aufnahmesitzung am folgenden Tag begann zwei Stunden später als vorgesehen und in diesen zwei Stunden suchte Howard nach Charlie. Er fand ihn schließlich voll bekleidet und tief schlafend in einer Badewanne. Charlie erschien im Studio steif, zerzaust und völlig groggy. Eilig ließen wir eine große Kanne starken Kaffee kommen und während Howard mit den anderen Musikern probierte, versuchte Charlie, sich zusammenzureißen, grunzte und murmelte vor sich hin und erfüllte die Studioluft mit »Shit!« und »Motherfucker!«. Schließlich nahm er das Saxophon zur Hand, wärmte es mit ein paar rasenden Tonleitern auf und plötzlich war er voll da, so, wie seinerzeit bei der *Ornithology*-Session. Als erstes wurde sein neuer Blues aufgenommen, der später den Titel *Relaxin' at Camarillo* erhielt. Charlie setzte die Reihenfolge der Soli und Tempi fest. Er spielte von Anfang an perfekt, die anderen benötigten fünf Takes, bis sie soweit waren, und in allen fünf Takes spielte Charlie kraftvolle, originelle Soli. Die drei Originalkompositionen von Howard McGhee, *Cheers, Stupendous* und *Carvin' the Bird*, brachten saubere Ensemble-Arbeit und hervorragende Soli von Howard, Dodo, Kessel und dem brillanten neuen Tenoristen Wardell Gray. Als der Studiotermin am frühen Abend zu Ende ging, war der *Dial*-Katalog um vier neue Charlie-Parker-Aufnahmen angereichert.

»Das wär's dann wohl«, sagte Charlie, als er sein Saxophon einpackte. »Ich nehme mein Horn erst wieder in New York in die Hand!«
Mit dem letzten Rest des Geldes, das durch das Benefiz-Konzert hereingekommen war, wurden zwei Flugtickets erster Klasse besorgt und ein paar Tage später reisten Charlie und Doris nach New York ab. Ich hatte mich erbötig gemacht, sie zum Flughafen zu bringen und wir vereinbarten, uns um 1 Uhr im *Tempo Music Shop* zu treffen. Die beiden kamen erst um 1 Uhr 30 in einem Taxi, das sie nicht bezahlen konnten. Nun war die Zeit schon knapp geworden, aber ich hoffte, es dennoch zu schaffen, wenn ich einige Abkürzungen nahm und etwas schneller fuhr. Unterwegs verlangte Charlie, ich möge vor der nächsten Bar anhalten, er wolle hineingehen und sich ein Päckchen Zigaretten besorgen. Ich weigerte mich aber anzuhalten und warf ihm mein eigenes Zigarettenpäckchen zu. Den Rest der Strecke sprach er kein Wort mehr. Als wir endlich den Flughafen erreichten, war nur noch zwei oder drei Minuten Zeit. Ich begleitete die beiden bis zum Ausgang und sah ihnen nach. Charlie hatte den einen übriggebliebenen Anzug von Zeidler & Zeidler an, Doris ging hinter ihm und trug den Saxophonkoffer. Die Tür wurde geschlossen, die Gangway weggeschoben und das Flugzeug rollte auf die Startbahn. Ich sollte Charlie erst im Herbst wiedersehen. Um weitere Aufnahmen mit ihm machen zu können und auch aus anderen Gründen war es notwendig, die Firma *Dial* nach New York zu verlegen.

19
Klactoveesedstene

Während der 16 Monate, die Charlie in Kalifornien verbracht hatte, war auf der Jazzszene eine ganze Menge geschehen. Der Bebop hatte einen plötzlichen dramatischen Durchbruch erreicht. Die neue Musik mit ihren kühlen Klängen und stimulierenden Rhythmen war von den Bewohnern der städtischen Ghettos, zumindest von der Generation unter 30, akzeptiert worden. Die großen Städte des Ostens hatten nun auch ihre smarten Jazzclubs, sogar größer und komfortabler als die auf der »Street«: die *Argyle Lounge* in Chicago, *El Sino* in Detroit und viele andere in Boston, Philadelphia, Washington, Cleveland, St. Louis, Kansas City und Milwaukee. Das Publikum ging hin, um zuzuhören, nicht, um zu tanzen. Der Jazzmusiker — besonders der Saxophonist — war zum kulturellen Helden der neuen Generation geworden. Kleine Combos und Bands unter der Leitung etablierter Bebopmusiker hatten keinen Mangel an Beschäftigung und bekamen ordentliche Gagen. Lester Young, der jahrelang um das nackte Überleben gekämpft hatte, fand sich plötzlich in der Gruppe der Jahreseinkommen von 50 000 Dollar und brauchte dringend einen Steuerberater. Von allen neuen Jazzmusikern wurde am meisten über Dizzy Gillespie gesprochen. Interviewt und fotografiert, mit Baskenmütze und Ziegenbärtchen, immer lächelnd und blödelnd, war Dizzy »Mr. Bebop« geworden. Für die Presse war er der Mann, der das alles erfunden hatte. Den Plattenkäufern war er vertrauter als Duke Ellington oder Louis Armstrong. Dizzy hatte abkassiert, während Charlie in Kalifornien gewesen war. Charlie Parker war eine mysteriöse, prophetische Gestalt, die das breite Publikum kaum kannte.
Charlie zog mit Doris in das Dewey Square Hotel in der 117th Street, wo die beiden für das folgende Jahr bleiben sollten. Er bekam ein Angebot, mit einer fünfköpfigen Band für 800 Dollar pro Woche im *Three Deuces* zu spielen. Der Kontrakt lief für ei-

nen Monat, die Möglichkeit der Verlängerung war vorgesehen. Nach den Monaten des Hungers in Kalifornien klang das sehr vielversprechend. Charlie begann sofort, sich seine Sidemen zusammenzusuchen. Als Trompeter kam für ihn nur Miles Davis in Frage, der wieder in New York war und an der *Juilliard School* studierte. Das Zentrum der Rhythmusgruppe war Max Roach, nach Meinung vieler der gegenwärtig beste Jazzschlagzeuger. In der Entwicklung einander überkreuzender Rhythmen, jener komplexen Figuren, die den Bebop so unwiderstehlich und faszinierend machten, hatte Max seinen Lehrmeister Kenny Clarke längst überholt. Im Gegensatz zu vielen anderen technisch perfekten Drummern hatte Max Geschmack, ein nachtwandlerisches Gefühl für die Begleitung der Solisten und die Fähigkeit, ununterbrochen zu improvisieren. Mit Max saßen zwei relativ unbekannte, aber sehr verläßliche Musiker in der Rhythmusgruppe: der Pianist Duke Jordan und der ehemalige Bassist des Eckstine-Orchesters, Tommy Potter.
Alle diese Musiker hätten anderswo für höhere Gagen spielen können, aber der Versuchung, mit Bird zu arbeiten, konnten sie nicht widerstehen. Jordan und Potter bekamen 125 Dollar pro Woche, Miles und Max 135. Der Rest von 280 Dollar wöchentlich gehörte Charlie, es war die beste Gage, die er in den 12 Jahren seiner Musikerlaufbahn jemals erhalten hatte. Er wußte noch nicht, daß Musiker mit einem Zehntel seines Talents Wochengagen von 1000 Dollar und mehr bezogen. Charlie schloß einen persönlichen Managementvertrag mit Billy Shaw ab, der inzwischen einen leitenden Posten in der mächtigen Moe-Gale-Agentur innehatte. »Zeig mir, daß du dich ordentlich aufführen kannst«, sagte Shaw zu ihm, »und ich verdopple dein Einkommen innerhalb der nächsten sechs Monate!«
Im April trat das Quintett sein Engagement im *Three Deuces* an, zusammen mit dem Lennie Tristano Trio — eine Kombination, die die Jazzfans in hellen Scharen anlockte. Der blinde Pianist hatte sich zum führenden Jazzpädagogen entwickelt und interessante neue Lehrmethoden erfunden. Seine Schüler mußten zunächst Soli von Lester Young von der Schallplatte abschreiben, dann lernten sie, diese Soli zu singen und schließlich, sie auf ih-

ren eigenen Instrumenten nachzuspielen. Hatte ein Tristanoschüler Lester Young gemeistert, setzte er sich als nächstes auf die gleiche Art und Weise mit den Soli von Charlie Parker auseinander. Am Klavier spielte Tristano einen sehr persönlichen Stil, cool und intellektbetont.
Als es sich herumgesprochen hatte, daß Charlie Parker im *Three Deuces* spielte, wurde der Club wieder einmal ein Treffpunkt aller Hipsters. Das Engagement, das ursprünglich für vier Wochen geplant gewesen war, wurde auf unbestimmte Zeit verlängert. Die neue Rhythmusgruppe war die beste, die Charlie jemals gehabt hatte. Max Roach hatte das Schlagzeugspiel auf eine neue künstlerische Ebene gehoben. Seine Stöcke bewegten sich so schnell auf den Becken, daß ihnen das Auge nicht mehr zu folgen vermochte. Der Raum war erfüllt von den Wellen des transparenten Beckenklangs und dazu lieferte Max gedämpfte Schläge der Baßtrommel, Pistolenschüsse auf den snare drums, dschungelhaftes Pulsieren auf den Tom-Toms — ein verwirrendes Mosaik subtiler Klänge. Tommy Potter hatte auf seinem Baß einen leichten, aber kräftigen Ton und Duke Jordan interpolierte seine Klavierakkorde. Dann spielten Charlie und Miles die Melodielinie eines Bebop-classics oder einer der neueren Nummern aus Kalifornien. Manchmal spielte auch der brillante, aber unberechenbare Trompeter Fats Navarro mit und viele fanden, daß er besser als Miles in die Gruppe gepaßt hätte. Die Vernünftigeren meinten aber mit Recht, daß zwei unberechenbare Typen zuviel für eine Band sein würden und Miles blieb. Charlie raste in wahnsinnigem Tempo durch *Koko*, dann ging er über zu coolen Nummern wie *Now's the Time* und *Yardbird Suite*. Er spielte lange Soloimprovisationen über langsame Balladen. Niemals spielte er etwas zweimal auf die gleiche Art. Es gab in seinem Spiel typische Anfänge und Endungen, es gab auch bevorzugte Phrasen, aber niemals Klischees. Charlies Spiel kam aus einem solchen Übermaß von Kreativität und Emotion, daß eine ausgedehnte Improvisation von zehn Minuten Dauer für die Fülle seiner Ideen zu kurz schien. Sein Leben lebte er in vollen Zügen. Noch immer aß er enorme Mengen, nahm Heroin in immer größeren Dosen und stürzte einen doppelten Whisky nach dem

anderen hinunter, wie der Schurke in einem Wildwestfilm. Er schlief mit all den verführerischen und willigen Frauen, die in jenen Tagen die Clubs auf der »Street« bevölkerten. Sein kräftiger Körper wurde bis an die Grenze seiner Leistungsfähigkeit beansprucht. Die Hipstergemeinde, die während seines kalifornischen Exils führerlos gewesen war, folgte ihm wieder begeistert. Seine Musik war der Ausdruck der Hipstersubkultur, sein Lebensstil wurde zum Vorbild genommen. Er war der coole Typ, der mit jeder Situation fertig wurde, der »Sepia Superman«, wortgewandt und nie um eine Antwort verlegen. Er lebte aus dem Vollen. Er war der Rattenfänger von Hameln, der sein Gefolge in *Hector's Cafeteria* führte oder zu einer Droschkenfahrt durch den Central Park, oder auch zu einer Fahrt mit dem »A-Train«, der U-Bahnlinie vom Times Square zur 125th Street in Harlem. Charlie stand auf der Plattform des ersten Wagens und starrte wie hypnotisiert auf die sich windenden Schienen und die vorbeihuschenden roten Lichter, wenn der Expreß durch die Nacht jagte.

Als Bettgespiele war Charlie sehr gefragt, seine sexuellen Energien schienen aus derselben Quelle zu kommen wie seine Musik und genauso unerschöpflich zu sein. Durch das jahrelange Saxophonspiel waren seine Lippen und seine Zunge in bester Form für orale Spiele. Eines Nachts im *Three Deuces* entdeckte er ein gutaussehendes Fotomodell, das ihn erregte und das er haben wollte. Er spielte den Set zu Ende, dann ging er direkt zu ihrem Tisch, ignorierte den Begleiter des Mädchens, zog sich einen Stuhl heran und setzte sich. Ohne die geringste vorbereitende Einleitung fragte er mit gieriger, drängender Stimme: »Läßt du mich deine Pussy schlecken, heute nacht?« Das Mädchen errötete tief, aber später, als der Club schloß, verließ sie ihn nicht mit ihrem Begleiter, sondern mit Charlie. Bei gewissen Frauen wirkte diese Schockbehandlung. *You Go to My Head*[*], der inoffizielle Theme-Song der Oralerotiker, wurde eine von Charlies bevorzugten Balladen und ein Träger verschlüsselter Botschaften an Frauen im Publikum, mit denen er Affären hatte.

---

[*] »Du steigst mir zu Kopf...«

Charlies Libido wurde durch seinen Drogenkonsum nicht gemindert, aber wie viele Heroinsüchtige brauchte er immer länger, um zum Höhepunkt zu kommen. Die Frauen störte dies nicht, sie liebten ihn um so mehr. Oft ging er mit zwei Frauen zugleich ins Bett. Wenn Charlie an einem weiblichen Wesen Interesse hatte, dann zeigte er es völlig offen und direkt. Er widmete ihr seine ungeteilte Aufmerksamkeit. Sein berühmter Name, seine Erfahrung und seine Wortgewandtheit ebneten ihm alle Wege. Nun hielt er es nicht mehr für notwendig, die Mädchen mit Heiratsversprechen zu ködern, wie er es früher, während seiner Ehe mit Geraldine, getan hatte. Die Frauen, mit denen Charlie kurzlebige Affären hatte, waren in Aussehen, Hautfarbe und Persönlichkeit völlig verschieden voneinander, ebenso wie jene, zu denen er wichtige und länger dauernde Beziehungen unterhielt: Rebecca, Geraldine, Doris und Chan.
Charlies direkte Sex-als-Funktion-Attitüde war auf seine Herkunft zurückzuführen und hatte sich in den Jahren, in denen er unter den »Night People« gelebt hatte, gefestigt. Es war keineswegs eine Innovation, wie sein Hipstergefolge annahm. Aber für die jungen weißen Hipsters, die die Fesseln ihres postviktorianischen Hintergrunds abstreifen wollten und in vielen Fällen bemüht waren, »weiße Neger« zu werden, war Charlie ein Sexrevolutionär. Er scheute nicht vor sexuellen Wettkämpfen zurück und betonte stets seine schwarze männliche Kraft, ganz besonders, wenn es sich um weiße Frauen handelte. Die vielen hundert Affären, die er anfing, dauerten meist sehr kurz und nur wenige der Frauen waren an ihm als kreativem Künstler interessiert.
Das neue Charlie Parker Quintett machte seine ersten Plattenaufnahmen für *Savoy* und die vier Titel (*Donna Lee*, *Chasing the Bird*, *Cheryl*, *Buzzy*) demonstrierten überaus eindrucksvoll die Qualität des Ensembles. Auch bei schnellstem Tempo blieb die Rhythmusgruppe geschmeidig, leicht und unendlich flexibel. Miles, der sich seit der *Ornithology*-Session wesentlich verbessert hatte, spielte elegant in den Ensembleparts und steuerte bedeutungsvolle Soli bei. *Chasing the Bird* hatte als Neuerung kontrapunktische Linien. Bald darauf nahm Charlie in einer weiteren

Aufnahmesitzung für *Savoy Milestones*, *Little Willie Leaps*, *Half Nelson* und *Sippin' at Bells* auf. Die *Savoy*-Aufnahmen besaßen jene Einheitlichkeit, die unseren Aufnahmen an der Westküste gefehlt hatte, weil dort kein entsprechender Schlagzeuger verfügbar gewesen war. Die besonders steifen Rohrblätter, die Charlie früher benutzt hatte, waren nun durch Blätter mittlerer Härte (2 bis 2 1/2) ersetzt worden, und Charlies Spiel hatte dadurch eine neue Geschmeidigkeit und klangliche Zartheit gewonnen, ohne daß die Brillanz darunter gelitten hätte.

Die zwiespältigen Gefühle, die Charlie Dizzy Gillespie gegenüber entwickelt hatte, zeigten sich bei einem Konzert, das am 29. September in der *Carnegie Hall* stattfand. Mit diesem Konzert sollte der Bebop einem breiteren Publikum nahegebracht werden. Als Hauptattraktion war die Gillespie-Bigband angekündigt, für Charlie war lediglich ein kurzer Auftritt mit Dizzy und der Rhythmusgruppe der Band vorgesehen. Gewiß hätten die Veranstalter ihm einen größeren Platz eingeräumt, wären sie von seiner Verläßlichkeit überzeugter gewesen. Die ersten Reihen der *Carnegie Hall* waren fast ausschließlich von Musikern und Hipsters besetzt, die sich eine klassische Konfrontation erwarteten: der offizielle »Mr. Bebop« gegen den wirklichen Genius dieser musikalischen Richtung. Seit dem Engagement bei Billy Berg hatten Bird und Diz nicht mehr miteinander gespielt. Charlie erschien erst nach der Pause. Ungezwungen, beinahe interesselos wirkend, betrat er die Bühne, seine Augen unter schweren Lidern, ein hintergründiges Lächeln auf seinen Lippen, in einem zerknitterten Anzug, die Krawatte schlampig gebunden.

Der Parker-Gillespie-Set hatte von Anfang an den Charakter eines Duells, Trompete und Saxophon waren Waffen. Sie spielten etablierte Bop-classics wie *A Night in Tunisia* und *Dizzy Atmosphere* und sofort sprühten die Funken. Im Ensemblepart von *A Night in Tunisia* erfand Charlie eine atemberaubende Gegenmelodie zum Thema, die einen weniger versierten Musiker als Gillespie aus dem Konzept gebracht hätte. Nach einem umwerfenden Break stürzte sich Charlie kopfüber in sein Solo und spielte mit grimmiger professioneller Brillanz. Dizzy, dem auf einmal das Blödeln sichtlich vergangen war, sammelte inzwischen seine Kräfte. Dann erwiderte er die Herausforderung mit einem Chorus von gleicher Qualität, strahlend, fein ziseliert und mit perfekter Artikulation. Die aufregendste Nummer dieses Duells war *Dizzy Atmosphere*, gespielt in einem Wahnsinnstempo, das den Drummer Joe Harris und den Pianisten John Lewis hoffnungslos überforderte. Da gab es Täuschungsmanöver und Ausfälle, skurrile Paraphrasen der Melodie, knifflige Gambits, musikalische Kürzel, rhythmische Experimente und blitzschnelle Ausreiter in ungewöhnliche Skalen und Tonarten. Parker war der Angreifer, Gillespie bot ihm Paroli. Auf einmal war die Atmosphäre von *Minton's* in der *Carnegie Hall* entstanden; die Hipsters reagierten darauf begeistert, das breite Publikum war verblüfft. Ungeachtet der knisternden Feindseligkeit zwischen den beiden Musikern hatte Charlies Soli den inneren Zusammenhang und die vollendete Form, die seine besten Arbeiten auszeichneten. Egal, wie riskant er spielte, wie weit er sich vom sicheren Grund entfernte, er fand immer wieder zurück. Es war eine seiner ganz großen Nächte, eine Vorführung erstaunlicher musikalischer Kräfte.

Die Musik dieses Abends wurde in einem Tonstudio, das über dem Auditorium lag, aufgenommen. Das Ergebnis wurde illegal auf drei 78er-Platten mit dem seltsamen Etikett *Black Deuce* veröffentlicht. Unter dem Titel *A Night at Carnegie Hall — Bird and Diz in Concert* wurden diese Platten unter dem Ladentisch verkauft. Die ominöse Firma *Black Deuce* hatte weder eine Adresse, noch ein Büro, die Platten wurden den Ladenbesitzern gegen Bargeld und ohne schriftliche Unterlagen übergeben. Nach einiger Zeit fanden Untersuchungen gegen einige führende Plattengeschäfte statt, die Platten wurden zunächst beschlagnahmt, dann legalisiert und schließlich von *Savoy* auf den Markt gebracht. Inzwischen hatte *Dial*, ein unschuldiges Kind in diesem Dschungel des Diebstahls, mit Besorgnis die Bereitschaft seines Exklusivkünstlers Charlie Parker registriert, auch bei Konkurrenzfirmen Aufnahmen zu machen. Nach der zweiten *Savoy*-Aufnahmesitzung Charlies übergab ich die Angelegenheit dem New Yorker Rechtsanwalt Alan J. Berlan. Als dieser bei *Savoy* vorsprach, zeigte man ihm einen gültigen Kontrakt vom 19. November 1945, in dem Charlie sich verpflichtet hatte, für die Firma Aufnahmen zu machen. Mir hatte Charlie davon kein Wort gesagt. *Savoy* behauptete wiederum, über Charlies Exklusivvertrag mit *Dial* nicht informiert gewesen zu sein und war formell im Recht. Die Musikergewerkschaft weigerte sich, zu intervenieren. Die Moe-Gale-Agentur interessierte sich nicht besonders für Charlies Aufnahmeaktivitäten bei kleinen Plattenfirmen, denn Billy Shaw war der Ansicht, diese brächten weder ordentliches Promoting noch akzeptable Distribution zustande. Shaw gab Charlie den Rat, nicht mehr für *Savoy* aufzunehmen, den Vertrag mit *Dial* jedoch zu erfüllen. Dieser Vertrag liefe ohnehin im kommenden Frühjahr aus und bis dahin hätte er, Shaw, Charlie längst bei einer großen Plattenfirma untergebracht. Es sah so aus, als hätte Charlie seine letzte Aufnahme für *Dial* gemacht. Als aber zwischen der Musikergewerkschaft und den großen Plattenfirmen wieder Meinungsverschiedenheiten entstanden, die ein neuerliches Plattenaufnahmeverbot zur Folge hatten, änderte Shaw plötzlich seine Ansicht. Es stand zu befürchten, daß auch diese Aufnahmesperre einige Jahre dauern würde, wie es 1941 geschah. Es war jedoch dringend notwendig, daß Charlie Parker weiterhin Platten machte, um nicht das Interesse des Publikums zu verlieren, und eine kleine Firma war noch immer besser als gar keine. Shaw setzte sich sofort mit mir in Verbindung und der unvermeidliche Lunch im *Lindy's* folgte auf dem Fuß. Er zeigte sich als beinharter Geschäftsmann. Ich könnte weiterhin Plattenaufnahmen mit Charlie machen, allerdings zu wesentlich höheren Preisen. Über die Auseinandersetzungen mit *Savoy* wurde nicht gesprochen. Die Aufnahmesperre der Gewerkschaft sollte am 30. Dezember in Kraft treten und Shaw regte an, bis zu diesem Zeitpunkt so viele Aufnahmen wie nur irgend möglich unter Dach und Fach zu bringen. So wurden eiligst die Vorbereitungen für die letzten drei *Dial*-Aufnahmesitzungen Charlies getroffen, bei denen er einige seiner besten Einspielungen machen sollte.

Am 25. Oktober trafen wir uns im *WOR-Studio* Ecke Broadway und 48th Street. Auf Grund meiner Erfahrungen, die ich in Kalifornien gemacht hatte, war das Studio ab 8 Uhr abends gemietet, die Musiker waren für 7 Uhr bestellt. Als ich um ½7 eintraf, war Charlie bereits da. Er war nervös und verlangte von mir 50 Dollar, in wenigen Minuten würde sein Dealer kommen. Damit hatten sich die seit einiger Zeit kursierenden Gerüchte bestätigt. »Du bist also wieder drauf«, sagte ich, während ich ihm das Geld gab. Charlie antwortete nicht. Er ging auf die Toilette und setzte sich einen Schuß. 20 Minuten später war er in bester Verfassung und verrückt darauf, endlich spielen zu können. Die Mikrophone wurden sorgsam aufgebaut, um den Sound des Quintetts so einzufangen, wie ihn die Besucher im *Three Deuces* erlebten. Mit besonderer Sorgfalt installierten wir ein kleines Hochfrequenzmikrophon für die Becken von Max Roach, die ein so wichtiger Teil der neuen Rhythmusgruppe waren. Als die Aufnahmen begannen, zeigte sich der große Vorteil der Arbeit mit einer Band, die täglich zusammenspielte. Die Nummern waren dieselben, die Charlie und seine Leute allnächtlich im Club spielten, ihre komplizierten Ensembleparts waren durch die lange Übung perfekt. Charlie begann mit *Dexterity*, rhythmisch und Lester-Young-haft, eine Reminiszenz an Kansas City. *Bongo Bop* enthielt verblüffende afro-kubanische Elemente und war eine Art Vorläufer der späteren Bossa-Nova-Welle. *The Hymn* war eine Tour de Force in rasendem Tempo, und erinnerte in vielem an *Koko*. Die Session endete mit zwei eleganten Balladen, *All the Things You Are* und *Embraceable You*.

Anstelle der hübschen, etwas sentimentalen Originalmelodie von *Embraceable You* hatte Charlie eine neue und viel schönere erfunden. Die ersten drei Takte sagen eine Menge über sein musikalisches Können aus. Sie enthalten zwei Phrasen, die durch eine typische Parker-Wendung miteinander verbunden sind. Die Progression geht von der Tonika (G-Dur) über einen verminderten Akkord nach D-7. Im dritten Takt endet die Phrase auf einer signifikanten Note, einem wunderbaren B. Damit hatte Charlie *Embraceable You* mit seinem persönlichen Zauber ausgestattet. Die Improvisation ist ein gutes Beispiel für seinen Gebrauch der höheren Intervalle.

Embraceable You ist eine der berühmtesten Balladenimprovisationen in den ersten 50 Jahren der Jazzgeschichte. Mußte man es

dem Heroin zuschreiben, das Charlie vor Beginn der Aufnahmen genommen hatte? Anders gesehen, war die Droge ein notwendiges und funktionelles Element seines Lebensstils geworden, so wichtig für seine Existenz wie die psychologische Freiheit, die er benötigte, um seine kreativen Kräfte freizusetzen.
Für die sechs Nummern, die bei dieser Aufnahmesitzung entstanden, waren nur 15 Takes benötigt worden — bei der *Ornithology*-Session waren es 16 für vier Aufnahmen gewesen. Damals hatten wir sechs Stunden gebraucht, diesmal nur vier. Wieder war das Studio der Schauplatz höchster Kreativität gewesen. Charlies hohe Anforderungen an seine Mitspieler waren ohne Murren akzeptiert worden. Nach einer solchen Leistung war man bereit, ihm beinahe alles zu verzeihen.
Die drohende Aufnahmesperre der Gewerkschaft machte es nötig, rasch zu arbeiten. Die nächste Aufnahmesitzung wurde daher für den 4. November angesetzt. Am Nachmittag dieses Tages erschien Charlie im *Dial*-Büro in der West 50th Street und verlangte 150 Dollar, die er, wie er sagte, für die Bezahlung einer Hotelrechnung brauchte. Ein Scheck würde nicht akzeptiert werden, fügte er hinzu, es müsse Bargeld sein. Charlie sah krank und erschöpft aus. Am Abend kam er zwar eine Stunde zu spät zu den Aufnahmen, war aber in absoluter Hochform. Wir machten drei seiner eigenen Kompositionen (*Bird Feathers*, *Scrapple From the Apple*, *Klactoveesedstene*) und drei Balladen (*My Old Flame*, *Out of Nowhere*, *Don't Blame Me*). Alles ging so gut, daß Charlie sich am Ende bereit erklärte, von *My Old Flame* und *Don't Blame Me*, die beide gut gelungen waren, trotzdem noch je einen weiteren Take zu machen, die dann tatsächlich noch besser wurden. *Scrapple From the Apple* war wieder eine kraftvolle Nummer, ähnlich wie *Dexterity*. *Klactoveesedstene* begann mit marschähnlichen Figuren, die in das Hauptthema überführten. Dann folgten Fragmente, Klangexplosionen, die in den Raum geschleudert wurden, kryptisch, scheinbar zusammenhanglos, Webern-artig, die sich aber auf wunderbare Weise am Schluß doch zu einem Ganzen fügten.
Den Titel *Klactoveesedstene* hatte Charlie erfunden. Eines Nachts im *Three Deuces* hatte er ihn auf ein Stück Papier ge-

schrieben, ohne nähere Erklärungen. Auf meine Frage, was das heißen solle, gab er keine Antwort und ging weg. War das nun ein Name, ein Ort, eine abstrakte Idee oder ein neuer Jive-Ausdruck? Nachdem ich sämtliche Wörterbücher ohne jeden Erfolg durchgeblättert habe, fragte ich eine junge Psychiaterin, ob sie mir helfen könne. Sie konnte es nicht. Schließlich wandte ich mich an Dean Benedetti, und der erwiderte: »*Klactoveesedstene?* Aber Mann, das ist einfach Sound!« Es war die Regel, daß Charlie sich nicht die Mühe machte, seine Kompositionen zu betiteln. Oft kannten sie die Musiker, die mit ihm spielten, nur nach Nummern. Im Aufnahmeregister von *Dial* wurden sie nach den Matrizennummern der Platten geordnet. *Klactoveesedstene* hieß zunächst einfach *Dial D-1112*. Sehr oft war ich es, der sich irgendwelche Titel einfallen ließ, wenn die Platten veröffentlicht wurden.

Nach der *Klactoveesedstene*-Session verließ das Quintett für zwei Wochen New York, um im *El Sino* in Detroit zu spielen. Dort erwischte Charlie eine Dosis schlechtes Heroin. Er fing Streit mit dem Clubbesitzer an, verließ wütend das Lokal und krönte den Abend schließlich, indem er sein Saxophon aus dem Fenster seines im vierten Stock gelegenen Hotelzimmers warf. Das Instrument war nicht mehr zu reparieren. Wieder einmal wurde ein Vertreter der Gale-Agentur in Marsch gesetzt, um die Wogen zu glätten und Charlie nach Hause zu bringen. Nach einer heftigen Auseinandersetzung mit Billy Shaw versprach Charlie schließlich, sich zu bessern und Shaw verzieh ihm, zum letzten Mal, wie er betonte. Die Agentur stellte Charlie einen Vorschuß zur Verfügung, damit er sich ein neues Saxophon kaufen konnte, das neueste Modell der Firma Selmer in Paris. Dieses neue Horn war ein wahres Meisterstück des Instrumentenbaus und gab Charlies Sound im mittleren und tiefen Register eine neue abgerundete Fülle.

Für die Aufnahmesitzung am 17. Dezember wurde das Quintett durch den Posaunisten J. J. Johnson verstärkt. Charlie nahm fünf Originale (*Drifting on a Reed*, *Charlie's Wig*, *Bird Feathers*, *Crazeology*, *Quasimodo*) und eine Ballade auf (*How Deep Is the Ocean*). Die Aufnahmen hatten einen neuen Grad von Virtuo-

sität erreicht. In dieser Nacht gab es nichts von jener Entdeckerfreude, die frühere Sessions so denkwürdig gemacht hatte. Das Spiel war geschmeidig, schnell und ein wenig oberflächlich. In zwei Stunden und vierzig Minuten waren alle sechs Plattenseiten aufgenommen.
Die *How Deep Is the Ocean*-Session war der Endpunkt von Charlies Beziehung zur Firma *Dial*. Der Vertrag hatte Sessions mit insgesamt 34 Musikstücken erbracht und war viermal gebrochen worden, die illegalen *Black Deuce*-Veröffentlichungen nicht mitgerechnet. Für die letzten drei *Dial*-Sessions hatte Charlie insgesamt 2700 Dollar erhalten, dazu kamen noch die Abgeltung der mechanischen Rechte und die Tantiemen. Die letzte der Sessions war die einzige, die ich nicht persönlich überwachen konnte, da ich an diesem Tag mit Grippe im Bett lag. Ich hatte aber zwei Tage vorher die Proben geleitet, die wegen der Mitwirkung von J. J. Johnson notwendig gewesen waren. Bei den Aufnahmen vertrat mich meine Frau Dorothy. Daß die Musik glattpoliert und, nach den Maßstäben Charlies, oberflächlich war, hatte weder mit meiner Abwesenheit, noch mit J. J. Johnson zu tun, der mit Abstand der beste Posaunist der neuen Musik war. Es lag ganz einfach an Charlies Stimmung. An diesem Abend war seine Virtuosität zwar auf dem Höhepunkt, seine Kreativität jedoch nicht.
Viele Jazzkritiker und Plattensammler finden, daß Parkers beste Plattenaufnahmen bis zum Ende des Jahres 1947 entstanden sind. Die meisten dieser Aufnahmen machte er für *Dial* und *Savoy*. In beiden Fällen hatten die Aufnahmeleiter, Teddy Reig und ich, ähnliche Vorstellungen davon, wie man mit Jazztalent umgehen mußte. Die damals und noch viel mehr heute verbreitete Ansicht, der Aufnahmeleiter hätte als musikalischer Direktor zu fungieren, lehnten wir ab. Keiner von uns beiden machte den Musikern Vorschriften, was und mit wem sie spielen sollten. Vielleicht war es ein Segen, daß wir beide nicht Noten lesen konnten. Nach unserer Erfahrung hatte eine gute Plattensitzung fertig vorbereitet zu sein, bevor der erste Musiker im Studio eintraf. Wir bemühten uns, ein positives emotionelles Klima zu schaffen, das dem kreativen Prozeß förderlich war. Mir erschien

das als die einzige logische Möglichkeit, eine Musik aufzunehmen, die so weitgehend auf Improvisation beruht und ich bin sicher, Teddy Reig würde mir beipflichten, obwohl er das Ziel auf andere Art zu erreichen versuchte, wie etwa bei der berühmten *Now's the Time*-Session. Wir beide glaubten so fest an Charlies Talent und hatten dieses so oft in voller Blüte auf der Bühne erlebt, daß wir große Anstrengungen unternahmen, um dieses Talent auf Schallplatten zu konservieren (1947 gab es noch keine Tonbänder). War eine Aufnahmesitzung erfolgreich abgeschlossen, dann hatten wir beide das Gefühl, mit Sorgfalt und ein wenig Glück etwas von diesem verschwenderischen Übermaß an Musikalität für die Nachwelt erhalten zu haben. Leider hatten diejenigen, die in den folgenden Jahren die vertragliche Kontrolle von Charlies Talent übernahmen, Ansichten über die Funktion des Aufnahmeleiters, die von unseren völlig verschieden waren.

Trotz der Warnungen Billy Shaws konnte Charlie der Versuchung nicht widerstehen, eine inoffizielle Aufnahmesitzung für eine unabhängige Firma in Detroit zu machen, wo er zu Weihnachten wieder im *El Sino* engagiert war. Während die meisten Amerikaner beim Weihnachtsessen saßen, nahm das Quintett im *United Sound Studio* vier Nummern auf. Außerdem machte Charlie für Norman Granz zwei Aufnahmen mit dem 25köpfigen Neal-Hefti-Orchester, *The Bird* und *Repetition*. Dann ging er mit *Jazz at the Philharmonic* auf eine große Tournee durch das ganze Land.

Es war eine hektische Aufeinanderfolge von »One-nighters«, Flugreisen zu ungewohnten Stunden und dichtgedrängten Terminen. Charlie versäumte kein einziges Konzert, kam aber oft zu spät. Als die Tournee Los Angeles erreichte, war er plötzlich verschwunden. Während Sarah Vaughan ihren Set entsprechend verlängerte, um die Lücke zu füllen, und Norman Granz zum ersten von vielen Malen ein Konzert erlebte, bei dem sein Starsolist fehlte, machte Charlie mit Doris einen kurzen Urlaub in Mexiko. Sie kamen schließlich zurück nach Los Angeles, teilten Norman Granz mit, sie hätten in Tijuana geheiratet und baten ihn bei dieser Gelegenheit gleich um einen Vorschuß. Niemand dachte daran, daß Charlie noch legal mit Geraldine verheiratet war. Vielleicht hatte er es selbst vergessen.

20
Bird At Work

Das Jahr 1948 begann mit Charlies erstem Poll-Sieg im *Metronome*. Auch Miles Davis und Max Roach hatten sich in ihren Sparten nach vorne gearbeitet. Das Quintett besaß mehr Klasse als jede andere Gruppe im Jazz. Seine Schwungkraft, über Jahre hinweg aufgebaut, machte sich nun bemerkbar. Die Moe-Gale-Agentur buchte das Quintett in alle Clubs des Landes zu immer weiter steigenden Gagen. Es war »in«, auf Bird zu stehen. Die Leute waren fasziniert von seinen kalifornischen Abenteuern, sein Aufenthalt in Camarillo wurde als selbstauferlegtes Zurückziehen interpretiert, und hier war nun Bird auf einmal, im Club um die Ecke und verkündete mit seinem Saxophon zwingende Botschaften. Ihm zuzuhören erforderte volle Konzentration. Nichts Oberflächliches kam aus seinem Horn. Jedes Solo wurde mit höchster Ernsthaftigkeit gespielt, das Saxophon sprach von Liebe, von Raserei, von Black Power. Alle Elemente schwarzer Musik, seit die ersten ländlichen Bluesleute in die städtischen Ghettos gekommen waren, wurden miteinbezogen und aktualisiert. Hier war nichts von Louis Armstrongs archaischem Musikantentum oder von Lester Youngs bittersüßen Romantizismen, Bird sagte es, wie es ist. Ein Abend mit ihm war keine Unterhaltung, sondern ein anspruchsvolles, bewegendes, manchmal deprimierendes Erlebnis — wie ein Abend mit Lennie Bruce.
Der hipste Musiker der Welt war immer noch wie ein Provinzler gekleidet. Wenn Doris darauf achtete, waren seine Hemden frisch und seine Anzüge gebügelt, wenn sie es nicht tat, wirkten sie, als habe er darin geschlafen. So charmant er manchmal in seinem Privatleben sein konnte, auf der Bühne lächelte er niemals. Dort war er stets todernst, ein Bündel von zielgerichteter Energie. Publikumswünsche wurden ignoriert, außer sie betrafen ein Lied, das er gerne mochte oder das er aufgenommen hatte. Auch dann war es kaum zu erkennen, weil es mit immer neuen Varia-

tionen gespielt wurde. Charlie schien psychisch nicht in der Lage zu sein, sich zu wiederholen, eine Improvisation führte einfach zu einer anderen. Jeden Set spielte er, als wolle er die Mauern eines modernen Jericho zum Einsturz bringen. Wenn er sich mehrere Wochen derart verausgabt hatte, war er erschöpft, wurde schwierig und unverläßlich oder schlüpfte wieder in seine Böse-Buben-Rolle.
Charlie haßte es, MC* zu spielen, obwohl er es als Bandleader nicht vermeiden konnte. Dieser Funktion entledigte er sich mit einer eigenen Art von Humor. Sein Erzrivale Dizzy Gillespie hatte stets ein paar Witzchen parat und konnte wunderbar mit dem Publikum umgehen, aber Charlie konnte das nicht. Er hatte sich keineswegs zu dem liebenswürdigen Bandleader entwickelt, den die Gale-Agentur erwartet hatte. Charlie arbeitete mit einem Vorrat von Bemerkungen, die für Eingeweihte vielleicht vergnüglich waren, vom Publikum aber meist mit Unverständnis und manchmal mit Ärger aufgenommen wurden, ganz zu schweigen von den Nachtclubbesitzern. Diese Bemerkungen wurden in gespreizten steifen Formulierungen und mit theatralischer Stimme gebracht. Am Beginn des ersten Set hieß es etwa: »Meine Damen und Herren, die Leitung des Clubs hat *enorme* Kosten auf sich genommen, um Ihnen das Charlie Parker Quintett zu präsentieren!« Die Betonung war so, daß man annehmen mußte, der Clubbesitzer sei der größte Geizhals. Der Set begann dann ohne weitere Umstände, Charlie machte sich kaum die Mühe, seine Mitspieler vorzustellen oder die einzelnen Nummern anzusagen. Eines Nachts sprach ihn ein Werber für eine nationale Krebshilfeorganisation an und Charlie forderte über das Mikrophon das Publikum zur Beitragsleistung auf, wobei er erwähnte, der Clubbesitzer werde den Anfang machen. Dieser hatte jedoch schon vorher Geld gegeben und reagierte daher nicht. »Okay, Leute, vergeßt es«, sagte Charlie brüsk. »Dies ist ein mieser Laden.« Wenn ein guter Set mit enthusiastischem Applaus belohnt wurde, sagte Charlie kühl: »Danke, meine Damen und Herren, gewöhnlicher Beifall genügt.« Die gönnerhafte

---

* Master of Ceremonies = Programmansager, Conferencier

Herablassung dem Publikum gegenüber, die Miles Davis in späteren Jahren zu einer hohen Kunst perfektionierte, nahm hier ihren Anfang.

Einer der lebhaftesten und bestzahlenden Clubs von allen, die *Argyle Lounge* in Chicago, war 1948 Szene eines Skandals. Am Ende eines Sets legte Charlie sein Horn auf das Klavier, stieg vom Bandstand herunter und ging zwischen den Tischen des Clubraums bis in das Foyer. Dort betrat er die Telefonzelle, schloß die Tür und begann, auf den Boden zu urinieren. Eine dunkle schäumende Pfütze breitete sich von der Tür der Telefonzelle ins Foyer aus. Einige Augenblicke später kam Charlie lachend heraus. Es gab keine Entschuldigung und keine Erklärungen. War er zerstreut gewesen? War diese Geste an das Publikum gerichtet, an Billy Shaw, an Dizzy Gillespie oder an den Besitzer des Clubs? Oder war er zu ungeduldig gewesen, um darauf zu warten, bis er auf der kleinen Toilette an die Reihe kam? Vielleicht wußte er es selbst nicht.

Die schwarzen Stadtbewohner seiner Generation sahen in Charlie einen echten Kulturhelden. Der revolutionäre Aspekt seiner Musik war nicht zu übersehen. Er hatte zu neuen Ausdrucksformen der schwarzen Musik gefunden, ohne deren ursprüngliche Echtheit und Reinheit anzutasten. Die Provokation des weißen Establishments gehörte zu seinem Lebensstil. Er war ein Bilderstürmer, ein Tabubrecher, ein Meister des »Put-on« und der erste Jazzmusiker, der den Kampf ins feindliche Lager trug. Der Zwischenfall in der Telefonzelle und andere ähnliche Vorkommnisse — wie Charlie sein Saxophon aus einem Hotelzimmerfenster warf, wie er mit einem neuen Anzug bekleidet im Meer badete, wie er innerhalb von zwei Stunden 16 doppelte Whiskys hinunterstürzte und 20 Hamburger hintereinander aß, wie er auf dem Pferd eines Polizisten in ein Lokal hineinritt, wie er prominente Journalisten verarschte und die gönnerhaft-herablassende Art, mit der er die weißen Mädchen behandelte, die sich ihm anboten — jede einzelne Episode der immer mehr anwachsenden Legende von Bird, egal wie sinnlos oder kindisch sie erscheinen mochte, wurde als Schlag gegen die Kräfte der Unterdrückung interpretiert. Mitte der 40er Jahre gab es noch keinen

Martin Luther King, keinen Malcolm X, keinen Eldridge Cleaver, keine Angela Davis und keine Shirley Chisholm. In gewisser Weise war Charlie ein Vorläufer dieser militanten Gestalten der politischen Arena, trotz seines völligen politischen Desinteresses — er hatte nicht einmal in seinem Leben bei einer Wahl seine Stimme abgegeben. So wie Lester Young der erste Hipster war, war Charlie der erste zornige schwarze Mann der Musik. Weil er seiner Zeit so weit voraus war, trug er die Bürde der Einsamkeit und Frustration. Die Wirkungslosigkeit seiner Ausfälle gegen das Establishment erhöhte seine Abhängigkeit von Heroin und Alkohol, vertiefte sein Einsamkeitsgefühl und beschleunigte den inneren Trieb zur Selbstzerstörung. In einer mechanistischen, militaristischen Gesellschaft hat jeder mit wirklichem Talent und neuen Ideen Schwierigkeiten. Ist er schwarz, hat er noch größere Schwierigkeiten und ist er auch noch seiner Zeit voraus, dann lebt er gefährlich. Dieser Gefährlichkeit war sich Charlie jederzeit bewußt und versuchte, sie durch seine kunstvollen Akte der Verstellung und durch den Zauber seines Spiels unter Kontrolle zu halten. Zu seiner Zeit war er unter den führenden Jazz-Persönlichkeiten, die ihn als ihren Führer betrachteten, beinahe allein. In der Post-Parker-Generation kamen dann die deklarierten Militanten auf die Szene, Männer wie Miles Davis, John Coltrane, Albert Ayler und Archie Shepp — die Kinder von Bird.
Der Zwischenfall in der Telefonzelle machte eine sofortige Reise Billy Shaws nach Chicago notwendig. Das Management der *Argyle Lounge* wurde besänftigt, indem das Parker Quintett abgezogen und durch eine andere Attraktion zu wesentlich günstigerem Preis abgelöst wurde. In Billy Shaws New Yorker Büro gab es wieder einmal eine stürmische Szene. Billy steigerte sich in einen Wutausbruch, beschuldigte Charlie der Undankbarkeit und drohte, ihn in ganz Amerika auf die schwarze Liste zu setzen. Shaw war der Spezialist der Agentur für schwierige Künstler, und Szenen wie diese trugen gewiß dazu bei, daß er noch vor seinem 50. Lebensjahr an einem Herzanfall starb. Was mit Charlie eigentlich los sei, wollte der zornige Billy Shaw wissen, ob er nicht auch wie viele andere im Musikgeschäft im Cadillac her-

umfahren, seinen Namen in großen Leuchtbuchstaben sehen und ein Grundstück in Long Island haben wolle? War ihm nicht klar, daß Billy Shaw und die Gale-Agentur ihre ganze Geduld und berufliche Erfahrung einsetzten, um ihn, Charlie, als Hauptattraktion aufzubauen? Billy Shaw versuchte, an Charlies Geschäftssinn zu appellieren. Der Napoleon unter den Agenten ging ruhelos im Büro auf und ab, warf die Arme in die Höhe, rang die Hände und schlug zornig auf den Schreibtisch. Wieder einmal verzieh er Charlie »zum allerletzten Mal«, aber Strafe mußte sein: Alle Auftritte außerhalb New Yorks wurden für die nächste Zeit abgesagt und das Quintett in den *Onyx Club* auf der inzwischen längst am absteigenden Ast befindlichen »Street« gebucht. In einem anderen Club auf der »Street« arbeitete Lawrence »88« Keyes als Pausenpianist und Charlie ging zwischen seinen Sets hinüber, um nostalgischen Erinnerungen an seine Heimatstadt und deren Musik nachzuhängen.

Außenstehende hat es immer interessiert, warum Alkoholismus und Rauschgiftsucht die klassischen Berufsrisiken des Jazzgeschäfts sind und Leberzirrhose die häufigste Berufskrankheit. Von der Jahrhundertwende an, als der Jazz in New Orleans begann, bis 1950, als er aus den Nachtclubs langsam in die Konzertsäle und auf die Festivalplätze vordrang, hatten sich die Bedingungen, unter denen er gespielt wurde, kaum verändert. Die Lokale, in denen Jazz geboten wurde, waren meist in der Hand von Gangstern, die Musik oder weibliche Reize benützten, um das Publikum anzulocken, und vom Alkoholausschank profitierten. Wenn man zu diesen Arbeitsplätzen der Musiker noch andere signifikante Faktoren dazuaddiert — lange und anstrengende Arbeit, die Zeitumkehr der Arbeits- und Schlafenszeit, die Unsicherheit des Berufs und der Druck der Konkurrenz, ganz zu schweigen vom Frust, in einer derartigen Umgebung als kreativer Künstler beschäftigt zu sein — dann wird das Bedürfnis nach Betäubungsmitteln schon viel verständlicher.

In den guten alten Tagen von New Orleans war Marihuana so allgemein üblich wie Schnupftabak, Kokain konnte man im Drugstore an der Ecke kaufen. Alkohol in seinen verschiedenen Formen blieb aber das leichtest erreichbare und üblicherweise billigste Rauschmittel, von den Anfängen in New Orleans bis 1940. Heroin kam erst während des zweiten Weltkriegs in Mode. Daß Lester Young Alkoholiker und Charlie Parker rauschgiftsüchtig war, lag daran, daß sie verschiedenen Generationen angehörten. Heroin wirkte sehr stark, es war wie eine Reise im Jet, verglichen mit einer im Propellerflugzeug. Ironischerweise war die Wirkung von Heroin auf dem Bandstand leichter zu kontrollieren, als die von Alkohol. Es führte bei den Musikern nicht zur Schlampigkeit und hielt viel länger an. Charlie sagte oft, daß er besser ohne (*Cool Blues*) als mit Heroin (*Klactoveesedstene*) spielte. Das hörte sich in der Theorie gut an, stimmte aber in der Praxis nicht. Wenn Charlie kein Heroin hatte, war er krank und konnte darum auch nicht spielen. War er high, so spielte er gut, oft brillant.

Schnaps und Drogen waren die Fluchtlöcher der Jazzmusiker. Heroin war ein hiper teurer Ersatz für Alkohol. Die weite Verbreitung des Heroins in den 40er Jahren kann man auch bis zu einem gewissen Grad als Mode erklären, es war damals »the New Thing«. Zu seiner Popularität in der Bebop-Ära trug auch das Beispiel von Charlie Parker wesentlich bei. Kein anderer Musiker benützte das Gift so lange wie Charlie, aber viele, die damals und heute prominent sind, waren eine Zeitlang süchtig. Diejenigen, die noch immer auf der Szene sind, haben allerdings längst damit Schluß gemacht. Von denen, die damals versuchten, es Charlie gleichzutun, sind die meisten ihrer Sucht erlegen, wie etwa Fats Navarro, Serge Chaloff und Sonny Berman, der brillante junge Trompeter im Woody-Herman-Orchester, dessen Tod im Alter von 23 Jahren durch eine Überdosis den Jazz um eines seiner vielversprechenden Talente brachte. »To play like Bird, you have to do like Bird« — nach diesem Wahlspruch richteten sich damals in den turbulenten 40er Jahren sehr viele. Aber nur ganz wenige konnten Birds Lebenstempo mithalten und keiner konnte wie er spielen. Bird mit seinem starken dickknochigen und widerstandsfähigen Körper raste durch das Leben und versagte sich nichts, er lebte jeden Tag so, als ob es kein Morgen gäbe. Jedem, der Charlie kannte, war klar, daß er selbst genau die Auswirkungen des Heroinkonsums, der 1948 riesige

Ausmaße angenommen hatte, erkennen mußte. Daß Charlie niemals ernsthaft versuchte, seine Sucht loszuwerden, lag an seinem Lebensstil und an seiner Verzweiflung. Trotz seiner Erfolge und seiner immer mehr wachsenden Berühmtheit sah Charlie für die Musik, die er spielte und für die Rasse, der er entstammte, keine Zukunft in Amerika. Er lebte nur einmal, und das wollte er bis zur Neige auskosten.
Anfang April arrangierte ich im *Onyx Club* eine Party für Marshall Stearns und Sidney Finkelstein. Stearns war damals Außerordentlicher Professor für Englisch an der Cornell University, hatte sich mit Chaucer auseinandergesetzt und war eine Autorität, was die englischen Dichter Robert Henryson und Dylan Thomas betraf. Außerdem war er Amerikas führender Jazzhistoriker. Stearns hatte in Yale den ersten amerikanischen Jazzclub gegründet und John Hammond war einer seiner Protegés gewesen. Finkelstein war der führende marxistische Jazzkritiker und der Autor des Buches *Jazz: A People's Music*. Die Zeit schien günstig, diese beiden prominenten Persönlichkeiten, deren Ruhm und Kontakte weltweit waren, mit der neuen Musik zu konfrontieren. Nach monatelangem Drängen hatte sich Stearns endlich bereit erklärt, von Ithaka nach New York zu kommen, um Charlie Parker zum ersten Mal live zu erleben. Finkelstein lebte zurückgezogen und besuchte nur selten Nachtclubs. Beide waren begierig darauf, Charlie kennenzulernen.
Charlie war beeindruckt, aber nicht gerade überwältigt. Er hatte an diesem Abend ein respektables Gefolge mitgebracht; im Publikum waren Georgie Auld, Milt Jackson, Chubby Jackson, Barry Ulanov, Leonard Feather und Billie Holiday. Billie sah in ihrem auffallenden weißen Pelzmantel lieblich und tragisch aus, sie kam gerade aus dem Gefängnis, wo sie wegen einer Rauschgiftgeschichte 6 Monate hatte absitzen müssen. Das Charlie Parker Quintett spielte abwechselnd mit dem Margie Hyams Quartett. Nach dem ersten Set kam Charlie an unseren Tisch, um die »wiggy cats«, die Bücher über Jazz schrieben, kennenzulernen. Schlau und blitzschnell taxierte er die beiden Männer. Finkelstein ignorierte er. Der marxistische Kritiker war rauh und hartgesotten und kam, wie Charlie erkennen konnte, aus einem pro-

letarischen Milieu. Charlie konzentrierte sich auf den noblen Stearns, der aus reichem Hause stammte und in Harvard und Yale studiert hatte. Sehr zu Stearns Mißvergnügen bestand Charlie darauf, ihn »Professor« zu nennen. Als Stearns auf die Toilette ging, folgte ihm Charlie. Er stand plötzlich hinter ihm und sagte: »Sehen Sie in den Spiegel, Professor.«
Stearns tat es und ihre Blicke trafen sich. »Hier sind wir, Professor«, sagte Charlie philosophisch, »Sie und ich, zwei menschliche Wesen. Sie haben ganz oben angefangen und ich ganz unten...« Dann erklärte er, daß er in dringender Geldnot sei und bat Stearns, ihm 50 Dollar zu leihen, eine Summe, die dieser niemals in einen Nachtclub mitgenommen hätte. Während Stearns seine Kleider in Ordnung brachte, seine Hände wusch und sich sichtlich unbehaglich fühlte, begann Charlie, seine Forderung immer mehr zu reduzieren, auf 40, 25, 15 und 10 Dollar. Als er schließlich bei 5 Dollar angelangt war, überreichte ihm Stearns den Betrag.
Später stellte ich Charlie deshalb zur Rede. Ich machte ihm klar, daß Stearns sehr viel für seine Karriere tun könne und daß sein eigenes Einkommen das eines Außerordentlichen Universitätsprofessors bei weitem überstieg. Charlie grinste mich an.
»Du redest wie Billy Shaw«, sagte er. »Ich habe ihm ja nur einen Fünfer herausgerissen.« Dann versuchte er es gleich bei mir und verlangte 200 Dollar. Ich lehnte ab. Er fischte ein Fünfcentstück aus der Tasche und hielt es in die Höhe. »Thats my hype«,* sagte er. Zufrieden, weil die »squares« des Abends auf ihre Plätze verwiesen waren, steckte er die Münze wieder ein, hängte sich sein Saxophon an und spielte einen brillanten Set. Als der Set zu Ende war, ging er an uns vorbei auf die Straße, ohne uns eines Blickes zu würdigen.
Dumme Streiche gehörten zum Mosaik seines Lebensstils. Einmal erschien er um 6 Uhr morgens vor der Wohnung von Tadd Dameron und läutete Sturm. Halbtot und verschlafen kam Da-

---

* Slangausdruck mit verschiedenen Bedeutungen, die alle in der Richtung von »übertrieben« und »hysterisch« liegen. In diesem Fall meint Charlie offensichtlich, Geld sei sein Fetisch und derartige Aktionen, welches zu beschaffen, seien das, was man in Deutschland »Trichter« und in Wien »Schmäh« nennt.

meron an die Tür und blickte durch das Guckloch. »Mach auf, Mann«, rief Charlie. Dameron fummelte mit der Diebstahlsicherung herum, die schon damals zur Standardausrüstung einer Wohnung in Harlem gehörte und öffnete schließlich die Tür. »Hast du ein Streichholz?« fragte Charlie beiläufig. Dameron rumorte im dunklen Vorzimmer herum und fand tatsächlich eines. Charlie zündete sich seine Zigarette an, nickte dankend und ging die Stiegen hinunter zu seinem wartenden Taxi.
Als die amerikanischen Jazzmusiker zum alljährlichen Pariser Jazzfestival, der bedeutendsten derartigen Veranstaltung Europas, eingeladen wurden, überging man Charlie. Das Magazin *The New Yorker* veröffentlichte ein ausführliches Porträt von Dizzy Gillespie, ein deutliches Zeichen dafür, daß Dizzy für die weiße Mittelklasse Amerikas eine interessante Figur geworden war. Er wurde dargestellt als schrulliger Kobold, der aber in Wirklichkeit schlau wie ein Fuchs und ein hervorragender Geschäftsmann war. Auf Anraten seines Steuerexperten hatte er ein Appartementhaus in Queens gekauft. Im Magazin *Life* erschien eine Fotostory über den Bebop, in der Dizzy als der Chefarchitekt der neuen Klänge bezeichnet, Charlie aber unglaublicherweise nicht einmal erwähnt wurde. Die beiden Artikel vertieften seine Bitterkeit und seine feindseligen Gefühle gegen seinen früheren Kumpel. Jeder im Jazzgeschäft wußte, daß er und nicht Dizzy der Architekt der neuen Klänge war. Aber Dizzy war für die Presse attraktiv und er war es nicht.
Kurz nach dem Zusammentreffen mit Stearns wurde das Dewey Square Hotel von der Rauschgiftpolizei gefilzt. Charlie war noch nie erwischt worden und entkam auch diesmal, wenngleich sehr knapp. Als er einige Tage später zurückkam, um seine persönlichen Habseligkeiten abzuholen, wurde er angehalten und verhört. Die Cops konnten ihm nichts anhaben, warnten ihn aber, daß seine »Cabaret Card« — eine polizeiliche Lizenz, ohne die kein Künstler in New York auftreten durfte — im Falle des Falles sehr gefährdet sein könne. Charlie und Doris übersiedelten aus der zweifelhaften Umgebung des Dewey Square ins Marden, ein Dritteklassehotel in der Nähe des Times Square. Von hier aus waren Restaurants, Vergnügungsstätten,

Arbeitsplätze und die Moe-Gale-Agentur leicht zu Fuß zu erreichen.
Charlie ging nun auf einen »Gesundheitstrip«, wie er das nannte. Er nahm regelmäßige Mahlzeiten zu sich und benützte keinerlei Stimulantia außer Bier und Benzedrin. Einen Großteil seiner Zeit verbrachte er zu Hause, langweilte sich, spielte mit der Katze oder stritt mit Doris. In den alten Kinos auf der 42nd Street sah er sich endlose Gangster-, Western- und Horrorfilme an. Bald besserte sich sein Gesundheitszustand und damit auch sein Spiel. Als Anerkennung verschaffte Billy Shaw dem Quintett ein Engagement im *Royal Roost*.
Das *Roost* war der erste jener Jazzpaläste, die schließlich das Ende der »Street« bedeuten sollten. Früher war es ein Kellerrestaurant gewesen, dessen Spezialität Brathühner waren, nun hatte es Ralph Watkins, der frühere Leiter von *Kelly's Stables*, übernommen und in eine neue Art von Jazzclub umgewandelt. Zu den Neueinführungen gehörte ein Eintritt von 75 Cents, eine Milchbar für Jugendliche, die noch keinen Alkohol trinken durften und ein eigener Teil des Lokales, wo das Publikum ohne Konsumzwang sitzen und zuhören konnte, solange es wollte. Das *Royal Roost* war groß, bequem und angenehm beleuchtet. Die Künstler hatten ordentliche Garderoben zur Verfügung. Eine langgestreckte Bar, die eine ganze Seite des Raums einnahm, sollte die Kontakte zwischen Musikern und Jazzfans erleichtern. Das Lokal war ein voller Erfolg und wurde der Vorläufer anderer, noch verschwenderischer ausgestatteter Clubs wie *Aquarium*, *Basin Street*, *Bop City* und *Birdland*.
Als Charlie am Abend der Eröffnung das Lokal betrat, wartete schon Babs Gonzales auf ihn. Der Sänger, ein launenhafter Mann mit dem Ruf gelegentlicher Gewalttätigkeit, hatte mit Bird ein Hühnchen zu rupfen. Während der Razzien im Dewey Square Hotel hatte Charlie einige Nächte in der Wohnung von Babs Gonzales verbracht und war schließlich ohne vorherige Ankündigung verschwunden, nicht ohne zwei Anzüge mitzunehmen, die er inzwischen versetzt hatte. Charlie begrüßte seinen Kollegen mit großer Freundlichkeit, holte die Versatztickets aus der Tasche und sagte: »Babs, mein Freund, für jeden Anzug

habe ich 10 Dollar bekommen. Hier hast du die 20, und noch 10 dazu für den Ärger, den ich dir gemacht habe.« Die beiden nahmen zusammen einen Drink an der Bar und Babs begann, Charlie wegen des Heroins Vorhaltungen zu machen. Er meinte, jemand mit Charlies Talent und Prestige müßte ganz einfach die Willenskraft haben, aufzuhören. Charlie starrte den Sänger an und sagte ruhig: »Warte einmal, bis jeder mit deinem Stil reich wird und du selbst hast nichts zu fressen, und dann komm und halte mir Vorträge!«
Im *Royal Roost* spielte Charlie so großartig, daß es eine Schande zu sein schien, ihn nicht aufzunehmen. Teddy Reig schlug zwei Aufnahmesitzungen vor, heimlich natürlich, weil die Aufnahmesperre der Gewerkschaft noch in Kraft war. Die Sessions fanden schließlich im *Nola Studio* statt, mit einer geänderten Rhythmusgruppe: Curly Russell spielte Baß und John Lewis Klavier. Charlie machte seine letzten acht Aufnahmen für *Savoy*: *Barbados*, *Ah-Leu-Cha*, *Constellation*, *Parker's Mood*, *Perhaps*, *Marmaduke*, *Klaunstance* und *Bird Gets the Worm*. *Ah-Leu-Cha* war eine weitere Erforschung der kontrapunktischen Methoden, die erstmals bei *Chasin' the Bird* aufgetaucht waren. *Parker's Mood*, nur von Charlie allein mit der Rhythmusgruppe gespielt, war ein Triumph. Es stand auf einer Stufe mit Charlies anderen klassischen Bluesaufnahmen, *Hootie Blues*, *Slam Slam Blues*, *Now's the Time*, *Cool Blues* und *Relaxin' at Camarillo*. Die Linie des Saxophons überquert alle Kreuzungen des klassischen Blues, stürzt einmal kopfüber ab, um sich dann gleich wieder in die Lüfte zu erheben. Gleittöne, Verschleifungen, Intensitätssteigerungen durch »false fingering«, 16tel- und 32stel-Noten, Triolen und Quintolen in großer Menge, all das macht die attraktive Topographie dieser Melodielinie aus.
Im November wurden die Differenzen zwischen der Musikergewerkschaft und den Plattenfirmen endlich beigelegt und Billy Shaw vermittelte Charlie einen Einjahresvertrag mit *Mercury*, einer Tochtergesellschaft von Metro-Goldwyn-Mayer, deren Jazzproduktionen Norman Granz leitete. Bei seinen ersten Aufnahmen für die neue Firma war Charlie von musikalischen Leitern, Arrangeuren, Toningenieuren und Assistenten umgeben und

Granz führte das Kommando. Es war entschieden worden, Charlie in einem neuen und kommerzielleren Kontext aufzunehmen. Afro-kubanische Musik war gerade der letzte Schrei und darum hatte Granz das Machito-Orchester engagiert, das gerade im *Palladium Ballroom*, dem *Savoy* der Rumbasüchtigen, Triumphe feierte. Vor diesem lauten, lärmenden Orchester stehend, nahm Charlie zwei Nummern mit langen Soli auf, *No Noise* und *Mango Mangue*. Unter dem Slogan »Charlie Parker Plays South of the Border« wurden die Platten eilends auf den Markt geworfen. Sie klangen interessant, aber für viele von Charlies Fans waren sie nicht mehr als musikalische Schaunummern. Vorbei waren die Zeiten, als Charlie sein eigener Bandleader, Komponist und Hauptsolist war. Kaum erschienen die ersten Platten, da nahm Norman Granz Charlie auf eine weitere Tournee von *Jazz at the Philharmonic* mit. Auftritte in Discjockeysendungen verschiedener Radiostationen waren eingeplant, um für die neuen Platten zu werben. Granz hatte einen Privatdetektiv engagiert, der die Rauschgiftlieferanten abwimmeln und dafür sorgen sollte, daß der Star der Show pünktlich und in guter Form zu den Vorstellungen erschien, aber Charlie benötigte nur wenige Tage, um den Mann voll auf seine Seite zu bringen.
Nach der Tournee spielte Charlie ab 10. Dezember wieder im *Royal Roost*. Die Moral der Gruppe hatte unter Charlies Abwesenheit gelitten. Der Pianist Duke Jordan war ausgeschieden und durch Al Haig ersetzt worden. Miles und Bird sprachen kaum mehr ein Wort miteinander. Ich war am ersten Abend da und erlebte mit, wie Charlie bemüht war, sich von den großen Konzertsälen wieder an einen kleinen intimen Club zu gewöhnen. Der erste Set begann mit Verspätung, während Charlie ostentativ und mit langsamen Bewegungen eine Zigarette entzündete und sie genußvoll zu Ende rauchte. Er zog einen Spielzeugballon hervor, blies ihn auf und ließ die Luft langsam in das Mikrophon entweichen. Dann schoß er mit einer Spielzeugpistole auf den Pianisten. Charlie hatte zugenommen, das Jackett spannte sich über seinen Schultern.
In der Weihnachtswoche kamen die inneren Spannungen der Gruppe voll zum Ausbruch. »Bird bringt es fertig, daß du dich

wie ein Zwerg fühlst«, beklagte sich Miles Davis bei mir und weigerte sich, auf den Bandstand zurückzugehen — nicht nur an diesem Abend, sondern überhaupt. Auch Max Roach kündigte. Billy Shaw, dem Charlie davon Mitteilung machte, erwiderte, er möge sich keine Sorgen machen, es gäbe genug Musiker. Anstelle von Miles kam McKinley »Kinney« Dorham, ein solider, wenn auch nicht sensationeller Trompeter, der, wie er sagte, damit den Höhepunkt seiner 10jährigen Berufslaufbahn erreichte. Anstelle von Max kam Joe Harris, ein Bigband-Drummer, der früher mit dem Gillespie-Orchester gespielt hatte und nicht besonders gut in eine kleine Gruppe paßte.

Charlie vergaß sofort die Schwierigkeiten mit dem Quintett, als die Ergebnisse des *Metronome*-Poll verlautbart wurden.

Zum zweiten Mal hintereinander hatte er gewonnen, diesmal mit großem Abstand. Außerdem war er als Altsaxophonist für das All-Star-Orchester nominiert worden, das *Metronome* für eine besondere Platte zusammengestellt hatte. Am Montag, dem 3. Januar 1949, fand im RCA-Studio in Manhattan die Aufnahme statt. Die Besetzung las sich wie ein *Who is Who in Jazz*: Dizzy Gillespie, Miles Davis und Fats Navarro, Trompeten; J. J. Johnson und Kai Winding, Posaunen; Buddy De Franco, Klarinette; Charlie Parker, Altsaxophon; Charlie Ventura, Tenorsaxophon; Ernie Caceres, Baritonsaxophon; Lennie Tristano, Klavier; Billy Bauer, Gitarre; Eddie Safransky, Baß und Shelley Manne, Schlagzeug. Die musikalische Leitung der Superstars hatte Pete Rugolo, der Arrangeur des Stan-Kenton-Orchesters. Diese Konzentration der Talente machte lange Soli unmöglich, aber die Plattenkäufer hatten dafür alle bedeutenden Musiker dieses Jahres auf einer einzigen Schallplatte beisammen. Die *Metronome All-Stars* nahmen zwei Nummern auf, *Victory Ball* und *Overtime*. Jeder Musiker saß hinter einem Notenpult, auf dem in großen Buchstaben sein Name stand und so wurde die Gruppe für Werbezwecke fotografiert. Charlie Parker war damit zu einer Persönlichkeit der kommerziellen Musikwelt geworden.

21
Birdland

Anfang 1949 trat Billy Shaw von seinem Posten als Vizepräsident der Moe-Gale-Agentur zurück und gründete seine eigene: Billy Shaw Artists, Inc. Diejenigen, die er persönlich gemanagt hatte, nahm er mit und für jeden von ihnen hatte er ein Neujahrsgeschenk parat — etwa ein Engagement mit besonders guter Gage oder einen neuen Plattenvertrag. Für Charlie hatte er etwas ganz Besonderes, eine Einladung zum Internationalen Jazzfestival in Paris. »Wenn du bei mir bleibst, Bird«, sagte er, »und dich ordentlich aufführst, dann wird man deinen Namen bald auf der ganzen Welt in Leuchtbuchstaben lesen können!«

Mit kindlicher Begeisterung machte sich Charlie an die ermüdenden Behördengänge, um Reisepaß, Visa und Impfbestätigungen zu bekommen. Bei seiner nächsten Aufnahmesitzung für *Mercury* betitelte er zwei seiner Eigenkompositionen *Passport* und *Visa*. Daß diese beiden Aufnahmen nicht besonders gut waren, lag nicht an Charlie. Granz konnte es nicht lassen, mit der Besetzung herumzuexperimentieren und hatte in diesem Fall das Quintett durch den Posaunisten Tommy Turk verstärkt, der in letzter Zeit bei *Jazz at the Philharmonic* große Erfolge gehabt hatte. Die Ensemblepassagen wurden dadurch hoffnungslos verschmiert und unsauber und die Qualität der Musik sehr vergröbert. Es war, als hätte man eine Tuba zu einem Beethoven-Quartett hinzugefügt.

Den Flug über den Atlantik unternahmen die Parkers zusammen mit Howard McGhee, »Lips« Page, Flip Phillips, Tadd Dameron und noch einigen anderen, die auch zum Pariser Festival eingeladen worden waren. Doris ging ein paar Schritte hinter den Männern, als ob sie gar nicht dazugehören würde, und trug Charlies Saxophon auf der Reise in sein Heimatland. Die Gruppe erreichte Paris einen Tag vor Beginn des Festivals und Charlie machte sich sofort auf eine Runde durch die Jazzclubs von Montmartre. Die französischen Jazzmusiker begrüßten ihn mit Enthusiasmus. Sein Stil war ihnen durch Schallplatten, die sie importiert hatten, wohlvertraut. Charlie jammte mit seinen neuen Freunden und nahm gerne das Heroin an, das sie ihm zur Verfügung stellten. In seinem Hotelzimmer erwartete ihn ein Reporter des führenden britischen Musikmagazins *Melody Maker*. Der Mann hatte eine lange Liste von Fragen vorbereitet. Er wollte von Charlie eine Analyse des Bebop, seine Meinung, ob das wirklich Jazz sei (die britischen Jazzfans dachten großteils noch in den Maßstäben der Vorkriegszeit), und seine Einschätzung von traditionellen Musikern wie Louis Armstrong oder Sidney Bechet. Charlie war von dem britischen Akzent des Reporters so bezaubert, daß er gar nicht darauf achtete, was der Mann sagte. Jede Frage beantwortete er mit einer Strophe aus dem *Rubáiyát* von Omar Khayyam. Schließlich gab es der *Melody Maker*-Mann auf und schrieb, Charlie Parker sei als Mensch genauso unverständlich wie seine Musik. Die englischen Leser blieben weiterhin ignorant, was den neuen Stil betraf. Auf die Frage nach seiner Religionszugehörigkeit hatte Charlie geantwortet: »Ich bin ein frommer Musiker!«

Das Festival fand in der *Salle Pleyel* statt. Der traditionelle Jazz war durch Sidney Bechet vertreten, die mittlere Periode durch »Lips« Page und die »neue Welle« durch Charlie Parker und sein Quintett. Bechet hatte den mit Abstand größten Erfolg. Der New-Orleans-Veteran, der harmonisch nicht über Septimakkorde hinausging und Nummern wie *High Society* spielte, füllte den Saal mit seinem kräftigen durchdringenden Ton und das Publikum raste vor Begeisterung und tanzte in den Gängen. »Lips« Page erhielt warmen freundlichen Applaus. Charlies Set war sauber und genau, aber beinahe zu intim für einen so großen Raum. Die Avantgardisten im Publikum waren begeistert und in der Presse fanden sich Kommentare wie *formidable* und *succes d'estime*.

Nach dem Konzert jammte Charlie im *Club Germaine*, wo der Schriftsteller und Musiker Boris Vian als »Master of Ceremonies« fungierte. Jean Paul Sartre, damals gerade am ersten Höhepunkt seines Ruhmes, war auch anwesend und Vian fragte ihn, ob er Charlie Parker kennenlernen wolle. »Ja, natürlich«, sagte Sartre, »er interessiert mich sehr!« Die Vorstellung wurde in die Wege geleitet und Charlie sagte: »Ich bin erfreut, Sie kennenzulernen, Mr. Sartre, ich stehe sehr auf Ihre Musik!« Wie Vian erzählte, antwortete Sartre darauf nicht, sondern starrte Charlie nur mit ausdruckslosen dunklen Augen an, aber er blieb für die Dauer von zwei ganzen Sets und hörte zu. Das war die seltsame Begegnung zweier Männer, die — abgesehen von rassischen und kulturellen Differenzen — führende Exponenten des Existentialismus waren; der eine auf theoretischer, der andere auf praktischer Ebene.

Als ein Bewunderer Charlie eine Rose überreichte, aß dieser genüßlich die Rosenblätter und steckte den Stiel in sein Knopfloch. Am nächsten Tag machte er die Bekanntschaft von Charles Delauney, dem Sohn des französischen Malers. Er leitete das französische Jazzmagazin *Jazz Hot* und hatte 1938 die erste Jazzdiskographie der Welt herausgegeben. Charlie lernte auch André Hodeir kennen, der damals gerade an seinem Buch *Jazz: It's Evolution and Essence* schrieb. Diese kultivierten Intellektuellen brachten Charlie den Respekt entgegen, der ihrer Meinung nach einem bedeutenden Künstler gebührte. Das war überhaupt in Europa ganz anders als in Amerika: Hier wurde die Musik ernst genommen und nicht als Unterhaltung betrachtet. Die Kritiker, die für die Pariser Zeitungen über Jazz berichteten, waren die gleichen, die sonst über bedeutende Symphoniekonzerte oder Opernaufführungen schrieben. Neue Jazzplatten wurden mit derselben Ernsthaftigkeit besprochen wie Neuerscheinungen auf dem Buchmarkt. In Europa war dunkle Hautfarbe kein Grund für Mißtrauen und Geringschätzung, sondern eher für das Gegenteil.

Charlie führte ein langes Gespräch mit Kenny Clarke, der in Paris seinen ständigen Wohnsitz hatte und sich bemühte, französischer Staatsbürger zu werden. Sie hatten einander seit den alten Tagen im *Minton's* kaum mehr gesehen. Clarke war gereift, als Mensch und als Musiker. Er leitete eine Schule für junge Schlagzeuger, lebte in einem Vorort von Paris mit einer wunderschönen Frau zusammen und interessierte sich für alle kulturellen Er-

eignisse. Über den Status der schwarzen Künstler in Amerika hatte er sich längst seine endgültige Meinung gebildet. Amerika hatte keinen Respekt für diese Künstler, und eine Lösung des Rassenproblems war für die nächste Zukunft nicht zu erwarten. »Bird, du begehst da drüben langsam aber sicher Selbstmord«, sagte er zu Charlie, »genauso wie Billie Holiday und all die anderen. Komm doch hierher und *lebe*! Du kannst für den Anfang bei mir wohnen. Vielleicht verdienst du hier nicht soviel Geld, aber die Leute bewundern deine Musik und behandeln dich als Künstler. Die Franzosen verstehen etwas von diesen Dingen!« Clarke bedrängte Charlie, sich das gründlich zu überlegen.
Charlie kehrte mit einer neuen Meinung über sich und seine Musik und mit dem Entschluß, bald wieder nach Europa zu fahren, nach New York zurück. Seine Ehe mit Doris wurde immer schlechter und er traf sich wieder öfter mit Chan Richardson. Billy Shaw war von Charlies Erfolg in Europa begeistert und hatte alle Kritiken übersetzen und veröffentlichen lassen. Er sprach von großen Plänen für die Zukunft, wollte aber keine Einzelheiten davon verraten. Einstweilen sollte Charlie sein Quintett reorganisieren und ein Engagement im *Onyx Club* antreten, das er jederzeit kurzfristig beenden konnte. McKinley Dorham hatte die Gruppe verlassen und auch ein Schlagzeuger wurde benötigt. Charlie engagierte Roy Haynes, einen schnellen jungen Drummer, und den jungen Trompeter Red Rodney, zwei hervorragende Musiker, die den Verlust von Miles und Max beinahe vergessen machten.
Der *Mercury*-Vertrag wurde zu vorteilhaften Bedingungen verlängert. Granz hatte eine neue Idee. Er wollte bei der nächsten Aufnahmesitzung Charlie von einem Studioorchester mit Streichern und Holzbläsern begleiten lassen. Es sollte die eindrucksvollste Präsentation eines Jazzmusikers in der ganzen Geschichte der Schallplatte werden: *Charlie Parker with Strings*. Am 3. November traf Charlie im *Mercury*-Studio mit einem Kammerorchester zusammen, in dem die besten Studiomusiker von New York, darunter Bronislaw Gimpel und Mitch Miller, versammelt waren. Das Orchester bestand aus drei Geigen, Viola, Cello, Harfe, Oboe, Waldhorn und einer dreiköpfigen

Rhythmusgruppe. Charlie fühlte sich in dieser distinguierten Umgebung wohl und war sehr stolz. Er erzählte nachher gleich von seinen Aufnahmen mit »den Typen aus der Band von Koussevitsky«, denn Serge Koussevitsky war damals der Leiter der New Yorker Philharmoniker. Die aufgenommenen Titel waren *Just Friends, Everything Happens to Me, April in Paris, Summertime, I Didn't Know What Time It Was* und *If I Should Loose You*.
Die Balladen waren sauber gespielt, die Arbeit der Musiker in den Streicher- und Holzbläsersätzen stand auf hohem Niveau. Andere Aspekte der Session waren weniger erfreulich. Die Arrangements von Jimmy Carroll waren oberflächlich, es fehlte ihnen das gewisse Etwas. Charlie war eingeschüchtert und beeindruckt durch die Demonstration eines Musikantentums, das nicht mehr als Routine war. Aber er hatte das Gefühl, einen neuen Höhepunkt erreicht, seine beste Aufnahmesitzung gemacht und dem Jazz zu Ansehen verholfen zu haben.
Von allen aufgenommenen Titeln war *Just Friends* am besten gelungen. Das Altsaxophon schwebt majestätisch über dem üppigen Hintergrund, sein Ton ist brillant und seine Virtuosität bezwingend. Von der Originalmelodie bleibt genug übrig, um auch das Interesse des breiten Publikums zu erwecken. Aber die Kraft, die Charlie aus dem Zusammenspiel mit Miles und Max gezogen hatte und die Freiheit durch die Intimität und Flexibilität des Quintetts, die für die Inspiration so wichtig war, scheinen zu fehlen.
Kurz nach der *Just Friends*-Sessions rief Billy Shaw Charlie in sein Büro und erzählte ihm von einem neuen Jazzpalast am Broadway, der alle anderen seiner Art noch übertreffen sollte. Die Eröffnung dieses Lokals wäre schon für September geplant gewesen, aber finanzielle und andere Probleme hätten zu einer Verschiebung geführt. Nun jedoch seien alle Hindernisse beseitigt und in der Woche vor Weihnachten sollte es soweit sein. Der neue Club lag in der Nähe der 53th Street und Billy Shaw schlug vor, auf einen Sprung hinüberzugehen und ihn anzusehen.
Das Lokal, in dem gerade die letzten Arbeiten durchgeführt wurden, wirkte überaus eindrucksvoll. Teppichbelegte Stufen führten zunächst zu einem Treppenabsatz, wo eine Garderobe und

ein Kartenschalter eingerichtet waren. Wie im *Royal Roost* sollten die Besucher Eintritt bezahlen. Eine weitere kurze Treppe führte in den Clubraum, der 400 Personen Platz bot; es sollte der größte und schönste Jazzclub der Welt werden. Tische und Logen waren da, eine große Bar und ein Bereich für Leute, die nur zuhören und nichts konsumieren wollten. Die Logen waren mit Lederimitation ausgekleidet. Auf dem Bandstand, der groß genug für eine Bigband war, stand ein nagelneues Klavier. An der Rückwand des Clubraums hatte man hinter einer dicken Glasscheibe ein Tonstudio installiert. Der bekannte Discjockey »Symphony Sid« Torin war verpflichtet worden, seine populäre allabendliche Radioshow von hier abzuwickeln, wobei jeden Abend 30 Minuten live vom Bandstand übertragen werden sollten. An den Wänden hingen Ölgemälde in ovalen Rahmen, überlebensgroße Porträts von prominenten Persönlichkeiten der Musikwelt — Dizzy, Sarah, Eckstine, Torin, Max Roach und, im Mittelpunkt, Charlie Parker selbst. Das Bild war nach einem alten Pressefoto angefertigt worden und zeigte Charlies knabenhaftes Lächeln über dem kurvigen Ende des Saxophons.
»Nun«, sagte Billy Shaw, »was hältst du davon?«
»Toll«, meinte Charlie. »Und hier soll ich spielen?«
»Bei der Eröffnung werden hier sechs Bands spielen. Natürlich bist du auch dabei. Aber das ist noch nicht alles. Hast du schon die Vogelkäfige gesehen?«
Charlie sah etwa 20 oder 30 leere Vogelkäfige von der Decke hängen. »In jeden kommen zahme Finken hinein, und in den Käfig über der Bar ein sprechender Mynah.« Billy Shaw lächelte. »Birds«, sagte er geheimnisvoll, nahm Charlie liebevoll am Arm und führte ihn wieder aus dem Lokal. Sie überquerten den Broadway und standen nun dem Club gegenüber. Von einem großen Kran wurde soeben ein Schriftzug aus Neonröhren heruntergelassen und über dem Eingang befestigt:

BIRDLAND. THE JAZZ CORNER OF THE WORLD

Das war eine außerordentliche Ehrung für einen Jazzmusiker. Als die Clubeigentümer auf die Idee gekommen waren, das Lokal nach einem Musiker zu benennen, hatte es eigentlich keine

andere Wahl gegeben. Die großen Namen der Vergangenheit besaßen nicht mehr genügend Anziehungskraft und von den Zeitgenossen hatte keiner, nicht einmal Dizzy Gillespie, das Charisma Parkers. Nur sein Name war gewichtig genug für einen Club, der tatsächlich über zwei Jahrzehnte die »Jazzecke der Welt« bleiben sollte. Seit 1940, als Parker zum ersten Mal mit dem Jay-McShann-Orchester aufgetreten war, hatte er den Jazz dominiert und sein Einfluß als Innovator übertraf längst den von Louis Armstrong. Der Trompeter Cootie Williams meinte: »Durch Louis änderten sich die Trompeter und Posaunisten, aber Bird änderte die Spielweise aller Instrumente — Schlagzeug, Klavier, Baß, Trompete, Posaune, Saxophon, einfach alles!« Vor Charlies Zeit war der Jazz eine Musik zum Tanzen gewesen, durch ihn war er aus den Ballrooms in die intime Umgebung der Clubs gelangt, wo man nicht tanzte, sondern zuhörte und wo der Jazz zum ersten Mal als Musik ernst genommen wurde.
Charlie konnte auf ein reiches musikalisches Schaffen zurückblicken. Die neuen Dimensionen des Saxophonspiels, die seine Entdeckung waren, vollendeten die Entwicklung dieses Instruments zu einem der ausdrucksvollsten überhaupt. Er hatte eine zeitgemäße Ausdrucksform für den Blues gefunden und selbst einige der schönsten Beispiele dafür geliefert. Aus den Produkten der *Tin Pan Alley* schuf er dichtgewebte, oft tiefgründige Kompositionen, die auf der Idee des Kansas-City-Riffs, einer wiederholten melodischen Figur, unterlegt mit einem starken rhythmischen Muster, basierten. Mit Geschmack und Einfühlungsvermögen hatte er das Konvolut der vor seiner Zeit entstandenen Musik abstrahiert, von Anachronismen und Belanglosigkeiten gesäubert und mit einem zwingenden Vokabular versehen. So gut wie jeder nach ihm kommende Jazzinnovator baute auf Charlies musikalischem Schaffen auf — so gibt es etwa in dem Album *Bird at St. Nicks* freie Passagen, die in direktem musikalischen Zusammenhang mit den späteren Aktivitäten von John Coltrane, Ornette Coleman und Eric Dolphy stehen. Charlie, der Saxophonist, war die Inspiration für Clifford Brown, den vielversprechenden jungen Trompeter, der mit 26 bei einem Autounfall ums Leben kam. Charlies Musik war das Alpha und

Omega von Miles Davis' Trompetenstil und musikalischem System. Sogar die zeitgenössischen umstrittenen Improvisatoren Albert Ayler, Archie Shepp und Sonny Simmons haben ihre Wurzeln in Charlie Parker. Russel Procope, der jahrzehntelang bei Duke Ellington gespielt hat und selbst ein hervorragender Altsaxophonist ist, prägte den Ausspruch: »Einen Bird gibt es in jedem Jahrhundert nur einmal!« Als die 40er Jahre mit der Eröffnung des *Birdland* endeten, war die afro-amerikanische Musik im Begriff, ihren Horizont zu erweitern und ihren Einfluß in der ganzen Welt fühlbar zu machen. Als Gegengewicht zur europäischen Klassik und den daraus entwickelten populären Formen brachte der Jazz neue musikalische Qualitäten: erfrischende Melodien, berauschende Klänge und die unwiderstehlichen Energien seiner Polyrhythmen.

Am 15. Dezember eröffnete das *Birdland* seine Pforten. Der Club war bis zum letzten Platz besetzt; Presse, Unterhaltungswelt und interessiertes Publikum waren gekommen, um die größte Ansammlung von Talenten zu erleben, die jemals zusammen in einem Nachtclub aufgetreten war: die Gruppen von Charlie Parker, dem Ehrengast, von Lester Young, Stan Getz, »Lips« Page und Max Kaminsky sowie ein neuer Gesangsstar, Harry Belafonte. Die Vögel saßen wie geplant in ihren Käfigen. Pee Wee Marquette, ein Zwerg im maßgeschneiderten weißen Abendanzug, war der »Master of Ceremonies«, der seine blumigen Ansagen in einem gequetschten nasalen Falsett hören ließ. Diana Dale, die die Porträts an den Wänden gemalt hatte, war auch die Inhaberin der Garderobenkonzession. Im Hintergrund des Clubraums saß hinter der Glasscheibe der »Mr. Hip des Rundfunks«, Discjockey Symphony Sid, wie ein Goldfisch im Aquarium. Seine Radiostation WJZ hatte ihm die Sendezeit von Mitternacht bis 4 Uhr zur Verfügung gestellt, in der Plattenprogramme mit Liveübertragungen vom Bandstand der »Jazz Corner of the World« abwechselten. Das Programm wurde ständig mit Werbedurchsagen angereichert, für Herrenausstatter, Hi-Fi-Geschäfte, den Plattenläden gegenüber, Blumenläden, Friseure und sogar Bestattungsunternehmen. Der Slogan für *Sunshine Funeral Parlors* lautete:

»Wenn das Schicksal dir eine schlechte Karte zuspielt, schau bei *Sunshine Funeral Parlors* vorbei. Deine teuren Verblichenen werden mit Würde und Sorgfalt behandelt und die Typen von *Sunshine* machen dir einen guten Preis. Jetzt erfülle ich einen Hörerwunsch, die berühmte Platte von Cootie Williams, *Somebody's Got to Go.*«
Bei den Liveübertragungen führte Symphony Sid oft Dialoge mit den Jazzgrößen. Am Eröffnungsabend rief er plötzlich: »Bird, Bird! Gerade ist ein Anruf aus der Bronx gekommen. Der Gentleman möchte wissen, ob du für ihn *White Christmas* spielst.« Das war, als würde man von Heifetz *Play Fiddle Play* verlangen. Aber Charlie erfüllte den Wunsch. Im tiefen Register, beinahe wie ein Tenorsaxophon klingend, spielte er das Thema von *White Christmas*, dem er eine lange liebevolle Improvisation folgen ließ. So hatte dieses Lied, dessen Plattenaufnahme von Bing Crosby jedes Jahr zur Weihnachtszeit in Hunderttausenden von Exemplaren verkauft wurde, noch niemand gehört. Abgebrühte Nachtclubbesucher wischten sich verstohlen eine Träne aus dem Auge, dachten an Weihnachten in ihrer Kindheit vor langer Zeit und bestellten weitere Drinks. So endete die turbulenteste Dekade in der Geschichte der populären Musik Amerikas.

VIERTER TEIL

22
Travels with a Genius

Die zweite Ausgabe des Charlie Parker Quintetts war schon allein deshalb einmalig, weil in ihr zwei weiße Musiker spielten, Red Rodney und Al Haig. Haig hatte in der Parker-Gillespie-Combo gespielt und war so alt wie Charlie, Rodney war sieben Jahre jünger, er war kaum 22, als er wenige Wochen vor Eröffnung des *Birdland* der Band beitrat. Viele Musiker wunderten sich, was ein so junger Mann, und noch dazu ein Weißer, in der berühmtesten Combo jener Zeit zu suchen hatte, aber Charlie selbst hatte Rodney ausgesucht. Sein Trompetenstil mit dem breiten, weichen, klaren Ton und der flüssigen Legatophrasierung war dem Stil von Miles Davis sehr ähnlich. Es hatte sich herausgestellt, daß die Anwesenheit von Miles in derselben Band mit Charlie zu unlösbaren persönlichen Konflikten führte. Was gebraucht wurde, war ein Trompeter, der in die Gruppe paßte, spielen konnte, Anweisungen befolgte und dachte, Charlie Parker sei Gott selbst. Rodney entsprach allen diesen Anforderungen. Sein wirklicher Name war Robert Chudnick, geboren am 27. Februar 1927 in einem jüdisch-irisch-italienischen Distrikt von Philadelphia, aus dem noch viele andere Jazzmusiker wie Gerry Mulligan, Buddy De Franco, Bill Harris und Charlie Ventura stammen. Seine musikalische Karriere begann er als Hornist in der Jugendband der Jüdischen Kriegsveteranen. Sein Vater hatte in den Palästinawirren der 20er Jahre auf Seiten der Briten gekämpft. Rodneys erste Trompete war ein Bar-Mitzvah-Geschenk.

Er war intelligent und frühreif, geriet aber in schlechte Gesellschaft und flog aus der regulären High School hinaus. Daraufhin kam er in das *Mastbaum Trade Institute* für jugendliche Straffällige, wo er begann, Trompete zu studieren und bald der beste seiner Klasse war. Mit 16 verließ er das Institut, um Berufsmusiker zu werden. Im Alter von 18 Jahren hatte Rodney bereits mit Jerry Wald, Jimmy Dorsey, Gray Gordon, Elliott Lawrence und dem Casa Loma Orchestra gespielt.

Sein erstes Vorbild war der populäre Harry James. Dann geriet er in die Kreise der Bebopper, die ihm den Rat gaben, schleunigst seinen süßlichen Harry-James-Ton loszuwerden und sich mit Dizzy Gillespie, Fats Navarro und Charlie Parker auseinanderzusetzen. Rodney tat das und Charlie Parker wurde sein neues Idol. Als Parker und Gillespie New York verließen, um ihr Engagement bei Billy Berg anzutreten, nahm Rodney eilends ein Angebot von Gene Krupa an, nur weil dieser längere Zeit im *Hollywood Palladium* spielte und er, Rodney, dadurch die Möglichkeit hatte, nach dem Ende der letzten Show Dizzy und Bird zu hören. Nach einem Jahr in der Band des Schlagzeugers spielte Rodney bei Woody Herman, Stan Kenton und Claude Thornhill. Noch bevor er 21 Jahre alt wurde, hatte er bereits in jedem bedeutenden weißen Jazzorchester gespielt.

Dann jedoch kehrte Rodney den Bigbands den Rücken und suchte Beschäftigung auf der »Street«, wo er mit Charlie Ventura, Gerry Mulligan, Chubby Jackson, Kai Winding und anderen weißen Spitzencombos spielte. Rodney war beweglich, aggressiv, gesellig, populär und fähig, das, was man einen »musician's musician« nennt. Sein Engagement bei Charlie Parker erfüllte den Traum seines Lebens. Nun konnte er in einer schwarzen Band arbeiten, noch dazu mit jenem Mann, den er für den größten aller Jazzmusiker hielt.

Rodney war ein kleiner, dünner, beweglicher Mann mit Sommersprossen und roten Haaren, geschwätzig und stets sehr modisch gekleidet. Ab und zu rauchte er einen Joint, hatte aber sonst keinerlei Drogenerfahrungen, er wußte nur, daß der Drogenkonsum allgemein üblich war und sein neuer Chef auch hier eine führende Rolle spielte. Charlie nannte seinen neuen Trom-

peter »Chood« — ein Wortspiel mit leichten antisemitischen Obertönen — oder »Junior«. Außer seinen musikalischen Pflichten mußte Red Taxis rufen, Besorgungen erledigen, die Wäsche besorgen und wenn notwendig, Drogen für den Boß organisieren. Die Beziehung war enger als die zwischen Parker und Benedetti, denn Red war ein praktizierender Musiker und Birds rechte Hand, auf der Bühne und privat.
Auf der Bühne herrschte ein striktes Schüler-Lehrer-Verhältnis. Machte Red Fehler, wurde er heruntergeputzt und oft genug entlassen, um dann am folgenden Tag wieder engagiert zu werden. Im Privatleben herrschte zwischen den beiden jene Intimität zwischen Menschen, die denselben Dialekt sprechen und derselben Kaste angehören. Waren Mädchen verfügbar, so spielte Charlie die, die er nicht wollte, seinem Assistenten zu, nur in seltenen Momenten der Großzügigkeit erlaubte er ihm, die erste Wahl zu treffen. Charlie unterwies Red in der subtilen Kunst des »Puton«, zeigte ihm, wie man versäumten Schlaf teilweise mit kurzen Katzennickerchen in einem Taxi oder in einer Garderobe kompensieren konnte und brachte ihm auch das bei, was er »changing the scene« nannte — die Veränderung der inneren Stimmung und damit des kreativen Outputs durch verschiedene Beschäftigungen zwischen den Sets. Manchmal nahm Charlie ein Taxi zur 57th Street und mietete dort eine Droschke für eine rasche Galoppfahrt durch den Central Park. Eines Nachts fand Rodney seinen Chef auf einer großen Mülltonne, wo er ausgestreckt auf dem Rücken lag und in den Himmel starrte. Damit verschob Charlie seine innere Szenerie. Hatte er davor mit gläserner Brillanz gespielt, so waren seine Soli im folgenden Set romantisch, lyrisch und voller Sehnsucht. Manchmal brachte Charlie Material aus Radio- oder Fernsehshows oder aus dem Soundtrack eines Films auf den Bandstand. Eines Nachts improvisierte er zwanzig Minuten lang über die Kennmelodie von *Lone Ranger*.
Von Taxis war Charlie besessen. In ihnen nahm er seine ausgeklügelten Kombinationen von Pillen zu sich oder skizzierte ein neues Musikstück, sie waren sein Büro, sein Wartezimmer und sein Schlafzimmer. Rodney schätzt, daß Charlie damals fast

ebensoviel Zeit in Taxis verbracht hat wie in Wohnungen. Manchmal mietete Charlie einen Wagen für den ganzen Tag, was zu astronomischen Rechnungen führte. Sein Lieblingsfahrer war ein Mann namens Ralph Douglas, der ein Parkerfan geworden war, nachdem er die Platte von *Cool Blues* gehört hatte. Douglas pflegte seinen Wagen vor den Clubs zu parken, in denen Charlie spielte, damit er hineinhuschen und zuhören konnte. Wenn Charlie ihn sah, sagte er: »Fahr nicht weg, Baby, wart auf mich!«

Die Beschaffung von Heroin erforderte jeden Tag einen großen Aufwand an Zeit. Wenn die Polizei wieder eine scharfe Periode hatte, mußten besondere Vorsichtsmaßnahmen getroffen werden. Lange, umständliche und kostspielige Taxifahrten in obskure Gegenden im Norden und Osten Harlems waren erforderlich, um die tägliche Dosis zu bekommen. Manchmal erwischte man schlechten Stoff, der nicht die gewünschte Wirkung brachte und auf den man sogar regelrecht krank werden konnte. Wenn die Panik ausgebrochen war und Charlie nicht mehr wagte, sein Gesicht zu zeigen, dann war es der saubere 22jährige jüdische Bursche aus dem Arbeitermilieu von Philadelphia, der das Nötige erledigte.

Jede Nacht stand Rodney mit dem Musiker auf der Bühne, den er mehr als irgendeinen anderen Menschen auf der Welt bewunderte, der vollgepumpt war mit Heroin und eine unendliche Fülle von wunderschönen Klängen und originellen Ideen aus sich herausschüttete. Wie viele andere vor ihm begann Red unwillkürlich darüber nachzudenken, ob die Grenze zwischen Talent und Genie nicht durch eine einfache Injektion in eine Vene überschritten werden könnte.

Eines Abends kam Rodney in die Garderobe und fand den Saxophonkoffer offen auf dem Schminktisch liegen. Neben dem Instrument waren Löffel, eine Kerze und eine Injektionsspritze befestigt. Charlie bemerkte seinen Blick und schlug den Deckel zu. »Das ist nichts für dich«, sagte er barsch.

Etwa eine Woche später kam Rodney gerade zurecht, als Charlie in dem alten verfärbten Löffel die Heroinmischung aufkochte. Charlies Hemdsärmel war bis zur Schulter hochgestreift und der

Oberarm mit der Krawatte abgebunden. Blitzschnell fuhr Charlie herum, machte ein bitterböses Gesicht und sagte mit rauher Stimme: »Die Tür, Mann! Mach die verdammte Tür zu!«
Rodney tat es und dann beobachtete er Charlie bei seinem täglichen Schuß. Charlie wartete, bis das weiße Pulver sich in eine farblose Flüssigkeit verwandelt hatte, dann saugte er diese mit der Nadel auf und hielt die gefüllte Spritze gegen das Licht. »Hier ist die coole Welt, Mann«, sagte er.
Dann drehte er den Arm so lange, bis die Vene sich deutlich unter der Haut abhob und stieß die Spitze der Nadel hinein. Ein paar Blutstropfen rannen den Unterarm entlang, sie wirkten auf der dunklen Haut beinahe schwarz. Langsam drückte Charlie den Kolben der Spritze, bis die klare Flüssigkeit verschwunden war. Seine Bewegungen waren ruhig und präzise, als wäre er ein Chemiker im Laboratorium. Als er fertig war, verstaute Charlie die Utensilien wieder im Saxophonkoffer. Er setzte sich an den Schminktisch, rauchte in tiefen Zügen eine Zigarette und starrte in den Spiegel. Die Injektion schien keine sofortige Wirkung zu zeigen, aber innerhalb einer halben Stunde war Charlie relaxed, offen und spielbereit.
Rodney war zugleich fasziniert und angewidert. Er wußte, daß Charlie süchtig war, aber es war das erste Mal, daß er die Details miterlebte. Er sah sich demselben Dilemma ausgesetzt wie alle Jazzmusiker, die Nacht für Nacht Charlies unglaubliches Musikantentum erlebten. »Um wie Bird zu spielen, mußte man...« War das so? War das Heroin der Schlüssel zu der verbotenen inneren Welt, in der Bird lebte und seine Musik schuf? Im Milieu der jüdischen Untermittelklasse, dem Rodney entstammte, gab es keine Narkotika und er schreckte davor zurück. Allein der Gedanke, eine gesunde Vene anzustechen, erschien ihm abstoßend, beinahe obszön. Rodney begann Kokain zu schnupfen. Er brauchte mehrere Wochen, bis er sich soweit gebracht hatte, es einmal mit Heroin zu versuchen. Er versicherte sich der Hilfe eines alten Junkies, der ihm genau zeigte, wie das gemacht wird. Nach dem ersten Mal wurde ihm übel, aber schließlich begann er sich an eine kleine Dosis zu gewöhnen. Als Charlie das bemerkte, wurde er schrecklich zornig. »Du sollst tun, was ich

sage, nicht, was ich *tue*«, brüllte er. »Um Gottes willen, Mann, hör auf damit, bevor es zu spät ist!« Die Ermahnung wurde einige Male wiederholt, aber ohne Erfolg, denn nach einem Monat war Rodney süchtig. Freunde versicherten ihm, er spiele sehr gut, aber er wußte es nicht wirklich. Niemand konnte wie Bird spielen. Es war eine seltsame Band: zwei Junkies und mit ihnen eine völlig saubere Rhythmusgruppe. Aber es war eine hervorragende Formation, ebenso gut wie die mit Miles Davis und Max Roach.
Nach einem langen Engagement im *Birdland* ging das Quintett mit *Jazz at the Philharmonic* auf Tournee. Schon beim ersten Konzert in Buffalo konnte Charlie kein Heroin auftreiben und der Abend wurde nur gerettet, weil verständnisvolle ortsansässige Fans das Nötige unternahmen. Nach einer Woche von immer wieder versäumten Auftritten bot Norman Granz Rodney für jeden Abend, an dem er Charlie zeitgerecht und spielfähig auf die Bühne brachte, den Betrag von 100 Dollar an. Die Tournee dauerte zwei Monate, aber Rodney konnte den Extrabonus nicht ein einziges Mal kassieren. Der Auftritt des Quintetts richtete sich ausschließlich nach Charlies Zustand und lag gewöhnlich am Ende des Programms. Aber das Publikum war von Bird begeistert. Jede Nacht hatte er neue Ideen, sehr im Gegensatz zu anderen, die nur Klischees und bedeutungslose Riffs spielten, solange ihnen das Publikum dafür applaudierte. Charlie spielte nie länger Solo, als er Einfälle hatte. Wie auch auf anderen Tourneen benützte Charlie die Gelegenheit, seinen Sohn Leon zu sehen, der in Detroit lebte.
Die Tournee endete in Minneapolis und das Quintett kehrte nach New York zurück, um ein Engagement im *Café Society* anzutreten. Rodney war in den zwei Monaten um zwei Jahre gealtert, wie seine Freunde feststellten. Seine Sucht machte ihm zu schaffen. Als er versuchte, aufzuhören, setzten prompt unglaublich schmerzhafte Entzugserscheinungen ein. Charlie fand ihn im Bett, zitternd und schwitzend, was normal war. Nicht normal dagegen waren die starken Bauchschmerzen, unter denen Red litt. Charlie bereitete einen leichten Schuß aus seinem eigenen Vorrat vor, verabreichte ihn Rodney und beobachtete die

Wirkung. Als die Bauchschmerzen immer schlimmer wurden, wußte Charlie, daß sie nichts mit Entzugserscheinungen zu tun hatten, rief ein Taxi und brachte Red in ein Krankenhaus. Als sie dort eintrafen, war Red schon beinahe in Agonie und es stellte sich heraus, daß er eine akute Blinddarmentzündung hatte. Die Ärzte betonten, Charlie habe das Leben seines Kollegen gerettet, ein paar Stunden später wäre es unweigerlich zu einem Durchbruch gekommen.

Charlie stand seinem Trompeter während dessen Rekonvaleszenz zur Seite und half ihm anschließend, einen Job in einem Ferienort in den Catskills zu finden, wo er sich erholen konnte. Im *Café Society* wurde Rodney inzwischen von Fats Navarro vertreten. Dieser Club im Village war eines Nachts, als Art Tatum auftauchte, der Schauplatz einer denkwürdigen Jam Session.

Billy Shaw fragte Charlie, ob er eine kurze Tour durch die Südstaaten in Betracht ziehen würde. »Ich brauche dir nicht zu sagen, wie es im Süden ist«, meinte Billy, »aber das Geld ist gut. Ich werde es so einrichten, daß du mit zehn oder zwölf Grand* zurückkommst. Es liegt an dir.«

»Ich bin schon dort gewesen«, meinte Charlie. »Buche nur!«

»Natürlich mußt du vorher diesen weißen Trompeter loswerden«, sagte Shaw.

»Ich verstehe nicht.«

»Du kannst nicht riskieren, ihn in den Süden mitzunehmen. Eine gemischte Band würden die dort nie akzeptieren.«

»Noch nie von Albino-Negern gehört?« fragte Charlie. »Geh und buche die Tournee. An der Band wird nichts geändert.«

»Du bist verrückt!«

»Wir kündigen Rodney als ›Albino-Red‹ an. Ich bringe ihm bei, den Blues zu singen.«

Die Band reiste in zwei Autos, in dem von Roy Haynes und in Charlies neuem Cadillac. Charlie war ein so sprunghafter Fahrer, daß nur Rodney mit ihm in dem großen Auto fahren wollte. Die anderen fuhren mit Roy Haynes — Johnny Roberts, der Roadmanager und Aufpasser von Billy Shaw, Tommy Potter

---

* Slangausdruck für 1000 Dollar

und der Pianist Walter Bishop. Er vertrat Al Haig, der doch keine Lust gehabt hatte, auch als Albino aufzutreten. Das Wetter war heiß und die Termine dicht gedrängt. Shaw hatte ihnen 18 »One-nighters« hintereinander verschafft, in Jacksonville, Atlanta, Montgomery, Birmingham und anderen großen Städten im Süden. Nur Mississippi wurde umgangen. Red Rodney alias »Albino Red« mußte in jedem Set aufstehen und den Blues singen. Nachdem er keinen wirklichen Blues kannte, wurde ein alter Hit des Gene-Krupa-Orchesters, *The Boogie Blues* ausgegraben. Mit von Hitze und Anstrengung gerötetem Gesicht sang Rodney gehorsam »Don't the moon look lonesome shining through the trees«, während Charlie im Hintergrund übertrieben funky spielte. Niemand weiß, ob die Scharzen im Publikum das Spiel durchschauten, wenn ja, dann waren sie zu großzügig, um es zu zeigen. Von den Weißen wurde die Maskerade anstandslos akzeptiert — wer würde sich schon freiwillig im Süden als Neger deklarieren?
Die unklare Situation brachte neue Variationen des Rassenthemas mit sich. Rodney wurde zu untergeordneten Arbeiten herangezogen, für die normalerweise ein Bandboy da war.
»Hey, Chood!« brüllte Charlie. »Beweg dich, schau, daß die Instrumente auf die Bühne kommen. Hilf Roy mit seinem Schlagzeug und kümmere dich ums Gepäck.« Rodney plagte sich ab mit Tom-Toms, Instrumentenkoffern und dem Baß. In Hotels und Pensionen schleppte er die Koffer, während Charlie sich wie ein Sklavenaufseher benahm. Wenn Red sich beklagte, meinte Charlie: »Weißt du, Chood, wir können nicht riskieren, daß dich jemand vielleicht für einen Weißen hält.«
»So hab ich mir das nicht vorgestellt!«
»Jetzt weißt du, wie die andere Hälfte lebt. Ich hab schon selbst fast vergessen, wie arg das ist.«
Bei seinem Umgang mit den Weißen im Süden scheute Charlie nicht vor dem äußersten Risiko zurück. Eine Lieblingsnummer von ihm war, die Taxifahrer zur Weißglut zu bringen, indem er behauptete, ein Gepäckstück sei verloren gegangen. Vor weißem Publikum spielte Charlie auf der Bühne die Rolle des »gebildeten Niggers« und machte sich lächerlich mit großen Worten und

hochgestochenen Phrasen. »Nun, meine Damen und Herren«, sagte er etwa, »wird unsere kleine Gruppe bemüht sein, Ihnen unsere Version von... nahezubringen.« Oder: »Erlauben Sie mir nun, das jüngste Mitglied unserer Band zu präsentieren, den kleinen Albino Red persönlich. Laßt uns diesen vorzüglichen jungen Künstler mit einem zündenden Applaus empfangen.« Und Rodney schlurfte unsicher zum Mikrophon und sang seinen Bluesersatz mit kleiner gehässiger Stimme.
Manchmal sagte ein schwarzer Veranstalter: »Mr. Parker, wir wissen, Sie sind der Bebop-König, oben im Norden. Das ist recht und schön, aber hier bei uns wollen die Leute...«
»Mein guter Freund«, unterbrach Charlie, »Sie brauchen sich keine Sorgen zu machen. Was wir euch bringen, ist nichts anderes als die gute alte solide Red-Beans-and-Rice-Music, nach der jeder tanzen kann. Yes, Suh, wir wollen euch gefallen!«
Der erste Set war dann wirklich so, wie versprochen: *In the Mood*, *South*, *Caravan*, *Boogie Woogie Blue Plate* und jede Menge von Barrelhouse-Blues. Erst später spielte die Band ihr eigenes Repertoire, die Nummern von der »Street«. Was immer das Quintett auch spielte, egal ob für weißes oder schwarzes Publikum, die Musik swingte, ging in die Beine und war immer tanzbar. Wenn Charlie mit vollster Lautstärke loslegte, Rodney ihn mit seinem großen weichen Ton unterstützte und die Rhythmusgruppe wie verrückt swingte, dann klang das Quintett wie ein fünfzehnköpfiges Orchester. Schon vor langer Zeit hatte Charlie die Tricks gelernt, wie man für Tänzer spielt. Er konnte fühlen, wie deren Rhythmus zu ihm zurückdrang und das war ein Gefühl, das er mochte. Die Tournee war ein Riesenerfolg. Charlie blökte und hupte mit seinem Saxophon und erzielte oft die Wirkungen eines Gospelquartetts und einer Rhythm-and-Blues-Band. Er gab den stampfenden und schwitzenden Tänzern in den glühheißen Tanzhallen der südlichen Städte, was sie brauchten. Wenn er Schlager spielte, hatte er eine besondere Art, die Töne der Melodie mit rhythmischer Energie aufzuladen, so daß sie einen Sekundenbruchteil länger in der Luft zu hängen schienen und den drängenden Eindruck gesteigerten Tempos vermittelten. »Wir waren nur zu fünft«, sagte Rodney

nach der Tournee, »aber wir klangen wie das Count-Basie-Orchester.«
Meist spielte die Band eine Tanzveranstaltung für die Weißen und die zweite — je nach den lokalen Vorschriften vorher oder nachher — für die Schwarzen. Für jede Tanzveranstaltung erhielt Charlie 400 und seine Mitspieler je 100 Dollar. Charlie behauptete zunächst, die 100 Dollar wären nicht pro Tanzveranstaltung, sondern pro Abend. Als die Musiker jedoch mit Meuterei drohten, zog er zurück und sagte, er hätte sie nur testen wollen. Die Tournee trug nichts zur Erhöhung von Charlies künstlerischem Status bei, hier war er nichts anderes als ein Entertainer. Um wenigstens als Weltmann, wenn nicht schon als Musiker, Selbstbestätigung zu finden, schlüpfte er gelegentlich wieder in eine seiner vielen Rollen. »Geld ist Euer einziger Freund«, dozierte er vor den Mitgliedern seiner Band, um kurz danach einen neuerlichen Versuch zu machen, sie um die 100 Dollar Extragage pro Tag zu bringen. In North Carolina schrieb der Autor und Verleger Harry Golden eine freundliche Zeitungskritik, ansonsten wurde die Band von der Presse des Südens ignoriert.
Im Laufe eines einzigen Tages schlüpfte Charlie oft in ein halbes Dutzend verschiedener Rollen. Der Reihe nach war er der Possenreißer, der überhebliche Herr mit seinen Lakaien, Louis Armstrong, der Einfaltspinsel, der geschickte Betrüger oder der Bonze aus Harlem, mit seinem Cadillac unterwegs im Süden. Das unvermeidliche Problem der Rauschgiftversorgung erhob sich, noch bevor die Hälfte der Tournee absolviert war. Die meisten Ärzte im Süden waren Weiße und so wurde Red Rodney von Charlie präpariert und auf den Weg geschickt. Rodney, der schon auf »cold turkey«* war, was ihm die Sache erleichterte, spielte dem Doktor überzeugend eine chronische Krankheit und das dringende Bedürfnis nach schmerzstillenden Mitteln vor und legte, wenn der Doktor nicht gleich reagierte, die magischen 20 Dollar auf den Tisch. In kleineren Orten waren Arzt und Apotheker oft ein- und dieselbe Person. In einem solchen Fall

* Entzugserscheinungen

steckte der Doktor das Schmiergeld ein, schrieb das Rezept aus, dann zog er seinen weißen Mantel aus und ging eine Tür weiter in die Apotheke, um das Morphium auszugeben.

Der mit Abstand unangenehmste Teil der Reise waren die Zustände in den Pensionen und Hotels, die 1950 für Farbige zur Verfügung standen. Der weiße Roadmanager Johnny Roberts hatte es gut, er konnte in der Innenstadt absteigen. Die Jazzmusiker, inklusive »Albino Red«, zahlten dieselben Preise, mußten aber in der feuchten Sommerhitze mit stickigen, schlechtgelüfteten Räumen vorlieb nehmen, in denen die Möbel zerbrochen waren, die Metallfedern aus den Bettmatratzen herausragten, die Bettlaken zerrissen waren und die Kissen sich anfühlten, als ob sie mit zerbrochenem Geschirr gefüllt wären. Schmale Gänge mit schlechter Beleuchtung führten in Badezimmer mit defekten Toiletten und Badewannen, in denen sich der Dreck von 10 Jahren angesammelt hatte. Bei einer dieser Gelegenheiten sagte Charlie zu Rodney, das wäre seine letzte Tour durch den Süden, egal, wieviel Geld man ihm anbieten würde.

Sie kamen nach Memphis, wo die Unterbringung ganz besonders mies war, und da hatte Charlie endgültig genug. »Chood«, sagte er vertraulich zu Rodney, »jetzt hör mir einmal zu: Du gehst in die Innenstadt und nimmst ein Zimmer in einem weißen Hotel. Ich werde dir deine Koffer tragen, und dann nehmen wir endlich ein anständiges Bad!«

Mit wohlgefüllten Brieftaschen, aber erschöpft kehrten die Musiker nach New York zurück und schworen, nie wieder einen Fuß über die Mason-Dixon-Linie* zu setzen. Während eines darauffolgenden Engagements im *Birdland* feierte Charlie am 29. August seinen 30. Geburtstag. Oscar Goodstein, der Chef des *Birdland*, gab ihm zu Ehren eine Party. Billy Shaw hatte für Charlie einige Auftritte mit dem Streichorchester gebucht und aus diesem Grunde wurde das Quintett vorübergehend aufgelöst. »Charlie Parker and Strings« spielten im *Apollo* und anderen Theatern und traten am 16. September in der *Carnegie Hall* auf. Unter der Regie von Gjon Mili wirkte Charlie auch

---

* alte Grenze zwischen den Nord- und Südstaaten der USA

in einem Jazzdokumentarfilm mit, den Norman Granz produzierte.
Auf einer weiteren Tournee mit den Streichern machte Charlie den ersten Geiger Teddy Blume zu seinem persönlichen Manager. Blume war ein kleiner bescheidener Mann mit klassischer Ausbildung, ein hervorragender, wenn auch unbekannter Violinist. Er war der Leiter des Streichersatzes und verantwortlich für die Arrangements. Nun bekam er weitere Verantwortung aufgehalst. Er mußte dafür sorgen, daß Charlie rechtzeitig zu den Auftritten erschien und bald wurde er auch sein Instrumententräger, Kammerdiener, Bankier und Mädchenaufreißer. Er war sehr erstaunt über Charlies großen sexuellen Appetit. Charlie schlief nicht selten an einem Tag mit drei verschiedenen Frauen, einen völlig sexfreien Tag gab es beinahe niemals. Es gab weibliche Fans, die Charlie von Staat zu Staat folgten, es gab junge Mädchen, die um ein Autogramm oder Interview für eine Schulzeitung baten und Blumes Aufgabe war es, die Kandidatinnen für seinen Chef zu sieben. Als ein schwangeres Mädchen im Teenageralter Charlie als den Vater ihres ungeborenen Kindes bezeichnete und eine finanzielle Abfindung verlangte, erhielt Blume die strenge Instruktion, alle Mädchen unter 18 Jahren auszuscheiden.
Eines Nachts in einer Bar lenkte Charlie Blumes Aufmerksamkeit auf eine Frau, die nicht weit von ihnen auf einem Hocker saß. Die beste Beschreibung für sie war eine Zeile aus einer traditionellen Bluesnummer, »big fat mama with the meat shakin' off her bones.« Sie war die dickste Frau, die Blume jemals außerhalb eines Zirkus gesehen hatte. Charlie begann laut über ihren versteckten Charme und ihre sexuellen Begabungen nachzudenken. Der Kontakt wurde hergestellt und in kürzester Zeit befanden sich der Manager, sein Künstler und die dicke Frau in Blumes Zimmer. Charlie forderte die Frau auf, sich auszuziehen. Sie hatte Fettpolster am ganzen Körper und enorme Brüste. Charlie bestand darauf, daß Blume dablieb und so wurde dieser Zeuge einer Orgie, die beinahe eine Stunde dauerte. Die Dicke war willig, erfahren und sinnlich. Als alles vorüber war, sagte sie, sie würde Charlie niemals vergessen und jede seiner Platten kaufen.

Wenn Charlie an Schlaflosigkeit litt, mußte Blume in seinem Zimmer leise Geige spielen. Schlief Charlie dann schließlich ein, so fiel ihm oft die brennende Zigarette aus der Hand. Oft gab es deshalb Extrakosten für verbrannte Kissenüberzüge und Bettücher. Mehrmals wurde Charlie von der Polizei angehalten und einer Leibesvisitation unterzogen, aber er hatte immer Glück und die Cops fanden nie Rauschgift bei ihm. In der Öffentlichkeit tyrannisierte Charlie seinen Manager ohne Erbarmen und tätschelte ihm den Kopf wie einem Hund. Als das Magazin *Confidential* einen ordinären Artikel über die sexuellen Gewohnheiten und den Drogenkonsum Charlies veröffentlichte, drohte er mit einer Klage. Blume meinte jedoch, er solle die Sache vergessen, das Magazin hätte nur die Wahrheit geschrieben. Als Blumes Managerjob mit der Auflösung des Streichorchesters endete, sagte er in einem Interview, diese Periode wäre die qualvollste seines Lebens gewesen, Charlie Parker sei wie eine schreckliche Krankheit.

Im November kam der unermüdliche Billy Shaw wieder mit einem ungewöhnlichen Angebot: eine einwöchige Blitztournee durch Schweden. Auch Roy Eldridge sollte mitfahren und beide sollten mit schwedischen Musikern zusammenspielen. Mit einem neuen Tweedmantel gegen die nordische Kälte gewappnet, bestieg Charlie eine SAS-Maschine zum Flug nach Skandinavien.

Als Charlie am Sonntag, dem 19. November, auf dem Stockholmer Flughafen aus der Maschine stieg, war er erstaunt über die vielen schwedischen Musiker, Kritiker und Jazzfans, die gekommen waren, um ihn willkommen zu heißen. Charlie fühlte sich in Stockholm mit seiner frischen Luft, seinen sauberen Straßen, seinen alten Häusern und seinen freundlichen Leuten sofort wohl. Auf seiner ersten Pressekonferenz wurde er wie eine berühmte Persönlichkeit behandelt. Auf die Frage nach seinen bevorzugten klassischen Komponisten nannte er Hindemith, Ravel und Debussy, in dieser Reihenfolge, und fügte hinzu, sein Lieblingsmusiker sei Jascha Heifetz. »Durch seine Phrasierung ist Heifetz imstande, zu swingen«, sagte Charlie, »und er kann mit seiner Violine weinen.« Die schwedischen Kritiker machten kein Hehl daraus, daß Charlie ihrer Meinung nach ein ebenso großer Künstler wie Heifetz war. Über die Feindseligkeiten zwischen Traditionalisten und Modernisten im Jazz befragt, antwortete Charlie: »Ich halte es für sinnlos, über verschiedene Arten von Jazz zu reden. Die ewigen Auseinandersetzungen zwischen Tradition und Moderne bringen niemandem etwas. Das Wichtigste ist, daß das, was wir tun, als Musik akzeptiert wird.« Auf die Frage nach dem Unterschied zwischen Jazz und europäischer Musik meinte er: »In der Kunst gibt es keine Grenzen. Musik ist deine eigene Erfahrung, deine Gedanken, deine Weisheit. Wenn du es nicht lebst, kommt es nicht aus deinem Horn. Bebop«, fügte Charlie hinzu, »soll sehr schnell gespielt werden und ist für kleine Gruppen geeignet. In großen Orchestern unterdrücken die Arrangements die spontane Imagination.« Als er nach seinen persönlichen Zielen gefragt wurde, antwortete Charlie: »Mein Ziel sind schöne Klänge.« Er vertrat die Meinung, daß er durch die Arbeit mit den Streichern ein neues Niveau erreicht habe und daß *Just Friends* seine bisher beste Aufnahme sei. Die schwedischen Kritiker konnten sich dieser Meinung nicht anschließen, sie zogen Charlies Aufnahmen mit Miles Davis und Red Rodney vor. Als das Rassenproblem zur Sprache kam, zuckte Charlie nur die Achseln und lehnte es ab, darüber zu diskutieren. Eine unerwartete Antwort gab Charlie auf die Frage nach seinem persönlichen Lieblingssaxophonisten: Er nannte den verstorbenen Leon »Chu« Berry, dessen voluminöser weicher Ton und flüssiger Stil Ende der 30er Jahre in vielen Swingorchestern zu hören gewesen war.

Die Tournee wurde von Nils Hellström, dem Herausgeber des schwedischen Jazzmagazins *Estrad*, gesponsert und begann im *Konserthuset*, einem großen Saal in der Innenstadt von Stockholm. Um der großen Nachfrage zu entsprechen, wurden dort zwei Konzerte gegeben. Roy Eldridge trat mit einer Gruppe schwedischer Swingmusiker auf und Charlie mit einer Gruppe handverlesener Modernisten: dem Trompeter Rolf Ericson, dem Bassisten Yngve Akerberg, dem Drummer Jack Noren und dem Pianisten Gunnar Svensson. Charlie begann mit *Anthropology*, gefolgt von langen Versionen von *Cool Blues*, *Cheers*, *Lover Man* und *Stupendous*. Die schwedischen Musiker waren exzellent, viel besser als jene, die Charlie ein Jahr davor in Frankreich gehört hatte. Ericson war drei Jahre in Amerika gewesen und hatte dort mit Charlie Barnet und Woody Herman gearbeitet. Svensson spielte im Stil von George Shearing.

Als Charlie das *Konserthuset* verließ, wurde er bei einer Sandwich-Bude von einer Gruppe schwedischer Studenten begeistert begrüßt. Überrascht, daß viele von ihnen Englisch sprachen, lud Charlie alle zu Erfrischungen ein und plauderte mit ihnen über Jazz. Dann eskortierten ihn seine neuen Freunde im Triumphzug zu einem gewölbten Kellerlokal in der Altstadt von Stockholm, wo sich der Dachverband der schwedischen Jazzclubs befand. Dort fand Charlie umfangreiche Sammlungen von Büchern und Schallplatten, Lese- und Abhörräume sowie Jazz-Zeitschriften in finnischer, deutscher, schwedischer, norwegischer, französischer und englischer Sprache. An den Wänden hingen gerahmte Fotografien von Jazzpersönlichkeiten. In seiner Heimat, die auch die Heimat des Jazz war, gab es derlei Dinge nicht. Seine Gastgeber waren sehr erfreut, als er sein eigenes Bild, das natürlich auch an der Wand hing, bereitwillig signierte. Nach einem üppigen Essen, das mit großen Mengen von Pilsner Bier, Wein und schwedischem Schnaps hinuntergespült wurde, begann eine Jam Session, die bis zum Morgengrauen dauerte. Charlie erfreute seine begeisterte Zuhörerschaft mit langen Improvisationen über Musikstücke, die den Schweden durch das Studium von Schallplatten wohlvertraut waren. Charlies Persönlichkeit, von den Kritikern als bescheiden, humorvoll und konziliant beschrieben, bezauberte alle. Offensichtlich hatten die Schweden eine Art Primadonna erwartet. Dieser Montag war einer der glücklichsten und erfülltesten Tage in Charlies ganzem Leben.

Mit einem Doppelkonzert in Göteborg begann die Tournee durch die größeren Städte Schwedens. Anstelle von Gunnar Svensson und Yngve Akerberg spielten nun in Charlies Gruppe Gösta Theselius und Thore Jederby. Charlie und Roy Eldridge wurden fotografiert, wie sie mit ihren Lackschuhen durch den ersten Schnee des Jahres stapften, was die Schweden sehr amü-

sierte. Obwohl Charlie erst ein paar Tage in Schweden war, bekam er viele Briefe von Jazzfans, die ihm schrieben, seine Musik wäre einzigartig und sie seien geehrt, daß er ihr Land besuche. Die meisten der Briefe waren in englischer Sprache.
Am Mittwoch spielten die Musiker eine Matinee in Malmö und fuhren anschließend einige Kilometer weiter nördlich zur Universität Lund, wo eine Jam Session abgehalten wurde. Als seine schwedischen Kollegen erschöpft waren, spielte Charlie ganz allein. Ein Reporter erinnert sich noch heute an ein langes Bluessolo und beteuert, weder vorher noch nachher etwas Vergleichbares gehört zu haben. Charlie borgte sich auch die Klarinette von Arne Domnerus und spielte darauf einige Nummern. Die ganze Zeit über trank er reichlich und lobte den schwedischen Schnaps.
Dem Kritiker Carl Eric Lindgren gab Charlie den Gegenwert von 200 Dollar in schwedischer Währung und bat ihn, dafür etwas zu kaufen, das er mit nach Hause nehmen konnte. Lindgren war zunächst unschlüssig, kaufte Charlie dann aber schließlich einen schicken Mantel mit Kapuze, der unter den Snobs als letzter Schrei galt und ein schwedisches Bauernkleid für Kim, die Tochter von Chan Richardson, mit der er sich vor seiner Abreise wieder häufiger getroffen hatte. Charlie war zu der Meinung gekommen, in Schweden sei alles cool und von Rassenproblemen keine Rede und diskutierte mit seinem neuen Freund die Möglichkeit, sich hier niederzulassen. Seine Freunde meinten, er könne als Wohnsitz Stockholm oder Kopenhagen wählen und Konzerte und Clubengagements in ganz Skandinavien sowie in Polen, Deutschland, Jugoslawien, Frankreich, Belgien und Italien spielen. England wäre schwierig, weil die dortige Musikergewerkschaft die Arbeitsmöglichkeiten für ausländische Musiker limitiert hatte, in Spanien und Portugal gäbe es keine Jazzszene. Seine Freunde waren der Ansicht, daß Charlie auf diese Weise ohne weiteres seinen Lebensunterhalt verdienen könnte, obwohl das Einkommen mit dem in den Staaten nicht zu vergleichen war.
Nach der Session in Lund machten die Musiker einen Abstecher nach Dänemark und gaben dort ein großes Konzert, zusammen

mit dem Quintett des Norwegers Rowland Greenberg, den Charlie 1949 beim Pariser Jazzfestival kennengelernt hatte. An diesem Abend war auch der »King of Swing«, Benny Goodman, in Kopenhagen und spielte bei einer anschließenden Jam Session mit. Nach Schweden zurückgekehrt, spielte die Gruppe im *Folkets Park* in Helsingborg, einem Bier- und Tanzlokal. Der blinde Pianist Lennart Nilson war auch da und stieg ein. Charlie, dem klar war, daß ein Scharzer in Schweden etwas Außergewöhnliches war, nahm zärtlich die Hand des Pianisten und legte sie sich auf den Kopf. Nilson fühlte das drahtige Haar und sagte, er verstehe, und Charlie freute sich.

Das Konzert war wie üblich ausverkauft, ungeachtet der sehr hohen Eintrittspreise, die Promoter Hellström verlangen mußte, um seine Unkosten zu decken. Nach dem Konzert gingen die Musiker in ein nahegelegenes Lokal, wo sie bis in den grauen Morgen aßen, tranken und jammten. Wie Greenberg erzählt, spielte Charlie die ganze Zeit über wie ein Dämon und konsumierte große Mengen von Schnaps, den er sich mit allen möglichen Listen beschaffte, was auf Grund der damaligen schwedischen Gesetze nicht ganz einfach war. Die Jam Session wurde aufgenommen und später von der schwedischen Firma *Sonet* auf Platten veröffentlicht. Mit den Festivitäten in Helsingborg endete die siebentägige Tournee. Charlie war, wie er seinen schwedischen Freunden gestand, total fertig.

Sehr im Gegensatz zu seiner vorangegangenen Tournee durch den amerikanischen Süden erlebte das Publikum auf dieser Tournee einen völlig neuen Charlie Parker. In einer Umgebung, in der er sich geachtet, anerkannt und geliebt fühlte, verzichtete Charlie auf sein übliches Rollenspiel und zeigte sich als der Künstler, der er wirklich war. Abgesehen von seinen Schnapsorgien nahm er auch keinerlei Drogen zu sich.

Ein letztes Konzert war noch zu spielen und am Morgen hatte Greenberg und Lindgren große Schwierigkeiten, Charlie aus dem Bett und rechtzeitig in den Bus zu bekommen. Erst als durch die Hilfe eines Kellners, der sich als Charlie-Parker-Fan deklarierte, eine Flasche Schnaps herbeigezaubert worden war, konnte Charlie in reisefähigen Zustand gebracht werden. Am

Abend wurde Charlie zunächst von dem schwedischen Altsaxophonisten Arne Domnerus an die Wand gespielt. Nachdem er aber eine weitere Schnapsflasche organisiert und konsumiert hatte, lief Charlie zu seiner alten Form auf. Die Musiker kehrten nach Stockholm zurück, wo sich Charlie am letzten Tage seines Schwedenaufenthaltes ein wenig ausruhte.
Charlies Spiel auf der Schwedentournee war auf einem hohen, vielleicht sogar bis dahin noch nicht erreichten Niveau. Daß das Publikum mit seinem bisherigen Werk wohlvertraut war, gab ihm den Mut und Antrieb, neue Horizonte aufzureißen. Sein Ton war klar und singend und sein Instrument unter perfekter Kontrolle, sogar bei Pianissimo-Passagen. In Malmö spielte er ein wundervolles *Lover Man*, lyrisch, zärtlich, beinahe scheu und voll von wunderbaren Überraschungen, so wie er es gerne damals an jenem fatalen Tag in Hollywood gespielt hätte. Jedes Mal, wenn er Wünsche nach *Cool Blues* oder *Embraceable You* erfüllte, machte er neue musikalische Entdeckungen.
Für Sonntag, den 26. November, hatte Charlie einen Flug nach Paris gebucht. Greenberg und Lindgren brachten ihn zum Flughafen und saßen noch eine halbe Stunde mit ihm in der Bar. Die drei Männer lachten und blödelten miteinander, bis Charlies Flug aufgerufen wurde. Lindgren umarmte Charlie herzlich und sagte: »Lebwohl, ich hoffe sehr, wir sehen uns bald wieder.«
Plötzlich wurde Charlie sehr ernst. Er schaute Lindgren tief in die Augen und sagte mit belegter und bedeutungsvoller Stimme: »Nein, Carl, wir werden uns nie mehr wiedersehen.« Dann drehte er sich um, nahm seinen Saxophonkoffer und ging zu seinem Flugzeug. Er sollte nie mehr in seinem Leben eine so fröhliche und glückliche Woche wie die in Schweden erleben.
Auf dem Pariser Flugplatz wurde Charlie von Charles Delauney erwartet, der ihn fragte, ob er am darauffolgenden Wochenende ein Konzert geben wolle. Charlie akzeptierte das Angebot und bat um einen Gagenvorschuß, der ihm auch bewilligt wurde. In der Zwischenzeit besuchte er die verschiedenen Jazzlokale am Montmartre. Im *Bœuf Sur Le Toit* lief er Kenny Clarke in die Arme, der ihn wieder zu überreden versuchte, Amerika den Rücken zu kehren und sich der immer größer werdenden Kolo-

nie der Jazzmusiker in Paris anzuschließen. Weniger erfreulich war eine Begegnung mit Don Byas. Die beiden Saxophonisten, die sich schon seinerzeit in den Tagen der »Street« nicht gut vertragen hatten, gerieten in einen heftigen Wortwechsel. Alte Feindseligkeiten flammten auf und schließlich stieß Charlie den Tisch zurück und sagte: »Komm hinaus, Byas, und ich zeige es dir!« Als Byas vor das Lokal trat, stand Charlie mit einem geöffneten Messer vor ihm. Byas, ein kleiner drahtiger Mann, zog blitzschnell sein eigenes Messer aus der Tasche. Unter dem Licht einer Straßenlaterne starrten die beiden Saxophonisten einander an. Als Charlie den tödlichen Ernst im Gesicht von Byas entdeckte, beendete er seine kriegerische Pose, lachte und sagte: »Don, ich glaube fast, du würdest mich wirklich stechen.«
»Du hast so recht, Bird«, sagte Byas mit ernstem Gesicht. »Ich würde es tun.«
Ohne ein weiteres Wort klappte Charlie sein Messer zusammen und ging in den Club zurück.
Das Wochenende kam heran und mit ihm der Termin für das Delauney-Konzert. Drei Tage Paris im Anschluß an die anstrengende Schwedentournee hatten Charlie komplett erschöpft. Sein Magen, der nach dem schwedischen Schnaps nun in französischem Cognac gebadet wurde, hatte offene Rebellion erklärt. Charlie war krank. Nur ein Gedanke beherrschte ihn: Er wollte nach Hause. Er rief einen Gepäckträger, telefonierte mit dem Flugplatz, sicherte sich einen Platz auf einem Flug nach New York und innerhalb einer Stunde war er auf dem Weg in die USA. Die Mühe, Delauney anzurufen, hatte er sich nicht gemacht. Er hatte weder Pillen noch Drogen noch Alkohol und es wurde ein schlimmer Flug für ihn. In New York trat er Samstagabend in Leonard Feathers Jazz-Radio-Show auf, die auch in Frankreich empfangen werden konnte. Die Sendung wurde durch spezielle Einrichtungen in den Saal übertragen, in dem Delauneys Konzert stattfand und das erstaunte Publikum hörte die Stimme des Künstlers, auf dessen Auftritt es wartete, über den Atlantik. »Tut mir leid, Leute«, sagte er zu seinen französischen Fans, »aber es ging einfach nicht. Ich mußte abhauen.« Auf Feathers Fragen erwiderte er, daß er einen kurzen Urlaub in Paris

verbracht hätte, erwähnte aber Delauneys Konzert nicht. Das Magazin *Melody Maker* in London berichtete auf seiner Titelseite detailliert über das Fiasko unter der Überschrift: »Die unglaubliche Geschichte von Charlie Parker in Paris.«
Charlie hatte schon öfter Probleme mit seinem Magen gehabt, die meist rasch wieder vergangen waren. Diesmal war es anders. Nach drei miserablen Tagen, in denen er immer wieder Blut erbrach und nicht in der Lage war, etwas zu sich zu nehmen, ging Charlie in ein Krankenhaus in Manhattan, wo er gründlich untersucht wurde. Die Diagnose lautete auf akute Magengeschwüre. Charlie wurde in einen Einzelraum mit Betreuung rund um die Uhr gelegt, bekam eine besondere Diät und das strikte Verbot, Drogen, Pillen und Alkohol zu sich zu nehmen. Nach etwa einer Woche begann es ihm besser zu gehen. Er prahlte mit seiner unverwüstlichen Konstitution und wollte das Krankenhaus verlassen, aber der Arzt meinte, das komme überhaupt nicht in Frage, frühestens in einer Woche könne man darüber reden. Aber auch nach seiner Entlassung müsse Charlie sehr vorsichtig leben, vor allem dürfe er auf keinen Fall harte Getränke zu sich nehmen. Charlie gab darauf keine Antwort. In der folgenden Nacht, als seine Krankenschwester sich gerade einen Kaffee holen wollte, schlich er auf den Gang, fuhr mit einem Aufzug in den Keller des Gebäudes, erreichte schließlich die Straße, hielt ein vorbeifahrendes Taxi auf und ließ sich zum *Birdland* bringen. Er borgte sich bei der Kasse das Taxifahrgeld aus, bezahlte den Fahrer und betrat das nach ihm benannte Lokal in Krankenhauspyjama und Filzpantoffeln. Der Clubmanager Oscar Goodstein fand ihn an der Bar, wo Charlie ein soeben erfundenes »Medikament« zu sich nahm, Scotch Whisky gemischt mit Milch. In bester Laune erzählte er Goodstein, dieser Drink sei eine wunderbare Kur für Magengeschwüre. Als er schließlich bei der Hausband einsteigen wollte, nahm Goodstein sich seiner an und brachte ihn nicht ohne Schwierigkeiten in das Krankenhaus zurück.[*]

---

[*] Im amerikanischen Original beginnt hier ein neues Kapitel, »A Queer Night in Brussels«, dessen Kernszene eine detailliert geschilderte Rauschgiftorgie in Brüssel ist. Nach einer Mitteilung des Autors Ross Russell beruht diese Schilderung auf falschen Informationen. Ich habe die Szene daher herausgenommen und den Rest des Kapitels an »Travels With a Genius« angehängt. W.R.L.

Die Periode mit Red Rodney brachte eine weitere Änderung in Charlies Lebensstil. Während des Winters 1950 trennte er sich endgültig von Doris Sydnor. Doris, eine ruhige konservative Frau, die sich nicht zu Charlie hingezogen fühlte, weil er ein berühmter Musiker war, sondern weil sie ihn liebte, hatte sich im hektischen Leben der Nachtclubs, Jam Sessions und Tourneen niemals wohl gefühlt. Sie war einfach nicht imstande, sich daran zu gewöhnen. Kurz nach der Eröffnung des *Birdland* begann Charlie, mit Chan Richardson zusammenzuleben, womit die vierte bedeutende Beziehung in seinem Leben begann. Charlie dachte allerdings nicht daran, sich von Doris scheiden zu lassen und Chan zu heiraten. Gesetzliche Bestimmungen interessierten ihn nicht. Die beiden wurden zum ersten Mal zusammen in der Öffentlichkeit gesehen, als Charlie mit dem Quintett einen Abend lang im *St. Nick's Ballroom* spielte. Joe Maini und Don Lanphere, zwei junge Musiker von der Westküste, nahmen den ganzen Abend auf Band auf und die Aufnahmen erschienen schließlich auf *Fantasy* unter dem Titel *Bird at St. Nick's*.
1941 hatte die »Street« kein Musikmonopol mehr inne, ihre berühmten Kellerlokale mußten den Jazzpalästen auf dem Broadway weichen. Chan war, als sie und Charlie einander näherkamen, 27 Jahre alt, ihre Tochter Kim 4 und Charlie 31. Er war nicht mehr länger der junge braune Gott des Bebop, sondern in großer Gefahr, als dessen »elder statesman« betrachtet zu werden, so wie es Lester Young erging. Die simple Tatsache, daß Charlie nun mit monotoner Regelmäßigkeit jeden Saxophonpoll gewann und von den Jazzschreibern zum Musiker des Jahres erklärt wurde, sprach für sich selbst und signalisierte, daß die Kritiker die Musik nun verstanden und das Publikum voll dafür aufgeschlossen war. Mit seinen 31 Jahren sah Charlie eher wie 40 aus. Sein Körpergewicht war außer Kontrolle geraten. Früher war er muskulös gewesen und hatte kaum 70 Kilogramm gewogen, jetzt wog er über 90 und die Fettpolster waren nicht zu übersehen. Sein Gesicht, früher knabenhaft, gierig und ekstatisch, wirkte nun vergröbert, aufgerauht, unterspickt und hatte tiefe Falten, die niemals verschwanden. Er platzte beinahe aus seinen Anzügen. Seine neue Liaison hatte die Beschaffenheit einer rei-

fen, herbstlichen Romanze von Paaren mittleren Alters, die man aus britischen Romanen kennt. Aber es war eine gute Beziehung, die besser schon früher hätte beginnen sollen, in jenen Jahren, als auf der »Street« noch etwas los war und das Leben wie eine endlose Jam Session erschien. Von allen Frauen Charlies hatte keine so viel Verständnis für Musik, das Leben eines kreativen Künstlers und den ständigen Druck, dem er ausgesetzt war, wie Chan. Abgesehen von den unvermeidlichen Trennungen und Seitensprüngen war es eine gute Ehe, wenn auch nicht legal, und sollte für den Rest von Charlies Leben halten.

Wie es sich für leicht älter gewordene Hipsters geziemte und um dem Wirbel des Musikgeschäftes zu entgehen, wohnten die beiden nicht in der üblichen Nachbarschaft wie Stadtmitte, Harlem oder »Street«, sondern mieteten sich eine 5-Zimmer-Wohnung auf Nr. 422 in der East 11th Street. Diese Gegend war damals hauptsächlich von Polen und Juden bewohnt und wurde später East Village genannt. Die Wohnung war behaglich möbliert, einen Teil der Einrichtung hatte Chan aus ihrer Wohnung in der »Street« mitgebracht, ein anderer Teil wurde gebraucht erworben. Charlie kaufte einen Plattenspieler und Regale für ihre vereinigten Plattensammlungen. Dies war Charlies erstes wirkliches Zuhause, seit er das Haus in der Olive Street in Kansas City verlassen hatte. Diese Wohnung wurde nie zum allgemeinen Notquartier, nur wenige sorgsam ausgewählte Freunde kamen hierher. Charlie begann, viel Zeit zu Hause zu verbringen. Er ging mit Kim spazieren und freundete sich mit den Ladenbesitzern der Nachbarschaft an. Geographisch gesehen war die Übersiedlung von Harlem in die Lower East Side nur der Wechsel von einem schwarzen in ein jüdisches Ghetto, in Wirklichkeit aber war es ein bedeutsamer Wechsel in Charlies Leben und das erste Eindringen eines schwarzen Kulturhelden in die weiße Bohème.

Nach einigen Monaten übersiedelte Charlie mit seiner Familie in eine größere und luxuriösere Wohnung auf der Avenue B in derselben Gegend. Er war überaus bemüht um einen »normalen« Lebensstil. Die sonntäglichen Essen *en famille* wurden zu bedeutenden Ereignissen, von denen sich Charlie durch keine

Jam Session abhalten ließ. Er freute sich, Chans Mutter und ihre Tante Janet als Gäste zu haben. Zum Essen erschien er hübsch gekleidet im Anzug und Krawatte und spielte die Rolle des fürsorglichen altmodischen Gastgebers. Er war galant gegen Chan und vergötterte Kim. Eines Nachts brachte er ihr ein riesengroßes ausgestopftes Kaninchen mit. Den Sommer verbrachten Charlie und Chan im Hause von Mrs. Richardson in New Hope/Pennsylvania. Charlie arbeitete im Garten, machte weite Spaziergänge und besuchte die Nachbarn. Es war ihm ungemein wichtig, respektabel zu werden. Wenn man die Zeit zurückdrehen könnte, dachte Chan und wenn Charlie weiß und ohne Talent gewesen wäre, hätte er seine Tage als glücklicher »Square« beenden können.
1951 war Charlie auf dem Höhepunkt seines kommerziellen Erfolges. Er trat laufend auf, sowohl mit dem Quintett als auch mit dem Streichorchester. Seine *Mercury*-Schallplatten verkauften sich gut und die Firma hatte den Vertrag verlängert. Er war eine etablierte Zugnummer von *Jazz at the Philharmonic* und dem Publikum so vertraut wie Coleman Hawkins oder Lester Young, die Idole seiner Jugend. Es gab nur einen schwachen Punkt, und das war Charlies Rauschgiftsucht, die nun bereits das 15. Jahr anhielt. Sein Organismus war inzwischen so daran gewöhnt, daß sogar Entzugserscheinungen ihren Schrecken weitgehend verloren hatten. Mit Rodney diskutierte er die Möglichkeit, das Heroin aufzugeben. Es belastete sein Gewissen, sagte er, so vielen jungen Musikern ein schlechtes Beispiel gegeben zu haben. »Wenn ich aufhöre«, sagte Charlie, »dann hören sie vielleicht auch auf.«
Aber das war nicht ganz so einfach. Charlies Gesundheitszustand war bedenklich geworden. Die Magengeschwüre waren zurückgekehrt und ein Besuch beim Arzt ergab erste beunruhigende Anzeichen einer Herzerkrankung. Charlie sagte zu dem Pianisten Walter Bishop: »Ich gehe zu dem Herzspezialisten und bezahle ihm 100 Dollar, er behandelt mich und es nützt nichts. Dann gehe ich zu dem Internisten und bezahle ihm 75 Dollar, er behandelt meine Magengeschwüre und es nützt auch nichts. Schließlich gehe ich zu irgendeinem Typen in einer dunklen

Gasse und gebe ihm 5 Dollar und setze mir einen Schuß und plötzlich sind meine Magenschmerzen und meine Herzbeschwerden weg.«
Als Charlie in New York von Leonard Feather im Radio interviewt wurde, ergab sich eine Diskussion über einen kürzlich im Magazin *Ebony* erschienenen Artikel des Bandleaders Cab Calloway. Cab, einer von jenen, die durch den Bebop verdrängt worden waren, verdammte die neue Musikergeneration in Grund und Boden und wies auf die weitverbreitete Rauschgiftsucht in ihren Reihen hin. Charlie war vollkommen high, als er das Studio betrat. Sehr langsam und salbungsvoll sprechend sagte er: »Ich habe noch nie etwas so Verletzendes und Geringschätziges über die heutige Musik gelesen. Es ist armselig geschrieben, armselig ausgedrückt und armselig gemeint. Es ist einfach armselig.«
»Ich glaube nicht«, sagte Feather, »daß irgendein Musiker unter dem Einfluß von irgendwelchen Stimulantia besser spielt und ich bin überzeugt, du wirst mir beipflichten, Charlie, oder nicht?«
»Nun, äh, ja«, erwiderte Charlie. »Ich pflichte dir bei, bis zu einem gewissen Grad. Niemand macht sich mehr etwas vor — nicht mehr — jedenfalls — lassen wir's dabei.«
Eines Nachts in seiner Garderobe, als Charlie in gedrückter Stimmung war, rollte er seinen Hemdsärmel hoch und zeigte einem Freund die Einstiche. »Das ist mein Haus«, sagte er. »Das ist mein Bankkonto. Das ist mein Cadillac.«
Dank eines hochentwickelten Sinns für Gefahren, erworben durch 15 Jahre im städtischen Dschungel, hatte Charlie einen bemerkenswerten Rekord aufgestellt: Nicht ein einziges Mal in seinem Leben war er mit Rauschgift erwischt worden, trotz zahlloser Razzien mit Zimmerdurchsuchungen und Leibesvisitationen. Eines Nachts fand eine Durchsuchung statt, bei der Teddy Blume anwesend blieb, damit alles mit rechten Dingen zugehen sollte. Zwei Detektive durchsuchten Charlies Gepäck, seinen Instrumentenkoffer und die Kleider, betrachteten seine Venen durch ein Vergrößerungsglas und untersuchten sogar seinen After mit einem besonderen Instrument — aber sie fanden nicht

das Geringste. Charlie kannte die meisten Männer der New Yorker Rauschgiftbrigade beim Vornamen. Er begrüßte sie mit ironischer Überschwenglichkeit und bot ihnen Drinks an. Für ihn war es stets ein aufregendes Spiel, ihre nächsten Maßnahmen vorherzusehen und sie an der Nase herumzuführen. Obwohl Charlie auf der Liste der Verdächtigen ganz oben stand, war er so vorsichtig, daß ihn die »Narcs« nicht ein einziges Mal erwischten. Er war ihnen immer einen Schritt voraus. Sein diesbezügliches Glück wurde ein Teil der Parker-Legende. Aber der Jäger hat immer mehrere Möglichkeiten, die Beute zur Strecke zu bringen. 1951, als Charlie erst einige Monate mit Chan zusammengelebt hatte, ereilte ihn sein Schicksal doch.

Wer in New York City in einem Lokal mit Alkoholausschank arbeiten will, benötigt die sogenannte »Cabaret Card«, eine Auftrittslizenz, die von der Behörde ausgestellt wird. Ohne sie kann kein Musiker oder Entertainer in einem Nachtclub auftreten, ihm bleiben nur Theater, Konzertsäle, Plattenaufnahmen und natürlich Arbeit außerhalb der Stadt. 1951 wurde Charlies »Cabaret Card« auf Empfehlung der Rauschgiftbrigade eingezogen. Ähnlich war es Billie Holiday und vielen anderen davor und danach ergangen. Charlie erfuhr die böse Neuigkeit kurz bevor Chan eine Tochter zur Welt brachte, die Pree genannt wurde.

Als Charlie bald darauf nach Philadelphia ging, um zwei Wochen im *Club Downbeat* zu spielen, mußte der Clubbesitzer ein besonderes Arrangement mit der Polizei treffen. Die Polizei sagte zu, Charlie während seines Engagements nicht zu behelligen, allerdings dürfe er erst am Tage seines ersten Auftrittes eintreffen und müsse am Morgen nach seinem letzten Auftritt die Stadt wieder verlassen. Die New Yorker Rauschgiftbrigade hatte ihre Kollegen in allen anderen Städten informiert.

Charlie kehrte nach New York zurück und nahm wieder für *Mercury* auf. Red Rodney befand sich gerade auf Erholung in einem Hotel in den Catskills, wo er mit Lennie Bruce zusammenwohnte. Charlie bestand darauf, daß Rodney mit einem Charterflugzeug zu den Aufnahmen nach New York gebracht wurde. Zusammen mit John Lewis, Ray Brown und Kenny Clarke nahmen die beiden *Schwedish Schnapps*, *Si Si*, *Blues for Alice*, *Back*

Home Blues und das schon lange geplante Remake von *Lover Man* auf. Dieses Remake forderte zum Vergleich mit dem Ergebnis jener Alptraumsession in Los Angeles heraus. Die neue Version war glatt, routiniert und uninspiriert und hatte nichts von der quälenden emotionellen Intensität und der apokalyptischen Vision der früheren Aufnahme. Rodney meinte, daß das erste *Lover Man* noch immer eine von Charlies bedeutendsten Aufnahmen wäre, ein unschätzbares musikalisches Dokument, das die Arbeit eines Genies in einer Extremsituation zeige. Daraufhin bekam Charlie einen Wutanfall. Er verfluchte den Tag, an dem er diese Aufnahme gemacht hatte, er verfluchte *Dial Records* und mich und schrie, wenn er könnte, würde er jedes einzelne Exemplar dieser Schallplatte persönlich zerstören.

Der Entzug der »Cabaret Card« brachte Charlie finanzielle Probleme. Durch die Wohnung in New York und seine Arbeit außerhalb erhöhten sich die Lebenskosten, ganz zu schweigen von den höheren Preisen für Rauschgift, die die Dealer schon allein deshalb verlangten, weil Charlie jetzt zu den Prominenten gehörte. Die Arbeit in New York beschränkte sich auf gelegentliche Auftritte im *Apollo Theater* oder in der *Carnegie Hall* und machte ihm die unangenehme Situation nur um so schmerzlicher bewußt. Im Herbst 1951 brachte Billy Shaw ein weiteres Angebot für Europa. Parker und Rodney flogen über den Atlantik, um sich einer *Jazz at the Philharmonic*-Tournee anzuschließen, die dort gerade unterwegs war und trafen so rechtzeitig ein, daß sie an dem Konzert in Hamburg noch teilnehmen konnten. Weitere Konzerte fanden in Frankfurt und München statt, danach ging die Tournee nach Belgien und nach dem Konzert in Brüssel waren Charlie und Red plötzlich verschwunden. Die anderen setzten die Reise nach Amsterdam fort und hofften, daß die beiden Vermißten für das dortige Konzert noch rechtzeitig eintreffen würden, eine Hoffnung, die sich aber nicht erfüllte.

Die nächste Station war Paris, wo nicht nur der Auftritt von *Jazz at the Philharmonic*, sondern auch ein ganz spezielles Konzert mit Charlie vorgesehen war. Ein sehr bekannter französischer Komponist, Arrangeur und Dirigent war engagiert worden, um ein 60köpfiges Symphonieorchester zu leiten, das Charlie Par-

ker begleiten sollte. Endlich am Tage dieses Konzertes trafen Charlie und Rodney, beide vollkommen erschöpft, in Paris ein.
Norman Granz kochte vor Wut. Die beiden waren 72 Stunden lang verschwunden gewesen, und er hatte Detektive engagiert, um sie zu suchen. Das Konzert war ausverkauft und am Nachmittag sollte eine Probe stattfinden. Aber Charlie fühlte sich schlecht. »Paß auf, Chood«, sagte er zu Rodney, »du gehst auf die Probe. Schau dir die Arrangements an und die Tonarten, und dann komm wieder her und informiere mich.«
»Bird, du solltest dich lieber zusammenreißen und selbst hingehen«, widersprach Rodney. »Snorg* hat gesagt, es sei wichtig.«
»Was will er denn von mir?« greinte Charlie. »Tu, was ich gesagt habe!« Er legte sich schlafen.
Der Dirigent war stinksauer, als Rodney ihm sagte, Charlie Parker würde nicht zur Probe erscheinen. Die Arrangements sahen sehr schwierig aus. Rodney hatte von früher her große Bigbanderfahrung und wußte, daß er selbst sich da ohne mindestens zwei Proben nicht darüber wagen würde. Aber er notierte die Nummern, die gespielt werden sollten: *Now's The Time*, *Cool Blues*, *April in Paris*, *Klactoveesedstene* usw. und gab sich große Mühe, unverwüstlichen Optimismus auszustrahlen. Der Dirigent möge sich keinerlei Sorgen machen, meinte er, Parker sei an derartige Dinge gewöhnt und am Abend würde alles in Ordnung sein.
Als sich am Abend der Vorhang hob, nickte Charlie dem Dirigenten vertraulich zu. Das Symphonieorchester begann mit *Now's the Time*, die Melodie wurde von den Streichern pizzicato gespielt. Es war ein wunderschöner, aber schwieriger Anfang, denn vor dem ersten Thema gab es eine irreführende Kadenz, die scheinbar eine Modulation einleitete, in Wirklichkeit aber wieder in die Originaltonart zurückführte. Vom ersten Takt an übernahm Charlie die Führung. Das Saxophon schwebte souverän über Streichern, Holzbläsern und Blech, ohne auch nur den geringsten Fehler. In den ganzen drei Jahren, die Rodney nun mit Charlie zusammenspielte, war dies das Unheimlichste, das er je erlebt hatte.

* Spitzname von Norman Granz

Die Tournee ging weiter. Als Charlie und Red durch ihren Heroinkonsum zwei weitere Konzerte versäumten, setzte sie Granz kurzerhand in ein Flugzeug nach New York und kündigte an, daß die Tournee ohne sie weitergehen würde.

Nach den Aufregungen dieses dritten kurzen Europatrips fand sich Charlie mit der Unannehmlichkeit ab, überall in Amerika, nur nicht in New York zu spielen. Wieder gewann er alle Polls. Im Januar nahm er vier Titel mit den Streichern auf, fünf weitere mit dem Quintett, das durch einen Conga-Drummer vergrößert war, und noch zusätzlich vier Nummern mit Oscar Peterson und einer Bigband. Er spielte im *Howard Theater* in Washington, im *Times Square Club* in Rochester, im *Tiffany's* in Los Angeles (mit Chet Baker), im *Tootie's* in Kansas City, in der *Glass Bar* in St. Louis (mit Jimmy Forrest) und in der *Bop City* in San Francisco, wo er den Dichter Kenneth Rexroth kennenlernte. Für Plattenaufnahmen am 5. Juni in Los Angeles hatte Granz vier der größten Saxophonisten des Jazz versammelt: Johnny Hodges, Benny Carter, Charlie Parker und Ben Webster. Nach dieser Session flog Charlie nach New York zurück. Er fand es anstrengend, als Solist zu arbeiten und die Streicher wurden langsam etwas langweilig. Charlie wollte wieder mit dem Quintett spielen und bat Billy Shaw um Hilfe. Red Rodney kam aus den Catskills und das Quintett wurde reorganisiert. Es spielte eine Woche in Cleveland, eine weitere in Boston, und im *Downbeat* in Philadelphia kam dann schließlich die Katastrophe. Rodney wurde wegen Rauschgiftbesitzes verhaftet und zu fünf Jahren in einem staatlichen Gefängnis verurteilt. Im letzten Moment setzten die Anwälte durch, daß die Strafe zur Bewährung ausgesetzt wurde und Rodney kam zu einer sechsmonatigen Entziehungskur nach Lexington/Kentucky.

23
The Jazz Baroness

Erschüttert von dem Schicksal Red Rodneys hörte Charlie mit dem Heroin auf und hielt sich wieder an den Alkohol. Trotz seines guten Plattenvertrages mit *Mercury* machte er unter dem Pseudonym »Charlie Chan« Aufnahmen für die Firma *Prestige* in Bergenfield/New Jersey, wobei er als weitere Verschleierungstaktik auf einem Tenorsaxophon spielte. Sonny Rollins, Miles Davis, Percy Heath und Philly Joe Jones spielten mit ihm. Um sich in Stimmung zu bringen, trank Charlie vor Beginn der Aufnahme große Mengen Wodka. Die Platten waren eine Kuriosität in der Parker-Diskographie, denn nur zweimal insgesamt hat Charlie Plattenaufnahmen mit einem Tenorsaxophon gemacht.
Toronto in Kanada war der Schauplatz eines denkwürdigen Konzertes, das die *New Jazz Society* dieser Stadt veranstaltete. Charlie spielte zusammen mit Dizzy Gillespie, Bud Powell, Charles Mingus und Max Roach und es war ein großer Fehler der Veranstalter, das Konzert zum gleichen Zeitpunkt anzusetzen, zu dem Rocky Marciano und Jersey Joe Walcott um die Weltmeisterschaft im Schwergewicht boxten; dadurch waren von den 2500 Sitzen der *Massey Hall* nur etwa 700 besetzt. Charlie kam ohne Instrument in Toronto an und ein Musikgeschäft borgte ihm ein weißes Plastik-Altsaxophon. Die alte Fehde zwischen Charlie und Dizzy kam wieder an die Oberfläche. Charlie fungierte als MC, sprach in einem gekünstelten britischen Akzent und stellte Dizzy in ironischem Ton als »meine bessere Hälfte« vor. Dizzy machte während des Konzertes seinem Spitznamen alle Ehre, er blödelte ununterbrochen und verließ zwischendurch immer wieder die Bühne, um sich nach dem Fortgang des Boxkampfes zu erkundigen, den Marciano durch ein K.o. in der ersten Runde gewann, sehr zu Gillespies Mißvergnügen. Bud Powell war kurz zuvor nach einer langen Elektroschockbehand-

lung aus einem Sanatorium in Long Island entlassen worden und schon vor Beginn des Konzertes betrunken. Mingus und Roach waren die einzigen nüchternen und verläßlichen Mitglieder der Band. In der Pause strömten Fans und Musiker gemeinsam an die Bar eines gegenüberliegenden Lokales und tranken, bis der beunruhigte Manager die Band wieder auf die Bühne trieb. Obwohl das Publikum zahlenmäßig klein war, reagierte es mit begeistertem Applaus und anfeuernden Zurufen, denn musikalisch gesehen war das Konzert trotz aller chaotischen Begleitumstände großartig. Als sich nachher herausstellte, daß die Kasseneinnahmen nicht ausreichten, um die den Musikern garantierte Summe aufzubringen, zwang Charlie die Veranstalter, Schecks auf ihre persönlichen Bankkonten auszustellen, die er am folgenden Morgen sofort einlöste.
Mingus hatte daran gedacht, sein Aufnahmegerät mitzubringen und das ganze Konzert mitgeschnitten. Das Band klang wie einer jener alten Mitschnitte aus dem *Minton's*, aber Norman Granz fand die Aufnahmen hervorragend und meinte, man könne sie mit einigen technischen Korrekturen ohne weiteres auf einer Schallplatte herausbringen. Er fragte die Musiker, wieviel Tantiemenvorschuß sie haben wollten und Charlie erwiderte: »100 000 Dollar!« Natürlich kam das Geschäft nicht zustande. Mingus hielt eine lange zornige Rede über die Ausbeutung der Jazzmusiker durch die Weißen und das weiße Monopol in der Plattenindustrie, gründete dann schließlich seine eigene Plattenfirma *Debüt* und brachte die Aufnahmen dort unter dem Titel *Jazz at Massey Hall* heraus. Auch hier erschien Charlie unter dem Pseudonym »Charlie Chan«, um den Rechtsanwälten von *Mercury* keinen Grund zum Einschreiten zu geben. Die Mingus-Firma, die bald darauf noch andere Live-Mitschnitte von Parker herausbrachte, geriet nach kurzer Zeit in finanzielle Schwierigkeiten und die Aufnahmen wurden schließlich von *Fantasy* in Berkeley übernommen, wo sie immer noch im Katalog sind.
Für Charlie wurden die Schwierigkeiten, sein Berufsleben außerhalb von New York City zu führen, immer bedrückender. Ein zweites Kind kam zur Welt, ein Sohn, der Baird genannt

wurde. Nun waren drei Menschen von seinen Einkünften abhängig. Die zweijährige Pree kränkelte oft und die Parkers mußten immer wieder kostenlose Kliniken in Anspruch nehmen, weil das Geld für Arzthonorare nicht reichte. Charlie mußte auf die gutbezahlten Auftritte im *Basin Street*, im *Aquarium*, in der *Bop City* und ironischerweise auch in dem nach ihm benannten Club verzichten. Schließlich tat er etwas, das er nur in Fällen äußerster Not zu tun pflegte, er setzte sich hin und schrieb einen Brief an die zuständige Behörde:

>»*Mein Recht, den von mir gewählten Beruf auszuüben, ist mir genommen worden und darunter leiden meine Frau und zwei Kinder, die an meinen Verfehlungen unschuldig sind... meine kleine Tochter liegt im Krankenhaus, ihr Gesundheitszustand ist vernachlässigt worden, weil wir das Geld für die nötigen Behandlungen nicht aufbringen konnten...*
>
>*Ich bin sicher, Sie werden Ihre Entscheidung revidieren, wenn Sie meinen Fall noch einmal überprüfen und sehen, daß ich ernsthafte Anstrengungen unternommen habe, für meine Familie zu sorgen und ein anständiger Staatsbürger zu werden.*
>
>*Sollten Sie der Meinung sein, ich hätte meine Schuld der Gesellschaft gegenüber nicht genügend abgebüßt, dann verurteilen Sie mich zu einer Gefängnisstrafe, aber geben Sie mir und meiner Familie wieder das Recht, zu leben.*«

Der Brief war der schmerzliche Aufschrei eines zutiefst frustrierten Mannes, aber dennoch konnte Charlie nicht ganz auf ein wenig »Put-on« verzichten, denn es war klar, daß das Angebot eines freiwilligen Gefängnisaufenthaltes juristisch Nonsens war.
Von der Behörde kam keine Antwort. Billy Shaw versuchte, durch seine Rechtsanwälte die Angelegenheit auf einem indirekteren Weg verfolgen zu lassen. Zu dieser Zeit lernte Charlie die Baronin Pannonica de Koenigswarter kennen, eine reiche unkonventionelle Bohemienne, die auf der Jazzszene erschienen war. Ein Mitglied des englischen Zweiges der Rothschild-Fami-

lie, hatte sie eine verhätschelte Kindheit, eine berühmte, von drei lesbischen Schwestern geführte Schule in Paris, einen Debütantinnenball in London und eine Vorstellung im Buckingham-Palast ohne größeren Schaden überstanden. Als emanzipierte junge Sportlerin und Pilotin hatte sie auf dem Flughafen von Le Touquet ihren Ehemann, Baron Jules de Koenigswarter, kennengelernt, einen hohen französischen Diplomaten. Während des zweiten Weltkrieges war die Baronin nacheinander Chiffre-Expertin in De Gaulles Spionageabteilung in Afrika, Soldat in der Freien Französischen Armee, Mitarbeiterin einer Propagandastation in Brazzaville und Chauffeuse für die Kriegsgräberkommission. Den Jazz hatte sie durch ihren Bruder, Victor de Rothschild, kennengelernt, der Churchills persönlicher Verbindungsmann zum Weißen Haus war. Im Zuge seiner Reisen in die Vereinigten Staaten hatte Victor die »Street« besucht und bei Teddy Wilson Klavierunterricht genommen.

1951 verließ sie ihren Mann, der zu dieser Zeit französischer Botschafter in Mexiko war, weil sie das Leben als Diplomatengattin viel zu langweilig fand, und übersiedelte nach New York. Sie lebte in einer luxuriös ausgestatteten Suite im Hotel Stanhope auf der 5th Avenue, die sehr bald ein Treffpunkt der Jazzmusiker wurde, ähnlich wie früher die Wohnung von Chan auf der »Street«, nur etwas eleganter. Hier regierte die Baronin, mixte Cocktails und bestellte Mahlzeiten für die Jazzmusiker, die vorwiegend schwarz waren und den zeitgenössischen Stil pflegten. Das ständige Kommen und Gehen, das Spielen von Schallplatten zu jeder Tages- und Nachtzeit und gelegentliche Jam Sessions im Apartment der Baronin waren für das Hotelmanagement ein permanentes Ärgernis. Thelonious Monk lungerte oft in der Hotelhalle herum, mit rotem Hemd, britischem Jägerhut, schwarzen Brillen und weißem Stöckchen, sehr zum Mißvergnügen der vornehmen Hotelgäste. Hätte die Baronin nicht ihren Titel, ihren Einfluß und ihre starke Persönlichkeit gehabt, so hätte man sie wohl aufgefordert, das Hotel zu verlassen. So aber begnügte man sich damit, ihre Miete zu verdoppeln.

Baronin Pannonica, von ihren Freunden Nica genannt, war großgewachsen und üppig, mit dem Gesicht eines alternden unzähmbaren Gassenjungen. Sie war geistreich, sardonisch, unverblümt und zerstreut, selten imstande, Verabredungen einzuhalten. Sie war kultiviert, intellektuell und kreativ und malte seltsame Bilder, wofür sie eine Mischung aus Acryl, Milch, Scotch und Parfum benützte. Die Einfachheit und Direktheit ihrer Umgangsformen sprach die Jazzleute an. Wie viele Menschen, die mit französischer Kultur aufwachsen, war die Baronin fasziniert von afrikanischen Skulpturen, afro-amerikanischer Musik und »Negritude«. Sie kleidete sich äußerst salopp, obwohl ihre Kleidung aus den teuersten Modesalons stammte. Ihr Rolls-Royce, den sie »die Silbertaube« nannte und selbst chauffierte, ihre Pelze, ihre Juwelen und ihr goldenes Taschenflacon waren in den Jazzclubs am Broadway, in Harlem und im Village wohlvertraut. Durch ihre Unterstützung von Jazzlokalen und Jazzmusikern in den frühen 50er Jahren erhielt sie den Ehrennamen »Jazz Baroness«.

Ihr bester Freund unter den Musikern war Thelonious Monk. Seine Komposition *Pannonica*, aufgenommen auf *Riverside*, war ihr zugeeignet, ebenso *Nica Steps Out* von Freddie Redd, einem Pianisten und Komponisten. Monk nahm Charlie Parker in den Salon auf der 5th Avenue mit und Charlie wurde bald ein häufiger Besucher, der zu jeder Tages- oder Nachtstunde vorbeikommen konnte, um mit der Baronin zu plaudern, Platten anzuhören und zu trinken. Die Baronin drängte Charlie, auch Chan mitzubringen und zwischen den beiden Frauen entwickelte sich eine enge Freundschaft. Die Beziehung zur Baronin war eine weitere Ausdehnung von Charlies gesellschaftlichem Horizont. Der Ghettoheld hatte sich in der Innenstadt etabliert und wurde von den Malern und Poeten in Greenwich Village als einer der Ihren akzeptiert. Nun lernte Charlie die vornehme Gesellschaft der 5th Avenue und ihre Hochkultur aus nächster Nähe kennen. Er war sehr beeindruckt von der luxuriösen Suite im Hotel Stanhope, von dem Rolls-Royce der Baronin, ihren so lässig getragenen teuren Gewändern, ihren Manieren, ihrer Sicherheit im Umgang mit Dienstboten und der Tatsache, daß sie es nicht nötig hatte, zu arbeiten. Sie gehörte zu den ganz wenigen Menschen, die von Geburt an cool waren und sie

wußte, wie man das Leben lebt. Charlie entging es nicht, daß alle Freunde Nicas aus der Jazzwelt schwarz waren.
Im Frühjahr 1953 hatte Red Rodney seine sechsmonatige Strafe in Lexington abgesessen und kehrte ins Musikleben zurück. Obwohl er unter der Leitung von Dr. Joel Fort (heute ein führendes Mitglied der Nationalen Organisation für die Reform der Drogengesetze) eine Therapie absolviert hatte, wurde er sehr bald rückfällig. Schon im Zug von Lexington nach New York, der ein beliebtes Betätigungsfeld der Dealer war, setzte sich Red seinen ersten Schuß und war bald wieder süchtig. Das Charlie Parker Quintett bestand nun aus Charlie, Red, Tommy Potter, Roy Haynes und dem Pianisten Kenny Drew. Billy Shaw buchte die Gruppe in Clubs in Detroit, Cleveland, Boston und Philadelphia. Die Quäkerstadt machte ihrem Ruf als Unglücksort für Junkies wieder einmal alle Ehre. Schon in der ersten Woche wurde Rodney wieder verhaftet und wegen »Besitzes und Weitergabe von Drogen« angeklagt. Vor Gericht bekannte er sich schuldig, nur um zu hören, daß er nun in eine Bundesstrafanstalt gebracht werden würde, um dort seine ursprüngliche Strafe von fünf Jahren voll abzusitzen. Rodney wurde nach Leavenworth/Kansas transportiert, wo er sich unter den gefährlichsten Verbrechern von Amerika befand. Charlie war wieder einmal, gewarnt durch seinen sechsten Sinn, der Verhaftung knapp entgangen, aber das Charlie Parker Quintett hatte damit für alle Zeiten aufgehört, zu existieren.
Charlie begann nun wieder mit den Streichern zu arbeiten. Eines Nachts traf er Duke Ellington, der ihn fragte, wie ihm die Arbeit mit einem solchen Background gefiele. »Ehrlich, Duke«, sagte Charlie zu dem berühmten Orchesterchef, »es geht mir langsam auf die Nerven.«
»Weißt du was, Bird«, meinte Ellington, »ich mache dir einen Vorschlag. Wie würde es dir gefallen, in meiner Band zu spielen?«
»Wieviel zahlst du, Duke?«
»Weil du es bist, zahle ich eine Supergage. 350 die Woche!«
»Aber Duke, nur dreieinhalb Hunderter!«
»Aber jede Woche des Jahres, Bird, egal ob wir spielen oder

nicht. Und das Geld gehört dir allein. Keine Sidemen zu bezahlen, keine 10 Prozent für den Agenten!«
Charlie schüttelte traurig seinen Kopf. »Unmöglich«, sagte er. »Geht nicht, Mann!«
»Aber wieviel hast du dir denn vorgestellt«, fragte Duke.
»Sag 800 pro Woche und du hast einen Saxophonisten!«
Ellington lächelte. »Bird«, sagte er, »um dieses Geld würde ich für dich arbeiten!«
Durch viele juristische Winkelzüge und Drahtziehereien schafften es die Rechtsanwälte von Billy Shaw schließlich doch, daß Charlie seine »Cabaret Card« zurückbekam. Shaw verschaffte Charlie und der Streichergruppe ein Engagement im *Birdland*. Die Reaktion der Kritiker war kühl. »Langweilig«, schrieb einer. Shaw buchte die Gruppe anschließend für eine Woche in das *Apollo Theater* und für zwei Wochen in *Lindsay's Sky Bar* in Cleveland. In einem weißen Anzug, der sein Übergewicht noch deutlicher machte, stand Charlie vor dem Orchester, das aus drei Violinen, Viola und Harfe bestand — eine Sparversion jenes Orchesters, das ihn auf den *Mercury*-Aufnahmen begleitet hatte, denn kein Nachtclubbesitzer wäre bereit gewesen, den Preis für die volle Besetzung zu bezahlen. Was Charlie nicht bedacht hatte, war, daß geschriebene Arrangements schnell langweilig sind, nicht nur für den Zuhörer, sondern auch für den Solisten, wenn sie Abend für Abend Note für Note gleich gespielt werden. Die Musiker waren hervorragende Blattspieler, die die Noten auf ihren Pulten präzise intonieren, aber nicht improvisieren konnten. Es gab keine Gegenstimmen, keine überraschenden Reaktionen, nichts, was einen Solisten stimulieren konnte. Das Repertoire war klein, neue Arrangements waren zu teuer. So spielte Charlie jede Nacht und in jedem Set dasselbe: *Just Friends*, *April in Paris*, *I Didn't Know What Time It Was*, *Summertime* usw. Es war wie bei Filmarbeiten, wenn eine Szene x-mal wiederholt wird und die Schauspieler ihren Text immer wieder und wieder sprechen müssen. Bebop, so hatte er den schwedischen Kritikern erklärt, sollte schnell gespielt werden. Nun spielte er alles im gleichen, langsamen, schleppenden Tempo. Tony Scott, ein alter Freund aus den Tagen von *Minton's*, erzählte Charlie, daß er bei

Stefan Wolpe, einem klassischen Komponisten von internationalem Ruf, Komposition und Kontrapunkt studierte. Er hätte Wolpe Platten von Charlie vorgespielt und dieser wäre sehr beeindruckt gewesen. In Scotts Wohnung wurde ein Zusammentreffen arrangiert. Charlie verbeugte sich tief und teilte dem europäischen Komponisten mit theatralischer Stimme mit, daß er sich sehr geehrte fühle, ihn kennenzulernen und ihn beauftragen wolle, ein Werk für 75 Musiker zu schreiben, für das Norman Granz die Kosten tragen und das er auf Schallplatte aufnehmen würde. Wegen der enormen Kosten lehnte Granz aber ab.

Während Charlie sich mit den Streichern herumquälte, mußte er mitansehen, wie sich neue Sterne am Jazzhimmel etablierten, junge Leute, die für ihre Auftritte hohe Gagen bekamen. Das Dave Brubeck Quartett war eine Hauptattraktion vor allem an den Colleges geworden. John Lewis war es endlich gelungen, sich seinen Traum von einem Kammerjazzensemble zu erfüllen. Es trat unter dem Namen »Modern Jazz Quartett« auf und eines seiner Mitglieder war Charlies alter Kollege Milt Jackson. Die vier Musiker kleideten sich wie Karrierediplomaten, hatten keinerlei schlechte Angewohnheiten und kamen nie zu spät. Die Verträge des MJQ verpflichteten jeden Veranstalter, einen Steinway-Flügel zur Verfügung zu stellen, der am Tage des Auftritts gestimmt werden mußte, wie bei Horowitz oder Gieseking. Das MJQ spielte pro Abend zwei Sets zu je 50 Minuten und nicht mehr, die Gage war 1500 Dollar, nicht etwa pro Woche, sondern pro Nacht.

Die Platte, die Anfang der 50er Jahre das meiste Aufsehen erregte, kam nicht von Charlie Parker, sondern von Miles Davis. Unter dem signifikanten Titel *Birth of the Cool* leitete dieses Album eine neue Ära des amerikanischen Jazz ein, in der die Klänge abgekühlt und von jeder Spur »Funk« gesäubert waren. Miles, ehemals Mitspieler von Charlie in dessen erstem Quintett und unwilliger Laufbursche seines Chefs, trug nun Maßanzüge aus britischem Tweed, führte in der *Playboy*-Liste der bestangezogenen Männer und besaß einen ausländischen Sportwagen. Als Mitglied von Charlies Quintett hatte er einst genügend Gelegenheit gehabt, die Kunst des »Put-on« bei einem ihrer Meister zu studieren. Jetzt bediente er sich dieser Erfahrungen, um das neue Image eines Comboleaders zu schaffen. Freilich verwechselte er nicht Telefonzellen mit Männertoiletten, er drehte am Ende seiner Soli einfach dem Publikum den Rücken zu, verließ den Bandstand, setzte sich an einen Tisch im Hintergrund und rauchte dort eine Zigarette, während er mit verächtlichem Gesicht die Zuhörer anstarrte.

Nach außen hin schien er indifferent, teilnahmslos und kühl, innerlich aber kochte er vor Feindseligkeit. Er nahm Boxunterricht, um sich selbst verteidigen zu können, bis ein Agent ihn darauf aufmerksam machte, daß ein wohlgezielter Schlag auf seinen »Küsser« das Ende seiner Karriere bedeuten würde. Kurz nach einer Stimmbandoperation führte er ein telefonisches Brüllduell mit seinem Agenten und ruinierte damit seine Stimme für immer. Wenn er alte Kollegen traf, liebte er es, beim Händeschütteln die Hand des anderen schmerzhaft zu verdrehen, und dann zischte er ihm ins Ohr: »Ich hab dich nie leiden können«, oder »Mann, du wirst alt!«

Der neue »Mr. Cool« war klein und gehässig, hatte stets einen Satz handgearbeiteter Golfschläger in seinem Sportwagen und sein musikalischer Stil war so weiß, wie es für einen schwarzen Mann nur möglich war: üppige Phrasen und ein unerschöpflicher Vorrat aus dem Musiksystem von Charlie Parker, gespielt mit eisigem Ton und ohne Vibrato.

Eine Studie über populäre Musik zeigt, daß sich etwa alle fünf Jahre eine radikale Änderung des Stils abzeichnet. Was sich wirklich ändert, ist die Geschmacksrichtung der nachkommenden Generation, die mit Helden aus zweiter Hand nichts zu tun haben, sondern sich ihre eigenen schaffen will. Die Hipsters der 50er Jahre betrachteten Charlie Parker als klassische Figur, halb Mensch und halb Mythos, aber die Palastrevolution im *Minton's* und die große Musikrenaissance auf der »Street« gehörten nun der Geschichte an.

Die Tatsache, daß Miles Davis in Juilliard studiert hatte, sein Lebensstil mit dem äußerlichen Mangel von Verrücktheiten und der meisterlichen Beherrschung des »Put-on«, seine verächtliche Haltung den Veranstaltern und dem Publikum gegenüber, die

hohen Gagen, die er verlangte und bekam, die extravagante Kleidung, die er trug und die intelligente Struktur seiner Musik — all das gefiel der neuen Generation. Miles hatte Stil. Einmal stand er in St. Louis an einer Straßenecke, umringt von Speichelleckern, mit denen er sich leise, kaum hörbar, unterhielt. Plötzlich entdeckte ihn ein alter Bekannter und schickte sich an, zu einer begeisterten Begrüßung. Miles fror den Mann mit einem durchdringenden Blick buchstäblich am Boden fest. Als diesem klar wurde, daß er einen ernsthaften Fauxpas begangen hatte, der ihm in seiner Jazzkarriere äußerst schädlich sein konnte, hatte er die Geistesgegenwart, sich sofort zurückzuziehen. Langsam spazierte er einmal um den Häuserblock, näherte sich dann aus einer anderen Richtung wieder der Gruppe und schließlich trafen seine Augen die von Miles. Der Meister nahm ihn mit einem kaum merklichen Kopfnicken zur Kenntnis. Damit war der Mann wieder in Gnaden aufgenommen, aber es war eine verdammt knappe Angelegenheit gewesen.
In der Vergangenheit war jeder der Jazzheroen nach spätestens einer Generation von einem Nachfolger entthront worden. Dieses grausame Schicksal, das Jelly Roll Morton, Louis Armstrong, Coleman Hawkins, Fletcher Henderson, Lester Young und andere zu Figuren der Geschichte gemacht hatte, drohte nun auch Charlie Parker zu ereilen. Junge Jazzmusiker, die auf der Szene erschienen, waren oft überrascht, wenn sie erfuhren, das er auch noch da war. Charlie war in einer Zeit, wo jeder »sauber« war, mit seiner abwechselnden Abhängigkeit von Heroin und Alkohol ein Anachronismus. Fettleibig und desillusioniert, mehr Rhapsodist als Improvisator, trat er mit seinen Streichern im *Birdland* in *Lindsay's Bar*, oder in der *Bop City* auf, wo er zum x-ten Mal die Melodien der Schreiberlinge von Tin Pan Alley durchackerte. Dem Pianisten Lennie Tristano vertraute Charlie an, daß er jegliche Variationsmöglichkeit des Blues ausgeschöpft habe. Auch das 32taktige AABA-Schema der populären Songs, die den Rest seines Repertoires bildeten, bot ihm keinerlei Herausforderung mehr. Er wollte ausbrechen und sprach immer wieder von seinem Wunsch, Kompositionsunterricht zu nehmen. Tatsächlich diskutierte er derartige Pläne mit Stefan Wolpe

und Edgar Varese, aber es wurde nichts daraus. Charlie blieb in der Blues- und Songstruktur gefangen, ganz einfach deshalb, weil sein ganzes musikalisches Leben mit diesen Formen untrennbar verbunden war. Er spielte spontan, er konnte dieselbe Geschichte wieder und wieder erzählen, jedes Mal auf eine neue Art, aber über formale Komposition wußte er nichts; es war schon schwierig für ihn, eine Nummer für eine Aufnahme zu skizzieren.

Charlie Parker fühlte sich wie ein Mann, der alle seine Kräfte aufgeboten hatte, um rechtzeitig zu einem großen Ereignis zu kommen und dann feststellen muß, daß alles schon zu Ende ist. Der ehemalige Rattenfänger von Hameln mußte in den 50er Jahren erkennen, daß er auch den letzten fanatischen Gefolgsmann unterwegs verloren hatte. Aber noch immer konnte er, wenn sich die Gelegenheit ergab und er in der richtigen Stimmung war, jeden anderen Jazzmusiker an die Wand spielen und musikalische Leistungen liefern, gegen die alles farblos wirkte, was Dave Brubeck, das Modern Jazz Quartett oder Miles Davis hervorbrachten, so, wie er es in der *Massey Hall* unter Beweis gestellt hatte.

24
King Pleasure

1954, ein schicksalhaftes Jahr für Charlie, begann für ihn sehr gut, wenn auch auf Kosten eines anderen prominenten Jazzmusikers. Charlie spielte gerade im *Blue Note* in Philadelphia, als er einen dringenden Anruf von Billy Shaw aus New York erhielt. Stan Getz, der bei Stan Kentons *Festival of Modern American Jazz* auftreten und anschließend mit ihm auf Tournee durch das ganze Land gehen sollte, war in San Francisco spurlos verschwunden. Sofortiger Ersatz wurde benötigt. Shaw handelte einen günstigen Kontrakt aus und Charlie bestieg ein Flugzeug an die Westküste.
Er kam noch zeitgerecht um an den Konzerten in San Francisco und Oakland teilnehmen zu können. Die Show umfaßte June Christy, Dizzy Gillespie, Erroll Garner und das Stan-Kenton-Orchester. In San Francisco besuchte Charlie seine Lieblingsclubs und erneuerte seine Freundschaft mit dem Dichter und Schriftsteller Kenneth Rexroth, einem aufmerksamen Beobachter der Jazzszene. Rexroth sah Charlie und Dylan Thomas als die beiden umzingelten tragischen Giganten seiner Zeit: »Wie die Säulen des Herkules, wie zwei zerstörte Titanen, die den Eingang zu einem von Dantes Zirkeln bewachen... die Heroen der Nachkriegsgeneration Charlie Parker und Dylan Thomas... Als die Jahre vorbeizogen, sah ich sie jedesmal im Feuerschein einer um sich greifenden persönlichen Feuersbrunst... überwältigt von den Schrecken der Welt, in der sie sich fanden, denn sie konnten diese Welt mit den Waffen reiner lyrischer Kunst nicht mehr besiegen.«
Wenn Charlie mit dem 20köpfigen Stan-Kenton-Orchester auftrat, kam er mit seinem Saxophon auf die Bühne und begann sein Solo, ohne sich im mindesten um das Lautsprechersystem zu kümmern. Mit Leichtigkeit durchschnitt sein Ton die Klangmassen der kreischenden brass-section mit ihren 5 Trompeten und 4 Posaunen und des mächtigen Saxophonsatzes. In San Francisco begegnete Charlie Hampton Hawes, den er 1946 in Los Angeles ken-

nengelernt hatte. Der junge Pianist, ein hingebungsvoller Parkerverehrer, hatte begonnen, einen eindrucksvollen persönlichen Stil zu entwickeln, indem er versuchte, Charlies Saxophonspielweise auf die Tastatur zu übertragen. Sie jammten miteinander im *Jumbo's* und Charlie machte Hampton Hawes ein ganz großes Kompliment. »Wenn Hamp seine Soli spielt«, sagte er zu Freunden, »dann kannst du die Ratten auf Baumwolle pissen hören.« Hawes fragte Charlie nach dessen musikalischer Entwicklung. Charlie lächelte und sagte: »Ich habe mein Feuer entzündet. Ich habe meine Bratpfanne eingefettet. Und dann habe ich gekocht!«
Während die Kenton-Tour noch in der Gegend von San Francisco unterwegs war, ging Charlie nach einem Konzert wieder zum Jammen und erkrankte plötzlich. Er hatte Schweißausbrüche, Schwindelanfälle und zermürbende Magenschmerzen und spielte weit unter seinem sonstigen Niveau. Respektlose Musiker in der Zuhörerschaft begannen, abschätzige Bemerkungen über sein Spiel zu machen. Als Charlie das hörte, unterbrach er sich sofort und legte sein Horn auf das Klavier. »Gebt mir eine Stunde«, sagte er, »ich komme zurück!« Eine Stunde später fuhr er mit einem Taxi vor, in bester Form, und spielte seine Kritiker einen nach dem anderen erbarmungslos an die Wand.
Hampton Hawes, einer von Charlies größten Bewunderern, bezeichnete den Eröffnungsabend im Lokal von Billy Berg im Jahre 1945 als das Datum seiner musikalischen Erweckung. »Ich ging mit Sonny Criss hin«, erzählte er. »Was Bird im Mittelteil von *Salt Peanuts* spielte, war so stark, so enthüllend, daß ich davon auf der Stelle geformt wurde, wie ein Klumpen Ton. In seinem ganzen Leben hat Bird niemals auch nur einen einzigen Takt lang Scheiße gespielt. Die Vibrationen, die er ausgelöst hat, bewegen immer noch die Welt. Er war wie eine Reise zum Mond. Tatum hatte musikalisch alles beisammen, aber nicht im Leben; er war blind und zurückgezogen. Aber Bird hatte alles beisammen, in der Musik und im Leben. Die Botschaft, die ein Jazzmusiker verkündet, ist er selbst, seine Geisteshaltung, sein Sound, seine Geschichte und seine Art, zu leben. Bird war wie ein Gott. Ich wagte nie, ihm zu nahe zu kommen. Er sprach mit uns über Dinge, die ich erst Jahre später in den Büchern von Malcolm X und Cleaver gefunden habe.

All das hörte ich in seiner Musik. Bird war ein zutiefst frustrierter Mann; Sonny hat gesagt, er war der unglücklichste Mensch, den er jemals getroffen hat. Er litt sehr unter dem Rassenproblem, er war der erste Jazzmusiker, den ich kennengelernt habe, der wirklich verstand, was mit seinen Leuten geschah. Aber er wußte auch nicht, wie man dieses Problem lösen könnte, und darum war er ständig high. Sein einziges Ventil war seine Musik. Die seltsamen Dinge, die er machte... nun ja, irgendwie wollte er auch seinen Spaß haben. Damit sagte er der Welt: ›Ihr steht nicht auf mich und meine Musik, vielleicht steht ihr auf diesen Scheiß!‹ Bird borgte sich von jedem Geld aus, aber ich glaube, ich bin der einzige, der ihm Geld schuldet. Ich schulde ihm 15 Dollar, die er mir in New York gab, als ich pleite war.«

Die Kenton-Tour endete mit einem großen Abschlußkonzert im ausverkauften *Shrine Auditorium* von Los Angeles, bei dem 2000 Menschen weggeschickt werden mußten und das 16 000 Dollar einbrachte. Charlies Gefühl, wieder einmal in Kalifornien gestrandet zu sein, verflog, als er ein Angebot erhielt, im *Tiffany's* aufzutreten. Nach diesem Job blieb er in Kalifornien, erfreute sich am angenehmen Wetter, hatte aber neuerlich große Beschwerden mit seinen Magengeschwüren. Als er deshalb einen Arzt aufsuchte, meinte dieser nach der Untersuchung, Charlie sollte am besten in ein Krankenhaus gehen, denn es gäbe außerdem Anzeichen für eine Leberzirrhose und eine beginnende Diabetes. Natürlich tat Charlie dies nicht, sondern versuchte, sich selbst zu behandeln, indem er abwechselnd Heroin und Beruhigungstabletten nahm.

Zu dieser Zeit hörte man plötzlich aus allen Juke-Boxes von Südkalifornien eine Aufnahme von *Parker's Mood*, die der Sänger King Pleasure gemacht hatte. Er hatte Charlies Solo von der *Savoy*-Platte Note für Note übernommen und dazu einen eigenen Text geschrieben. Diese Technik hatte King Pleasure schon vorher auf Soli von Lester Young (*D. B. Blues*) und James Moody (*Moody's Mood for Love*) angewandt, nun setzte er sich auf diese Art mit dem Jazzmusiker auseinander, der die widersprüchlichste Gestalt, der brillanteste Performer und der berüchtigtste Junkie der Szene war, dessen Spiel aber während des letzten Jahres nur in seltenen Ausnahmefällen noch die alte Brillanz aufgewiesen hatte. In Tavernen,

Clubs, Restaurants, Friseurläden, wo auch immer Charlie hinkam, hörte er den Text zu seinem eigenen Solo, dessen Worte nur zu genau seine Malaise beschrieben.
Der Text zu Charlies triumphierender zweitaktiger Einleitung lautete:

> *Come----with----me-ee-ee,*
> *If you wanna go to Kansas City----ee-ee-ee.*

Nach diesem einleitenden Muezzinruf ging es weiter:

> *I'm feeling low down and blue, my heart's full of sorrow,*
> *Don't hardly know what to do; where will I be tomorrow?*
>
> *Goin' to Kansas City. Want to go, too?*
> *No, you can't make it with me.*
> *Goin' to Kansas City, sorry that I can't take you.*
>
> *When you see me comin', raise your window high,*
> *When you see me leaving, baby, hang your head and cry,*
> *I'm afraid there's nothing in this screamy, streamy town*
> *A honky-tonky, monkey woman can do.*
> *She'd only bring herself down.*
>
> *So long, everybody, the time has come and I must leave you.*
> *So, if I don't never see your smiling face again,*
> *Make a promise you'll remember, like a Christmas day in December,*
> *That I told you all through thick and thin, on up until the end,*
> *Parker's been your friend.*
> *Don't hang your head when you see those six pretty horses pullin' me.*
>
> *Put a twenty-dollar silver piece on my watch chain,*
> *Look at the smile on my face,*
> *And sing a little song to let the world know I'm really free.*
> *Don't cry for me, 'cause I'm going to Kansas City.*
>
> *Come with me, if you want to go to Kansas City.**

---

* King Pleasure, *Parker's Mood*, auf Prestige Records

Kansas City war eine Stadt, die Charlie immer weniger gefiel, je öfter er hinkam. Sie hatte längst aufgehört, ein Jazz-Zentrum zu sein, repräsentierte dafür die schlimmsten Aspekte von Provinzialismus und »Jim Crow« und war ganz bestimmt der letzte Ort auf Erden, wo er sich gewünscht hätte, seine Tage zu beenden. Für einen so sensiblen Musiker wie ihn war es ein unvergeßliches und zutiefst unangenehmes Erlebnis, seine eigene Musik in Verbindung mit dieser Textmischung aus Spott und Verhängnis zu hören. Besonders ärgerte Charlie, daß John Lewis, der Pianist seiner Originalaufnahmen, auch auf der Platte von King Pleasure mitspielte. Wie ein Alptraum, der immer wiederkehrt, sobald man einschläft, wie die quälende Erinnerung an das Gesicht seines toten Vaters, war die neue Version von *Parker's Mood* ein mnemonischer Dämon, vor dem es kein Entrinnen gab. Charlie erlebte mit, wie die Platte auf der Rhythm-and-Blues-Hitliste emporkletterte, bis sie unter den »Top Twenty« gelandet war. Es war die »in«-Platte des Jahres 1954. Charlie telefonierte mit Chan und nahm ihr das Versprechen ab, daß sie — falls ihm etwas zustoßen sollte — auf keinen Fall erlauben würde, ihn in Kansas City zu beerdigen.
Charlie blieb weiterhin in Südkalifornien. Zusammen mit Lester Young und Earl Hines war er bei der Eröffnung der *Oasis*, eines neuen Hollywooder Jazzclubs, dabei. Hines trat mit einer Gruppe im Chicago-Stil auf, die sehr gut zu ihm paßte, das Liebäugeln mit zeitgenössischen Jazzformen hatte »Fatha« schon längst aufgegeben, Lester hatte eine mittelmäßige 5-Mann-Gruppe und zeigte sich bei den Unterhaltungen hinter der Bühne überaus liebenswürdig. Er erzählte Charlie, er wolle neue musikalische Wege beschreiten, aber dieser hörte nur einen schwachen Abklatsch von Lesters einstiger Größe. Die Zeiten, wo Charlie Lester im *Reno Club* gehört hatte, waren lang vorbei. Der ehemalige kühne Star des Count-Basie-Orchesters, der erste Hipster, war langsam und unsicher in seinen Bewegungen geworden und lebte in seiner eigenen unrealistischen Phantasiewelt. Als sie beide in der Garderobe auf das Ende von Earl Hines' Auftritt warteten, sagte Lester: »Bird-Baby, ich komme mir vor wie eine Zweidollarhure, die auf ihren Kunden wartet!«

Auf Lesters Garderobentisch stand eine lange Reihe von ungeöffneten Flaschen mit Gordon's Gin, von denen er mindestens zwei pro Tag zu trinken pflegte. Nur selten nahm Lester sich Zeit, zu essen. Charlie fragte sich, wie lange er das wohl aushalten würde; es machte ihn sehr nachdenklich, denn er, Charlie, fühlte sich als Verbindungsglied zwischen Lester und Miles. Aber Lester war schon 43, also schon sehr alt, während Charlie erst 34 war. Die Leute sagten immer die Dreißiger wären die besten Jahre des Lebens...

Während des Engagements in der Oasis verbrachte Charlie seine Nachmittage meistens im Atelier der Bildhauerin Julie McDonald, die er von früheren Aufenthalten in Kalifornien kannte und die an einer Skulptur von ihm arbeitete. Diese Skulptur, heute im Besitz eines Apothekers in Santa Barbara, zeigte Charlie fett, mittleren Alters und mit unergründlichem Ausdruck. Sie wirkte mehrdeutig, magisch und bedrohlich wie eine afrikanische Maske. Miss McDonald nahm Charlie einmal in eine Bildhauereiausstellung mit, die von Werken aus dem alten Ägypten bis zu Brancusi reichte und war sehr überrascht über seine Fähigkeit, die Aussagen der Künstler zu erfühlen. Wie Kenneth Rexroth hielt auch sie Charlie für einen der großen Zeitgenossen, der »den Puls unserer Zeit empfand, den Druck, die Verwirrung, die Vielfalt... Trauer, Süße und Liebe«.

Im März, während er gerade bei Miss McDonald war, erhielt Charlie die erschütternde Nachricht, daß seine Tochter Pree an Lungenentzündung gestorben war. Er brach in Tränen aus und war nicht mehr zu beruhigen. Abwechselnd suchte er die Schuld bei sich selbst und seinem Versagen als Familienvater und bei der unzulänglichen medizinischen Behandlung, die Pree in den öffentlichen Kliniken erhalten hatte. Schmerzhaft wurde ihm klar, daß ein Bruchteil des Geldes, das er für Drogen ausgegeben hatte, für eine erstklassige medizinische Betreuung genügt hätte. »Wer sich zum Sklaven des Heroins macht, ist ein Narr«, rief er verzweifelt. Er war so überwältigt von seiner Trauer, daß er zu keiner praktischen Handlung fähig schien. Julie McDonald übernahm es, mit Chan zu telefonieren und Charlies sofortige Rückreise nach New York in die Wege zu leiten.

Charlies seelischer Zustand ist aus einer Serie von vier Telegrammen zu erkennen, die er im Laufe der folgenden Nacht an Chan sandte:

> MEIN LIEBLING. DER TOD UNSERER TOCHTER ÜBERRASCHTE MICH MEHR ALS DICH. WARTE MIT DEM BEGRÄBNIS BIS ICH DA BIN. ICH WERDE DER ERSTE SEIN DER DIE KIRCHE BETRITT. VERGIB MIR DASS ICH NICHT BEI DIR WAR IM KRANKENHAUS. AUFRICHTIG DEIN GATTE CHARLIE PARKER.

Ein oder zwei Stunden später telegrafierte er:

> MEIN LIEBLING. UM GOTTES WILLEN REISS DICH ZUSAMMEN. CHAS. PARKER.

Die nächste Nachricht lautete:

> CHAN, HILF MIR. CHARLIE PARKER.

Am nächsten Morgen, nachdem sein Flug gebucht war, telegrafierte Charlie knapp vor der Abreise:

> MEINE TOCHTER IST TOT. ICH WEISS ES. ICH WERDE DA SEIN SO SCHNELL ICH KANN. MEIN NAME IST BIRD. ES IST SEHR HÜBSCH HIER DRAUSSEN, DIE LEUTE WAREN SEHR NETT ZU MIR. ICH BIN SCHON UNTERWEGS. NIMM ES LEICHT. LASS MICH DER ERSTE SEIN MIT DEM DU SPRICHST. ICH BIN DEIN MANN. HERZLICHST, CHARLIE PARKER.

Als Charlie in New York eintraf, fand er Chan überwältigt von Trauer und Verzweiflung vor und übernahm sofort selbst die nötigen Schritte zur Vorbereitung des Begräbnisses. Nach einer schlichten Feier, bei der Klaviermusik von Bartok gespielt wurde, setzte man Pree in einem New Yorker Friedhof bei. Das Bild des zarten Kindes in seinem kleinen Sarg ging Charlie nie mehr aus dem Sinn. Zum ersten Mal in seinem Leben beschloß

er, sich nachdrücklich um seine Verträge und Tantiemen zu kümmern; er hatte sich überlegt, daß ihm aus verschiedenen Quellen größere Summen zustehen müßten. Die Tantiemenschecks von Kollegen lauteten nicht selten auf vierstellige Summen und er selbst hatte schließlich mehr Nummern komponiert und mehr Ideen geliefert als irgend jemand sonst.
»Komponieren« war für Charlie allerdings ein besonderer Prozeß, der auf andere Art ablief als bei anderen Komponisten. Grundsätzlich war Charlie ein spontaner Improvisator, aber er brauchte einen Ausgangspunkt für seine Improvisationen. Sein Rohmaterial war einerseits der Blues mit seiner zeitlosen 12taktigen Akkordsequenz, andererseits der meist 32taktige populäre Song, der zwischen den beiden Weltkriegen in Überfülle entstanden war und dem Charlie ambivalente Gefühle entgegenbrachte. Er lehnte die gefälligen Melodien ab, bewunderte aber um so mehr den von der europäischen Musik abgeleiteten harmonischen Aufbau. Also behielt er das harmonische Gerüst bei und komponierte sich eine eigene neue Melodie dazu, in die er von Nacht zu Nacht variierende Verzierungen einbaute. Was auf diese Weise entstand, waren echte Originalkompositionen, Standards, die wiederum von zahllosen Musikern als Ausgangspunkt für ihre Improvisationen benützt wurden. Fast niemals machte sich Charlie die Mühe, seine Kompositionen niederzuschreiben. Das schien ihm Zeitverschwendung zu sein, denn er konnte alles, was er brauchte, jederzeit aus seinem außerordentlichen Gedächtnis abrufen. So wurde zum Beispiel aus dem Fragment eines Solos, das er in frühen Jahren bei Jay McShann gespielt hatte und das er in den harmonischen Rahmen von *How High the Moon* einpaßte, seine bekannte Nummer *Ornithology*.
Hätte Dean Benedetti die viele Zeit und Mühe, die er für seine Tonaufnahmen aufwendete, benützt, um anstatt dessen die Rolle eines musikalischen Sekretärs zu spielen und hätte er Charlies Ideen zu Papier gebracht und urheberrechtlich schützen lassen, so hätten sie beide ein Vermögen verdienen können. Dean dachte aber nicht daran, das zu tun, denn seine Verachtung für das Establishment umschloß auch Plattenfirmen, Musikverlage und die Urheberrechtsgesellschaft selbst. Er sah in ihnen allen

betrügerische Ausbeuter, *hypes*, wie man das damals nannte, die die Reinheit von Charlie Parkers unsterblicher Musik gefährden würden und mit denen er nichts zu tun haben wollte. Dean gehörte zu den Leuten in Charlies Umgebung, die es ihm sehr schwer machten, die Realität der Welt in den Griff zu bekommen.

Auf Empfehlung von Billy Shaw wandte sich Charlie an A. Allen Saunders, einen New Yorker Rechtsanwalt, dessen Spezialgebiet die Angelegenheiten der Musikindustrie waren. Saunders machte sich sofort an die schwierige Aufgabe, Ordnung in das bestehende Chaos zu bringen. Telefongespräche wurden geführt, Briefe geschrieben, Personen und Firmen mit gesetzlichen Maßnahmen bedroht, aber bald war es Mr. Saunders klar, daß dieser Fall ein hoffnungsloses Durcheinander von nichteingehaltenen Vereinbarungen, gebrochenen Kontrakten und ungeschütztem Material war, das kein Rechtsanwalt auf der Welt bereinigen konnte.

Charlie spielte eine Woche im *Blue Note* in Philadelphia und zwei weitere im *Basin Street* in New York. Das Geld verwendete er, um mit Chan, Kim und Baird nach Brewster auf Cape Cod zu fahren, wo er sich am häuslichen Leben erfreute, mit seiner Familie auf Picknicks ging und lange Spaziergänge in den Dünen unternahm. Am Wochenende spielte er gelegentlich im *Red Barn* in Brewster und bald begann er wieder zu trinken. Als im Juli das Geld beinahe aufgebraucht war, rief Charlie Billy Shaw an und sagte, er wolle wieder arbeiten.

Billy Shaw, der schon nahe daran war, die Geduld mit seinem schwierigsten Klienten endgültig zu verlieren, bot ihm schließlich ein dreiwöchiges Engagement im *Birdland* an, wo Charlie ab 26. August mit den Streichern auftreten sollte. Auf dem Programm standen außerdem Dizzy Gillespie und die Sängerin Dinah Washington. Charlie würde dabei etwa 1000 Dollar pro Woche, netto, verdienen, genug, um die schlimmsten Schulden bezahlen zu können.

Sonnengebräunt und äußerlich gesund wirkend, aber mit 15 Kilo Übergewicht kehrte Charlie von Cape Cod zurück und trat in seinem weißen Anzug, vollmondgesichtig und phlegmatisch, seinen Job an. Der Club war ausverkauft. Wieder war Charlie in der Umgebung, die die Richtung seines Lebens bestimmt hatte, mit ihren unentrinnbaren Spannungen, mit Interviews, Besprechungen und Einladungen, mit Autogrammjägern, Plattenleuten, Rückenklopfern, Journalisten, Liederschreibern, Dealern, Zuhältern und den leichten Mädchen, die wieder nach Schluß des Programms auf ihn warten würden, ohne Rücksicht auf die Anwesenheit Chans und die offensichtlich gute Beziehung, die Charlie zu seiner Frau hatte.

Die Stargarderobe des *Birdland* war von Dinah Washington besetzt, einer der notorischen Alkoholikerinnen des Showbusiness, die damals gerade 30 war, sich durch ihre vierte mißlungene Ehe hindurchquälte und wenige Jahre später Selbstmord begehen sollte. Die Kombination von Dinah Washington und Charlie Parker im selben Programm war ein Fehler, den Billy Shaw bitter bereute. Dinah ließ sich den Alkohol gleich kistenweise in ihre Garderobe liefern und feierte dort mit den übrigen Mitwirkenden ein permanentes Fest, von dem sich die Musiker nur ab und zu entfernten, um widerwillig ihre Auftrittsverpflichtungen zu erfüllen.

War Charlie am Eröffnungsabend auch brillant gewesen, so glitt sein Spiel sehr bald in Routine ab. Nichts swingte mehr, sowohl die Jazzfans als auch die Kritiker waren unzufrieden und fragten, wann Charlie denn wieder Jazz spielen würde. Noch in der ersten Woche begannen auch Differenzen zwischen Charlie und den Mitgliedern seines Orchesters, die in der Sonntagnacht ihren Höhepunkt erreichten. Nach erregten Beschimpfungen, die das Publikum mitverfolgen konnte, erklärte Charlie allen Orchestermitgliedern, sie seien fristlos entlassen. Wieder einmal war das *Birdland* die Szene eines Skandals. Die Bühne war leer, Charlie begab sich an die Bar und begann, einen Whisky nach dem anderen hinunterzuschütten. Jedoch die Mitglieder des Orchesters, die einen von der Gewerkschaft gebilligten dreiwöchigen Kontrakt abgeschlossen hatten, folgten Charlie an die Bar, setzten dort die Debatten fort und verlangten das ihnen zustehende Geld. Oscar Goodstein, der Manager des *Birdland*, teilte Charlie mit, dies sei sein letzter Auftritt in diesem Lokal gewesen.

Mit Tränen in den Augen verließ Charlie den Club, ging in das *Basin Street* und betrank sich dort bis an die Grenze der Bewußtlosigkeit. Mit einem Taxi fuhr er dann in seine Wohnung, wo er eine Szene mit Chan hatte. Sie sagte, sie hielte sein ewiges Trinken nicht mehr aus, er zerstöre damit die Familie. Charlie verschwand schließlich wortlos im Badezimmer. Als Chan zwanzig Minuten später nach ihm sehen wollte, fand sie den Medikamentenschrank offen und seinen Inhalt über den Boden verstreut. Charlie saß am Rande der Badewanne. Er hatte eine ganze Packung Aspirintabletten geschluckt und eine Flasche Jodtinktur getrunken. Chan rief die Polizei an. Ein Polizeiwagen erschien, gefolgt von einer Ambulanz und einem Reporterteam des *Daily Mirror*. In rasender Eile brachte man Charlie in das Bellevue-Krankenhaus, wo ihm sofort der Magen ausgepumpt wurde, anschließend legte man ihn auf die Beobachtungsstation. Die Szene war erfüllt von Gerüchten, die Parker-Legende hatte eine Wendung vom Bizarren zum Tragischen genommen.

25
Down and Out in New York

Das sofortige ärztliche Eingreifen hatte Charlies Selbstmord verhindert. Er blieb für zehn Tage im Bellevue-Krankenhaus, bis sich seine Lebenskräfte sammelten und er sich langsam zu erholen begann. Währenddessen waren die entlassenen Musiker zur Gewerkschaft gegangen und sofort, nachdem er aus dem Krankenhaus kam, wurde Charlie vor ein Schiedsgericht geladen. Auf die vorgebrachten Beschuldigungen konnte er nichts erwidern, denn er hatte schließlich in voller Absicht und aus einer Laune heraus bestehende Verträge gebrochen. Er wurde dazu verurteilt, den Musikern die ausstehenden Beträge zu bezahlen, was insgesamt mehr als 3000 Dollar ausmachte. Auf seinen Einwand, er sei vollkommen pleite, hieß es, die Summe würde in kleinen Beträgen von seinen zukünftigen Einnahmen abgezogen.
Die erste Rate zahlte er von der Gage, die er am 25. September für ein Konzert in der *Carnegie Hall* erhielt, mit dem die *Jazz at the Philharmonic*-Saison eröffnet wurde. Außer ihm traten noch Billie Holiday, Sarah Vaughan, das Modern Jazz Quartett und das Count-Basie-Orchester auf. »Bird war nicht gerade in bester Form«, schrieb *Down Beat*, »aber gelegentlich schimmerte sein dynamisches professionelles Können durch und ließ ahnen, wie er an seinen besseren Tagen klingt.« Es war das erste Mal, daß ein Kritiker Entschuldigungen für Charlie fand. Am folgenden Abend war ein Konzert in Boston und Charlie konnte seine volle Gage behalten, weil die New Yorker Musikergewerkschaft hier nichts zu sagen hatte. Die weitere Tournee machte er jedoch nicht mit, sondern kehrte nach New York zurück, geistig und emotionell erschöpft.
Am 28. September ging Charlie freiwillig in das Bellevue-Krankenhaus zurück. Dem Aufnahmearzt der psychiatrischen Abteilung erklärte er, er leide unter schweren Depressionen und

fürchte um seine eigene Sicherheit. Die Aufnahmediagnose lautete »akuter Alkoholismus und undifferenzierte Schizophrenie«. Weiter wurde festgehalten, daß er in betrunkenem Zustand Frau und Kinder bedroht hatte, Tendenzen zum Selbstmord zeigte und durch den Tod seiner Tochter und die Erinnerung an das Begräbnis seines Vaters aus dem Gleichgewicht geraten war. Charlies Persönlichkeit wurde als gewinnend beschrieben und die Befunde ähnelten denen von Camarillo: »Überdurchschnittliche Intelligenz, ausweichendes Verhalten, primitive sexuelle Phantasien mit feindseligen Assoziationen und starke Hinweise auf paranoide Trunksucht.« Eine Rückenmarkpunktierung ergab eine negative Kollodialkurve, der Wassermanntest ergab 2 plus, positiv. Im Krankenbericht heißt es dazu: »Der Patient gibt an, im Jahre 1945 in Los Angeles mit Penicillin, Wismut und Arsenik gegen Syphilis behandelt worden zu sein.« Das Ergebnis des Wassermanntests deutete nicht unbedingt auf Syphilis hin und die Kollodialkurve schloß dies nahezu aus. Falls Charlies Angaben über die Behandlung in Los Angeles richtig waren, konnte man annehmen, daß die Krankheit inzwischen ausgeheilt war. Es gab keine komplette körperliche Untersuchung und keine generelle Diagnose. Eine neurologische Untersuchung verlief negativ.

Charlie wurde von Abteilung zu Abteilung, von Arzt zu Arzt, von Psychiater zu Psychiater verlegt. Sein Charme bezauberte das Personal, das keine Ahnung hatte, wer er war. Einer der Psychiater meinte zu Chan, er sei überzeugt, daß Charlie geisteskrank sei und in eine geschlossene Anstalt gehöre; eine Elektroschocktherapie, fügte er hinzu, wäre die letzte Möglichkeit. Als Chan protestierte, fragte er sie, ob sie einen Ehemann oder einen Musiker wolle.

Zwei Wochen blieb Charlie im Bellevue und wurde erst entlassen, als er sich zu einer ambulanten psychotherapeutischen Behandlung bereit erklärte. Er übersiedelte mit Chan in das Haus von deren Mutter in Pennsylvania, obwohl dies tägliche Bahnfahrten nach New York wegen der Behandlungen nötig machte. Die Schulden wurden inzwischen immer größer und Charlie drängte Billy Shaw, ihm einen Job zu verschaffen, bei dem er rasch eine größere Summe Geldes verdienen konnte, womöglich außerhalb von New York, um der Musikergewerkschaft zu entwischen. Der vielgeplagte Agent war schließlich bereit, Charlie wieder einmal eine »allerletzte Chance« zu geben und unternahm große Bemühungen, ihn bei einer ausgedehnten Europatournee unterzubringen, die in wenigen Wochen beginnen sollte. Aber im letzten Moment erhielten die Veranstalter Kenntnis von Charlies Aufenthalt im Bellevue und seinen Alkoholproblemen und lehnten es ab, ihn zu engagieren. An seiner Stelle fuhr Coleman Hawkins nach Europa. Charlie gab Billy Shaw daran die Schuld. In blinder Wut löste er die Verbindung zu seinem langjährigen Wohltäter und unterschrieb einen Kontrakt mit der Moe-Gale-Agentur, die im Umgang mit schwierigen Künstlern weit weniger Erfahrung hatte. Die Clubbesitzer zögerten mit Angeboten. Seit dem Fiasko im *Birdland* waren die Streicher außer Diskussion, eine eigene Gruppe hatte Charlie zur Zeit nicht, obwohl er Moe Gale gegenüber behauptete, es würde ihn nur einige Telefonanrufe kosten, um eine auf die Beine zu stellen. Dennoch konnte Gale ihm nur einige Engagements als Single anbieten, bei denen Charlie von lokalen Rhythmusgruppen begleitet werden sollte.

Eines Nachts stand Charlie auf dem Gehsteig vor dem *Birdland*, mit einem Zahnstocher im Mund und in seinem ältesten und schäbigsten Anzug; er sah aus wie ein Tramp aus einem Bühnenstück. Als ein besonders elegant gekleideter Kunde sich dem Eingang näherte, »dressed to the nines«, wie man am Broadway sagte, hielt ihn Charlie auf, bewunderte seine Eleganz und meinte dann in übertriebenem ländlichem Dialekt: »Sag mal, Freund, du bist sicher einer von diesen Jazzmusikern, so fein, wie du aussiehst!«

In Boston spielte Charlie im *Storyville*, einem neuen Club, den George Wein leitete. Sein Spiel war unausgewogen und er beklagte sich über die Rhythmusgruppe, obwohl er mit einigen der Musiker schon früher gearbeitet hatte. Er lebte von einem Tag auf den anderen und wurde dabei immer unberechenbarer. Eines Nachmittags besuchte er das Bostoner Leichenschauhaus und erfand eine Geschichte, er suche nach einem vermißten Freund und befürchte, dieser sei ums Leben gekommen. Stundenlang ließ sich Charlie einen Leichnam nach dem anderen zeigen, machte sardonische Witze mit den Beschäftigten und erzählte abends alles den Musikern seiner Band. Zurück in New York, wirkte Charlie in einem Konzert mit, das von Bob Reisner in der *Town Hall* veranstaltet wurde, zu dem aber wegen mangelnder Werbung nur wenig Leute erschienen. In der Pause tauchte ein Gewerkschaftsmann in Charlies Garderobe auf und zog einen Teil seiner Gage ein.

Am 5. November starb Oran »Lips« Page, der Trompeter, dessen Soli im *Reno Club* in Kansas City stets zu den Höhepunkten von Count Basies Auftritten gehört hatten, überraschend an einer Herzattacke. Mit einem seiner Protegés, dem Altsaxophonisten Jackie McLean, ging Charlie zur Totenmesse und betrachtete lange Zeit den Leichnam im Sarg.

»Schön haben sie ihn zurechtgemacht«, sagte er zu McLean, »sieh dir nur seine Perücke an!« Page war 46 gewesen. Er wurde nach Kansas City gebracht und dort beigesetzt, und viele im Musikgeschäft erinnerten sich an den Text, den King Pleasure zu *Parker's Mood* gesungen hatte.

Eines Nachts, als Charlie mit McLean das Village durchstreifte, wollte er im Open Door eine spontane Jam Session auf die Beine stellen, was ihm jedoch erst nach einem langen Wortwechsel mit dem Clubbesitzer gestattet wurde. Später in der Nacht sagte Charlie: »Jackie, schau mich an. Ich bin Charlie Parker, und ich muß darum betteln, spielen zu dürfen. Tritt mich in den Arsch!« Charlie bestand darauf, daß Jackie seine Anordnung befolgte und es gab eine peinliche Szene vor dem Clubeingang, die von vielen Leuten, die Charlie erkannt hatten, beobachtet wurde. Mit sonorer Stimme, im Tone eines Mannes, der gewöhnt ist, seine Anweisungen befolgt zu sehen, wiederholte Charlie: »Jackie, du hast gehört, was ich gesagt habe. Tritt mich in den Arsch!«

Nervös und peinlich berührt streifte Jackie Charlies Rückseite mit seinem Knie, aber das war diesem nicht genug, er wollte verletzt und erniedrigt werden. Noch einmal sagte er laut und deutlich: »Jackie McLean, ich will, daß du mich in den Arsch trittst, weil ich es soweit mit mir habe kommen lassen!« Schließlich tat

Jackie das Verlangte und Charlie meinte daraufhin: »Jackie McLean, achte darauf, daß dir so etwas niemals geschieht!« Eine Woche nach diesem Vorfall wurde Charlie ein »One-nighter« angeboten und nachdem er gerade ohne Saxophon war, borgte er sich das Instrument von McLean. Am nächsten Tag versetzte er es und gab das Geld aus.
Am 10. Dezember nahm Charlie seine letzten Platten für Norman Granz auf. Nur von einer Rhythmusgruppe begleitet — Walter Bishop, Billy Bauer, Teddy Kotick und Art Taylor — spielte er je zwei Takes von *Love for Sale* und *I Love Paris*. Charlie war nicht in guter Verfassung, er hatte eine Geschwulst auf der Unterseite seiner Zunge. Die Aufnahmen mußten abgebrochen werden, noch bevor der Studiotermin zu Ende war.
In der Weihnachtswoche sah ich Charlie in dem kurzlebigen Club *Down Beat* auf der 8th Avenue, nahe der 48th Street. Den schäbigen Anzug, den er trug, kannte ich noch aus früheren Zeiten, er war lange nicht gereinigt worden und auch das zerdrückte Hemd zeigte Spuren von Schmutz. Charlie trug Filzpantoffeln. Sein Gesicht war aufgedunsen und seine Augenlider so angeschwollen, daß man nur die Hälfte seiner Pupillen sah. Die ersten fünf Minuten des Sets benötigte er, um sein Saxophon zusammenzusetzen, während die anderen Musiker nervös auf der Bühne herumstanden. Als er schließlich zu spielen begann, konnte man deutlich erkennen, daß er mit der Luft Schwierigkeiten hatte. Sein Ton, der sonst so klar und brillant war, erschien stellenweise schlaff. Der Club war halb voll und das Management offensichtlich an der Musik nicht interessiert. Die Musiker bemühten sich sehr, eine Jam Session im Stil von Kansas City in Gang zu bringen, aber ihre Anstrengungen waren vergeblich. Die Leute an den Tischen unterhielten sich ungeniert und warfen nur gelegentlich irritierte Blicke in Richtung Bandstand. Die Melodielinien, die Charlie spielte, klangen fremdartig und aufregend, als ob er versuchte, in neue und unerforschte Gebiete seiner Musik vorzudringen. Für mich war das ganze eine schmerzliche Erinnerung an die *Lover Man*-Session in Kalifornien. Die Tragödie des Jazzmusikers in Amerika, des schwarzen Künstlers in einer feindlich gesinnten Umwelt,

war in dieser Nacht der Weihnachtswoche 1954 beklemmend spürbar.
Nach dem Set kam Charlie an meinen Tisch und starrte mich unter schweren Lidern mürrisch und böse an. Wie üblich, verlangte er dann eine große Geldsumme, und ich gab ihm das wenige, das ich bei mir hatte. Er griff in seine Tasche und holte eine große weiße Pille heraus, die er langsam zerkaute; das wäre Codein, erklärte er, es lindere seine Schmerzen wegen der Magengeschwüre. Er machte mir schwere Vorwürfe, weil ich *Lover Man* veröffentlicht hatte und behauptete wieder, ich hätte ihn damals nicht aus Camarillo herausgeholt, wenn er nicht einen Plattenvertrag mit mir abgeschlossen hätte. Während des folgenden Sets kam ein Clubangestellter an meinen Tisch und sagte, Charlie habe eine Pistole bei sich, er habe gedroht, mich zu erschießen und es sei wohl am besten, wenn ich das Lokal verließe. Das war das letzte Mal, daß ich Charlie Parker sah.
Am Neujahrstag 1955 trafen sich Charlie und Bob Reisner, der im *Open Door* an Sonntagnachmittagen Jam Sessions veranstaltete, auf einer Straße im Greenwich Village. »Ich hätte nie gedacht, daß ich das Jahr 1955 noch erlebe«, sagte Charlie. Dann rezitierte er eine Strophe aus Omar Khayyams *Rubáiyát*

> *Come, fill the cup, and in the fire of Spring,*
> *Your Winter garment of Repentance fling;*
> *The Bird of Time has but a little way*
> *To flutter — and the Bird is on the Wing.**

Er hatte diese Strophe auswendig gelernt und betonte mit grimmigem Humor seinen Spitznamen. »Na, komm schon, Bird«, meinte Reisner jovial, »so schlimm ist es doch nicht!« Charlie erzählte, er und Chan hätten sich getrennt. Er triebe sich im Village herum und übernachte bei Freunden, einmal hier, einmal da. Sein Horn sei im Leihamt. Auch gesundheitlich ginge es ihm

---

* Komm, fülle den Pokal, und in des Frühlings Feuer
  wirf ab die winterliche Kleidung deiner Reue.
  Der Vogel Zeit wird nur mehr eine kleine Weile
  flattern — dann zieht er davon.

schlecht, er hätte wieder eine Reihe von Anfällen wegen seiner Magengeschwüre gehabt. Jemand habe ihm eine absolut sichere Behandlungsmethode empfohlen: man müsse ein Stückchen Radium an einem Faden befestigen und es verschlucken damit es in den Magen gelange. Er war auf der Suche nach Radium. Auch von einer neuen Band war die Rede, in der der Trompeter Conte Candoli, der Bassist Ron Carter und der Drummer Louis Bellson mitspielen sollten. Louis Bellsons Frau, die Sängerin Pearl Bailey, die damals schon ein Kassenmagnet war, sollte auch dabei sein. All das sei allerdings noch nicht spruchreif. Reisner bot Charlie für den folgenden Sonntag einen Gig an.
Als Charlie am Sonntag im *Open Door* eintraf, sah er, daß Reisner ihn zur Hauptattraktion seines Programms gemacht hatte; außerdem war Charlie an den Einnahmen beteiligt. Er stellte sich zum Eingang, kontrollierte die Karten und behielt die Kasse im Auge. War ihm ein Besucher unsympathisch, so ließ er ihn durch den Veranstalter abweisen. Vor dem ersten Set ging Charlie an das Mikrophon und sagte mit feierlicher Stimme: »Für den Fall, daß zufällig jemand von der Polizei im Hause sein sollte, möchte ich bekanntgeben, daß ich keinerlei Rauschgift bei mir trage.«
Die Gale-Agentur vermittelte Charlie für vier Nächte ins *Bee Hive* in Chicago, wo er mit dem Trompeter Ira Sullivan zusammenarbeitete. Am ersten Abend verbrachte er die meiste Zeit in seiner Garderobe. In der folgenden Nacht erschien ein Kontrolleur der Musikergewerkschaft und teilte ihm mit, er würde bestraft werden, wenn er nicht spiele. Gegen Mitternacht wurde Charlie in seiner Garderobe ohnmächtig. Ein junger Jazzenthusiast namens Joe Segal bemühte sich um ihn, aber als Charlie wieder zu sich kam, stieß er ihn weg. Segal drängte Charlie, in ein Krankenhaus zu gehen, aber davon wollte dieser nichts hören. Der nächste Tag war ein Sonntag und für den Nachmittag war eine Jam Session angesetzt. Zur allgemeinen Überraschung war Charlie schon eine Stunde vor Beginn da. Lächelnd, gelaunt und mit strahlenden Augen saß er bei einem Drink an der Bar, umringt von seinen Bewunderern. An diesem Nachmittag klang er wieder wie der alte Charlie Parker.

Von Ira Sullivan erfuhr Charlie die letzten Neuigkeiten über Red Rodney. Dieser war bedingt aus der Haft in Leavenworth entlassen worden und hatte mit Sullivan im *Bee Hive* gespielt. Jedoch schon nach wenigen Wochen war Charlies ehemaliger Trompeter wieder dem Heroin verfallen. Er wurde erwischt, verhaftet und nach Leavenworth zurückgebracht, wo er nun seine Strafe zur Gänze absitzen mußte.

Als Charlie nach New York zurückgekehrt war, begegnete er Sonny Stitt, einem seiner Rivalen auf dem Altsaxophon. »Sonny«, sagte Charlie kryptisch »sehr bald werde ich dir die Schlüssel des Königreiches übergeben.«

Nachts fuhr er ziellos mit der U-Bahn herum. Er bestieg die Independent Line bei der 8th Street und fuhr bis zur Endstation in Queens oder in der Bronx und wieder zurück. Oft sah man ihn in Nachtrestaurants und kleinen Bars in der Umgebung. An einem kalten Nachmittag Ende Januar, als Charlie gerade durch die Barrow Street im West Village spazierte, bekam er plötzlich einen Anfall von starken Magenschmerzen und brach ohnmächtig auf dem Gehsteig zusammen. Harvey Cropper und Ahmed Basheer, die ihn erkannten, trugen ihn mit Hilfe einiger Passanten in ihre nahegelegene Wohnung und brachten ihn zu Bett.

Basheer stammte aus St. Louis und hatte vor seinem Übertritt zum islamischen Glauben Thomas Henderson geheißen. Auf einer Kostümparty im Village hatte er vor einiger Zeit Charlie kennengelernt und mit ihm religiöse Probleme diskutiert.

Als Charlie langsam wieder zu Bewußtsein kam, setzte er sich im Bett auf und starrte in die Gesichter der beiden Männer. »Wo ist Moslem?« fragte er, »wo ist der Typ, der ein Moslem ist?« Dann erkannte er Basheer. »Ich möchte die Schriften des Koran hören«, sagte Charlie. Basheer nahm das Buch zur Hand und begann, in Arabisch zu lesen. »Es ist so wunderschön«, meinte Charlie und legte beide Hände auf sein Herz.

Dann sah er die beiden Männer an. »Ich weiß«, sagte er, »ihr wollt auf mich aufpassen, damit ich mich nicht umbringe. Aber ich werde sterben, egal was ihr sagt oder tut.«

»Bird, sprich jetzt nicht«, erwiderte Basheer. »Versuche lieber, dich auszuruhen. Du bist bei Freunden.«

»Es wird ganz einfach sein. Vielleicht springe ich einfach eines Nachts von einer Brücke hinunter oder so etwas. Ihr werdet es schon erfahren!« Charlie warf sich unruhig im Bett herum.
»Wäre es nicht besser, wenn wir dich ins Krankenhaus bringen?«
»Nein, ich will das nicht. Ich mag Krankenhäuser nicht. Nichts, was ihr beide sagt, kann mich retten. Ich bin fest entschlossen.«
»Bird, sag nicht so etwas«, meinte nun der Maler Harvey Cropper. »Denk doch daran, was du all den Menschen antun würdest, die deine Musik lieben. Die Welt braucht dich lebend! Viele Leute wollen hören, was du zu sagen hast!«
»Glaubst du das wirklich?«
»Aber natürlich, Bird!«
Charlie stöhnte und schlief ein.
Später sagte Basheer: »Wir wußten, was ihn niederdrückte. Er wollte der ganzen Welt Liebe geben und von ihr Liebe empfangen, und die Welt war dazu nicht bereit. Schließlich glaubte er dann, nur sein eigener Tod könne seine Probleme lösen.«
Für einige Wochen blieb Charlie in dieser Wohnung, die nur für einige Stunden am Tag geheizt wurde. Um sich warmzuhalten, schliefen die Männer miteinander in einem Bett, unter einem Berg von Mänteln und Pullovern. Wenn es kalt wurde, brüllte Charlie durch den Luftschacht zum Hausmeister hinunter: »Was glaubst du eigentlich, was wir hier oben sind? Eskimos?«
Einmal sagte er: »Basheer, ich lasse keinen mehr an mich heran, nicht einmal dich oder meine Frau.«
»Warum nicht?« fragte Basheer.
»Das ist eine lange Geschichte. In Kansas City hatte ich einmal einen Freund, den ich sehr liebte. Und dann geschah etwas Schreckliches.«
»Und was«, fragte Basheer, in der Meinung, der Freund habe Charlie auf irgendeine Weise hintergangen.
»Sein Name war Robert Simpson«, sagte Charlie langsam. »Er starb.«
Das war 1934 gewesen, als sie beide Mitglieder der *Deans of Swing* gewesen waren, knapp bevor Charlie die High School verlassen und den Job im *Greenleaf Gardens* angenommen hatte.

Als er soweit erholt war, daß er das Bett verlassen konnte, unternahm Charlie Spaziergänge durch die Straßen des Village. In einem Anorak mit Kapuze schlenderte er über den Washington Square, durch das untere Village und die East Side, besuchte Bars und kleine Nachtclubs und spielte dort ab und zu mit Musikern, die er kaum kannte, für ein paar Drinks, die das Management widerwillig spendierte.
Manchmal besuchte Charlie den Instrumentenmacher Pietro Carbone in seiner Werkstatt, wo er mit verzückter Aufmerksamkeit bei der Reparatur von Geigen, Trommeln, Lauten und Zithern zusah. »Mein Kopf ist zu groß für ein Saxophon«, sagte er zu Carbone. Der Instrumentenmacher verglich ihn mit seinem Landsmann Paganini, an dessen chaotisches Leben und legendäre Improvisationsfähigkeit ihn Charlie erinnerte.
Als Charlie einmal Edgar Varese besuchte, fand er den Avantgarde-Komponisten gerade beim Kofferpacken; er wollte nach Frankreich reisen. Wieder begann Charlie über seine Pläne zu sprechen, bei Varese zu studieren. »Betrachten Sie mich wie ein Kind«, beschwor er den Franzosen. »Ich will Struktur lernen. Ein Instrument ist nicht genug. Ich möchte lernen, für viele Instrumente zu schreiben, für viele Stimmen, ich möchte eine Symphonie komponieren, oder eine Oper.«
»Aber natürlich, mein lieber Bird«, erwiderte Varese. »Ich habe Ihnen immer gesagt, daß ich dazu bereit bin. Aber sie müssen versprechen, auch wirklich zu kommen.« Varese bat Charlie, ihn in der Woche nach Ostern anzurufen.
Durch die Hilfe von Basheer bekam Charlie ein einwöchiges Engagement im *Comedy Club* in Baltimore. Basheer fungierte als Charlies persönlicher Manager und Leibwächter und achtete darauf, daß Charlie nicht zuviel trank. Aber die Zeiten, wo die Clubmanager Charlies Eigenarten toleriert hatten, waren vorbei, es kam zu Streitereien wegen versäumter Auftritte und gekürzter Gagen. Charlies Name auf der Markise des Clubs hatte seine Anziehungskraft verloren. Das Engagement wurde nicht verlängert und Charlie kehrte mit Basheer in dessen ungeheizte New Yorker Wohnung zurück, wo sie in ihren Kleidern schliefen, Wein tranken und Platten spielten. Viermal sahen sie sich

den Film *Carmen Jones* an, in dem Max Roach eine kleine Rolle spielte. Oft blieben sie die ganze Nacht auf, gingen in der Morgendämmerung auf den Sheridan Square und warteten, bis die Sonne hinter den hohen Gebäuden im Osten aufging. »Wie schön ist das doch, so früh am morgen«, sagte Charlie. »Möchtest du Allah sehen? Dann schau nach Osten, den Broadway hinunter. Gleich kommt die Sonne herauf. Das ist Gott. Alles, was du sehen kannst, und alles, was du nicht sehen kannst, ist Allah.«
Eines Nachts ging Charlie mit Harvey Cropper in die Bowery. Der Maler sah zu, wie Charlie sich einem alten Bettler näherte und ihn plötzlich bösartig in den Magen boxte. Der Alte stöhnte und verlor fast das Gleichgewicht. Charlie drückte ihm das gesamte Geld, das er und Cropper bei sich hatten, in die Hand, es waren 5 Dollar und 35 Cents. »Das war das Beste, was wir für ihn tun konnten«, erklärte Charlie. Nun begann er selbst zu betteln und innerhalb einer Stunde hatte er mehrere Dollars beisammen, die die beiden in Whisky und Bier umsetzten.
Eingehüllt in seinen Anorak mit Kapuze fuhr Charlie mit der U-Bahn herum, besuchte Bars, aß unregelmäßig und versuchte, seine Magengeschwüre selbst zu behandeln. Er machte kurze Visiten in Gegenden, die er kaum kannte, ging altvertraute Wege oder stand müßig an Straßenecken. Er starrte in die Schaufenster von Antiquitätenläden, Buchgeschäften und Konditoreien und versuchte, sich wieder an kleinen Dingen zu erfreuen. Die Straßen waren winterlich kalt und windig. Meist war er allein, wie vor 20 Jahren, als er als Teenager durch die Nebenstraßen von Kansas City gestrichen war. Doch jetzt war er in der fremden Metropole, die er zu seiner neuen Heimat auserwählt hatte, deren Nachtclubs und Konzerthallen aber seinem musikalischen Können und seinem verblassenden Image mißtrauisch gegenüberstanden. Auch das Village war ihm fremd geworden. Er war nicht länger ein schwarzer Mann in einem schwarzen Ghetto, er hatte seine Gesundheit und seine Kraft verloren und sein einziger Fluchtweg, die Musik, war ihm versperrt. Seine Bewegungen waren mechanisch sprunghaft und sinnlos, gesteuert von einem gedankenlosen System aus Unordnung und Launen. Er kannte

keine Tricks und keine Lösungen mehr, er war nicht mehr cool.
An einem kalten feuchten Tag Ende Februar riß sich Charlie zusammen, verließ die Wohnung und ging in die Stadt zur Moe-Gale-Agentur. Er fand seine »Richter« wenig erfreut und indifferent vor. Charlie legte seine allerbesten Manieren an den Tag und die Agentur bot ihm schließlich zwei Gigs an: Einen im *Storyville* in Boston und einen im *Birdland*. Der Birdland-Job war schon für das folgende Wochenende, nur Freitag und Samstag. Es war nicht viel, aber Charlie hatte dadurch Gelegenheit, die Gunst von Oscar Goodstein zurückzugewinnen. Seine Mitspieler sollten Bud Powell, Charles Mingus, Art Blakey und McKinley Dorham sein.
Das *Birdland*-Engagement begann mit einem unangenehmen Zwischenfall, den Bud Powell verursachte. Charlie saß vor Beginn des ersten Sets mit Lennie Tristano zusammen, als Bud vorbeikam. Er lächelte und grüßte, dann schnitt er plötzlich eine Grimasse und sagte ohne ersichtlichen Grund: »Du weißt, daß du fertig bist, Bird. Du kannst nicht einmal mehr Scheiße spielen.«
»Aber Bud«, mischte sich Tristano ein, »sag doch nicht solche Sachen. Bird ist dein Vater!«
Charlie sagte nichts, aber als Powell gegangen war, meinte er: »Ich habe ihn gelehrt, solche Dinge zu sagen.«
Bird war zu diesem wichtigen Engagement eine halbe Stunde zu spät gekommen. Viele Leute waren da, um Charlie Parkers Comeback miterleben zu können. Der erste Set begann schließlich. Bud Powell war betrunken und Mingus, Blakey und Dorham bemühten sich sehr, seine Fehler zu überdecken. Die Klänge, die aus den Instrumenten kamen, vereinigten sich zu einer bitteren Kakophonie. Es gab keine Liebe und keine Freude im Spiel dieser Musiker, man spürte, daß die Kräfte des Bösen am Werk waren. Goodstein kam zu dem Tisch, an dem Charlie saß. »Mach, daß du auf die Bühne kommst und fange an zu spielen«, knurrte er.
»Mit wem?« fragte Charlie und deutete auf Bud Powell, der betrunken über dem Klavier hing.

»Bud ist krank, ich weiß, er muß dringend wieder ins Krankenhaus. Aber du bist der Bandleader. Geh gefälligst hinauf und sorge für Ordnung!«
Charlie ignorierte Goodstein und ging in seine Garderobe, wo er auf den nächsten Set wartete. Als die Zeit gekommen war, erschien Pee Wee Marquette auf dem Bandstand und sagte in nasalem Falsett: »And now, ladies and gentlemen, the management of Birdland proudly presents the Charlie Parker All Stars.« Der Zwerg machte eine Pause und wartete auf die Musiker. Zunächst kam Bud Powell allein. Die Leute klatschten und Bud grinste, machte eine übertriebene Verbeugung und versuchte sich in ein paar grotesken Tanzschritten. Er war so betrunken, daß er beinahe von der Bühne fiel. Schließlich schwankte er zum Klavier und begann, *Little Willie Leaps* zu spielen, wobei sein Kopf über die Tasten hing und seine Finger immer wieder abrutschten. Nicht einmal die *Birdland*-Besucher, das fachmännischste Jazzpublikum der Welt, konnten das Stück erkennen. Aber sie waren an das Ungewöhnliche gewöhnt, lehnten sich zurück und warteten, wie es weitergehen würde.
Als nächstes kamen Mingus und Dorham auf die Bühne und versuchten ohne Erfolg, ihren Kollegen zu unterstützen. Bud hatte inzwischen jedes Gefühl für Rhythmus verloren. Schließlich erschienen Charlie und Art Blakey, die sich gutgelaunt miteinander unterhielten. Charlie hatte einiges getrunken, fühlte sich in Spiellaune und hatte offensichtlich nicht mitbekommen, was inzwischen geschehen war. Er ging an das Mikrophon, begrüßte das Publikum, stellte die Musiker vor und kündigte als erste Nummer *Hallucinations* an. Die Band begann, diese Nummer zu spielen, aber Bud Powell spielte wieder *Little Willie Leaps*. Charlie unterbrach, entschuldigte sich und die Band begann von vorne, aber mit dem gleichen Ergebnis.
»Komm, Baby, nimm dich zusammen«, sagte er zu Bud Powell.
Powell drehte sich um, glotzte Charlie an, grinste und fragte: »Welche Tonart, Mama?«
»S wie Scheiße, Mama«, schnappte Charlie wütend zurück.
Die beiden begannen nun, einander wüst zu beschimpfen. Schließlich schlug Bud Powell seinen Ellenbogen auf die Tasten,

sprang auf und verließ den Bandstand. Als er gegangen war, sagte Charlie: »Es tut mir leid, meine Damen und Herren, Ihnen mitteilen zu müssen, daß uns das brillanteste Mitglied unserer Band verlassen hat.« Aber anstatt weiterzuspielen blieb er am Mikrophon stehen und rief mit einer Stimme, die von Mal zu Mal verzweifelter wurde: »Bud Powell! Bud Powell!!! Bud Powell!!!!!«
Dorham stand auf der Seite der Bühne, die Trompete unter den Arm gepreßt und war sichtlich bemüht, sich zu distanzieren. Art Blakey spielte ein paar rhythmische Figuren in dem vergeblichen Bemühen, Ablenkung zu schaffen, Mingus hatte überhaupt zu spielen aufgehört. Charlie rief weiter nach Bud Powell über das Lautsprechersystem, er tat es so lange, bis es keiner mehr hören konnte und die ersten Besucher aufstanden, um den Club zu verlassen. Mingus ging an das Mikrophon und sagte: »Meine Damen und Herren, bitte, bringen Sie mich mit alldem nicht in Verbindung. Das hat nichts mit Jazz zu tun, das sind kranke Menschen!«
Er legte seinen Baß auf den Boden und verließ die Bühne. Die wenigen noch verbliebenen Zuhörer hatten den seltsamen Eindruck, unversehens anstatt in ein Jazzlokal in ein absurdes Theaterstück geraten zu sein.
Langsam schloß Charlie den Deckel des Klaviers und legte sein Saxophon obendrauf. Sein großes Comeback im *Birdland* war schiefgelaufen, aber er wußte genau, daß es nicht seine Schuld gewesen war. Allein stand er auf der Bühne und sah zu, wie die Leute das Lokal verließen. Im Hintergrund des Clubs saß Bud Powell allein an einem Tisch, die anderen Musiker waren an die Bar gegangen. Schwerfällig kletterte Charlie vom Bandstand herunter und folgte dem Publikum hinaus auf die Straße. Er ging den Broadway hinunter bis zum *Basin Street*, setzte sich dort an die Bar und schüttete Whisky in sich hinein, bis er kaum noch stehen konnte. Dann stolperte er langsam zum *Birdland* zurück. Es war beinahe 4 Uhr morgens. Die Leuchtschrift, deren Installierung er zusammen mit Billy Shaw mit soviel Stolz mitverfolgt hatte, war noch immer eingeschaltet und überschüttete den Asphalt des Broadway mit einem Lichtregen. Charlie blieb stehen und starrte lange hinauf. Schließlich betrat

er das Lokal, wo Mingus immer noch an der Bar saß. Charlie trat neben ihn.
»Mingus«, sagte er, »jetzt gehe ich sehr bald an einen Ort, wo ich niemandem mehr Schwierigkeiten mache!«
»Red keinen Scheiß, Bird«, erwiderte Mingus.
»Doch«, sagte Charlie ganz langsam. »Ich will niemandem mehr zur Last fallen. Nie mehr!«

26
Hotel Stanhope

Am Mittwoch, dem 9. März, vier Tage nach der Affäre im *Birdland* machte sich Charlie bereit, nach Boston aufzubrechen, wo er ein Wochenendengagement im *Storyville* antreten sollte. Kaum hatte er das Village verlassen, entschloß er sich impulsiv zu einem kurzen Besuch bei der Baronin. Er fühlte sich einsam, der Vorfall im *Birdland* deprimierte ihn sehr. Auch Magenschmerzen waren wieder aufgetreten, vertraute Anzeichen eines neuerlichen Anfalls, außerdem hatte Charlie Atemschwierigkeiten. Er fühlte sich alt und müde, als ob er schon fünfzig Jahre lang im Musikgeschäft wäre.
Charlie betrat die Halle des Hotels Stanhope, ignorierte den frostigen Blick des Mannes an der Rezeption, dessen Animosität gegenüber den Boheme-Freunden der Baronin wohlbekannt war und nahm den Aufzug nach oben. Das Appartement mit seiner luxuriösen Atmosphäre und dem sanften Licht war ein willkommener Kontrast zu der schäbigen Wohnung in der Barrow Street. Wie üblich bot ihm die Baronin einen Drink an und zum ersten Mal, seit sie ihn kannte, lehnte er ab. »Nica, ich trinke nichts mehr«, sagte er.
Die Baronin konnte das fast nicht glauben. Sie trat näher an ihn heran und sah ihm aufmerksam ins Gesicht.
»Fühlst du dich nicht wohl?«
»Doch, ich bin okay. Gib mir nur ein Glas Eiswasser. Ein großes Glas, bitte!« Sie brachte ihm das Glas und sah zu, wie er es austrank. Dann sagte sie: »Bird, du hast Schmerzen!«
»Es ist nur mein Magen. Das Eiswasser wird mir guttun.« Aber schon nach wenigen Minuten ging er in das Badezimmer und erbrach sich. In seinem Erbrochenen war Blut; das war schon früher manchmal vorgekommen, aber noch nie war es so viel Blut gewesen. Als er in den Salon zurückkam, hatte er einen Schwindelanfall und ließ sich auf das luxuriöse Sofa fallen.

»Du bist krank«, sagte die Baronin mit fester Stimme und griff nach dem Telefon.

»Nein, rufe keinen Arzt«, sagte Charlie. »In ein paar Minuten bin ich wieder in Ordnung.« Er erklärte ihr, daß er auf dem Wege nach Boston war, um dort in George Weins *Storyville* mit der Hausrhythmusgruppe zu spielen. Er wußte, dieser Gig war nichts Besonderes, aber er hatte ihn angenommen, um seine Agentur wieder günstiger für ihn zu stimmen. Er wollte sich zusammenreißen, keinen Auftritt versäumen und ordentliche Arbeit liefern. Am Vortag hatte er auf der Straße Louis Bellson getroffen, der ihm versichert hatte, daß die Band mit Pearl Bailey, von der die Rede gewesen war, immer noch im Bereich des Möglichen lag. Er mußte sich jetzt zusammenreißen; diese Band würde seine Rettung sein.

Aber so leicht war die Baronin nicht abzulenken. Charlie beobachtete, wie sie den Hörer des antiken Telefons abhob und aus dem Gedächtnis eine Nummer wählte. Nach einem kurzen Gespräch legte sie den Hörer wieder auf und sagte, ihr persönlicher Arzt Dr. Freymann wäre in wenigen Minuten hier, einer der besten Ärzte von New York, den Charlie sicher auch sympathisch finden würde.

Charlie war skeptisch. New Yorker Ärzte kamen niemals sofort, falls sie überhaupt kamen. Aber bei der Baronin konnte man nie wissen. Sie hatte schließlich Geld und Einfluß.

Tatsächlich dauerte es nicht einmal zehn Minuten, bis Dr. Robert Freymann das Appartement betrat. Er war ein großer, gutaussehender Mann mit grauen Schläfen und fröhlichen Augen und Charlie war er sofort sympathisch. Dieser Mann hatte Stil und Autorität. Genauso stellte man sich den persönlichen Arzt der Baronin vor.

Dr. Freymann lächelte und sagte, er hätte selbst früher ein wenig musiziert, aber sein Beruf habe ihm dann keine Zeit dafür gelassen. Während dieser Konversation begann er Charlie mit sicheren routinierten Handgriffen zu untersuchen. Er horchte ihn mit dem Stethoskop ab, kontrollierte seinen Blutdruck und leuchtete ihm in die Augen. Als er die vielen Einstiche in Charlies Venen entdeckte, begann die Unvermeidliche und unerfreu-

liche Diskussion über Drogen. Charlie sagte zu Dr. Freymann, er habe seit über einem Jahr kein Heroin mehr genommen.
»Ja, das sehe ich«, erwiderte Dr. Freymann und fragte, wieviel Charlie trinke. Charlie zwinkerte der Baronin über die Schulter des Arztes zu und sagte: »Manchmal nehme ich einen kleinen Sherry vor dem Dinner.« Weder Dr. Freymann noch die Baronin fanden diesen Witz zum Lachen.
Schließlich gab Charlie zu, einen Liter Whisky oder sogar etwas mehr pro Tag zu trinken. Und dann erzählte er dem Arzt ganz offen alles über seine Magengeschwüre, und verschwieg auch nicht, daß ein Arzt einmal den Verdacht auf Herzerkrankung und Leberzirrhose geäußert hatte. Das Gespräch mit Dr. Freymann tat Charlie sichtlich gut, er fühlte sich besser und schöpfte wieder Hoffnung. Schließlich meinte er, nun wäre es Zeit, zu gehen, sein Job in Boston warte.
Sofort erwiderte Dr. Freymann, Charlie möge sich das aus dem Kopf schlagen. Er könne weder nach Boston fahren, noch Saxophon spielen. Der Arzt zog mit einer Spritze eine klare Flüssigkeit auf und gab Charlie eine Injektion von Glukose und Vitaminen. Dann schloß er seine Arzttasche und sagte: »Ich werde jetzt einen Krankenwagen rufen.«
»Aber wozu?« rief Charlie erschrocken.
»Damit Sie ins Krankenhaus gebracht werden. Nur dort können Sie die richtige Behandlung bekommen.«
Charlie begann mit dem Doktor zu argumentieren. Es gehe ihm schon viel besser, er hätte schon viel schlimmere Anfälle überwunden und er müsse ganz einfach jetzt nach Boston und wäre auch dazu imstande.
Der Arzt widersprach energisch. Er meinte, vielleicht würden ein paar Tage im Krankenhaus schon genügen, aber diese wären unerläßlich. Er verpflichtete sich, dafür zu sorgen, daß die Öffentlichkeit nichts davon erfuhr.
Als Charlie sich erhob, um seinen Worten Nachdruck zu verleihen, kam der Schwindel wieder. Die Schmerzen hörten nicht auf, er hatte das Gefühl, einen glühenden Metallklumpen in seinem Magen zu haben. Sein Herz schlug langsam und schwer, in Schultern und Armen hatte er ein Gefühl der Taubheit und

schließlich begann sich der ganze Raum um ihn zu drehen. Charlie setzte sich wieder.
Der Doktor wiederholte seine Argumente, nur ein Krankenhausaufenthalt könne die nötige Behandlung gewährleisten; wenn Charlie sich weigere, könne er, Dr. Freymann, keine weitere Verantwortung übernehmen. Auch die Baronin hatte begonnen, Charlie zuzureden, er solle doch vernünftig sein und dem Rat des Arztes folgen.
»Das kommt nicht in Frage«, sagte Charlie, »ich gehe nicht ins Krankenhaus.« Er wußte, der Doktor konnte ihn dazu nicht zwingen.
Als der Baronin klar wurde, daß Charlie nicht umzustimmen war, sagte sie: »Dr. Freymann, warum kann er nicht hierbleiben?« Sie wies darauf hin, daß sie und ihre Tochter Charlie genauso gut pflegen könnten wie die Schwestern im Krankenhaus, außerdem war Dr. Freymanns Ordination ja in unmittelbarer Nähe und der Arzt konnte im Notfall in wenigen Augenblicken hier sein.
Dem Arzt gefiel der Plan der Baronin zwar überhaupt nicht, aber schließlich mußte er sich notgedrungen damit einverstanden erklären. Er verschrieb einige Medikamente, gab Anweisungen für die Dosierung und dann begleitete ihn die Baronin hinaus. Aus dem Vorraum konnte Charlie die Stimmen der beiden hören. Der Doktor wiederholte noch einmal mit eindringlicher Stimme, daß Charlie ein schwerkranker Mann sei und unter keinen Umständen das Appartement verlassen dürfe. Die Baronin solle zu jeder Tages- oder Nachtzeit sofort anrufen, wenn sie eine Verschlechterung im Befinden des Patienten feststelle. Wörtlich sagte Dr. Freymann zum Abschied: »Ich hoffe, es ist Ihnen klar, daß der Mann jeden Augenblick sterben kann.« Dann schloß sich die Tür.
Charlie schlief auf dem Sofa in einem improvisierten Bett, das die Baronin und ihre Tochter ihm dort bereitet hatten. Er hatte schrecklichen Durst und trank während der Nacht drei oder vier große Krüge Eiswasser. Am folgendem Morgen fühlte er sich sehr schwach, die Schmerzen waren immer noch schlimm. Dreimal an diesem Tag kam Dr. Freymann vorbei und behan-

delte ihn mit Glukose, Vitaminen und Penicillin. Der Doktor untersuchte Charlie wieder, nahm seinen Puls und seine Temperatur, horchte ihn mit dem Stethoskop ab und begann neuerlich, vom Krankenhaus zu sprechen. Charlie wehrte sich verzweifelt, obwohl er sich noch nie in seinem Leben so krank gefühlt hatte. In seinem Magen brannte ein Feuer, auf seiner Brust lag schwerer Druck und seine Arme schmerzten. Aber am nächsten Tag ging es ihm etwas besser. Nica erzählte ihm, sie hätte die Gale-Agentur angerufen, man würde eine Vertretung nach Boston schicken. Die Magenschmerzen gingen zurück, das brennende Gefühl war verschwunden und die Beziehung zwischen Charlie und dem Arzt verbesserte sich.

Am Freitag beschlossen Charlie und die Baronin, Dr. Freymann bei der Nachmittagsvisite eine Überraschung zu bereiten und ihm etwas aus dem Album *Charlie Parker with Strings* vorzuspielen. Auf dem Cover befand sich ein farbiges Bild Charlies, das während der Aufnahmesitzung im RCA-Studio aufgenommen worden war. Als Dr. Freymann am Nachmittag eintraf, bat ihn die Baronin, in einem tiefen Armsessel Platz zu nehmen und reichte ihm das Plattencover. Sie legte die Platte auf ihre Hi-Fi-Anlage und spielte *Just Friends* und *April in Paris*. Dr. Freymann war tief beeindruckt. Charlie konnte erkennen, daß er wirklich auf die Musik reagierte. Der Doktor lobte die Arrangements und das Solospiel und versicherte Charlie, er sei ein wahrer Künstler. Dann wechselte er abrupt das Thema und meinte, nur nach entsprechender Behandlung könne Charlie jemals daran denken, seine Karriere fortzusetzen. Jetzt, wo sie einander so gut verstanden, hoffe er, daß Charlie endlich einwilligen würde, in ein Krankenhaus zu gehen.

»Aber es geht mir doch besser«, wandte Charlie ein, »das haben Sie selbst gesagt!«

»Wenig«, erwiderte der Arzt, »nur wenig besser. In diesem Stadium darf man sich keine falschen Hoffnungen machen. Sie sind immer noch sehr krank.«

Charlie lächelte und sagte: »Doc, meine Genesungskräfte sind schon immer außerordentlich gewesen.« Dann erzählte er von verschiedenen Vorfällen, von dem schweren Autounfall in sei-

ner Jugend bis zu seiner ersten schweren Magenattacke, wo er im Spitalspyjama in Richtung *Birdland* verschwunden war.
Dr. Freymann war davon keineswegs beeindruckt. Er meinte, Charlies Eigensinn wirke sich nachteilig für ihn aus und es sei schade, daß er so gar nicht kooperativ sei. Wenn er schon wirklich nicht ins Krankenhaus wolle, dann müsse er eben hier bleiben und die ärztlichen Anweisungen auf den Buchstaben genau befolgen. Unter keinen Umständen dürfe er vorläufig das Appartement verlassen, das müsse klar sein. Kommende Woche, falls seine Genesung weiter fortschreite, könne man vielleicht darüber reden.
Dann verabschiedete sich Dr. Freymann, zog seinen Mantel an und ließ sich von der Baronin hinausbegleiten. Charlie sollte ihn nicht wiedersehen.
Inzwischen war es Samstag geworden und Charlie hatte aufgehört, Eiswasser zu trinken. Im Fernsehen sollte in Kürze die Tommy-Dorsey-Show beginnen, die sich Charlie gerne ansehen wollte. Dr. Freymann hatte es erlaubt und die Baronin half Charlie in einen anderen Teil des Raumes, damit er näher am Fernsehgerät war.
Als Charlie aufstand, fühlte er sich sehr schwach. Aber das kam vom Nahrungsmangel, das war ganz natürlich und beunruhigte ihn nicht. Nach der Show würde er etwas essen und dann ging es ihm bestimmt besser. In einem bequemen Lehnstuhl mit Kissen im Rücken und mit einer Decke zugedeckt spielte Charlie ein Brettspiel mit der Tochter der Baronin, bis die Fernsehshow begann. In der Art, wie Tommy Dorsey seine Kennmelodie *I'm Getting Sentimental Over You* spielte, swingte die Nummer überhaupt nicht, aber Charlie liebte den seidigen Klang von Tommys Posaune. Dann trat ein Jongleur auf, der mit Ziegelsteinen arbeitete. Charlie erinnerte sich, diese Nummer in seiner Kindheit im Vaudeville in Kansas City gesehen zu haben. Er warf die Decke zur Seite und setzte sich auf, um besser sehen zu können. Die Ziegelsteine flogen auf dem Bildschirm durcheinander, zwei davon klebten zusammen und dann flog ein dritter Stein hoch und verband sich mit den beiden anderen, genau so, wie es Charlie erwartet hatte. »Crazy«, rief er und begann zu la-

chen. Wirklich komisch, daß man damit die Leute immer noch zum Narren halten konnte, wie früher in Kansas City. Charlie war begeistert, sein tiefes herzhaftes Lachen wurde immer lauter. Plötzlich fühlte er einen intensiven Schmerz und ein heftiges Schwindelgefühl. Er spürte Blut in seiner Kehle und begann heftig zu würgen.
Das Bild auf dem Fernsehschirm verschwamm vor seinen Augen, der ganze Raum begann sich wie rasend zu drehen. Charlie versuchte sich aufzurichten. Eines der Kissen fiel zu Boden, er konnte es in einer Lichtpfütze auf dem orientalischen Teppich liegen sehen. Er preßte seine Arme auf die Lehnen des Stuhls, aber alle Kraft war aus ihnen verschwunden. Charlie fühlte, wie etwas in seinem Inneren, etwas Lebenswichtiges, zerbrach. Dann wurde der Schmerz überwältigend, er war wie ein wuchtiger betäubender Einschlag, wie ein Superschuß von hochgradigem Heroin.
Tausende gierig verschlungene Mahlzeiten, Wassertrinkwettkämpfe, Aufputsch- und Beruhigungspillen, Nächte im Bandbus, Brüllduelle mit Billy Shaw, zwei Mädchen zugleich in einem Einzelbett oder auf dem Rücksitz eines rasenden Autos, Spöttereien, Gelächter, Put-ons, musikalische Wettkämpfe, Jam Sessions, Chase-Chorusse, Konzerte, Plattenaufnahmen und unzählige, überschäumende Saxophonsoli, das alles floß zusammen zu einem ohrenbetäubenden Climax, so durchdringend laut wie das Becken, das damals, vor 20 Jahren, im *Reno Club* vor seinen Füßen aufgeschlagen war. Und dann setzte der Mechanismus aus, der es Charlie Parker ermöglicht hatte, mit mehreren Mädchen auf einmal zu schlafen, Eß- und Trinkorgien zu feiern, Saxophon zu spielen, die Luftsäule in seinem Instrument und das Rohrblatt in seinem Mund zu kontrollieren. Das ganze System wurde plötzlich abgeschaltet wie ein Generator. Und Baronin Pannonica de Koenigswarter, ehemalige Pilotin, Jazzkennerin, registriert im Gotha-Almanach und bekannt durch die Regenbogenpresse, brachte ihre Panik erfolgreich unter Kontrolle, wählte eine Telefonnummer und hörte die Stimme von Dr. Freymann, die sagte, ja, er würde sofort kommen, sie möge den Patienten nicht berühren.

Die Baronin legte den Hörer auf, ging zu Charlie und fühlte vorsichtig seinen Puls. Der Puls war da, aber sehr unstet und flatternd.
»Er kommt wieder in Ordnung, Mummy«, sagte ihre Tochter. »Du wirst sehen!«
Die Baronin fühlte Charlies Puls unter ihren Fingern, der wieder stark zu flattern begann. Charlie atmete kaum, seine Augen starrten bewegungslos und geschockt ins Leere. Die Baronin fühlte ihren eigenen Puls und dann, als sie wieder nach Charlies Handgelenk griff, war da kein Puls mehr. Noch immer klang die Musik aus dem Fernsehapparat, der Jongleurakt war vorbei und Tommy Dorsey kam mit seiner Posaune groß ins Bild. Die Baronin erkannte das Stück, das er spielte, es hieß *Marie*. Sie durchquerte den Raum und schaltete das Gerät aus, dann ging sie zur Eingangstür, um sie für Dr. Freymann zu öffnen. In diesem Augenblick ertönte ein markerschütternder Donnerschlag, der das ganze Gebäude ins Wanken zu bringen schien. Sie wollte nicht glauben, was sie gehört hatte, aber sie wußte, man erzählte sich, daß auch in dem Augenblick, da Beethoven starb, ein unerklärlicher Donnerschlag erklungen sein soll. Das war der letzte Einsatz der Bühnenmaschinerie in Charlie Parkers Lebensdrama. Der lange Weg, der im Schwarzenviertel von Kansas City begonnen hatte, fand sein Ende in einem Appartement auf der 5th Avenue.
In weniger als fünf Minuten war Dr. Freymann zur Stelle und bestätigte, was die Baronin bereits wußte, daß Charlie Parker tot war. Der Doktor griff sofort zum Telefon und nach kurzer Zeit traf der Leichenbeschauer ein, gefolgt von Polizeibeamten. Die Baronin wurde ausführlich befragt, war aber nicht imstande, Charlies korrekte Adresse anzugeben. Auf die Frage nach den nächsten Angehörigen nannte sie Chan, wußte aber auch deren augenblickliche Adresse nicht. Sie erklärte, Charlie Parker sei ein Freund von ihr gewesen und berichtete ausführlich über alles, was sich in der Zeit zwischen seinem unerwarteten Besuch und seinem Tode ereignet hatte.
Niemand kannte Charlie Parker genaues Alter. Aufgrund seiner Untersuchungen schätzte Dr. Freymann, Charlie müsse zwi-

schen 50 und 60 Jahre alt gewesen sein. Als Todesursache gab Dr. Freymann Magendurchbruch, Lungenentzündung, Leberzirrhose und eine Herzattacke an. Jede dieser Krankheiten konnte für sich allein den Tod herbeigeführt haben, die endgültige Antwort war erst nach der Autopsie zu erwarten. Auch hier war Charlie, wie es schien, so unersättlich wie in seinem ganzen Leben.

Zeitig am Sonntagmorgen wurde Charlies Leichnam in das Städtische Leichenschauhaus transportiert. Als Baronin de Koenigswarter von den Behörden nicht mehr benötigt wurde, machte sie sich sofort auf den Weg ins Village und versuchte, Chan zu finden. Sie wollte verhindern, daß Chan die schlimme Neuigkeit aus dem Radio oder aus der Zeitung erfuhr. Den ganzen Vormittag verbrachte die Baronin im Village, unterhielt sich mit verschiedenen Freunden und Bekannten, traf auch einige Musiker, aber niemand konnte ihr sagen, wo Chan zu finden war. Sie selbst erzählte auch niemandem, daß Charlie Parker tot war.

27
Coda

Schließlich, als die Baronin jede andere Möglichkeit erfolglos durchprobiert hatte, rief sie Teddy Wilsons Rechtsanwalt an und diesem gelang es, Chan zu finden. Durch eine beiläufige Bemerkung, die ein Angestellter des Leichenschauhauses einem Journalisten gegenüber machte, erfuhr die Presse von Charlie Parkers Tod. Das Journal American berichtete von mysteriösen Umständen unter der Überschrift NACKTER TOD VON BOPKÖNIG PARKER. Wie erwartet, ging der New Yorker *Mirror* noch weiter, seine Schlagzeile lautete: BOPKÖNIG STIRBT IM APPARTEMENT REICHER ERBIN. In der New York Times hieß es: CHARLIE PARKER, JAZZMEISTER, GESTORBEN. Dieser Artikel war mit Respekt geschrieben und hielt sich an die ermittelten Tatsachen. Charlies Alter wurde, wie auf dem Totenschein von Dr. Freymann geschätzt, mit 53 Jahren angegeben; in Wirklichkeit war er noch nicht einmal 35 gewesen. Als Todesursache wurde Lungenentzündung angegeben.

Chan ging sofort zum Leichenschauhaus, veranlaßte, daß der Leichnam zum *Walter Cooke Funeral Home* auf der 72th Street gebracht wurde und arrangierte mit Hilfe von Freunden ein bescheidenes Begräbnis. Eine schlichte Rede war vorgesehen, Lennie Tristano und Charles Mingus sollten einige Kompositionen Charlies spielen — eine Totenfeier, wie sie für einen Jazzmusiker passend schien. Der Leichnam Charlies sollte dann auf dem Mount-Hope-Friedhof in Hastings-on-Hudson neben seiner kleinen Tochter Pree beigesetzt werden.

Jedoch Chans Pläne wurden durch die Ankunft von Doris Parker über den Haufen geworfen. Obwohl Doris Charlie mindestens fünf Jahre nicht mehr gesehen hatte, schwenkte sie triumphierend ihre mexikanische Heiratsurkunde, drohte Chan mit einer Klage auf Unterlassung und übernahm als legale Ehefrau das Kommando. Die Feierlichkeiten im *Walter Cooke Funeral*

Home wurden abgesagt, und Doris arrangierte eine aufwendige Feier in der Abyssinian Baptist Church des Reverend Adam Clayton Powell jr., der Kirche der Harlemer Oberklasse, nicht weit von *Monroe's Uptown House*. Anschließend sollte der Leichnam nach Kansas City überführt und dort begraben werden. Chan protestierte dagegen und sagte, Charlie hätte sie dringend gebeten, ihn unter keinen Umständen in Kansas City — einer Stadt, die er haßte — begraben zu lassen, aber Doris kümmerte sich nicht darum. Ihr Anwalt teilte Chan mit, sie könne erst nach dem Tode von Charlies Mutter über den Leichnam frei verfügen. Auch Chans Bitte, bei den Feierlichkeiten möge doch Jazz gespielt werden, zumindest ein langsamer Blues, blieb unbeachtet.

Am 21. März, einem regnerischen Montagnachmittag, fand die Totenfeier statt. Sie war ein gesellschaftliches Ereignis. Anstatt der eigenen Musik Charlies quälte sich eine elektrische Orgel durch Arthur Sullivans *The Lost Chord*, eine musikalische Darbietung, die Charlie als den Gipfelpunkt des »Put-on« betrachtet hätte. Das Thema der Gedenkrede, die Reverend David Licorish hielt, war Charlies lebenslange Suche nach dem fehlenden Akkord. In einem neuen Nadelstreifanzug mit weißem Hemd und konservativer Krawatte lag Charlies Leichnam in einem teuren Bronzesarg, in seine Hände, die den größten Teil seines Lebens ein Saxophon gehalten hatten, war auf Anordnung von Doris ein Kruzifix gelegt worden. Der Sarg war mit einer Glasplatte abgedeckt, die das Licht reflektierte. »Es sah aus, als hätte er einen Heiligenschein um den Kopf«, erzählte einer der Hipsters später.

Die Sargträger waren die Trompeter Charlie Shavers und Dizzy Gillespie, der Pianist Lennie Tristano, der Drummer Louis Bellson, der Journalist Leonard Feather und der A&R-Mann Teddy Reig, riesengroß und schwitzend in einem glänzenden blauen Seidenanzug. Auf dem Weg aus der Kirche gerieten die Träger im grauen Märzregen aus dem Tritt und ließen beinahe den Sarg fallen, nur eine gewaltige Anstrengung des herkulischen Teddy Reig konnte das verhindern. Nicht einmal jetzt konnte für Charlie alles glatt gehen, die ironischen Verdrehtheiten, die so oft sein

Leben bestimmt hatten, waren immer noch wirksam. Auf der einen Seite war er von Hipsterfanatismus umgeben, auf der anderen von Gewöhnlichkeit, Scheinheiligkeit und Phrasendrescherei. Die Anwesenheit zweier feindlicher Gruppen in der Kirche unter der Führung von Chan und Doris, die sich drängenden Parasiten des Showbusiness, die aufdringlichen Presseleute, die Sensationsgier der Hipsters und die Zirkusatmosphäre des gesamten Begräbnisses waren die abschließende Absurdität von Charlie Parkers kurzem tragischem Leben.

Entgegen seinen oft geäußerten Wünschen und ohne Rücksicht auf Chans Proteste wurde Charlies sterbliche Hülle schließlich nach Kansas City zum Begräbnis geflogen, die Kosten dafür übernahm Norman Granz. In Kansas City waren nur Charlies Mutter Addie und einige Jugendfreunde Charlies bei der Beisetzung anwesend. Diejenigen, die Charlie wirklich geliebt hatten, erinnerten sich an die seltsamen prophetischen Worte von King Pleasure in seinem orakelhaften Text zu *Parker's Mood:*

> *So long, everybody,*
> *The time is coming, I must leave you...*
> *Don't hang your head when you see those six*
> *Pretty horses pullin' me.*
> *Put a twenty dollar silver piece on my watch chain,*
> *Look at the smile on my face,*
> *And sing a little song,*
> *To let the world know,*
> *I'm really free.*
> *Don't cry for me,*
> *'Cause I'm going to Kansas City.*

Am 2. April wurde in der *Carnegie Hall* ein Benefizkonzert veranstaltet, um einen Teil der Begräbniskosten wieder hereinzubringen. Das Konzert begann um Mitternacht und dauerte bis 4 Uhr morgens, eine Zeit, die Charlie gefallen hätte. Viele von denen, die in all den Jahren mit ihm gearbeitet hatten, stellten sich zur Verfügung: Sarah Vaughan, Billie Holiday, Dinah Washington, Pearl Bailey, Billy Eckstine, Herb Jeffries, Sammy Davis jr.,

Mary Lou Williams, Hazel Scott, Lennie Tristano, Stan Getz, Charlie Shavers, Thelonious Monk, Gerry Mulligan und Baby Lawrence. Als MCs fungierten Leonard Feather, Jazzbo Collins und Barry Ulanov. Lester Young eröffnete das Programm, Baby Lawrence tanzte dazu, ein Tonband von Charlie Parker wurde eingespielt und viele von Charlies Eigenkompositionen und Lieblingsnummern waren zu hören.
2700 Personen waren anwesend, Hunderte mußten weggeschickt werden. Das Konzert erbrachte über 5700 Dollar, ein ähnliches Konzert in Schweden und ein weiteres in Philadelphia noch einmal je 1000 Dollar.
Schon in den ersten Tagen nach Charlie Parkers Tod erschienen die Graffiti an den Häuserwänden im Village und in den Stationen der U-Bahn, mit schwarzer Kreide gemalt oder mit Farbdosen aufgesprüht: »BIRD LIVES!«
Die Musikpresse der Welt, die Charlie größtenteils so lange ignoriert hatte, bis seine Bedeutung nicht mehr zu übersehen gewesen war, veröffentlichte nun bewegende Nachrufe. »Le Bird N'est Plus!« schrieb *Le Jazz Hot* in Paris. »Charlie Parker — fragile, mysterieux, insaisissable...«
Im schwedischen *Orkester Journalen* hieß es:
»Zusammen mit Jackson Pollock, Dylan Thomas und James Dean ist er ein Symbol des Protestes für eine ganze Generation geworden. Es ist leicht zu erkennen, wie sich der rebellische Geist und die Verzweiflung dieser vier Künstler in ihrem Werk und in ihrem Leben ausgedrückt hat und noch leichter ist es, Gemeinsamkeiten in ihrem Tod zu sehen: Pollock und Dean starben am Geschwindigkeitsrausch, Thomas und Parker an Alkohol und Drogen.«
Wie Dylan Thomas hatte Charlie Parker kühn eine deutlich gezogene Grenze überschritten und die Sprache seiner Kunst entschlackt, von Klischees befreit und mit neuer Intensität, Farbe und Bedeutung angereichert. Die großartigen Einleitungen von *Parker's Mood, Slam Slam Blues* oder *Bird of Paradise* wirkten auf jene, die für schwarze Musik empfänglich waren, ebenso aufgeladen und beziehungsreich wie Dylans Poesie und vermittelten den gleichen Eindruck eines eingeschmolzenen und in neue

Formen gegossenen Vokabulars. Dylans tragisches Statement könnte auch von Charlie stammen:

> *The force that through the green fuse drives the flower*
> *Drives my green age; that blasts the roots of trees*
> *Is my destroyer.*
> *And l am dumb to tell the crooked rose*
> *My youth is bent by the same wintry fever.*

Dylan Thomas war nur 16 Monate vor Charlies Tod gestorben, und gar nicht weit weg, im St.-Vincent-Krankenhaus in Greenwich Village. Mit nur 39 war er an Leberzirrhose, Diabetes und anderen Folgen seines chronischen Alkoholismus zugrunde gegangen.
Nach Charlies Begräbnis wurde die Baronin durch eine Reihe unflätiger Artikel in Klatschmagazinen belästigt. *Confidential* und *Lowdown* ergänzten ihre früheren Storys über Bird mit neuen und noch grelleren, in denen unsaubere Machenschaften und eine romantische Liaison zwischen dem Jazzmusiker und der von den Rothschilds abstammenden Dame angedeutet wurden. Der Artikel im *Expose* trug den Titel »Bird im Boudoir der Baronin« und bezeichnete Nica als »verschlagene schwarzhaarige dunkeläugige Circe der High-Society«, die den »gefallenen Vogel« in sein Verderben gelockt hatte. Diese Magazine waren damals in ihrem letzten und schamlosesten Stadium von falscher Berichterstattung und übler Nachrede; eine Fülle von Verleumdungsprozessen trug bald darauf zu ihrem endgültigen Verschwinden bei. Die Baronin de Koenigswarter war vielleicht der einzige Mensch, der an Charlie keinerlei Ansprüche stellte und gehörte zu seinen ganz wenigen wirklichen Freunden. Sie war eine Schutzpatronin der Künste und der Künstler in der Tradition der europäischen Damen, die im 19. Jahrhundert die großen Salons geführt hatten.
Während die Jazzwelt das frühe Dahinscheiden des letzten und eindrucksvollsten seiner *enfants terribles* beklagte, sagten manche, Charlie habe lange genug gelebt. Er war 20 Jahre lang auf der Jazzszene gewesen und 5 davon eine ihrer treibenden Kräfte.

Um 1950 oder 51 war es offenbar geworden, daß die Fülle seiner Ideen mehr und mehr nachließ. Wie er selbst Lennie Tristano gegenüber zugab, hatte er die musikalischen Formen des Blues und des populären Songs bis an die äußerste Grenze geführt. Ungeachtet seiner vagen und nie verwirklichten Pläne, bei Edgar Varese zu studieren, fehlten Charlie Voraussetzungen, Training und wirkliche Befähigung für formale Komposition. Teilweise war das Nachlassen seiner musikalischen Kräfte auf seinen immer schlechteren Gesundheitszustand zurückzuführen. Als er im Appartement der Baronin de Koenigswarter zusammenbrach, war er völlig verbraucht. »Bird hat immer soviel von sich selbst gegeben«, hat John Lewis gemeint. Hätten die Behörden ihre Pflichten genau erfüllt, so müßten vier mögliche Todesursachen auf dem offiziellen Totenschein Charlies angeführt sein: Lungenentzündung, fortgeschrittene Leberzirrhose, Magendurchbruch infolge von Geschwüren oder ein tödlicher Herzanfall, möglicherweise ausgelöst durch die anderen Krankheiten. Die medizinische Wissenschaft konnte auch keine brauchbaren Angaben über die Auswirkungen einer 15jährigen Rauschgiftsucht auf den chemischen Haushalt des menschlichen Körpers machen.

Das psychiatrische Bild war weniger klar. Die Psychiater sahen einen Mann mit feindseliger und dennoch gewinnender Persönlichkeit, einen Mann, der nicht pünktlich sein konnte, der von Heroin, Alkohol und Pillen abhängig war und sich oft den unglaublichsten Freß- und Sexorgien hingab — zwei Mahlzeiten hintereinander, Hamburger-Wettessen, Bacchanale mit zwei oder drei willigen erfahrenen Frauen rund um die Uhr in einem Hotelzimmer. Jede Erfahrung wurde nach einer vereinfachenden Wertskala beurteilt: entweder war sie »a drag« oder »a ball«. Charlie bemühte sich, sein Leben zu einer Aneinanderreihung von »balls« zu machen und hinterließ ein hoffnungsloses Durcheinander von Eindrücken bei denen, die ihn kannten. Sein musikalisches Schaffen aber war das Ergebnis einer tiefen, nachhaltigen Verpflichtung seiner Kultur gegenüber, die er liebte und verstand, und einer unnachgiebigen Selbstdisziplin — der einzigen, der er sich in seinem Leben unterwarf.

Der abschließende Bellevue-Report deutet eine wirkliche Psychose an (undifferenzierte Schizophrenie). Charlie Parker mag zu jenen seelisch gestörten Menschen gehört haben, deren Kontakt zur Realität bedenklich an der Grenze liegt, aber doch einigermaßen ausreicht, um sich in der Welt zurechtzufinden — wenn auch, wie in Charlies Fall, nach seinen eigenen Regeln und nachhaltig unterstützt durch sein überragendes Talent — und die mit kindlichen Wutausbrüchen reagieren, wenn etwas nicht nach ihren Vorstellungen geht. Oder er kann der »klassische Psychopath« gewesen sein, als den ihn Dr. Richard Freeman beschrieben hat, der einzige qualifizierte Arzt, der sich jemals die Mühe machte, diesen schwer erfaßbaren Patienten genau zu studieren.

Psychose oder Psychopathie? Wie gültig sind die Begriffe der Psychiatrie, wenn man sie auf die schwarze Bevölkerung Amerikas anwendet? Wie weit hat die vorwiegend in der weißen Mittelklasse angesiedelte Gemeinschaft der Psychiater einen »way of life« in ihre Untersuchungen einbezogen, bei dem — zumindest in der Vergangenheit — das Überleben von Falschheit, Verstellung, »Put-on« und wechselnder Maskierung abhängig war, wie weit hat sie eine Sub-Gesellschaft zur Kenntnis genommen, die sich nicht große Ärzte oder Pädagogen zu ihren Vorbildern wählt, sondern anmaßende Prediger, bombastische Politiker, cadillacfahrende Zuhälter und Spieler, Bluessänger und — Jazzmusiker? Als Hipster, Wichtigtuer, Sexprotz, Junkie und Musikmann hat Charlie verblüffende Ähnlichkeit mit dem Kulturhelden der städtischen Negerghettos, den Charles Keil mit außergewöhnlichem Einfühlungsvermögen in *Urban Blues* beschreibt.

In dem ungeheuren Durcheinander von Charlie Parkers Leben war seine Musik das einzige, das immer wichtig war. Auf diesem Gebiet war er besessen, vollkommen ernsthaft und diszipliniert. Seine Bedeutung als Schlüsselfigur der amerikanischen Musik wird erst jetzt langsam akzeptiert. »Abgesehen von Armstrong ist er vielleicht der einzige Jazzinstrumentalist, bei dem das Wort Genie angebracht erscheint«, schreibt der europäische Musikologe Wilfrid Mellers in *Music in a New Found Land*, der bis dato besten Studie der ungemein vitalen und innovativen Musik, mit der Amerika die Kultur der Welt bereichert hat. Von 1920 bis zum zweiten Weltkrieg schien der Jazz von den Impulsen Louis Armstrongs zu leben. Charlie Parker änderte die Richtung und schuf ein neues System von Kräften. Beinahe im Alleingang befreite er Rhythmen und Klänge für seine Nachfolger. Von Miles Davis angefangen, der in seinen Entwicklungsjahren an Parkers Seite gespielt hat, ist jeder Instrumentalist seit 1950, stilistisch gesehen, ein Abkömmling von Parker. Die Liste umfaßt Sonny Rollins, Ornette Coleman, Eric Dolphy, Sonny Simmons, Clifford Brown, Red Rodney, Barbara Donald, John Coltrane, Roland Kirk, Bud Powell, Hampton Hawes, John Lewis, Cecil Taylor, Pharoah Sanders, Albert Ayler und Archie Shepp. In ihrem Spiel ist mehr als nur das Fundament aus Parkers Jazzstil, man kann darin auch mehr oder weniger deutlich die religiöse Ekstase von Parkers Musik hören.

Das wirkliche »Jazz Age« waren nicht die 20er Jahre, die Dekade von Van Vechten, Fitzgerald und Paul Whiteman, sondern die 40er Jahre, und Charlie Parker war der erste, der wirkliche »Jazz Age Hero«. Sein tiefes Gefühl für den Blues, das jede Note seines Spiels durchdringt, seine Zähigkeit und Spannkraft waren Ausdruck des afro-amerikanischen Ethos, das zum Archetyp der Einsamkeit und Entfremdung des modernen Menschen geworden ist. Ein Symbol dafür ist jene seltsame Konfrontation zwischen Parker und Jean Paul Sartre 1949 in Montmartre, wie Schiffe, die einander nachts begegnen. Parkers Botschaft der Entfremdung und sein schmerzhafter Aufschrei gegen die Heuchelei der Gesellschaft, die ihn umgab, ihre falschen Wertvorstellungen und ihre Sentimentalität wurden schon vor dem Kriegsende von jenen seltsam gekleideten langhaarigen schwarzen und weißen Hipsters, die Charlie von *Minton's Playhouse* auf die 52nd Street folgten, sehr wohl verstanden. Schon damals entstand ein neues Lebensgefühl und gesellschaftliches Bewußtsein, wenngleich es Teil einer peripheren, sich entwickelnden Subkultur war, die sich durch eine explosive, nur wenigen zugängliche Musik artikulierte. Die Hipsters dieser Generation waren die deutlichen Vorläufer der Beatniks in der folgenden Dekade und jener

Generation, die in unserer Zeit das Gesicht Amerikas verändert.
Einige Monate nach Charlie Parkers Tod wählten ihn die Leser des *Down Beat* in die »Jazz Hall of Fame«, womit er der vierte Musiker war, dem diese Ehre zuteil wurde. Charles Mingus bemerkte: »Die Musiker im *Birdland* mußten immer auf Charlies nächste Platte warten, damit sie wußten, was sie spielen sollten. Was werden sie jetzt machen?«
Der Auseinandersetzung um Charlies sterbliche Überreste folgte eine weitere um seinen Nachlaß. Auch hier gelang es Doris, sich gegen Chan durchzusetzen. Mit Hilfe ihrer Anwältin Florynce Kennedy, einer Vorkämpferin für schwarze Bürgerrechte und Frauengleichberechtigung wurde Doris zur Nachlaßverwalterin bestellt und beantragte beim New Yorker Nachlaßgericht ein Ermittlungsverfahren. Insgesamt 69 erstaunte und entrüstete Personen oder Vertreter von Firmen aus Plattenindustrie, Agenturen und Verlagen — tatsächlich alle, von denen irgendein Kontakt zu Charlie bekannt war, wenn auch nur gerüchtweise — erhielten Einladungen. Norman Granz, der Anständigste und bestzahlende von Charlies Arbeitgebern, mußte insgesamt achtmal vor Gericht erscheinen, im Namen verschiedener Firmen und im eigenen Namen. Der Mann, der großzügig einen Teil der Krankenhaus- und Begräbniskosten übernommen hatte, wurde nun beschuldigt, willkürlich Verträge abgeändert zu haben. Die Firma *Premier Albums*, deren einzige Verbindung zu Charlie Parker die Herstellung von Covers für seine Plattenalben war, wurde ebenso vorgeladen wie *Metro-Goldwyn-Mayer* und die vier großen Plattenfirmen *RCA Victor, Capitol, Decca* und *Columbia*, obwohl keines dieser Unternehmen jemals direkten Kontakt mit dem Künstler gehabt hatte. Auch weitere Firmen in anderen Bundesstaaten, sogar in Europa, wurden belangt. Von der böswilligen Absicht dieser Aktionen zeugt schon der erste Absatz der Eingabe bei Gericht, in dem ausdrücklich festgehalten ist, Doris Parkers Adresse werde »aus Furcht vor körperlichem Schaden« geheimgehalten. Die Eingabe, archiviert im Nachlaßgericht des Bezirks New York, beziffert den Wert des Nachlasses mit rund 102 000 Dollar. Obwohl Charlies Mutter

Addie oft betont hatte, daß Charlie keinen zweiten Vornamen habe, erscheint er hier als Charles Christopher Parker jr. In diesem verblüffenden Rechtsdokument wird das Gericht darüber informiert, daß »die Unternehmen, ermutigt durch übermäßige Toleranz der Justiz, Verwaltung, Exekutive und Gesetzgebung, die kreativen Künstler mit Brotkrumen abspeisen und sich an deren Besitz bereichern, in der Gewißheit, daß kein vernünftiger Mensch bereit sein würde, Geld und Zeit in eine Reise durch ein finanzielles Labyrinth zu investieren, das an jeder Ecke blockiert ist durch Tochtergesellschaften, Fusionierungen, Liquidationen und grobe Verweigerungen, Informationen über Bilanzen oder sogar über Zwischenhändler und Detailverkauf zu geben. Für die Verteilung der Platten werden eigene Gesellschaften gegründet, deren Unterlagen dem Künstler, Komponisten bzw. dessen Nachlaßverwalter nicht zugänglich sind. Internationale Kartellabsprachen führen zu einem Labyrinth buchhalterischer Kunststücke und zu Bankkonten in Panama und der Schweiz.
Die Plattenverkäufe bewegen sich oft angeblich bei Stückzahlen von nur 10 oder 15, obwohl die Werbungskosten Tausende von Dollars ausmachen. Wenn die Kosten für die Aufnahmesessions den Künstlern angelastet werden, sind sie meist besonders elastisch und steigen immer dann im nachhinein, wenn die fälligen Tantiemen eine gewisse Höhe erreicht haben. Masterbänder, Mitschnitte, ja ganze Plattenkataloge werden abgetreten, erworben, weiterveräußert und in schwindelerregendem Tempo wieder veröffentlicht.«
Das lärmende Ermittlungsverfahren sah sich bald den gleichen Hindernissen gegenüber, die seinerzeit den Rechtsanwalt A. Allen Saunders entmutigt hatten. Viele Parker-Kompositionen waren immer noch ohne urheberrechtlichen Schutz und daher frei verfügbar. Dies betraf auch die auf *Dial* erschienenen Nummern; die vorbereitete Ermächtigung *Dials*, einen Musikverlag dafür zu gründen, hatte Charlie nie unterschrieben, obwohl er 80 Prozent der Nettoeinnahmen erhalten hätte. Einige Kompositionen hatte Charlie für ein paar Dollar verkauft, andere wieder, z. B. *Now's the Time* und *Red Cross*, waren plagiiert worden.

Von vielen Aufnahmesitzungen existierten keine Abmachungen wegen der mechanischen Rechte, gebrochene Verträge führten zur Einstellung der Tantiemenzahlungen und seltsame Außenseiter wie etwa »Moose the Mooche« waren in das ganze Netz der Transaktionen eingebunden. Der Nachlaß war ein ungeheuerliches Durcheinander, das Charlie angerichtet hatte.
Umfassende Bemühungen, diesen Wirrwarr unter Kontrolle zu bekommen, begannen am 5. März 1957, als Chan beim Nachlaßgericht den Antrag stellte, Doris Parker die Verwaltung von Charlies Nachlaß zu entziehen. Schon lange kursierende Gerüchte, die Ehe von Doris und Charlie wäre illegal gewesen, sprach Chan in ihrer Eingabe offen aus. Sie behauptete, ebenso wie sie selbst habe auch Doris Kenntnis davon gehabt, daß Charlie Parkers Ehe mit Geraldine Scott niemals rechtsgültig geschieden worden war. Nach weiteren Angaben Chans hatte Charlie am 1. Juli 1954 ein handgeschriebenes Testament verfaßt, in dem sie, Baird und Kim als seine legalen Erben fungierten; dieses Testament hatte Charlie telegrafisch dem Anwalt A. Allen Saunders übermittelt. Doris wurde aufgefordert, dazu Stellung zu nehmen. Bei der Verhandlung, die erst 15 Monate später stattfand, war Chan allerdings weder in der Lage, das Testament in irgendeiner Form vorzulegen, noch ihre Behauptung zu untermauern, die Ehe von Charlie und Geraldine sei noch aufrecht. Ihre Eingabe wurde daher zurückgewiesen und Doris behielt die Nachlaßverwaltung. Zu dieser Zeit war Doris gerade in ein Unternehmen namens *Charlie Parker Record Corporation* involviert, das 6 Plattenalben, vorwiegend mit Radioaufnahmen und Bandmitschnitten herausbrachte, jedoch bald wieder vom Markt verschwand.
Charlies verschwundene zweite Ehefrau wurde erst im Mai 1960 in Alderson/West Virginia gefunden. Ihr Antrag, Doris die Nachlaßverwaltung zu entziehen, schlug ein wie eine Bombe. Eine beglaubigte Kopie ihrer Heiratsurkunde aus Washington vom April 1943 wurde vorgelegt, zusammen mit einer Erklärung an Eides statt, die Ehe sei niemals geschieden worden. Geraldine beschuldigte Doris, die Zuerkennung der Nachlaßverwaltung »durch Betrug, Verdrehung wichtiger Tatsachen und grobe

Irreführung des Gerichts erschlichen« zu haben. Außerdem hätte sie sich bedeutende Beträge aus Tantiemen und anderen Quellen angeeignet und gesetzwidrig verwendet. Wieder wurde Doris aufgefordert, Stellung zu nehmen.
In den darauffolgenden zwei Jahren erschien eine Reihe von Klägern und Gegenklägern mit ihren Anwälten vor dem Nachlaßgericht. Verschiedene Punkte wurden behandelt — gefälschte Buchführung, Hinterlegung von Kautionen, Berichtigungen, Strafen für Mißachtung des Gerichtes, Ablehnungen, Berufungen, Anträge zur Einvernahme, beeidete Aussagen, Vormundschaftsfragen, Abgaben und Anwaltshonorare. Endlich, am 17. Oktober 1961, gelang es, ein Übereinkommen zu erzielen. Doris wurde es erlassen, für die Zeit ihrer Nachlaßverwaltung finanzielle Rechenschaft abzulegen. Der Nachlaß wurde wie folgt aufgeteilt: Geraldine 27,5%; Leon 25%; Baird 25%; Addie Parker 7,5%; Rebecca Ruffing Parker 7,5%. Die interessante Frage der Legalität von Doris' Ehe wurde umgangen, aber ihr Anteil bezeichnenderweise auf 7,5% herabgesetzt.
Diese Prozentsätze können angesichts der Positionen der Antragsteller und der Berechtigung ihrer Ansprüche als fair betrachtet werden. Die tatsächlichen Summen, die der Nachlaß erbracht hat, sind unbekannt, obwohl allein für die Zeit von August 1965 bis September 1970 ein Betrag von 50451,41 Dollar für Verwaltungsabgaben und Gebühren angegeben wird. Auch ist die Angelegenheit noch immer nicht beendet; in einem Brief vom Herbst schreibt mir Chan, daß Baird bis zu diesem Zeitpunkt nichts aus dem Nachlaß erhalten hat und daß sie beabsichtige, erneut rechtliche Schritte zu unternehmen. So geht das Ringen 15 Jahre nach Charlie Parkers Tod immer noch weiter. Weder Chan noch Baird haben bisher einen einzigen Dollar von den Tantiemen erhalten, die ihnen Charlie, für den Fall, daß »ihm etwas zustieße«, zugesichert hatte.
Viele von Charlies alten Kollegen sind musikalisch weiterhin aktiv — Jay »Hootie« McShann (in Kansas City); Kenny »Klook« Clarke (Paris); Earl Hines (San Francisco); Billy Eckstine, Ray Brown, Louis Bellson, Jesse Price, Jimmy Forrest, Jimmy Witherspoon, Stan Levey, Pearl Bailey (Hollywood), Dizzy Gille-

spie, Howard McGhee, Milt Jackson, John Lewis, Thelonious Monk, Sarah Vaughan, Max Roach, Miles Davis, Al Hibbler (New York)[*]. Sie alle erinnern sich mit Ehrfurcht und Liebe an Charlie Parker. Geraldine Parker wurde zuletzt in Washington, D.C., gesehen und Rebecca in Kalifornien, wo sie noch einige Male geheiratet hat. Leon ging zur Air Force und kehrte nach Ablauf seiner Dienstzeit nach Kansas City zurück, wo Addie Parker im April 1967 starb. Lester Young starb 1959 an Alkoholismus, Leberzirrhose und Unterernährung. Dr. Richard Freeman wurde vor einigen Jahren das Opfer eines plötzlichen Herzinfarktes. Sein Bruder Marvin ist nun Mitglied des Obersten Gerichtshofs für den Bezirk Los Angeles und hat die Oberaufsicht über die Jugendrichter inne. Maynard Sloate, dessen winzige Agentur Sloate-Orr Associates damals, 1947, Charlie Parkers Camarillo-Benefizkonzert organisierte, war jahrelang Producer der *Folies Bergere* im *Tropicana Hotel* in Las Vegas. Pee Wee Marquette wurde zuletzt als Türsteher eines Hawaii-Restaurants gesehen, nicht weit von seinem alten Arbeitsplatz, dem *Birdland* entfernt. Das *Birdland* selbst ist nun, nach einem kurzen Intermezzo als Rockpalast, geschlossen.

Im September 1971 produzierte ich für das Monterey Jazz Festival ein nostalgisches Programm mit alten Kansas-City-Musikern: Jay McShann, Jimmy Forrest, Jesse Price, Claude Williams, Billy Hadnott, Paul Gunther, Clark Terry, Herman Bell, Mary Lou Williams, Big Joe Turner, Jimmy Witherspoon und Al Hibbler; viele von ihnen hatten sich jahrelang nicht mehr gesehen. Mary Lou spielte *Froggy Bottom*, Al Hibbler sang *Skylark*, Big Joe Turner *Roll 'em Pete* und »Spoon« *Hootie Blues*, wobei Jimmy Forrest das Originalsolo Charlies von der alten *Decca*-Platte nachspielte. Hootie sang im Stil von Walter Brown *Confessin' the Blues* und begleitete sich am Klavier, dann setzte er fort mit *Vine Street Boogie*. Die Kansas City Six brachte mit *Moten Swing* und *Jumpin' the Blues* die Atmosphäre zum Kochen. Dieses Konzert unter dem Titel »Kansas City Revisited« wurde ein

---

[*] Dieses Buch ist, wie schon im Vorwort erwähnt, 20 Jahre alt. Ich habe diese Textpassage unverändert gelassen, ohne Rücksicht darauf, daß einige der erwähnten Musiker (Hines, Monk, Clarke, Davis) inzwischen gestorben sind. W.R.L.

großer Erfolg. Hunderte tanzten begeistert in den Gängen und einige sogar auf der Bühne. Die Kritiker wählten Mary Lou Williams und Jay McShann zu den Wiederentdeckungen des Jahres.

Opera Without Banners, eine Folk-Jazz-Oper, die Charlie gewidmet war, hatte 1966 in Kansas City Premiere, wo die *Charlie Parker Foundation for Performing Arts*, ins Leben gerufen von sozial gesinnten Jazz- und Symphoniemusikern, talentierten jungen Leuten aus Charlies alter Nachbarschaft kostenlos musikalische Ausbildung ermöglicht. In Chicago veranstaltet Joe Segal jeden Sommer ein »Charlie Parker Memorial Concert«; 1970 wirkten Sonny Stitt und Red Rodney mit. Im August 1971 enthüllte die *Charlie Parker Memorial Foundation* auf Charlies Grab in Anwesenheit von Milt Jackson, Max Roach und dem Saxophonistenveteranen Joe Thomas ein bronzenes Grabmal mit einem stilisierten Vogel. Auch Charles B. Wheeler, der Bürgermeister von Kansas City, war anwesend und proklamierte 1971 zum »Charlie-Parker-Jahr«.

Was aus den Drahtspulen wurde, die der unermüdliche Dean Benedetti aufgenommen hat, bleibt ein Geheimnis. Diese Spulen enthalten in ihrer Gesamtheit viele hundert Stunden von Charlie-Parker-Soli. Von Dean hat man nur gehört, er sei nach Italien gegangen und dort Ende der 50er Jahre gestorben. Die Drahtspulen waren sein einziger Lebensinhalt und man darf wohl annehmen, daß er sie mit sich genommen hat. Trotz gewissenhafter Suchaktionen und Annoncen in den führenden europäischen Jazzmagazinen war jedoch keine Spur dieser Sammlung aufzufinden. Bandaufnahmen der »zweiten Generation« der Amateurtontechniker, Joe Maini und Don Lanphere, tauchten dagegen 1969 auf, 6 Stunden von bis dahin unbekannten Charlie-Parker-Aufnahmen, die seitdem von Tonbandsammlern international gehandelt werden. Ihre Veröffentlichung auf Schallplatten scheiterte bisher an technischen und rechtlichen Problemen. Insgesamt existieren etwa 24 Stunden von Charlie auf Band, teilweise von überragender musikalischer Qualität und größtenteils den Plattensammlern völlig unbekannt. Gelegentlich tauchen immer noch weitere Bänder auf. Die offizielle

Diskographie umfaßt 219 einzelne Veröffentlichungen; die Aufnahmen stammen von 21 verschiedenen Erstfirmen und wurden später in den USA und in anderen Ländern von insgesamt 91 Zweitfirmen wieder veröffentlicht. Andere Musiker, etwa Armstrong oder Ellington, hinterließen umfangreichere Diskographien, aber keiner hatte solche Anziehungskraft für Amateurtontechniker.

Nach Charlies Begräbnis kehrte Chan Richardson mit Kim und Baird nach New Hope zurück und begann, an Sonntagnachmittagen in einer lokalen Taverne Jazzkonzerte zu veranstalten. Das Lokal wurde in *Bird's Nest* umbenannt. Dort lernte Chan Phil Woods kennen, einen jungen Jazzmusiker aus Springfield/Massachusetts. Er hatte seinen Stil entwickelt, in dem er alle auf Platten erschienenen Soli von Charlie auswendig lernte, so wie es Charlie seinerzeit mit den Soli von Lester Young getan hatte. Die Freundschaft zwischen dem jungen Parker-inspirierten Saxophonisten und Charlies Witwe führte schließlich zur Heirat. Einige Jahre lebten Phil und Chan in dem Haus in New Hope, Phil wurde der Pflegevater von Kim und Baird und spielte oft auf Charlies Saxophon. In den 60er Jahren übersiedelten sie nach Paris, weil sie es für besser hielten, Baird in Europa aufwachsen zu lassen, wo er nicht der Rassendiskriminierung ausgesetzt war. Dort ist Phil als Plattenstar und Jazzpersönlichkeit wohlbekannt und viele halten ihn für den Hüter des heiligen Feuers. Kim ist nun 25 und verheiratet, Baird, der Charlie stark ähnlich sieht, ist ein talentierter Gitarrist. Die beiden arbeiten mit einer Rockgruppe namens *Tapioca* und traten kürzlich im *Epace Cardin* in Paris auf.*

In Las Vegas arbeitet ein kleiner beweglicher Mann in den Lounges der besseren Hotels und in den Showetablissements. Er wird langsam etwas dicker, aber sein Gesicht ist noch immer sommersprossig und sein Haar noch immer flammend rot, wenn auch mit grauen Stellen. Einst war er der frühreife Wunderknabe in den Trompetensätzen der großen weißen Bands — Kenton, Krupa, Herman, Dorsey, Thornhill — ein sauberer jun-

---

* Siehe Seite 350

ger Mann ohne Laster, aber mit viel »Chuzpe«. Später verbrachte er insgesamt 6 Jahre und Monate in staatlichen Institutionen wie der Entziehungsanstalt in Lexington und den Bundesgefängnissen von Leavenworth, Lewisburg, Terminal Island und Fort Worth. Die ihm zur Last gelegten Verbrechen gegen sich selbst und die Gesellschaft wurzelten alle in seiner Rauschgiftsucht, in die er geriet, als er 1950 Mitglied des Charlie Parker Quintetts wurde, aber nun ist Red Rodney, geborener Robert Chudnick, wieder da. Der Mann, der einer der besten Freunde Charlie Parkers war, spielt immer noch mit dem gleichen coolen schimmernden bluesigen Ton, der die dritte Ausgabe des Parker Quintetts bereicherte und sich nun in den Sound der Bands mischt, die die großen Shows begleiten — Juliet Prowse, Ella Fitzgerald, The Mills Brothers, Sammy Davis jr., Rusty Warren, Connie Stevens, Wayne Cochrane, Tom Jones. Red Rodney ist ein angesehenes Mitglied von Local 369, der örtlichen Musikergewerkschaft und mit seinem handwerklichen Können ein gesuchter Trompeter in Las Vegas, wo die Musikveranstalter die höchsten Gagen der Welt zahlen: 325 Dollar für zwei einstündige Shows pro Nacht, sechsmal wöchentlich, und dazu 25 Dollar Zulage, wenn ein Trompeter auch Flügelhorn spielt. Rodney wohnt außerhalb in einer Villa mit vier Schlafräumen und fährt in seinem kobaltblauen *Le Mans*-Coupé zur Arbeit nach Las Vegas, einer Stadt, die heutzutage wenig Jazz hört und wenig »birdlife« aussieht.

Bildanhang

»...er war das liebevollste Kind, das man sich vorstellen konnte. Er rief aus dem Nebenzimmer ›Mama, bist du da? Mama, ich hab dich lieb!‹«
Kansas City/Kansas. 1922, 14 Monate.

Charlie brauchte keine Zeitungen zu verkaufen wie andere Knaben...
Vor der Übersiedlung, aus der Vorstadt nach Kansas City/Missouri.

Charlie hat schlechtes Heroin erwischt und leidet unter dem »burn«. Weil er fast nicht stehen und sein Instrument halten kann, hat der coole professionelle Dizzy Gillespie die Führung übernommen. Billy Berg's, Hollywood, Weihnachtswoche 1945.

Zwischen Dizzy an einem und Bird (mit Sonnenbrille) am anderen Ende balancierte das Earl Hines Orchester bedenklich am Rande des Zusammenbruchs. Vordere Reihe, von li.: Dizzy Gillespie, Benny Harris, Shorty McConnell, »Fatha«, Sarah Vaughan, A. Crump, Goon Gardner, Scoops Carey, John Williams, Charlie Parker.

Derselbe Mann im selben Jahr. Das Foto wurde von Charlies Agenten oft für PR-Zwecke verwendet. Die Widmung ist für den Saxophonisten Don Lanphere.

Doris, die letzte seiner drei
»legalen« Ehefrauen und eine
der wenigen, die Charlie um
seiner selbst willen liebten.
Birdland, Frühjahr 1950.

Charlie und Chan Richardson.
Die perfekte Ehe, nur leicht
belastet durch ihren nicht
legalen Status.
Birdland, Herbst 1950.

Charlie im C.P. McGregor Studio in Hollywood, 1947, strahlend vor Gesundheit und Vitalität und voll mit neuen Ideen nach dem 7monatigen Aufenthalt in Camarillo.

Das Quintett – die führende
Jazzcombo ihrer Zeit. Neben
Bird der 21jährige Miles Davis,
der hier debütierte.
In der Rhythmusgruppe
Tommy Potter, b; Duke
Jordan, p und (verdeckt)
Max Roach, dr.
Three Deuces, 52nd Street,
1947.

Die Sehnsucht der Jazzmusiker
nach musikalischem Status erfüllte
sich für Bird durch die Zusammenarbeit mit einem Streicherensemble,
die ihn jedoch nur kurze Zeit
fesselte.
Birdland, Frühjahr 1950.

Die runden geschmeidigen Finger des größten
Saxophonvirtuosen, während er auf seinen Einsatz wartet...

Im Taxi mit Roy Eldridge während einer kurzen Schwedentournee, Herbst 1950.

Jam Session nach dem Konzert in Stockholm.

Nicht aufgenommen, aber dennoch unvergessen: eine Sonntagnachmittags-Jam Session Bob Reisner's Open Door in Greenwich Village, 1953. Von li.: Charles Mingus, b; Roy Haynes, dr; Thelonious Monk, p; Charlie Parker, as.

Bird in flight – Charlie Parker in New York, Paris, Kansas City, Hollywood, Stockholm.

Lester Young

Charlie Parker (li.) und Red Rodney (re.) auf dem Weg zu einer Jam Session in Kansas City, 1951.

Bird und Billy Eckstine

Pianist und Bandleader Jay McShann, kurz nach seinem Eintreffen in Kansas City.

Pianist Erroll Garner im Haig Club, Hollywood, 1947.

Howard McGhee

Max Roach, der führende Drummer des Bebop, Chicago, 1948.

Dizzy Gillespie, zusammen mit Bird der Co-Leader der ersten Bebop-Band. Hollywood, 1945.

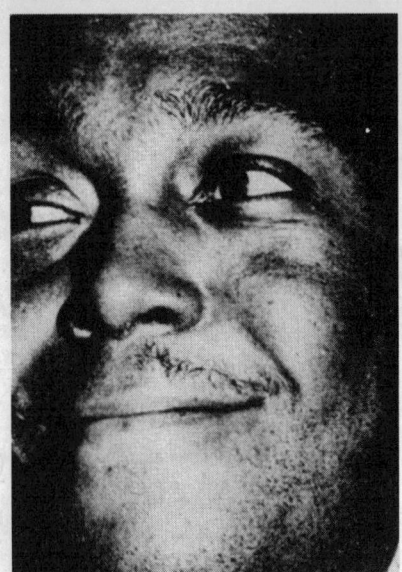

Schnappschuß von Charlie Parker, wahrscheinlich 52nd Street, 1947.

Charlie auf einer Gartenparty in Hollywood, 1951.

Charlie erholt sich nach den berühmten Plattenaufnahmen mit Johnny Hodges, Benny Carter und Ben Webster. Hollywood, Sommer, 1952.

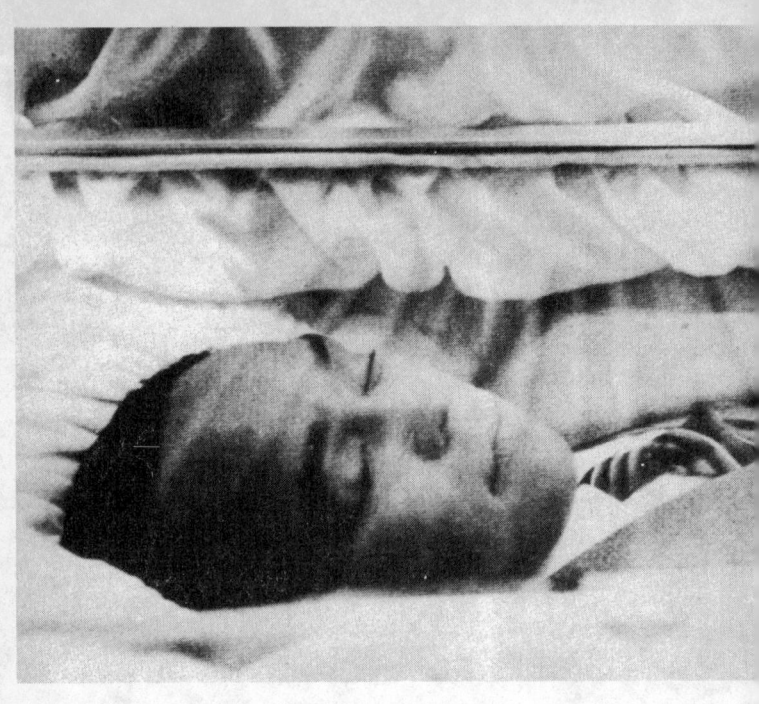

Abyssinian Baptist Church, Harlem, 1955.

Ausgewählte Diskographie
zusammengestellt von Peter Unger und Walter Kostial

"EARLY BIRD"   Spotlite 120

I FOUND A NEW BABY; BODY AND SOUL: Jay McShann and his Orchestra. Bernard "Buddy" Anderson, Orville Minor, tp; Bud Gould, tb; Charlie Parker, as; William J. Scott, ts; Jay McShann, p; Gene Ramey, b; Gus Johnson, ds.
Broadcast, Station KFBI, Wichita, Kansas, 30 November, 1940.

HONEYSUCKLE ROSE -2, -3; LADY BE GOOD -1; COQUETTE -1; MOTEN SWING -1; WICHITA BLUES -1: Jay McShann and his Orchestra. Bernard "Buddy" Anderson, Orville Minor, tp; Bud Gould, tb-1, vin-2; Charlie Parker, as; Bob Mabane, ts; Jay McShann, p; Gene Ramey, b; Gus Johnson, ds; band vocal -3.
Broadcast, Station KFBI, Wichita, Kansas, 2 December, 1940.

CHEROKEE: Clark Monroe's Band. Charlie Parker, as; prob. Clark Monroe, vo; unknown tp; 2 or 3 saxes; rhythmsection possibly including Allan Tinney, p; Ebenezer Paul, b; unknown, ds.
Clark Monroe's Uptown House, NYC, 1942.

"JAY MCSHANN: NEW YORK — 1208 MILES"
Decca DL 79 236, Coral CP 4

SWINGMATISM -1; HOOTIE TOOTIES (HOOTIE BLUES) vWB, -2; DEXTERBLUES -1: Jay McShann and his Orchestra. Bernard "Buddy" Anderson, Harold Bruce, Orville Minor, tp; "Little Joe" Taswell Baird, tb; Charlie Parker, John Jackson, as; Harold Ferguson, Bob Mabane, ts; Jay McShann, p; Gene Ramey, b; Gus Johnson, ds; Walter Brown, vo; William J. Scott, arr -l; Charlie Parker, arr -2.
Dallas, Texas, 30 April, 1942.

LONELY BOY BLUES -vWB, -1; GET ME ON YOUR MIND -vAH, -2; THE JUMPIN' BLUES -vWB, -3; SEPIAN BOUNCE (STOMP) -1: Jay McShann and his Orchestra. Bernard "Buddy" Anderson, Bob Merrill, Orville Minor, tp; Lawrence "Frog" Anderson, "Little Joe" Taswell

Baird, tb; Charlie Parker, John Jackson, as; Fred Culliver, Bob Mabane, ts; James Coe, bs; Jay McShann, p; Leonard "Lucky" Enois, g; Gene Ramey, b; Harold "Doc" West, ds; Walter Brown, Al Hibbler, vo; Archie "Skippa" Hall, arr -1; William J. Scott, arr -2; Charlie Parker, arr -3. NYC, 2 July, 1942.

Phoenix LP 2, Prestige P-24 030, Everest FS 272,
Smithsonian Collection R004-P 13 457
(Orig.Aufn.: Guild/Musicraft).

GROOVIN' HIGH; ALL THE THINGS YOU ARE; DIZZY ATMOSPHERE: Dizzy Gillespie Sextet. Dizzy Gillespie, tp; Charlie Parker, as; Clyde Hart, p; Remo Palmieri, g; Slam Stewart, b; Cozy Cole, ds. NYC, 28 February, 1945.

Phoenix LP 2, Prestige P-24 030, Smithsonian Collection P-11 895
(Orig.Aufn.: Guild)

SALT PEANUTS -vDG & band; SHAW 'NUFF; LOVER MAN -vSV; HOT HOUSE: Dizzy Gillespie and his All Star Quintet. Dizzy Gillespie, tp, vo; Charlie Parker, as; Al Haig, p; Curley Russell, b; Sidney Catlett, ds; Sarah Vaughan, vo.
NYC, 11 May, 1945.

"EVERY BIT OF IT" — Ch. Parker 1945
Spotlite SPJ-150 D (2 LP), Vogue LDAP 769

'ROUND MIDNIGHT (theme); SEVEN COME ELEVEN; DO NOTHING TILL YOU HEAR FROM ME; DON'T BLAME ME; PERDIDO; LET'S HAVE A NICHTCAP; SATURDAY NIGHT IS THE LONELIEST NIGHT IN THE WEEK -vWF; FLOOGIE-BOO -1; ST. LOUIS BLUES; ROLL 'EM: Cootie William and his Orchestra. Harold Johnson, Ermit V. Perry, George Treadwell, Cootie William, tp; Ed Burke, Bob Horton, Danny Logan, tb; Charlie Parker, Frank Powell, as; Rupert Cole, as?; Lee Pope, Sam "The Man" Taylor, ts; Ed de Verteuil, bs; Arnold Jarvis, p; Leroy Kirkland, g; Carl Pruitt, b; Sylve-

ster "Sonny" Payne, ds; Warren Evans, vo; -1: Sextet of William, Parker, Taylor, Jarvis, Pruitt, Payne.
AFRS ONS 582.
Broadcast, Savoy Ballroom, NYC, 12 February, 1945.

DIZZY BOOGIE -1 (2 Takes); FLAT FOOT FLOOGIE -vSG, BB (2 Takes); POPITY POP -vSG, BB; SLIM'S JAM -vSG: Slim Gaillard and his Orchestra. Dizzy Gillespie, tp; Charlie Parker, as; Jack McVea, ts; Dodo Marmarosa, p; Slim Gaillard, g, p-1, vo; Bam Brown, b, vo; Zutty Singleton, ds.
Hollywood, probably 29 December, 1945.

WHAT MORE CAN A WOMAN DO? -1; I'D RATHER HAVE A MEMORY THAN A DREAM -2; MEAN TO ME -1: Sarah Vaughan. Dizzy Gillespie, tp; Charlie Parker, as; Flip Phillips, ts; Nat Jaffe, p-1; Tadd Dameron, p-2; Bill de Arango, g; Curley Russell, b; Max Roach, ds; Sarah Vaughan, vo.
NYC, 25 May, 1945.

WHAT'S THE MATTER NOW? -vRW; I WANT EVERY BIT OF IT -vRW; THAT'S THE BLUES -vRW; G.I. BLUES -vRW; 4-F BLUES -vRW; DREAM OF YOU -vTY; SEVENTH AVENUE -vTY; SORTA KINDA -vTY; OH, OH, MY, MY, OH, OH -vTY: Clyde Hart's All Stars. Dizzy Gillespie, tp; Trummy Young, tb, vo; Charlie Parker, as; Don Byas, ts; Clyde Hart, p; Mike Bryan, g; Al Hall, b; Specs Powell, ds; Rubberlegs William, vo.
NYC, 4 January, 1945.

TAKIN' OFF; IF I HAD YOU; 20th CENTURY BLUES; THE STREET BEAT: Sir Charles and His All Stars. Buck Clayton, tp; Charlie Parker, as — except on aa; Dexter Gordon, ts; Sir Charles Thompson, p; Danny Barker, g; Jimmy Butts, b; J. C. Heard, ds.
NYC, 4 September, 1945.

"A HANDFUL OF MODERN JAZZ"
Baronet B 105 (Orig.Aufn.: Comet)

HALLELUJAH (11 Takes); GET HAPPY (8 Takes); SLAM SLAM BLUES (2 Takes); CONGO BLUES (6 Takes): Red Norvo and his selected sextet. Dizzy Gillespie, tp; Charlie Parker, as; Flip Phillips, ts — except on v&w; Red Norvo, vib — out on v&w; Teddy Wilson, p; Slam Stewart, b; Specs Powell, ds on T8, T9; J. C. Heard, ds on T10, T11.
NYC, 6 June, 1945.

"THE COMPLETE SAVOY STUDIO SESSIONS"
Savoy S5J-5500 (box of 5 albums)

TINY'S TEMPO (3 Takes); I'LL ALWAYS LOVE YOU JUST THE SAME -vTG (2 Takes); ROMANCE WITHOUT FINANCE -vTG (5 Takes); RED CROSS (2 Takes): Tiny Grimes Quintet. Charlie Parker, as; Clyde Hart, p; Tiny Grimes, g, vo; Jimmy Butts, b, vo; Harold "Doc" West, ds.
NYC, 15 September, 1944.

BILLIE'S BOUNCE -1, -3; WARMING UP A RIFF -3*; BILLIE'S BOUNCE -1, -3* (2 Takes); NOW'S THE TIME -1, -3* (4 Takes); THRIVING ON A RIFF -1, -4 (3 Takes); MEANDERING -3*; KO-KO -2, -3, -4* (2 Takes): Charlie Parkers Reboppers. Miles Davis, tp-1; Dizzy Gillespie, tp-2, p3; Charlie Parker, as — except on aa; Argonne "Dense" Thornton (Sadik Hakim), p-4; Curley Russell, b; Max Roach, ds.
NYC, 26 November, 1945.

DONNA LEE* (5 Takes); CHASING THE BIRD (4 Takes); CHERYL* (2 Takes); BUZZY (5 Takes): Charlie Parker's All Stars. Miles Davis, tp; Charlie Parker, as; Bud Powell, p; Tommy Potter, b; Max Roach, ds.
NYC, 8 May, 1947.

MILESTONES* (3 Takes); LITTLE WILLIE LEAPS* (3 Takes); HALF NELSON (2 Takes); SIPPIN' AT BELLS* (4 Takes): Miles Davis All Stars. Miles Davis, tp; Charlie Parker, ts; John Lewis, p; Nelson Boyd, b; Max Roach, ds.
NYC, 14 August, 1947.

ANOTHER HAIR-DO (4 Takes); BLUEBIRD (3 Takes); KLAUNSTANCE; BIRD GETS THE WORM (3 Takes): Charlie Parker's All Stars. Miles Davis, tp; Charlie Parker, as; Duke Jordan, p; Tommy Potter, b; Max Roach, ds.
Detroit, 21 December, 1947.

BARBADOS (4 Takes); AH-LEU-CHA (2 Takes); CONSTELLATION (5 Takes); PARKER'S MOOD (5 Takes): Charlie Parker's All Stars. Miles Davis, tp; Charlie Parker, as; John Lewis, p; Curley Russell, b; Max Roach, ds.
NYC, 18 September, 1948.

PERHAPS; MARMADUKE (12 Takes); STEEPLECHASE (2 Takes); MERRY-GO-ROUND (2 Takes): Charlie Parker's All Stars. Miles Davis, tp; Charlie Parker, as; John Lewis, p; Curley Russell, b; Max Roach, d.
NYC, 24 September, 1948.

Spotlite 101 (Orig.Aufn.: Dial)

DIGGIN' DIZ: Dizzy Gillespie Jazzmen. Dizzy Gillespie, tp; Charlie Parker, as; Lucky Thompson, ts; George Handy, p; Arvon Garrison, g; Ray Brown, b; Stan Levey, ds.
Glendale, Calif., 5 February, 1946.

MOOSE THE MOOCHE (3 Takes); YARDBIRD SUITE (4 Takes); ORNITHOLOGY (4 Takes); FAMOUS ALTO BREAK*; NIGHT IN TUNISIA (4 Takes): Charlie Parker Septet. Miles Davis, tp; Charlie Parker, as; Lucky Thompson, ts; Dodo Marmarosa, p; Arvin Garrison, g — except on a, b, c; Vic McMillan, b; Roy Porter, ds.
Hollywood, 28 March, 1946.

MAX IS MAKING WAX; LOVER MAN; THE GIPSY: Charlie Parker Quintet. Howard McGhee, tp; Charlie Parker, as; Jimmy Bunn, p; Bob Kesterson, b; Roy Porter, ds.
Hollywood, 29 July, 1946.

BEBOP: Howard McGhee Quintet. Howard McGhee, tp; Charlie Parker, as; Jimmy Bunn, p; Bob Kesterson, b; Roy Porter, ds.
Hollywood, 29 July, 1946.

Spotlite 102 (Orig.Aufn.: Dial)

THIS IS ALWAYS -vEC (4 Takes); DARK SHADOWS -vEC (4 Takes); BIRD'S NEST (3 Takes); HOT BLUES; BLOWTOP BLUES; COOL BLUES (2 Takes): Charlie Parker Quartet. Charlie Parker, as; Erroll Garner, p; George "Red" Callender, b; Harold "Doc" West, ds; Earl Coleman, vo.
Hollywood, 19 February, 1947.

Spotlite 103 (Orig.Aufn.: Dial)

RELAXIN' AT CAMARILLO (5 Takes); CHEERS (4 Takes); CARVIN' THE BIRD (2 Takes); STUPENDOUS: Charlie Parker's New Stars. Howard McGhee, tp; Charlie Parker, as; Wardell Gray, ts; Dodo Marmarosa, p; Barney Kessel, g; George "Red" Callender, b; Don Lamonds, ds.
Hollywood, 26 February, 1947.

HOME COOKIN' I; HOME COOKIN' II; UNTITLED (HOME COOKIN' III): Charlie Parker Quartet. Charlie Parker, as; Russ Freemann, p; Arnold Fishkin, b; Jimmy Pratt, ds.
Hollywood, 1 February, 1947.

DEE DEE'S DANCE, part 1; DEE DEE'S DANCE, part 2: Howard McGhee Quintet. Howard McGhee, tp; Charlie Parker, as; Hampton Hawas, p; Addison Farmer, b; Roy Porter, ds.
Hi-De-Ho Club, Los Angeles, 9 March, 1947.

Spotlite 104 (Orig.Aufn.: Dial)

DEXTERITY (3 Takes); BONGO BOP (2 Takes); DEWEY SQUARE (3 Takes); THE HYMN; SUPERMAN; BIRD OF PARADISE (3 Takes); EMBRACEABLE YOU (2 Takes): Charlie Parker Quintet. Miles Davis, tp; Charlie Parker, as; Duke Jordan, p; Tommy Potter, b; Max Roach, ds.
NYC, 28 October, 1947.

Spotlite 105 (Orig.Aufn.: Dial)

BIRD FEATHERS (3 Takes); KLACT-OVEESEDSTENE (2 Takes); SCRAPPLE FROM THE APPLE (3 Takes); MY OLD FLAME; OUT OF NOWHERE (3 Takes); DON'T BLAME ME: Charlie Parker Quintet. Miles Davis, tp; Charlie Parker, as; Duke Jordan, p; Tommy Potter, b; Max Roach, ds.
NYC, 4 November, 1947.

Spotlite 106 (Orig.Aufn.: Dial)

DRIFTING ON A REED (5 Takes); QUASIMADO (2 Takes); CHARLIE'S WIG (5 Takes); BONGO BEEP (3 Takes); CRAZEOLOGY (4 Takes); HOW DEEP IS THE OCEAN (2 Takes): Charlie Parker Sextet. Miles Davis, tp; J. J. Johnson, tb; Charlie Parker, as; Duke Jordan, p; Tommy Potter, b; Max Roach, ds.
NYC, 17 December, 1947.

"YARDBIRD IN LOTUS LAND" Spotlite 123

GROOVIN' HIGH; SHAW 'NUFF: Dizzy Gillespie Quintet. Dizzy Gillespie, tp; Charlie Parker, as; Al Haig, p; Ray Brown, b; Stan Levey, ds; Ernie "Bubbles" Whitmail, m.c.
Probably Hollywood, 29 December, 1945.

DIZZY ATMOSPHERE: Dizzy Gillespie and his Rebop Six. Dizzy Gillespie, tp, talking; Charlie Parker, as; Al Haig, p; Milt Jackson, vib; Ray Brown, b; Stan Levey, ds; Ernie "Bubbles" Whitman, m.c.
Hollywood, 29 December, 1945.

SALT PEANUTS -vDG and others: Dizzy Gillespie and his Rebop Six. Dizzy Gillespie, tp; Charlie Parker, as; Lucky Thompson, ts; Al Haig, p; Milt Jackson, vib; Ray Brown, b; Stan Levey, ds.
WEAF broadcast. Probably Billy Berg's Supper Club, Hollywood, 24 January, 1946.

CHEROKEE: Charlie Parker with the Nat Cole Trio — Buddy Rich. Charlie Parker, Beeny Carter, Willie Smith, as; Nat Cole, p; Oscar Moore, g; Johnny Miller, b; Buddy Rich, ds; Ernie "Bubbles" Whitman, m.c.
Los Angeles, March-April, 1946.

BLUE'N'BOOGIE; ANTHROPOLOGY; ORNITHOLOGY; BILLIE'S BOUNCE; ALL THE THINGS YOU ARE: Charlie Parker Quintet. Miles Davis, tp; Charlie Parker, as; Joe Albany, p; Addison Farmer, b; Chuck Thompson, ds.
Broadcast, Finale Club, Los Angeles, February-March, 1946.

Spotlite 107

KOKO (theme); HOT HOUSE; I SURRENDER DEAR; FINE AND DANDY: Barry Ulanov's All Star Modern Jazz Musicians. Dizzy Gilliespie, tp; John LaPorta, cl — except on aa; Charlie Parker, as; Lennie Tristano, p; Billy Bauer, g; Ray Brown,b; Max Roach, ds; Rudy Blesh, Bruce Elliot, Barry Ulanov, m.c.
Station WOR Mutual, Bands for Bonds, part 1.
Broadcast Station WOR, Mutual Network, NYC, 13 September, 1947.

KOKO (theme); ON THE SUNNY SIDE OF THE STREET/52nd STREET THEME; HOW DEEP IS THE OCEAN; TIGER RAG/DIZZY ATMOSPHERE; 52nd STREET THEME (theme): Barry Ulanov's All Star Modern Jazz Musicians. Dizzy Gillespie, tp; John LaPorta, cl; Charlie Parker, as; Lennie Tristano, p; Billy Bauer, g; Ray Brown, b; Max Roach, ds; Rudi Blesh, Carl Caruso, Barry Ulanov, m.c.
Station WOR Mutual, Bands for Bonds, part 2.
Broadcast Station WOR Mutual Network, NYC, 20 September, 1947.

LULLABY IN RHYTHM, part 1; LULLABY IN RHYTHM, part 2; YARDBIRD SUITE: Charlie Parker. Melvin Broiles, Howard McGhee, Shorty Rogers, tp — except on c, d; Charlie Parker, as; Russ Freeman, p; Arnold Fishkin, b; Jimmy Pratt, ds.
Chuck Kopely's, Los Angeles, 1 February, 1947.

Natural Organic 7000

NIGHT IN TUNISIA -1; NIGHT IN TUNISIA -2; DIZZY ATMOSPHERE; GROOVIN' HIGH -1; GROOVIN' HIGH -2; CONFIRMATION; KOKO: A night at Carnegie Hall. Dizzy Gillespie, tp; Charlie Parker, as; John Lewis, p; Al McKibbon, b; Joe Harris, ds.
Broadcast, Carnegie Hall, NYC, 29 September, 1947.

Spotlite 108

52nd STREET THEME; DONNA LEE; FATS FLATS (HOT HOUSE); GROOVIN' HIGH; KOKO into; ANTHROPOLOGY: Barry Ulanov and his All Star Metronome Jazzmen. Fats Navarro, tp; John LaPorta, cl — except on b & c; Charlie Parker, as; Allen Eager, ts — except on b & c; Lennie Tristano, p; Billy Bauer, g; Tommy Potter, b; Buddy Rich, ds; Bruce Elliot, Barry Ulanov, m.c.
Station WOR, Mutual Network, Bands for Bonds, part 3.
Broadcast Station WOR, Mutual Network, NYC, 8 November, 1947.

Spotlite 141

52nd STREET THEME I; DIZZY ATMOSPHERE; MY OLD FLAME; ALL THE THINGS YOU ARE -vKH; HALF NELSON; 52nd STREFT THEME II; 52nd STREET THEME III; DRIFTING ON A REED (BIG FOOT); THE WAY YOU LOOK TONIGHT; A NIGHT IN TUNISIA; GROOVIN' HIGH: Charlie Parker Quintet. Miles Davis, tp; Charlie Parker, as; Duke Jordan, p; Tommy Potter, b; Max Roach, ds; Kenny Hagood, vo.
Private recording, Three Deuces, NYC, March, 1948.

Jazz Workshop IWS 501 / Prestige 24 009 (2 LP)

52nd STREET THEME (THEME I); SHAW 'NUFF; OUT OF NOWHERE I; HOT HOUSE; THIS TIME THE DREAM'S ON ME I; NIGHT IN TUNISIA; MY OLD FLAME; 52nd STREET THEME (THEME II); THE WAY YOU LOOK TONIGHT; OUT OF NOWHERE II; CHASIN' THE BIRD; THIS TIME THE DREAM'S ON ME II; DIZZY ATMOSPHERE; HOW HIGH THE MOON; 52nd STREET THEME (THEME III): Charlie Parker's All Stars. Miles Davis, tp; Charlie Parker, as; Duke Jordan, p; Tommy Potter, b; Max Roach, ds.
Broadcast, Onyx Club, NYC, Spring, 1948.

RCA-CAMDEN-CAL-426

OVERTIME (2 Takes): Metronome All Stars. Miles Davis, Dizzy Gillespie, Fats Navarro, tp; J. J. Johnson, Kai Winding, tb; Buddy DeFranco, cl; Charlie Parker, as, arr; Charlie Ventura, ts; Ernie Caceres, bs; Lennie Tristano, p, arr; Billy Bauer, g, arr; Eddie Safranski, b; Shelly Manne, ds; Pete Rugolo, arr.dir.
NYC, 3 January, 1949.

VICTORY BALL (2 Takes): Miles Davis, Fats Navarro, J. J. Johnson and Ernie Caceres out.
NYC, 3 January, 1949.

VICTORY BALL: Miles Davis, Fats Navarro, J. J. Johnson and Ernie Caceres added.
NYC, 3 January, 1949.

"BIRD AT THE ROOST" Savoy 1108

GROOVIN' HIGH; CONFIRMATION; SALT PEANUTS -vCP: Charlie Parker's All Stars. Kenny Dorham, tp; Charlie Parker, as, vo; Al Haig, p; Tommy Potter, b; Max Roach, ds; Symphony Sid (Sid Torin), m.c.
Broadcast, Royal Roost, NYC, 19 February, 1949.

HALF NELSON; A NIGHT IN TUNISIA; SCRAPPLE FROM THE APPLE; BARBADOS; BEBOP; CHERYL; SLOW BOAT TO CHINA; CHASIN' THE BIRD: Charlie Parker's All Stars. Kenny Dorham, tp — except on aa; Charlie Parker, as — except on aa; Lucky Thompson, ts — except on d, e & aa, Milt Jackson, vib — except on d, e & aa; Al Haig, p; Tommy Potter, b; Max Roach, ds; Dave Lambert, Buddy Stewart, vo; Symphony Sid (Sid Torin), m.c.
Broadcast, Royal Roost, NYC, 26 February, 1949.

"BIRD IN PARIS"   Spotlite 118

SALT PEANUTS -vCP I; BARBADOS; 52nd STREET THEME I; OUT OF NOWHERE I; SALT PEANUTS -vCP II; SCRAPPLE FROM THE APPLE; OUT OF NOWHERE II; ALLEN'S ALLEY; 52nd STREET THEME II; HOT HOUSE: Charlie Parker Quintet. Kenny Dorham, tp; Charlie Parker, as, vo; Al Haig, p; Tommy Potter, b; Max Roach, ds.
Concerts, Salle Pleyel, Paris, 8, 9, 14 or 15 May, 1949.

FAREWELL BLUES: Jam Session. Aimé Barelli, Bill Coleman, Miles Davis, Hot Lips Page, probably Kenny Dorham, tp; Russell Moore, tb; Hubert Rostaing, cl; Pierre Braslavsky, Sidney Bechet, ss; Charlie Parker as; Don Byas, James Moody, ts; Al Haig, Bernard Peiffer, p; Hazy Osterwald, vib; Jean "Toots" Thielemans, g; Tommy Potter, b; Max Roach, ds.
Concert, Salle Pleyel, Paris, 15 May, 1949.

"BEBOP INTO COOL/V-DISC ALL-STAR JAZZ SESSION VOL. 4"
S.C.A.M. J961, DAN VC 5013

ORNITHOLOGY; CHERYL; KOKO; BIRD OF PARADISE; NOW'S THE TIME: Charlie Parker Quintet. Red Rodney, tp; Charlie Parker, as; Al Haig, p; Tommy Potter, b; Roy Haynes, ds; Symphony Sid (Sid Torin), m.c.
Carnegie Hall, NYC, 24 December, 1949.

Jazz Workshop JWS 500

I DIDN'T KNOW WHAT TIME IT WAS; ORNITHOLOGY; EMBRACEABLE YOU; VISA; I COVER THE WATERFRONT I; SCRAPPLE FROM THE APPLE; STAR EYES into; 52nd STREET THEME I; CONFIRMATION; OUT OF NOWHERE; HOT HOUSE; WHAT'S NEW; NOW'S THE TIME; SMOKE GET IN YOUR EYES into; 52nd STREET THEME II: Charlie Parker Quintet. Red Rodney, tp; Charlie Parker, as; Al Haig, p; Tommy Potter, b; Roy Haynes, ds.
Private recording, St. Nicholas Arena, NYC, 18 February, 1950.

"ONE NIGHT IN BIRDLAND" Columbia CBS 88 250 (2 LP)

WAHOO (PERDIDO); ROUND MIDNIGHT; THIS TIME THE DREAM'S ON ME; DIZZY ATMOSPHERE; A NIGHT IN TUNISIA; MOVE into; THE STREET BEAT; OUT OF NOWHERE; LITTLE WILLIE LEAPS into; 52nd STREET THEME III; ORNITHOLOGY into; I'LL REMEBER into; 52nd STREET THEME IV: Charlie Parker Quintet. Fats Navarro, tp — except on c, d & m; Charlie Parker, as; Bud Powell, p; Curley Russell, b; Arl Blakey, ds.
Broadcast, Birdland, NYC, 30 June, 1950.

EMBRACEABLE YOU -vCN; COOL BLUES into; 52nd STREET THEME V: Fats Navarro, tp; Charlie Parker, as; Walter Bishop, p; possibly Tommy Potter, b and possibly Roy Haynes, ds; Chubby Newsome, vo.
Broadcast, Birdland, NYC, 30 June, 1950.

"CHARLIE PARKER AT THE PERSHING BALLROOM"
ZIM ZM-1003

INDIANA (First set); I CAN'T GET STARTED; ANTHROPOLOGY; OUT OF NOWHERE; GET HAPPY: Charlie Parker. Charlie Parker, as; unknown p; George Freeman, g; Leroy Jackson, b; Bruz Freeman, ds.
Pershing Ballroom, Chicago, probably 23 October, 1950.

HOT HOUSE (Second set); EMBRACEABLE YOU -vo; BODY AND SOUL -vo; COOL BLUES; STAR DUST -vo; ALL THE THINGS YOU ARE; BILLIE'S BOUNCE; PENNIES FROM HEAVEN: Charlie Parker. Charlie Parker, as; Von Freeman, ts; Chris Anderson, p; George Freeman, g; Leroy Jackson, b; Bruz Freeman, ds; unknown male vocalist.
Pershing Ballroom, Chicago, probably 23 October, 1950.

"BIRD IN CHICAGO"   Savoy 1132

THERE'S A SMALL HOTEL; THESE FOOLISH THINGS; KEEN AND PEACHY; HOT HOUSE; BIRD, BASS AND OUT; GOODBYE: Jam Session. Charlie Parker, as; Claude McLin, ts; Chris Anderson, p; George Freeman, g; Leroy Jackson, b; Bruz Freeman, ds.
The Pershing Ballroom, Chicago, Autumn 1950.

"BIRD IN SWEDEN"   Spotlite 124/125 (2 LP)

ANTHROPOLOGY; CHEERS; LOVER MAN; COOL BLUES: Charlie Parker and the Swedish All Stars. Rolf Ericson, tp; Charlie Parker, as; Gösta Theselius, p; Thore Jederby, b; Jack Noren, ds.
Admiralen Dance Hall, Malmo, 22 November, 1950.

ANTHROPOLOGY; SCRAPPLE FROM THE APPLE; EMBRACEABLE YOU; COOL BLUES; STAR EYES; ALL THE THINGS YOU ARE; STRIKE UP THE BAND: Charlie Parker and the Swedish All Stars. Rolf Ericson, tp — except on e; Charlie Parker, as; Gösta Theselius, p; Thore Jederby, b; Jack Noren, ds.
Folkets Park, Halsingborg, 24 November, 1950.

BODY AND SOUL; FINE AND DANDY; HOW HIGH THE MOON: Jam Session. Rowland Greenberg, possibly Rolf Ericson, tp; Charlie Parker, as; Gösta Theselius, ts; Lennart Nilsson, p; Folke Holst, b; may be present but is not audible; possibly Jack Noren, ds.
Probably Folkets Park, Halsingborg, 24 November, 1950.

"BIRD WITH STRINGS" Columbia CBS 82 292

JUMPING WITH SYMPHONY SID (theme) I; JUST FRIENDS; EVERYTHING HAPPENS TO ME; EAST OF THE SUN; LAURA; DANCING IN THE DARK into; JUMPING WITH SYMPHONY SID (theme) II: Charlie Parker with Strings. Charlie Parker, as; Walter Bishop, p; Teddy Kotick, b; Roy Haynes, ds; unknown oboe and string section, except on titles a and g; Symphony Sid (Sid Torin), m.c.
Broadcast, Birdland, NYC, 24 March, 1951.

WHAT IS THIS THING CALLED LOVE; LAURA; REPETITION; CONVERSATION -CP & SS; THEY CAN'T TAKE THAT AWAY FROM ME; EASY TO LOVE: Charlie Parker with Strings. Charlie Parker, as; Walter Bishop, p; Teddy Kotick, b; Roy Haynes, ds; unknown oboe and string session; Symphony Sid (Sid Torin), m.c.
Broadcast, Birdland, NYC, 7 April, 1951.

"THE HAPPY BIRD" MGM 65-105 C. Parker PLP-404

HAPPY BIRD BLUES; SCRAPPLE FROM THE APPLE; I'LL REMEMBER APRIL: Charlie Parker Sextet/Septet. Benny Harris, tp; Charlie Parker, as; Wardell Grey, ts — except on a; Dick Twardzik, p; Charles Mingus, b; Roy Haynes, ds.
LULLABY IN RHYTHM: Nat Pierce, p; replaces Dick Twardzik, add Bill Wellington, ts.
Broadcast, Christy's Framingham, Boston, Mass., 12 April, 1951.

"BIRD WITH THE HERD" ALAMAC QSR-2442

MORE MOON; YOU GO TO MY HEAD; LEO THE LION I; CUBAN HOLIDAY; THE NEARNESS OF YOU; LEMON DROP (band vocal); THE GOOF AND I; LAURA; FOUR BROTHERS; LEO THE LION II: Woody Herman and his Orchestra. Roy Caton, Don Fagerquist, Johnny Macombe, Doug Mettome, tp; Jerry Dorn, Urbie Green, Fred Lewis, tb; Woody Herman, cl, as; Charlie Parker, as;

Dick Hafer, Bill Perkins, Kenny Pinson, ts; Sam Staff, bs; Dave McKenna, p; Red Wooten, b; Sonny Igoe, ds; band vocal.
Concert, Kansas City, Missouri, 7 June, 1951.

"ON THE COAST"   Jazz Showcase LP-5007

THE SQUIRREL; IRRESISTIBLE YOU; INDIANA/DONNA LEE; LIZA: Harry Babasin All Stars. Chet Baker, tp; Sonny Criss, Charlie Parker, as; Al Haig, p — exept on c, Russ Freeman, p — on c; Harry Babasin, b; Lawrence Marable (in a, c and d) or unknown d (in b only).
Trade Winds, Inglewood, Cal., 16 June, 1952.

"BALLADS AND BIRDLAND"   Klacto MG-101

ORNITHOLOGY; 52nd STREFT THEME (theme): Charlie Parker Quartet. Charlie Parker, as; Duke Jordan, p; Charles Mingus, b; Phil Brown, ds.
Broadcast, Birdland, NYC, 20 September, 1952.

HOW HIGH THE MOON; EMBRACEABLE YOU; 52nd STREET THEME (theme): Charlie Parker with the Milt Jackson Quartet. Charlie Parker, as; Milt Jackson, vib; John Lewis, p; Percy Heath, b; Kenny Clarke, ds; Bob Garretty, m.c.
Broadcast, Birdland, NYC, 1 November, 1952.

"COLLECTOR'S ITEMS"   Prestige 7044

COMPULSION; THE SERPENT'S TOOTH I; THE SERPENT'S TOOTH II; ROUND MIDNIGHT: Miles Davis Sextet. Miles Davis, tp; Charlie Parker, ts; Sonny Rollins, ts — except on e; Walter Bishop, p; Percy Heath, b; Philly Joe Jones, ds; Charlie Parker as "Charlie Chan".
NYC, 30 January, 1953.

"ONE NIGHT IN WASHINGTON"
Elektra Musician Mus-K 52 359

FINE AND DANDY; THESE FOOLISH THINGS; LIGHT GREEN; THOU SWELL; WILLIS; DON'T BLAME ME; MEDLEY; SOMETHING TO REMEMBER YOU BY — THE BLUE ROOM; ROUNDHOUSE: Charlie Parker with the Orchestra. Ed Leddy, Marky Markowitz, Charlie Walp, Bob Carey, tp; Earl Swope, Don Spiker, tb; Charlie Parker, Jim Riley, as; Jim Parker, Angelo Tompros, Ben Lary, ts; Jack Nimitz, bs; Jack Holliday, p; Mert Oliver, b; Joe Timer, ds, cond.
Kavakos, Washington D.C., 22 February, 1953.

"STAR EYES"   Klacto MG-100

THEME (CARAVAN/COOL BLUES); STAR EYES; THEME (MY LITTLE SUEDE SHOES); ORNITHOLOGY; THEME (52nd STREET); DIGGIN' DIZ (DYNAMO A); THEME (52nd STREET); EMBRACEABLE YOU; THEME (52nd STREET): Charlie Parker Quartet. Charlie Parker, as; Walter Bishop, p; Kenny O'Brien, b; Roy Haynes, ds; Bob Garretty, Leonard Feather, m.c.
Broadcast, Bandbox, NYC, 30 March, 1953.

COOL BLUES; STAR EYES; MOOSE THE MOOCHE into; THEME (LULLABY OF BIRDLAND); BROADWAY into; THEME (LULLABY OF BIRDLAND): Charlie Parker Quartet. Charlie Parker, as; John Lewis, p; Curley Russell, b; Kenny Clarke, ds; candido, conga — add on e, f; Bob Garretty, m.c.
Broadcast, Birdland, NYC, 9 May, 1953.

"QUINTET OF THE YEAR" (JAZZ AT MASSEY HALL)
Debut DEB-124 Fantasy LP-6003

PERDIDO; SALT PEANUTS -vDG and CP; WEE; HOT HOUSE; A NIGHT IN TUNISIA; ALL THE THINGS YOU ARE/52nd STREET THEME: Quintet of the Year. Dizzy Gillespie, tp, vo; Charlie Parker, as, vo; Bud Powell, p; Charles Mingus, b; Max Roach, ds.
Massey Hall, Toronto, Canada, 15 May, 1953.

"NEW BIRD"   Phoenix Jazz LP-10

CHERYL; ORNITHOLOGY into; 52nd STREET THEME: Charlie Parker. Herb Pomeroy, tp; Charlie Parker, as; unknown p; Bernie Griggs jr., b; unknown, ds; Symphony Sid (Sid Torin), m.c.
Hi Hat Club, Boston, Mass., 8-14 June, 1953.

NOW'S THE TIME; ORNITHOLOGY; MY LITTLE SUEDE SHOES; GROOVIN' HIGH: Charlie Parker. Herbie Williams, tp; Charlie Parker, as; Rollins Griffith, p; Jimmy Woode, b; Marquis Foster, ds; Symphony Sid (Sid Torin), m.c.
Hi Hat Club, Boston, Mass., 19/20 December, 1953.

"KENTON AND BIRD"   Jazz Supreme JS-703

NIGHT AND DAY; MY FUNNY VALENTINE; CHEROKEE: Charlie Parker with Stan Kenton and his Orchestra. Sam Noto, Vic Minichelli, Buddy Childers, Don Smith, Stu Williamson, tp; Milt Gold, Joe Ciavardone, Frank Rosolino, George Roberts, tb; Charlie Parker, Charlie Mariano, Dave Schildkraut, as; Mike Cicchetti, Bill Perkins, ts; Tony Ferina, bs; Stan Kenton, p; Bob Lesher, g; Don Bagley, b; Stan Levey, ds.
Civic Auditorium, Portland, Oregon, 25 February, 1954.

"NEW BIRD VOL. 2"   Phoenix Jazz LP-12

COOL BLUES; MY LITTLE SUEDE SHOES; ORNITHOLOGY; OUT OF NOWHERE into; JUMPING WITH SYMPHONY SID: Charlie Parker. Herbie Williams, tp; Charlie Parker, as; Rollins Griffith, p; Jimmy Woode, b; Marquis Foster, ds; Symphony Sid (Sid Torin), m.c.
Broadcast WCOP, Hi Hat Club, Boston, Mass., 24 January, 1954.

"THE BIRDLAND ALL STARS AT CARNEGIE HALL"
Roulette RE-127 (2 LP)

THE SONG IS YOU; MY FUNNY VALENTINE; COOL BLUES: Charlie Parker Quartet. Charlie Parker, as; John Lewis, p; Percy Heath, b; Kenny Clarke, ds; Bob Garretty, m.c.
Carnegie Hall, NYC, 25 September, 1954.

"HISTORICAL MASTERPIECES"   MGM 65 101/103 (3 LP)

COOL BLUES; ORNITHOLOGY I; 'ROUND MIDNIGHT: Charlie Parker, as; Fats Navarro, tp; Bud Powell, p; Max Roach, ds; unknown b.
Recorded NYC, May, 1950.

KO KO: Charlie Parker, as; Duke Jordan, p; Miles Davis, tp; Tommy Potter, b; Max Roach, ds.
Recorded NYC, September, 1948.

MOVE: Charlie Parker, as; Fats Navarro, tp; Bud Powell, p; Max Roach, ds; unknown b.
Recorded NYC, May, 1950.

WHITE CHRISTMAS; ORNITHOLOGY 2; GROOVIN' HIGH 1: Charlie Parker, as; Kenny Dorham, tp; Al Haig, p; Max Roach, ds; Tommy Potter, b.
Recorded NYC, B2 + B3 December, 1948, B4, January, 1949.

52nd STREET THEME: Charlie Parker, as; Miles Davis, tp; Duke Jordan, p; Tommy Potter, b; Max Roach, ds.
Recorded NYC, September, 1948.

CHERYL; SALT PEANUTS 2; HOW HIGH THE MOON: Charlie Parker, as; Kenny Dorham, tp; Al Haig, p; Max Roach, ds; Tommy Potter, b.
Recorded NYC, December, 1948.

STREET BEAT: Charlie Parker, as; Fats Navarro, tp; Bud Powell, p; Max Roach, ds; unknown b.
Recorded NYC, May, 1950.

BIG FOOT; SALT PEANUTS 1; OUT OF NOWHERE: Charlie Parker, as; Kenny Dorham, tp; Al Haig, p; Max Roach, ds; Tommy Potter, b.
Recorded NYC, December, 1948.

PERDIDO: Charlie Parker, as; Fats Navarro, tp; Bud Powell, p; Max Roach, ds; unknown b.
Recorded NYC, May, 1950.

BEBOP; HOT HOUSE 1; HOT HOUSE 2; BARBADOS: Charlie Parker, as; Kenny Dorham, tp; Al Haig, p; Max Roach, ds; Tommy Potter, b.
Recorded NYC, January, 1949.

GROOVIN' HIGH 2; SLOW BOAT TO CHINA; OOH BOP SHA BAM; SCRAPPLE FROM THE APPLE: Charlie Parker, as; Kenny Dorham, tp; Al Haig, p; Max Roach, d; Tommy Potter, b.
Recorded NYC, B1, February, 1949, B2, B3, B4, January, 1949.

"CHARLIE PARKER ON VERVE" MJ 3267-77 (10 LP)

SWEET GEORGIA BROWN: Jazz at the Philharmonic. Dizzy Gillespie, Al Killian, tp; Charlie Parker, Willie Smith, as; Charlie Ventura, Lester Young, ts; Mel Powell, p; Billy Hadnott, b; Lee Young, ds.
Philharmonic Auditorium, Los Angeles, 29 January, 1946.

BLUES FOR NORMAN; I CAN'T GET STARTED; LADY BE GOOD; AFTER YOU'VE GONE: Jazz at the Philharmonic. Al Killian, Howard McGhee, tp; Charlie Parker, Willie Smith, as; Lester Young, ts; Arnold Ross, p; Billy Hadnott, b; Lee Young, ds.
Philharmonic Auditorium, Los Angeles, 25 March, 1946.

JATP BLUES; I GOT RHYTHM: Jazz at the Philharmonic. Buck Clayton, tp; Charlie Parker, Willie Smith, as; Coleman Hawkins, Lester Young, ts; Kenny Kersey, p; Irving Ashby, g; Billy Hadnott, b; Buddy Rich ds.
Los Angeles, 22 April, 1946.

REPETITION: Charlie Parker with Neal Hefti's Orchestra. A Porcino, Ray Wetzel, Doug Mettome, tp; Bill Harris, Bart Varsalona, tb; Vincent Jacobs, frh; John LaPorta, cl; Charlie Parker, Murray Williams, Sonny Salad, as; Flip Philips, Pete Mondello, ts; Manny Albam, bs; Sam Caplan, Harry Katzman, Gene Orloff, Ziggy Smirnoff, Sid Harris, Manny Fidler, v; Fred Ruzilla, Nat Nathanson, viola; Joe Benaventi, cello; Tony Aless, p; Curley Russell, b; Shelly Manne, ds; Diego Iborra, conga, bongo; Neal Hefti, arr, cond.
NYC, Autumn, 1948.

NO NOISE; MANGO MANGUE (vocal by band): Charlie Parker with Machito and his Orchestra. Mario Bauza, Frank "Paquito" Davilla, Bob Woodlen, tp; Charlie Parker, as — except an aa; Gene Johnson, Fred Skerritt, as; Flip Phillips, ts — on aa; José Madera, ts; Leslie Johnakins, bs; René Hernandez, p; Roberto Rodriguez, b; José Manguel, bongo; Luis Miranda, conga; Umbaldo Nieto, timbales; Machito, maraccas.
NYC, 20 December, 1948.

WHAT IS THIS THING CALLED LOVE; APRIL IN PARIS; REPETITION; EASY TO LOVE; ROCKER: Charlie Parker with Strings. Tommy Mace, oboe; Charlie Parker, as; Teddy Blume, Sam Caplan, Stan Karpenia, v; Dave Uchitel, viola; Bill Bundy, cello; Wallace McManus, harp; Al Haig, p; Tommy Potter, b; Roy Haynes, ds.
Carnegie Hall, NYC, 16 September, 1950.

CELEBRITY; BALLADE: Charlie Parker Quartet/Quintet. Charlie Parker, as; Coleman Hawkins, ts on b; Hank Jories, p; Ray Brown, b; Buddy Rich, ds.
NYC, October, 1950.

MAMBO; 6/8; JAZZ; RHUMBA ABIERTA; CANCION: Machito and his Orchestra. Mario Bauza, Frank "Paquito" Davilla, Harry Edison, Al Stewart, Bob Woodlen, tp; unknown cl; Charlie Parker, as; Gene Johnson, Fred Skerritt, as; Flip Phillips, ts — except on a, bb, cc; José Madera, Sol Rabinowitz, ts; Leslie Johnakins, bs; René Hernandez, p; Roberto Rodriguez, b; Buddy Rich, ds; José Manguel, bongo; Rafael Miranda, Chino Pozo, conga; Umbaldo Nieto, timbales; Machito, maraccas; Chico O'Farrill, arr, dir.
NYC, 21 December, 1950.

AU PRIVAVE (2 Takes); SHE ROTE (2 Takes); K.C. BLUES; STAR EYES: Charlie Parker and his Orchestra. Miles Davis, tp; Charlie Parker, as; Walter Bishop, p; Teddy Kotick, b; Max Roach, ds.
NYC, 17 January, 1951.

MY LITTLE SUEDE SHOES; UN POQUITO DE TU AMOR; TICO TICO; FIESTA; WHY DO I LOVE YOU? (3 Takes): Charlie Parker's Jazzers. Charlie Parker, as; Walter Bishop, p; Teddy Kotick, b; Roy Haynes, ds; José Manguel, bongo; Luis Miranda, conga.
NYC, 12 March, 1951.

BLUES FOR ALICE; SI SI; SWEDISH SCHNAPPS (2 Takes); BACK HOME BLUES (2 Takes); LOVER MAN: Charlie Parker Quintet. Red Rodney, tp; Charlie Parker, as; John Lewis, p; Ray Brown, b; Kenny Clarke, ds.
NYC, 8 August, 1951.

TEMPTATION; LOVER; AUTUMN IN NEW YORK; STELLA BY STARLIGHT: Charlie Parker with Strings. Chris Griffin, Al Porcino, Bernie Privin, tp; Will Bradley, Bill Harris, tb; Toots Mondello, Charlie Parker, Murray Williams, as; Hank Ross, Art Drelinger, ts; Stanley Webb, bs; Verley Mills, harp; Lou Stein, p; Art Ryerson, g; Bob Haggart, b; Don Lamond, ds; unknown flute, oboe & strings; Joe Lippman, arr, cond.
NYC, 22 January, 1952.

MAMA INEZ; LA CUCARACHA; ESTRELLITA; BEGIN THE BEGUINE; LA PALOMA (Shouting by band): Charlie Parker Quintet. Benny Harris, tp — except on d; Charlie Parker, as; Walter Bishop, p; Teddy Kotick, b; Max Roach, ds; Luis Miranda, conga; probably José Mangual, bongo.
NYC, 23 January, 1952.

NIGHT AND DAY; WHAT IS THIS THING CALLED LOVE; ALMOST LIKE BEING IN LOVE; I CAN'T GET STARTED: Charlie Parker Big Band. Jimmy Maxwell, Carl Poole, Al Porcino, Bernie Privin, tp; Bill Harris, Lou McGarity, Bart Varsalona, tb; Charlie Parker, Harry Terrill, Murray Williams, as; Flip Phillips, Hank Ross, ts; Danny Bank, bs; Oscar Peterson, p; Freddie Greene, g; Ray Brown, b; Don Lamond, ds; Joe Lippmann, arr, cond.
NYC, 25 March, 1952.

JAM BLUES; WHAT IS THIS THING CALLED LOVE; BALLAD MEDLEY (2nd solo: Dearly beloved); FUNKY BLUES: Jam Session. Charlie Shavers, tp; Benny Carter, Johnny Hodges, Charlie Parker, as; Flip Phillips, Ben Webster, ts; Oscar Peterson, p; Barney Kessel, g; Ray Brown, b; J. C. Heard, ds.
Hollywood, between 17 and 22 July, 1952.

THE SONG IS YOU; LAIRD BIRD; KIM (2 Takes); COSMIC RAYS (2 Takes): Charlie Parker Quartet. Charlie Parker, as; Hank Jones, p; Teddy Kotick, b; Max Roach, ds.
NYC, 30 December, 1952.

IN THE STILL OF THF NIGHT; OLD FOLKS; IF I LOVE AGAIN: Charlie Parker and his Orchestra. Junior Collins, fr. horn; Al Block, flute; Hal McKusick, cl; Tommy Mace, oboe; Manny Thaler, bassoon; Charlie Parker, as; Tony Aless, p; Charles Mingus, b; Max Roach, ds; Dave Lambert Singers, including Annie Ross. vocal group; Gil Evans, arr, dir; Dave Lambert, vocal arr.
NYC, 22 May, 1953.

CHI CHI (3 Takes); I REMEMBER YOU; NOW'S THE TIME; CONFIRMATION: Charlie Parker Quartet. Charlie Parker, as; Al Haig, p; Percy Heath, b; Max Roach, ds.
NYC, 4 August, 1953.

I GET A KICK OUT OF YOU (2 Takes); JUST ONE OF THOSE THINGS; MY HEART BELONGS TO DADDY; I'VE GOT YOU UNDER MY SKIN: Charlie Parker Quintet. Charlie Parker, as; Walter Bishop, p; Jerome Darr, g; Teddy Kotick, b; Roy Haynes, ds.
NYC, 31 March, 1954.

LOVE FOR SALE (2 Takes); I LOVE PARIS (2 Takes): Charlie Parker Quintet. Charlie Parker, as; Walter Bishop, p; Billy Bauer, g; Teddy Kotick, b; Art Taylor, ds.
NYC, 10 December, 1954.

Biographien

(2425)

(2387)

(4036)

(2326)

(2358)

(2360)